本书出版得到国家古籍整理出版专项经费资助

正史汇目

郑鹤声 著
郑一钧 整理

天津古籍出版社

图书在版编目（CIP）数据

正史汇目 / 郑鹤声著. —天津：天津古籍出版社，2009.12
ISBN 978-7-80696-606-8

Ⅰ. 正… Ⅱ. 郑… Ⅲ. 二十四史—研究— Ⅳ. K204.1

中国版本图书馆CIP数据核字（2008）第181027号

正史汇目
郑鹤声/著
郑一钧/整理
出版人/刘文君
*
天津古籍出版社出版
（天津市西康路35号 邮编300051）
Http://www.tjabc.net
E-mail:tjgj@tjabc.net
三河市富华印刷包装有限公司印刷
全国新华书店发行
开本787×1092毫米 1/16 印张28.25 字数420千字
2009年12月第1版 2009年12月第1次印刷

ISBN 978-7-80696-606-8
定 价：64.00元

目　　录

《正史汇目》第一　正史总

阮孝绪《正史削繁》九十四卷

按：见《隋书·经籍志》著录。两《唐志》俱作十四卷。

佚名《正史削繁音义》

《颜氏家训》：《正史削繁音义》音蒜颗为苦戈反。

佚名《正史杂编》十卷

按：见《补五代史艺文志》著录，不著撰人名氏。

杨九龄《正史杂论》四卷

按：见《宋史·艺文志》著录。

黄云师《正史钩英》三十卷

按：见《明史·艺文志》著录。

佚名《正史新评》

按：见《崇文总目》著录。

余扶上《正史汇辑》三十卷

按：见《安徽通志·艺文志》著录。

佚名《正史摘奇》

按：见《江南通志·艺文志》著录，不著撰人名氏。

陈懿典《正史七太子传》一卷

按：见《千顷堂书目》著录。

佚名《正史姓韵》二十四卷

按：见《遂初堂书目》著录，不著撰人名氏。

尤德隆《历代正史年谱》三卷

按:见《台州经籍志》著录。注云:尤德隆,宁海人。

以上正史总

刘子立《二史钞》

按:见《江西通志·艺文志》著录。

况叔祺《二史汇编》十六卷

按:见《千顷堂书目》著录。注云:合史汉。

《澹生堂书目》:《二史汇编》十六卷。

以上二史

张温《三史略》二十九卷

按:见《隋书·经籍志》著录。注云:吴太子太傅张温撰。《唐书·艺文志》作《三史要略》三十卷。

余靖等《三史刊误》四十五卷

《崇文总目》秘书监余靖上言:“国子监所收《史记》、《汉书》误,请行校正。”诏翰林学士张观、知制诰李淑、宋祁与靖洎直讲王洙于崇文院雠对,悉取三馆诸生及数百家之书,以相参校,尤为精备。靖等人自录其雠校之说,别为《三史刊误》四十五卷。

周护《三史菁英》三十卷

按:见《宋史·艺文志》著录。

佚名《三史文类》

按:见《万卷楼艺文记》著录。不著撰人名氏,四册。

黄君俞《三史训纂》

按:见《福建通志·艺文志》著录。注云:宋黄君俞,治平四年进士。

钱大昕《三史拾遗》五卷

按见《郘亭知见传本书目》。注云:潜研堂本。

以上三史

张建玠《四史简编》十八卷

按:见《安徽通志·艺文志》著录。

史缉《四史剿说》十六卷

按:见《江西通志·艺文志》著录。

汪科甲《四史华存》四卷

按:见《八千卷楼书目》著录。注云:《汪氏遗书》本。

洪亮吉《四史发伏》十卷

按:见《八千卷楼书目》著录。又《浙江图书馆书目》注云:考《史记》、《汉书》、《三国志》。

佚名《四史外戚传》四卷

按:见《京师图书馆善本书目》著录。注云:清内阁书,不著撰人名氏,明刊本。案此书四库未收,《明史》云,永乐中编辑外戚传,未知即此书否也。

刘文如《四史疑年录》七卷

按:见《江南图书馆书目》著录。

以上四史

罗振玉《五史斠义》

按:见《涵芬楼书目》著录。注云:光绪癸卯刊本。

以上五史

张荣寿《八史经籍志》三十卷

按:见《汇刻书目》著录。注云:镇海张氏汇刻本。又《浙江图书馆书目》:《八史经籍志》三十卷,日本人编,不知名氏,光绪间刻本。

以上八史

汪辉祖《九史同姓名略》七十二卷,补遗四卷

按:见《双节堂杂录目》著录。

以上九史

佚名《十史事语》十卷

按:见《十驾斋养新录》引,不明作者姓氏。

佚名《十史事类》十二卷

按:见《十驾斋养新录》引,不明作者姓氏。

李安上《十史类要》十卷

《玉海·杂史》:《宋朝十史类要》十卷,皇朝李安上,自战国迄五代,摭其杂事,以门类分次。

以上十史

刘义叟《十二代史志》

按:见《玉海·论史》。

以上十二史

吴武陵《十三代史驳义》十二卷

按:见《唐书·艺文志》著录。

宋谏注《十三代史目》十卷

按:见《宋史·艺文志》著录。

商仲茂《十三代史目》三卷

《郡斋读书志》:《十三代史目》三卷,唐殷仲茂撰。辑《史记》、两汉、三国、晋、宋、齐、梁、陈、后魏、北齐、周、隋史籍,篇次名氏。国朝杜镐以唐、五代书目续之。

《宋史·艺文志》:商仲茂《十三代史目》一卷。秘书省书目:殷仲茂《十三代史目》三卷。《宋史·艺文志》注:商仲茂,《四库阙书目》、《秘书省续四库书目》等都作“殷仲茂”,“商”字盖宋人讳改。

佚名《十三代史选》五十一卷

按:见《宋史·艺文志》著录,不著撰人名氏。

《通志·艺文略》:《十三代史选》五十卷,叙《史记》、前后汉、《三国志》、晋、宋、齐、梁、陈、后魏、北齐、北周、隋十三家史。

夏鸿等《十三代史略》

按:见《安徽通志·艺文志》著录。注云:贵池夏鸿、夏鹏著。

佚名《咏十三代史诗》一卷

按:见《秘书省书目》著录,不著撰人名氏。

刘义叟:《十三代史辑历》

按:见《陕西通志·艺文志》著录。

以上十三史

吉文甫《十五代略》一卷

按:见《隋书·经籍志》。注云:起庖羲,至晋。两《唐志》作十卷。

以上十五史

周护《十七史赞》三十卷

按:见《宋史·艺文志》著录。

佚名《名贤十七史确论》一百四卷

按:见《宋史·艺文志》著录。注云:不知作者。

王逢原《十七史蒙求》十六卷

《玉海·论史》:绍兴十八年陈梦协进《十七史蒙求》,给事中韦寿成看详,二月十七日加赐束帛。

《宋史·艺文志》:王先生《十七史蒙求》十六卷。

吕祖谦《十七史详节》二百七十三卷

《浙江采进遗书目》:《十七史详节》二百六十九卷,宋吕祖谦撰。案自“马史”至“欧史”,各就原书,删繁节要,合成一编。

《四库存目》:《十七史详节》二百七十三卷(浙江巡抚采进本),宋吕祖谦撰,此盖其读史时删节备检之本,而建阳书坊为刻而传者。凡《史记》二十卷,《两汉书》三十卷,《东汉书》三十卷,《三国志》二十卷,《晋书》三十卷,《南史》二十五卷,《北史》二十八卷,《隋书》二十卷,《唐书》六十卷,《五代史》十卷。卷前冠以疆里、世系、纪年之图。所录大抵随时节钞，不必尽出精要，为例亦间有不纯，然南宋诸儒，大抵研究性命，而轻视史学，故朱子作《贡举私议》，欲分年试士，以史记、两汉为一科，三国、晋书、南北史为一科，新旧唐书、五代史为一科，盖虚谈无实之弊，朱子亦深虑之矣。祖谦虽亦从事于讲学，而淹通典籍，不肯借程子玩物丧志之说，以文饰空疏，故朱子称其史学分外仔细，附存其目，俾儒者知前人读书，必贯彻首尾，即所删节之本，而功用之深，至可以概见，则此二百七十三卷者，虽不能尽诸史之全，而足以为宋儒不废史学之明证也。

《适园藏书志》：《十七史详节》二百七十三卷，宋吕祖谦撰，坊本伪托。凡《史记》二十卷，《两汉书》三十卷，《东汉书》三十卷，《三国志》二十卷，《晋书》三十卷，《南史》二十五卷，《北史》二十八卷，《隋书》二十卷，《唐书》六十卷，《五代史》十卷。以《南北史》包宋、齐、梁、陈、魏、齐、周七史。书止十史，而署曰十七史，职此故也。

《郘亭知见传本书目》：吕东莱《十七史详节》二百七十三卷，明正德丙子刘宏毅刊本，《四库存目》、《天禄后目》有宋元本十余部。

佚名《十七史赞》三十八卷

按：见《宋史·艺文志》著录，不著撰人名氏。

舒离《十七史目》三卷

按：见《安徽通志·艺文志》著录。注云：舒离，宋歙县人。

郑□《十七史类》七十七卷

《郡斋读书附志》：《十七史类》七十七卷，三山郑某所编也。自周而下，每一事相类，则编而次之。

胡一桂《历代编年十七史纂》

按：见《补宋史艺文志》著录。

胡一桂《十七史纂古今通要》十七卷

《读书敏求记》：宋以来论史家，汗牛充栋，率多庞杂可议，以其不讨论之故也。胡廷芳纂此书，议论颇精允，绝非宋儒偶见者可比，一览令人于古今兴亡理乱，了然胸次。朱子称《稽古录》其言如桑麻谷粟，曰小儿读六经了，好令接续读去，予于此书亦云然。但以昭烈继建安，一祖《朱子纲目》，予不敢谓温公正统为非，诸俟百世之君子讨论可耳。

《四库简目》:《十七史纂古今通要》十七卷，元胡一桂撰，约括十七史事迹，系以论断。其上起伏羲，殆以司马贞《史记索隐》有补《三皇本纪》也。

《四库总目》:《十七史纂古今通要》十七卷(内府藏本)，元胡一桂撰。是书自三皇以迄五代，裒集史事，附以论断，前有大德壬寅自序，并地理、正系等十三图。钱曾《读书敏求记》其推许是书甚至，至议其当从《资治通鉴》帝魏，不当从《朱子纲目》帝蜀，则又久经论定之事，矜持异议以骇听，不足为一桂病也。熊禾《勿轩集》有胡廷芳《史纂通要语序》，即为此书而作。廷芳，一桂字也。其称《史纂通要》省文耳。此本不载“禾序”，殆偶佚欤。

《江南图书馆目》:《十七史纂古今通要》十七卷，《后集》三卷，胡一桂撰。

《郘亭知见传本书目》:《十七史纂古今通要》十七卷，元胡一桂撰，大兴朱氏有元刻本，今售出。

《郑堂读书记》:《十七史纂古今通要》十七卷，《后集》三卷。元胡一桂撰，《后集》董鼎续(一桂字廷芳，号双湖，婺源人，宋景定甲子领乡荐试礼部不第，入元教授乡里以终。董字季舌，鄱阳人)。《四库全书》著录乃据内府藏本，载前集十七卷，钱氏《补元志》(史钞类)同。倪氏《宋志补》(编年类)作《历代编年十七史纂》，无卷数。其《补元志》(史钞类)载董鼎注《史纂通要后集》三卷，著误作撰。钱氏《补元志》(史钞类)亦同其误。前有大德壬寅自序，称迁、固以来，其书汗漫，遂为纂要一编，始乎三皇，迄于五季，纪事则提其要，注事则核其详，关涉民彝世教，必反复辨论。自入温公《通鉴》，一祖《纲目》，及先儒史论断之间，亦僭附己意，与二三同志之论，以便初学。今观其书，前列“地理”、“世系”等十三图，不入卷数，大都约括十七史事迹，系以论断，于古今治乱兴亡，未尝不谆谆然致其意焉。其所以发其大义而正其归趣者，较温公《稽古录》至为赅博，盖议论挟事迹以行，与一代为一篇者，其体例本不同也。前又有熊勿轩(禾)、汪忠卿(良臣)二序，《后集》凡宋二卷，金一卷，体例与前集同，诚可附胡氏书以行。其不及辽事者，以辽亡于北宋之末，与元不相涉也。

郑洛《十七史补遗》二十卷

按：见《福建通志·艺文志》著录。注云：郑洛，永乐乙未进士。

张潜《十七史撮要》

按：见《福建通志·艺文志》著录。注云：张潜，崇祯庚辰进士。

吴载鳌《十七史葺》

见《福建通志·艺文志》著录。注云：吴载鳌，崇祯戊辰进士。

徐孚远《十七史猎俎》

按：见《江南通志·艺文志》著录。注云：徐孚远，华亭人。

金瑶《十七史摘奇》

按：见《江南通志·艺文志》著录。注云：金瑶，休宁人。

任元亨《十七史详节》

按：见《江南通志·艺文志》著录。注云：任元亨，宜兴人。

梅元丰《十七史删补》

按：见《江南通志·艺文志》著录。注云：梅元丰，宜城人。

舒津《十七史纲目》

按：见《浙江通志·艺文志》著录。注云：见成化《四明县志》。

赵祖点《续纂十七史宋元详节》

按：见《浙江通志·艺文志》著录。注云：见《东阳县志》。

黄位中《十七史考证》

按：见《安徽通志·艺文志》著录。注云：黄位中，庐江人。

李绂《十七史外论》

按：见《江西通志·艺文志》著录。

张金吾《十七史经说》十二卷

按：见《常熟图书馆目》著录。注云：本馆钞藏本。

张预《十七史百将传》十卷

《郡斋读书附志》:《百将传》十卷,东光张预公立所进也。由太公而下,至于五代之刘词,凡史辞泛漫而不切于兵者,一删去之。或非兵略而可以资人之智虑者,间亦存焉。各以《孙子兵法》题其后,次以行事合之。

《得月楼书目》:《十七史百将传》四本,张预撰,黄云癸酉仲冬,见此书止有半部,存一至六卷。

夏敦仁《十七史论》九卷,《年表》一卷

《四库存目》:《十七史论》九卷,《年表》一卷(江苏巡抚采进本),国朝夏敦仁撰。敦仁字调元,武进人。是书论断史事,始于汉,终于五代,大抵陈言,每代各别世系于前,僭伪之国皆然。末为年表一卷,以帝王与僭伪王并列,而所记始汉终元,与十七史数亦不相符,未喻其故也。

郭伦《十七朝史论一得》一卷

《浙江采进遗书目》:《十七朝史论一得》(写本),国朝萧山郭伦撰。历朝正史治忽之迹,而论断之。凡八篇,秦汉一,晋、宋、齐、梁、陈一,隋一,唐一,五季一,宋一,元一,明一。

《四库存目》:《十七朝史论一得》一卷(浙江巡抚采进本),国朝郭伦撰。是编为论八篇,一曰秦汉,二曰晋、宋、齐、梁、陈,三曰隋,四曰唐,五曰梁、唐、晋、汉、周,六曰宋,七曰元,八曰明,凡十七朝,故以为名。每朝各论其得失,大致不悖于理。

王鸣盛《十七史商榷》一百卷

《书目答问》:《十七史商榷》一百卷,王鸣盛撰。自《史记》至《新五代史》。

《郑堂读书记》:《十七史商榷》一百卷(洞经草堂刊本)。国朝王鸣盛撰(鸣盛字凤喈,号西沚,嘉定人,乾隆甲戌赐进士第二,官至内阁学士,降光禄寺卿)。西沚取汲古阁所刊十七史,益以《旧唐书》、明闻八诠刊本《旧五代史》、《永乐大典》本,为之改讹文,补脱文,去衍文,又举其中典制蒙滞,事迹舛驳者,诠解而审核之,并搜罗诸子百家文集、碑幢,互相检覆,以成是编。

计《史记》六卷,《汉书》二十二卷,《后汉书》十卷,《三国志》四卷,《晋书》十卷,《南史》合宋、齐、梁、陈书十二卷,北史合魏、齐、周、隋书四卷,新旧《唐书》二十四卷,新旧《五代史》六卷,别论史家义例崖略,为《缀言》二卷。名曰商榷者,谓商度而扬榷之也。夫西沚为近时讲尚书之大师,出其余力以治史,自能一扫从前史评诸家之陋习。学者每苦正史繁塞难读,或遇典制茫昧,事迹轇轕,地理、职官,目眯心瞀,试以是编置于其旁而参阅之,则思过半矣。惜乎辽宋等史,不及商榷。《缀言》所谓智有所未周,而力有所不逮也。前有自序,谓史家所记典制,有得有失,读史者不必横生意见,驰骋议论,以明法戒也。其迹有美有恶,读史者亦不必强力文法,擅加予夺,以为褒贬也。今就其书考之,如所谓横生意见,驰骋议论者,诚知免矣。若所云强立文法,擅加予夺,以为褒贬者,未免尤而效之,更加甚焉。即如《史记》之项羽,谬计四一条,刘项俱观始皇一条,刘藉项噬项一条,汉惟利是视一条,为羽发丧一条,四皓一条,陈平小人一条,范睢倾白起杀之一条,张耳真小人一条,信反面攻故主一条,田荣击杀田市一条,灌婴于平吕为有功一条,司马相如一条,凡若此等,只就《史记》一书举之,《汉书》以下,更仆难数。是则美犹有憾,不及其妹婿钱竹汀《二十二史考异》远矣。

李贻德《十七史考异》

《书目答问》:李贻德《十七史考异》,未刊。

以上十七史

曾先之《十八史略》二卷

《南雍经籍志》:《历代十八史略》十卷,庐陵前进士曾先之撰。

《读书敏求记》:史而云略,不成乎其史矣。然古今理乱兴废之由,荟撮于两卷中,幼学读之,颇可得其端绪,亦或童子佩觿之一助也。止称十八史者,概辽金于宋,殆与揭奚斯厘为三史,各统其所统之论,异乎所闻矣。

《浙江采进遗书目》:《十八史略》三册(刊本),元前进士庐陵曾先之撰,节录列史大略,取便省览而已。

《四库存目》:《十八史略》二卷(浙江巡抚采进本),元曾先之撰。先之字从野,庐陵人,自称曰前进士,而《江西通志·选举志》不载其名。先之所谓进士,盖乡举而试不入选者,故志乘无名也。然李肇《国史补》称唐时进士登第者,遇旧题名处,增前字,今先之自称前进士,则又相沿失考矣。其书钞节史文,简略殊甚,盖前冠以歌括,尤为弇陋,盖乡塾课蒙之本,视同时胡一桂《古今通略》,逊之远矣。

《经籍访古志》:《十八史略》二卷,元椠本,昌平学藏,卷端页头题"勤德堂刊增修宋季《古今通要十八史略》"。通略之书,行世久矣,惜其太略,学者憾焉。是编详略得宜,诚便后学,愿与世共之。目录首题"增校正十八史略纲目",本文首题"《古今历代十八史略》,前进士曾先之编"。又首有大德丁酉豫章周天骥题词,卷端纲目,首题"新增音义文《古今历代十八史略》,庐陵前进士曾先之编,广守宋应祥音释"。

陈殷《音释十八史略》

按:见《湖北通志·艺文志》著录。注云:明陈殷,勉之祖也。

陈段注 严垣松苗再校《增补十八史略》

按:见《日本东京帝国图书馆书目》著录。注:明治元年。

严松东园《增补十八史略》

按:见《日本东京帝国图书馆书目》著录。注:明治一七年。

太田才次郎《十八史略讲义》

按:见《日本东京帝国图书馆书目》著录。注云:支那文学全书第一四至一七编,明治二六年。

高阶英吉《注十八史校本》

按:见《日本东京帝国图书馆书目》著录。注:明治二三年。

冈田保孝《十八史略校本》

按:见《日本东京帝国图书馆书目》著录。

姚文栋校 石川鸿斋补注《十八史略校本》

按:见《日本东京帝国图书馆书目》著录。注:明治二七年。

福田重政《增订十八史略纪事本末》

按:见《日本东京帝国图书馆书目》著录。注:明治三〇年。

成濑悌三郎训点 林昭正校《十八史略读本》

按:见《日本东京帝国图书馆书目》著录。注:明治一三年。

西野古海训点《十八史略读本》

按:见《日本东京帝国图书馆书目》著录。注:明治一〇年。

斋藤实颖标注《十八史略读本》

按:见《日本东京帝国图书馆书目》著录。注:明治一二年。

大贺富二补订《十八史略读本》

按:见《日本东京帝国图书馆书目》著录。注:明治八年。

浅田耕《十八史略年表》

按:见《日本东京帝国图书馆书目》著录。注:明治一〇年。

奥田精一《标注十八史略备考》七卷

按:见《日本东京帝国图书馆书目》著录。注:明治一三年。

大乡穆《标注十八史略副铨》七卷

按:见《日本东京帝国图书馆书目》著录。注:明治一三年。

清旷敏本注 增田贡校《十八史略后编》

按:见《日本东京帝国图书馆书目》著录。注:明治九年。

宫胁通赫《续十八史略读本》

按:见《日本东京帝国图书馆书目》著录。注:明治四年。

王宗沐《十八史略》

按:见《浙江通志·艺文志》著录。注云:见《台州府志》。

以上十八史

梁寅《十九史略》

《十驾斋养新录》:明初临川梁寅于十八史外,益以元事,称《十九史略》。

舒稚《十九代史目》二卷

按:见《补五代史艺文志》著录。

杜镐《十九代史目》二卷

按:见《宋史·艺文志》著录。

安都《十九史节定》一百七十卷

按:见《明史·艺文志》著录。

《千倾堂书目》:安都《十九史节定》一百七十卷。都,太原人,愤诸史书法不公,改正为是书。嘉靖十三年上于朝,世宗以诸史已有定论,都妄引赘疣,命毁而遣之。

佚名《十九代史略》

《补元史艺文志》:《十九代史略》十八卷,曾先之撰。

《千倾堂书目》:曾先之《十九代史略》十八卷,一作十卷。

《读书敏求记》注:《十九史略》一种,为鄱阳余进编,先之所编自太古及宋末,余进所编并及元明,详见上元朱氏《开有益斋读书志》。

《八千卷楼书目》:《十九史略通考》七卷,元曾先之撰(高丽刊本)。

《经籍访古志》:《十九史略》(朝鲜国刊本),求古楼藏,万历十年,受国王命校刊,事具卷末金睟跋。

以上十九史

陈垣《二十史朔闰表》

《书目答问补正》:新会陈垣《二十史朔闰表·附西历回回历日表》,民国十五年北京大学研究所印本。

以上二十史

茅知至《二十一史绎注》

按:见《福建通志·艺文志》著录。

熊司平《二十一史照》

按:见《湖北通志·艺文志》著录。

张自勋《二十一史独断》二十一卷

《四库存目》:《二十一史独断》二十一卷(浙江巡抚采进本),明张自勋撰。是书于二言制行，或不近人情，不合中道，往往载诸典籍，学者喜谈，而独效之断，故直指而极论也。以自附于《春秋》责备之意，然持论刻核，时多乖谬，如《穀梁》谓隐公可谓轻千乘之国蹈道则末，其言允矣。今并谓轻千乘之国为非，至陈师道，不肯假赵挺之之衣，亦排诋之，所谓不乐成人之美者欤。

彭以明《二十一史论赞辑要》三十六卷

《浙江采进遗书目》：《二十一史论赞辑要》三十六卷（刊本），明中书庐陵彭以明辑。摘各史论赞，或辑其全文，或节其要语，以见评骘义例，古今文体升降之概。

《四库存目》：《二十一史论赞辑要》三十六卷（浙江巡抚采进本），明彭以明编。以明，庐陵人，万历中诸生。是编采录诸史论赞，以课其子，钞撮之学，非读史之正法也。

沈国元《二十一史论赞》三十六卷

《浙江采进遗书目》：《二十一史论赞》三十六卷（刊本），明沈国元撰。崇祯间，徐必泓序《方正录断制》，敏中手汇，搜隐招微，事取已然，义多未发。

《四库存目》：《二十一史论赞》三十六卷（浙江巡抚采进本），明沈国元撰。国元字飞仲，吴县人。是书摘录二十一史论赞，加以圈点评识，全如批选时文之式，以为评史。则纪传所载，非论赞所能该，事无始末，何由信其是非。以为论文，则《晋书》以下八史，以及宋、辽、金、元四史，岂可以为文式哉。真两无取也。

张墉《二十一史识余》三十七卷

《浙江采进遗书目》：《二十一史识余》三十四卷，补遗三卷（刊本），明钱塘张墉撰。钩取各史中奇事隽语，以类相从。凡大经大法，彰著人耳目者，不在所录，故曰识余。

《四库存目》：《二十一史识余》三十七卷（浙江汪启淑家藏本），明张墉撰。墉字石宗，钱塘人。是编一名《竹香斋类书》，摘录二十一史佳事隽语，分类排纂，共五十七门，末又附“补遗”一门，略仿《世说》之体，而每条下，皆注原史之名，其“发凡”讥何氏《语林》，滥及稗官，然《世说新语》，古来本列小说家,实稗官之流。而责其滥及稗官,是犹责弓人不当为弓,矢人不当为矢也。且所重乎正史者,在于叙兴亡,明劝诫,核典章耳。去其大端,而责其琐事,其去稗官亦仅矣。

戴义《二十一史文钞菁华》三十三卷

按:见《八千卷楼书目》著录。

杨慎《二十一史弹词》十一卷

按:见《南通图书馆目》著录。注云:亲履堂本。

附录:孙德威《二十一史弹词辑注》十卷

按:见《受古书店书目》著录。注云:康熙刊本。

附录:张仲英《二十一史弹词注》十一卷

按:见《常熟图书馆目》著录。注云:资善堂本。

陈维岱《二十一史约编》

按:见《江南通志·艺文志》著录。注云:陈维岱,宜兴人。

陈维岱《增广二十一史约编》

按:见《江南通志·艺文志》著录。

潘世芳《二十一史论》

按:见《山西通志·艺文志》著录。注云:潘世芳,闻喜人。

赵尔忻《二十一史评断》

按:见《山西通志·艺文志》著录。

宫梦仁《二十一史名臣言行录》

按:见《江南通志·艺文志》著录。注云:宫梦仁,泰州人。

孙忠《二十一史纂》

按:见《江南通志·艺文志》著录。注云:孙忠,长洲人。

项笃寿《二十一史论赞》

按:见《太和堂书目》著录。

马维铭《二十一史纂略》四十四卷

按:见《培林堂书目》著录。

赵南星《二十一史韵》六卷

按:见《中国书店书目》著录。注云:明赵南星撰,檇李仲宏道增编。

顾炎武《二十一史年表》十卷

按:见《亭林著述目》著录。

徐汾《二十一史微》

按:见《擅几丛书目》著录。

王成昱《二十一史言行录》四十二卷

按:见《孙氏祠堂书目》著录。

佚名《二十一史刊误》一卷

按:见《传是楼书目》著录。

李兆洛《二十一史提纲歌》二卷

按:见《八千卷楼书目》著录。

沈炳震《廿一史世谱》五十四卷

按:见《书目答问》著录。注云:海宁查氏刻本。

补正:广州局本,《纪元谱》四卷,《封爵谱》二十四卷,《宰执谱》十卷,《谥法谱》十六卷。所谱皆自汉迄元。

彭希涑《二十一史感应录》二卷

按:见《海仙山馆书目》著录。

陈元锡《二十一史纬》二百三十八卷

按:见《环碧山房书目》著录。

孙履桓《二十一史选驳》

按:见《江南通志·艺文志》著录。注云:孙履恒,吴江人。

李清《二十一史同异》

按:见《江南通志·艺文志》著录。注云:李清,兴池人。

黄道年《二十一史驳》

按:见《江南通志·艺文志》著录。注云:黄道年,合肥人。

史逸裘《二十一史约》

按:见《江南通志·艺文志》著录。注云:史逸裘,金坛人。

佚名《二十一史纂略》四十四卷

按:见《浙江通志·艺文志》著录。注云:不著撰人。

包节《二十一史意钞》

按:见《浙江通志·艺文志》著录。注云:见《嘉禾献征录》。

孙铨《二十一史纂》

按:见《浙江通志·艺文志》著录。注云:见《归安县志》。

李键《二十一史汇纂》

按:见《浙江通志·艺文志》著录。注云:见《缙云县志》。

贺祥珠《二十一史评》

按:见《江西通志·艺文志》著录。

刘恩彬《二十一史论》

按:见《江西通志·艺文志》著录。

谭贞默《二十一史说》

按:见《江西通志·艺文志》著录。

吴非《廿一史目例异同》一卷

按:见《安徽通志·艺文志》著录。注云:吴非,贵池人。

顾天锡《二十一史评论》三十卷

按:见《湖北通志·艺文志》著录。

邓炅《二十一史提要》

按:见《湖北通志·艺文志》著录。

冯钦《二十一史表志列传钞》

按:见《陕西通志·艺文志》著录。

王冲翰《廿一史节略》一百二十八卷

按:见《陕西通志·艺文志》著录。注云:王冲翰,太平人。

陈于宾《廿一史拔》

按:见《安徽通志·艺文志》著录。

郑元庆《二十一史约编》十卷

按:见《八千卷楼书目》著录。元庆,吴兴人,有紫文阁刻本。

《郑堂读书记》:《二十一史约编》(无卷数,鱼计亭刊本),国朝郑元庆撰(元庆,字子余,号茝畦,归安人)。茝畦以廿一史卷帙繁而难阅,于是荟萃全史,钩深提要,裁以己意,檃栝成章,上溯太古,下迄胜朝,计一百三十九篇,约而不遗,驯而可诵,而书表志传,诸可激人观听者,又为采拾菁华,厘齐前后,存什一于千百,汇众体为一家,分金、石、丝、竹、匏、土、草、木八部,而以上古考略,历代图歌以下十五门为首卷。凡治乱废兴,是非得失之故,犁然备举。或略具于全目之首,或散著于纪传之中,较之全史,已得大概,可以一览而无遗矣。盖王凤洲、诸理斋诸书,俱为编年而设,而此书则为纪传而设,故当时盛行于世也。书成于康熙丙子,自为序例,又有陈(一夔)、郑(开极)二序。

佚名《二十一史详节》三百二十卷

按:见《世善堂书目》著录,注云:不著撰人名氏。

以上二十一史

章慥《二十二史童观集》

按:见《江西通志·艺文志》著录。

吴绥《廿二史纪事提要》八卷

《四库存目》:《廿二史纪事提要》八卷(江西巡抚采进本),国朝吴绥撰。绥,字韩章,无锡人。是书成于顺治中,于诸史中,择其大事为纲,而檃栝原文,以为之目。起自太古,迄于明末,故以廿二史为名,然实取之坊刻《纲鉴》,非采诸全史也。

陈庚焕《二十二史图》

按：见《福建通志·艺文志》著录。注云：陈庚焕，嘉庆间贡生。

陈庚焕《二十二史人物考》

按：见《福建通志·艺文志》著录。

陈庚焕《二十二史年表》

按：见《福建通志·艺文志》著录。

葛起涵《廿二史鉴要》

按：见《安徽通志·艺文志》著录。

史永直《廿二史杂录》

按：见《陕西通志·艺文志》著录。注云：史永直，孟县人。

周棨《廿二史讳略》一卷

按：见《啸园丛书目》著录。

陶有客《廿二史综编》

按：见《江南图书馆目》著录。

常安《廿二史文钞》一百九卷

按：见《孙氏祠堂书目》著录。

程垣符《二十二史引》八卷

按：见《受古书店书目》著录。注云：精抄本。

郭衷恒《二十二史纂略》六卷

按：见《博古斋书目》著录。

钱大昕《廿二史考异》一百卷

《书目答问》：注云：潜研堂本。

《郑堂读书记》：《二十二史考异》一百卷（潜研堂刊本），国朝钱大昕撰（大昕，字晓征，号辛楣，一号竹汀，嘉定人，乾隆甲戌进士，官至少詹事）。竹汀少时好读史书，通籍以后，尤精斯业，于二十二史，反复校勘，偶有所得，写于别纸，久之编成百卷。凡《史记》五卷，《汉书》四卷，《后汉书》三卷，《续后汉书》二卷,《三国志》三卷,《晋书》五卷,《宋书》二卷,《南齐书》及《梁书》、《陈书》各一卷,《魏书》三卷,《北齐书》一卷,《周书》一卷,《隋书》二卷,《南史》、《北史》各三卷,《唐书》十六卷,《旧唐书》四卷,《五代史》六卷,《宋史》十六卷,《辽史》一卷,《金史》二卷,《元史》十五卷。案正史文字烦多,义例纷纠,舆地则今昔异名,侨置殊所;职官则沿革迭代,冗要逐时;氏族则谱牒失诬,世次多舛。竹汀于斯三者,先就本书证之,证之未妥者,复取他书及石刻证之,条理贯穿,了如指掌。又小学算法,尤属专门,凡文字之讹误,无不是正;律术之参错,无不订定;而于典制事迹,亦能原原本本,证据详明。考史之书,至竹汀此编,诚所谓实事求是,得未曾有者也。同时王西沚(鸣盛)《十七史商榷》,考证舆地典制,颇不减于竹汀,惟其好取事迹加以议论,仍不免踏前人史论之辙。且于宋、辽、金、元四史,未及商榷,其书究难与竹汀抗行。至赵耘松(翼)《二十二史劄记》,类叙事实,毫无发明,又别为一体,尤不可与是编相提并论焉。是本前有自序,而无他人之序,固为名贵,然所列参订姓氏,竟有九十八人之多,是涉明人刻书习气,此书不宜有也。

旷敏本《二十二史略》

按:见《日本帝国大学图书馆目》。

赵翼《廿二史劄记》三十六卷

《书目答问》:《欧北全集目》:《廿二史劄记》三十六卷,补遗一卷。

《郑堂读书记》:《二十二史劄记》三十六卷(湛贻堂刊本)。国朝赵翼撰(翼,字云崧,号瓯北,阳湖人。乾隆辛巳赐进士第二,官至贵州贵西道),云崧以稗乘脞说,间与正史歧互者,本史官弃而不采,今或据以驳正史,恐为有识所讥,因作此编。多就正史纪传表志中参互勘校,其有抵牾处自见。至古今风会之递变,政事之屡更,有关于治乱兴衰之故者,亦随所见附著之。凡《史记》、《汉书》三卷,《后汉书》二卷,《三国志》一卷,《三国志》、《晋书》一卷,《晋书》一卷,宋、齐、梁、陈书一卷,宋、齐、梁、陈并《南史》三卷,魏、齐、周、《隋书》并《北史》三卷,新旧《唐书》五卷,《五代史》二卷,宋、辽、金史一卷,《宋史》三卷,《辽史》、《金史》一卷,《金史》一卷,《元史》二卷,《明史》六卷。其持论不蹈袭前人,亦不有心立异,于诸史审定曲直,不掩其失,而亦乐道其长，视郑渔仲、胡致堂专以诟骂炫世者，心地且远过之。其不援杂书以驳史文之讹，亦属特识。颜师古以后，未有能见及此者矣。在近儒评史之书，群推王、钱两家，然惟云崧堪与之鼎立尔。前有自撰小引，及钱大昕、李保泰二序。又按云崧《陔余丛考》，有考证正史十卷，已得其大略，正可取以互相证佐云。

过元昱《廿二史言行略》四十二卷

按：据《郑堂读书记》：《廿二史言行略》四十二卷（苏州谢氏刊本），国朝过元昱编（元昱，字穆君，长洲人）。穆君以言行为荣辱之主，嘉言善行，备载诸史，因取廿二史世家列传，自汉迄元，录其言行可为法则者，分二十二门。每门各自分类，间于分类之中，又各分小目，盖取其事之相类者汇次之，以便检阅。皆详核其人生平事实，分条录出，不加一字，应录者并录全篇。每条事实，间有涉及几门几类者，权其轻重，择最重之门类归入，不复别见于涉及之门类，以免纷杂。其有一端可采而末节终亏者，概不入录。则是书虽捃摭旧文，而于言行为择之精而取之善矣。书成于嘉庆戊午，前有自撰凡例及钱竹汀（大昕）、王铁夫（芑孙）二序，末有张涛，后有谢（希曾）跋。

以上二十二史

周延儒《二十三史绮编》十七卷

按：见《八千卷楼书目》著录。

以上二十三史

佚名《二十四史缺页补》

《江南图书馆目》：《二十四史缺页补》一本。注云：新会陈氏本。

汪辉祖《二十四史姓氏韵编》

按：见《涵芬楼书目》著录。

佚名《二十四史策案》

《三家书目》：《二十四史策案》二册。注云：皕宋楼目同。

鲍雍《廿四史论新编》二十三卷

按：见《金陵丛书目》著录。

佚名《二十四史类聚》

按:见《西泠印社书目》著录。注云:石印本。

汪日桢《二十四史日月考》二百三十六卷

按:见《书目答问补正》著录。注云:未见传本。

宋书升《二十四史正讹》

按:见《书目答问补正》著录。注云:未见传本。

黄书霖《二十四史九通政合编》三百二十卷

按:见《来青阁书目》著录。注云:石印本。

正史部汇目完

《正史汇目》第二　《史记》部

（一）司马迁《史记》未成前目

（《汉书·司马迁传》：司马氏据《左氏》、《周语》，采《世本》、《战国策》，述《楚汉春秋》，接其后事，讫于天汉）

左丘明《左氏传》三十卷

按：见《汉书·艺文志》著录。注云：鲁太史。

《孔子家语》：孔子将修《春秋》，与左丘明乘如周，观书于周史，归而修《春秋》之经，左丘为之传，共为表里。

《论衡·案书篇》：鲁恭王坏孔子教授堂，以为宫，得佚《春秋》三十篇，《左氏传》也。

《御览》引《新论》：《左氏传》之与经，犹衣之表里，相待而成。有经而无传，使圣人闭门思之，十年不能知也。

《直斋书录解题》：《春秋左氏传》三十卷，自昔相传以为左丘明撰。其好恶与圣人同者也。而其末记晋知伯反丧于韩、魏，在获麟后二十八年，去孔子没亦二十六年，不应年少后亡如此。又，其书称“虞不腊矣”、“见于尝酎”及“秦庶长”，皆战国后制，故疑非孔子所称左丘明，别是一人为史官者。

《四库简目》：《春秋左传正义》三十六卷，周左丘明撰，晋杜预注，唐孔颖达疏。左氏褒贬或不确，而所述事迹，则皆征国史。不明事迹之始末而臆断是非，虽圣人不能也。故说《春秋》者，必以是书为根柢。

左丘明《国语》二十一篇

按：见《汉书·艺文志》著录。

《史记·太史公自序》：左丘失明，厥有《国语》。

《汉书·司马迁传赞》:孔子因鲁史记而作《春秋》,而左丘明论辑其本事,以为之传,又纂异同为《国语》。

韦昭《国语解叙》:左丘明复采录前世穆王以来,下讫鲁悼、智伯之诛,以为《国语》,其文不主于经,故曰外传。

《史通·正史篇》:左丘明既配经立传,又撰诸异同,号曰《外传国语》,二十一篇。斯盖采书志等文,非唯鲁之史记而已。

《四库简目》:《国语》二十一卷,吴韦昭注。按《国语》二十一篇,《汉书·艺文志》虽入春秋类,然无春秋外传之名。《律历志》引之,乃称《春秋外传》。然所记上包周穆王,下及鲁悼公,与春秋时代不相应,与经义了不相关。朱彝尊《经义考》收之,殊为未协。史通六家《国语》居一。实古左史之遗,今改归杂史类也。

《四库总目》:《国语》二十一卷(户部员外郎章铨家藏本),吴韦昭注。《国语》出自何人,说者不一,然终以汉人所说为近。古所记之事,与《左传》俱迄智伯之亡,时代亦复相合。中有与《左传》未符者,犹《新序》、《说苑》同出刘向,而时复抵牾。盖古人著书,各据所见之旧文,疑以传疑,不似后人轻改也。

佚名《世本》十五篇

按:见《汉书·艺文志》著录。注云:古史官记黄帝以来讫《春秋》时诸侯大夫。

《史记集解序索隐》:刘向曰:《世本》,古史官明于古事者所记,录黄帝已来帝王诸侯及卿大夫系谥名号,凡十五篇。

《颜氏家训·书证篇》:皇甫谧《帝王世纪》说《世本》左丘明所书,而有燕王喜、汉高祖,由后人所羼,非本文也。

《史通·正史篇》:楚汉之际,有好事者,录自古帝王、公侯、卿大夫之世,终乎秦末,号曰《世本》,十五篇。

《史通·书志篇》:周撰《世本》,式辨诸宗;楚置三闾,实掌王族。

《史通·杂述篇》:《世本》辨姓,著自周室。

《汉书艺文志讲疏》:《世本》有二,岂古史所述与楚汉间人所录异书同名耶。清孙鸿翼、雷学淇、张澍、秦嘉谟咸有《世本》辑本。

附录:孙冯翼辑《世本》一卷

按:见《书目答问》著录。注云:问经堂本。

《郑堂读书记》:《世本》一卷(问经堂丛书本)汉宋衷注(衷,一作忠,音同。字仲子,南阳人。汉末荆州王业从事),国朝孙冯翼辑(冯翼,字凤卿,承德人。承荫历官□部郎中)。《汉志》载《世本》十五篇。注云:古史官记黄帝以来迄春秋时诸侯大夫。《隋志》载《世本》二卷,刘向撰。撰之云,撰集古书,非如后世之作而不述也。《汉志》十五篇,《隋志》第言卷数,分著竹帛,故有不同也。《隋志》又载《世本》四卷,宋忠撰,忠盖注而广之,故有四卷也。新旧《唐志》所载与《隋志》同,至崇文目始不著录,盖在五季时已亡佚矣。嘉定钱可庐(大昭)尝据书传所引,集为"作篇"、"居篇"、"姓氏篇"、"王侯大夫谱篇"共四篇,服其勤博。凤卿既得钱本,复据诸书,补其未备,校订付梓,间有缺略。近阳湖洪(饴孙)、江都秦(嘉谟)又相继而增补之。然洪氏成书四卷,秦氏成书十卷,俱泛涉而无所当,反失庐山真面目,则何不若是编之谨严也。前有考证四则,并嘉庆七年孙渊如师序。

附录:茆氏辑《世本》

按:见《书目答问》著录。注云:高邮茆氏辑刻十种古书本。

附录:陈其荣《补订孙辑世本》二卷(附考证)

按:见《书目答问补正》著录。注云:吴县朱记荣刻《槐庐丛书》本。

附录:雷学淇《校辑世本》二卷

按:见《书目答问》著录。注云:自刻本。《补正》:潮州郑氏龙溪精舍重刻本,定州王灏刻《畿辅丛书》本。

附录:秦嘉谟《世本缉补》十卷

按:见《书目答问》著录。注云:原刻本。

佚名《战国策》三十三卷

按:见《汉书·艺文志》著录。注云:记《春秋》后。

《史通·正史篇》:春秋之后,七雄并争,秦并诸侯,则有《战国策》三十三篇。

《郡斋读书志》:《战国策》十三卷,汉刘向校定三十三篇。东、西周各一,秦五,齐六,楚、赵、魏各四,韩、燕各三,宋、卫、中山各一。旧有五号,向以为皆战国时游士策谋,改定今名。其事则上继春秋,下迄楚汉之际,凡二百四五十年之间。

《四库简目》:《战国策注》三十三卷,旧本题汉高诱注。谨案《汉书·艺文志》载《国策》与《史记》为一类,《隋志》、《唐志》皆因之。晁公武《读书志》始改入子部纵横家,《文献通考》因之。考班固称司马迁作《史记》,所据有《战国策》,则《战国策》当入史类,更无疑义。且子之为名,本以称人,因以称其所著《战国策》,则刘向所校编,其文不出一手,所谓子者,何子乎?晁氏所改,殊为未允,今仍归之史部耳。

《四库总目》:《战国策注》三十三卷(衍圣公孔昭焕家藏本),旧本题汉高诱注。今考其书,实宋姚宏校本也。《文献通考》引《崇文总目》曰,《战国策》篇卷亡阙第二至第十,第三十一至第三十三阙。又有后汉高诱注本二十卷,今阙第一至第五,第十一至第二十。止存八篇。

《汉书管见》:宋一新曰:今高诱、姚宏注本,虽分三十三卷,实已缺一篇。盖后人分析以求合三十三篇之数也。

陆贾《楚汉春秋》九篇

按:《汉书·艺文志》著录。

《史通·正史篇》:汉兴,太中大夫陆贾纪录时功,作《楚汉春秋》九篇。

《史通·杂述篇》:皇王受命,有始有卒,作者著述,详略难均。有权记当时,不终一代,若陆贾《楚汉春秋》、乐资《山阳载记》、王韶《晋安陆记》、姚最《梁昭后略》。此之谓偏纪者也。

《史通·杂说篇上》:刘氏初兴,书惟陆贾而已。子长述楚汉之事,专据此书。

《汉书疏证》:沈钦韩曰:《楚汉春秋》九篇,《隋志》九卷,《唐志》二十卷,《御览》引之,《经籍考》不载,盖亡于南宋。

附录:茆辑《楚汉春秋》

按:见《书目答问》著录。注云:汉陆贾撰。茆氏辑十种古书本。《补正》

(按:即《书目答问补正》,下同——郑注):潮州郑氏龙溪精舍重刻茆辑本,吴县朱氏《槐庐丛书》重刻茆辑本,附考证。

附录:洪颐煊辑《楚汉春秋》

按:见《书目答问补正》著录。注云:经典集林本。

(二)司马迁《史记》已成后目

冯商续《太史公》七篇

《汉书·艺文志》:冯商所续《太史公》七篇。韦昭曰:冯商受诏续《太史公》十余篇,在《班彪别录》。商字子高。师古曰:《七略》云,商阳陵人,治易事五鹿充宗,后事刘向,能属文。后与孟柳俱待诏,颇序列传,未卒病死。

《汉书·张汤传赞注》引如淳曰:班固《目录》:冯商,长安人。成帝时,待诏金马门,受诏续《太史公书》十余篇。

杨恽《续太史公记》

《汉书·杨敞传》:敞子忠,忠弟恽,恽母,司马迁女也。恽始读外祖《太史公记》,颇为春秋,以才能称,好交英俊诸儒,名显朝廷。

《汉书·司马迁传》:迁既死后,其书稍出。宣帝时,迁外孙平通侯杨恽祖述其书,遂宣布焉。

褚少孙《补史记》

《史记·龟策传》:褚先生曰:臣以通经术受业博士,以高第为郎,幸得宿卫,出入宫殿中,十有余年。窃好《太史公传》。

《史通·正史篇》:元、成之间,褚先生更补其阙,作《武帝纪》、《三王世家》、《龟策》、《日者》等传,辞多鄙陋,非迁本意也。

《郡斋读书志》:迁没后,阙景、武纪,礼乐律书,三王世家,汉兴以来将相年表,日者、龟策传,靳蒯列传等十篇。元成间,褚少孙追补,及益以武帝后事。辞旨浅鄙,不及迁书远甚。

《直斋书录解题》:《史记》一百三十卷,十篇缺,有录亡书。张晏曰:迁没之后,亡景、武纪,礼乐兵书,汉兴将相年表,三王世家,日者、龟策传,靳歙、傅宽列传。元、成间，褚先生补作《武纪》，《三王世家》，《日者》，《龟策传》。言辞鄙陋，非迁本意也。师古曰：本无《兵书》，张说非也。今案此十篇者皆具在，褚所补《武纪》，全写《封禅书》，《三王世家》但述封拜策书，二列传皆猥酿不足进，而其余六篇，《景纪》最疏略，礼乐书誊荀子《礼论》、河间王《乐记》，傅靳《列传》与《汉书》同，而《将相年表》迄鸿嘉，则未知何人所补也。褚先生者，名少孙。

《四库总目》：少孙，据张守节《正义》引张晏之说，以为颍川人，元成间博士。又引褚颚家传以为梁相褚大弟之孙，宣帝时为博士寓居沛，事大儒王式，故号先生。二说不同，然宣帝末距成帝初，不过十七八年，其相去亦未远也。

《廿二史劄记》：褚少孙沛人。尝受诗于王式，后应博士弟子选。由是《鲁诗》有张、唐、褚氏之学。

范升《上司马迁史记违戾五经三十一事》

《后汉书·范升传》：建武二年，迁博士，时难者以太史公多引左氏，升又上太史公违戾五经、谬孔子言及《左氏春秋》不可录三十一事。

杨终《史记删》

《后汉书·杨终传》：终显宗时征旨兰台，拜校书郎，受诏删《太史公书》为十余万言。

服虔《史记音义》一卷

《顾补后汉书艺文志》：服虔《史记音义》一卷，见司马贞《史记索隐序》(案：《索隐序》称延笃《史记音义》一卷，无服虔书引误)。

延笃《史记音义》一卷

按：见司马贞《史记索隐序》。

《隋书经籍志考证》：《史记音义》一卷，后汉延笃撰，不著录。

佚名《史记章隐》五卷

司马贞《索隐后序》：后汉有延笃《音义》一卷，又别有《章隐》五卷，不记作者何人，近代鲜有二家之本。

《隋书经籍志考证》:案裴骃《集解》引有《史记音隐》,章乃音字之讹。小司马未见二书,自是亡于隋代,非《隋志》之阙著也。

郑氏《史记注》

《顾补后汉书艺文志》:郑氏《史记注》,名字爵里未详。《史记》、前后《汉书》注所载《郑氏音义》,即此书。或以为康成注,未敢信也。

张昶《龙山史记注》

《龙城录》:沈休文有《龙山史记注》,即张昶著。昶后汉末大儒,而世亦不称誉。予少时,江南李育之来访,余求进此书,后为火所焚,更不复得,岂斯文天欲秘此耶(案:昶字文舒,张芝弟,官至黄门侍郎)。

以上两汉时人

谯周《古史考》二十五卷

《三国志·蜀志·谯周传》:周所著有《古史考》。

《晋书·司马彪传》:初谯周以司马迁《史记》书周、秦以上,或采俗语百家之言,不专据正经。周以是作《古史考》二十五篇,皆凭旧典,以纠迁谬误。

《补晋书艺文志》:谯周《古史考》二十五卷,见《旧唐志》,古书有《周考》七十六篇,颜师古曰,考周事也。谯之名书,盖取此。其书《七录》、《隋志》皆不载,知佚久矣。

《史通·模拟篇》:谯周撰《古史考》,思欲摈抑马《记》,师仿孔《经》。其书李斯之弃市也,乃云秦杀其大夫李斯。夫以诸侯之大夫名天子之丞相,以此而拟春秋,所谓貌同而心异也。

《史通·正史篇》:晋散骑常侍巴西谯周,以迁书周、秦已上,或采家人诸子,不专据正经。于是作《古史考》二十五篇,皆凭旧典,以纠其谬。今则与《史记》并行于代焉。

《隋书·经籍志》:《古史考》二十五卷,晋义阳亭侯谯周撰。

《隋书经籍志考证》:《文选·王元长·四水诗序注》,引公孙述窃位,蜀人任永托目盲一事。其书并及东京,不徒纠迁史之失,而毛订《正义》引伏羲作瑟。杜佑《通典》注引无句作磬诸语,既与《世本·作篇》相类。至《史记索隐》

所引《周纪》不窋秦纪处父等事，词意多主辩驳，体裁实异正史。《唐志》列诸杂文类得之。

《书目答问》:《古史考》一卷，汉谯周撰。平津馆辑本。《补正》:潮州郑氏龙溪精舍重刻平津馆本；杨氏训纂堂本，章宗源辑。

附录:司马彪《条古史考》

《晋书·司马彪传》:彪复以周为未尽然也，条《古史考》，凡一百二十事，为不当。多据《汲冢纪年》之义，亦行于世。

卫飒《史要》十卷

《隋书·经籍志》:《史要》十卷，汉桂阳太守卫飒撰。约《史记》要言以类相从。

《隋书经籍志考证》:《唐志》作《史记要传》。

张莹《史记正传》九卷

按:见《隋书·经籍志》著录。

王谟《豫章十代文献略》:莹，浔阳人。张须无之族。

葛洪《史记钞》十四卷

按:见《新唐书·艺文志》著录。

徐广《史记音义》十二卷

《隋书·经籍志》:《史记音义》十二卷，宋中散大夫徐野民撰。

《补晋书艺文志》:《史记音义》十二卷，中散大夫徐野民撰。谨案见《隋志》,《史记索隐序》作一十卷，《史记正义》作十三卷，两《唐志》同。

《史记集解序》:故中散大夫东莞徐广，研核众本，为作音义(《正义》作《音义》十三卷，裴骃为注，散入百三十篇)，具列异同，兼述训解，粗有所发明，而殊恨省略。

《补史记序》:徐广惟略出音训，兼记异同，未能考核是非，解释文句。

《史记索隐序》:逮至晋末，有中散大夫东莞徐广，始考异同，作《音义》十三卷。

《史记索隐后序》:宋中散大夫徐广作《音义》十三卷，唯记诸本异同，于义少有解释。

《十七史商榷》:《宋书》五十五卷,《徐广本传》云:字野民,东莞姑幕人云云,此传叙述颇详,并不言广注《史记》,《晋书》八十二卷本传,《南史》三十三卷本传并同。并偶然漏略,诸传沿袭不补。

裴骃《史记》八十卷

《宋书·裴松之传》:松之子骃,南中郎参军,注司马迁《史记》,行于世。

《史记集解序索隐》:骃字龙驹,河东闻喜人,宋中郎外兵参军。父松之字世期,太中大夫,注《三国志》,《宋书》父子同传。

《史记集解序正义》:裴骃采九经诸史并《汉书音义》及众书之目而解《史记》,故题《史记集解》。

《史记集解自序》:考较此书,文句不同,有多有少,莫辩其实,而世之惑者,定彼从此是非相贸,真伪舛杂。聊以愚管增演徐氏,采经传百家,并先儒之说,豫是有益,悉皆抄内,删其游辞,取其要实。或义在可疑,则数家兼列。以徐为本,号曰《集解》。未详则阙,弗敢臆说。人心不同,闻见异辞,班氏所谓疏略抵牾者,依违不悉辩也。

《史记索隐序》:宋外兵参军裴骃,又取经传训释,作集解,合为八十卷。虽粗见微意,而未穷讨论。

《史记索隐后序》:中兵郎裴骃,亦名家之子也。作集解注本,合为八十卷,亦行于世。

《补史记序》:裴骃实亦后进名家,博采群书,专取经传训释,以为集解,然则时有冗长,至于盘根错节,残缺纰缪,咸拱手而不言,斯未可谓通学也。

《隋书·经籍志》:《史记》八十卷,宋南中郎外兵参军裴骃撰。

《隋书经籍志考证》:今本一百三十卷,非裴氏之旧,陈振孙所见已然。

《四库简目》:《史记集解》一百三十卷,宋裴骃撰。其书采诸家《史记音义》,并参证以经史,故名《集解》,所引多先儒旧诂,原本八十卷,毛氏刊本据史记篇数析之。

《四库总目》:《史记集解》一百三十卷(江南巡抚采进本),宋裴骃撰。骃以徐广《史记音义》粗有发明,惟恨省略,乃采九经诸史,并《汉书音义》及众书之目,别撰此书。其所引证,多先儒旧说,张守节《正义》尝备述所引书目次。然如《国语》多引虞翻注,孟子多引刘熙注,韩诗多引薛君注,而守节未著于目,知当目援引浩博,守节不能遍数也。原本八十卷,隋唐志著录并同。此本为毛氏汲古阁所刊,析为一百三十卷,原第遂不可考。然注之犹存旧本。自明代监本,以《索引》、《正义》附入其后,又妄加删削,讹舛遂多。

《郘亭知见传本书目》:《史记集解》一百三十卷,宋裴骃撰。汲古阁刊,单集解,据北宋本正史与各本多异。黄丕烈有蜀大字本,郁秦峰亦有蜀大字残本,为姚氏婉真女史旧藏。初印绝精,半页九行,行十六字,注行二十一、二十二字不等。

裴骃《史记音义》

《史记索隐后序》:中兵郎裴骃亦有《音义》,前代久已散亡。

《隋书经籍志考证》:《史记音义》,裴骃撰。不著录。

邹诞生《史记音义》三卷

《史记索隐序》:南齐轻车录事邹诞生,亦作《音义》三卷,音则微殊,义乃更略,尔后其学中废。

《史记索隐后序》:南齐轻车录事邹诞生亦撰《音义》三卷,音则尚奇,义则罕说。

《隋书·经籍志》:《史记音义》三卷,梁轻车录事参军邹诞生撰。

《隋书经籍志考证》:释元应《一切音义》引诞生《史记音义》,《旧唐志》讹作邵邹生。

以上三国两晋六朝时人

柳顾言《史记音解》三十卷

《史记索隐后序》:隋秘书监柳顾言犹善此史。刘伯庄云其先人曾从彼公受业,或音解随而记录,凡三十卷。隋季丧乱,遂失此书。

刘伯庄《史记音义》二十卷

《史记索隐序》:贞观中,谏议大夫崇贤馆学士刘伯庄,达学宏才,钩深探赜,又作《音义》二十卷。比作徐、邹,音则具矣。残文错节,异音微义,虽有独善,不见旁通,欲使后人从何准的。

《史记索隐后序》:伯庄以贞观之初,奉敕于弘文馆讲授,遂采邹、徐二说,兼记忆柳公音旨,遂作《音义》二十卷。音乃周备,义则更略,惜哉!古史微文,遂由数贤秘宝,故其学殆绝。

《唐书·艺文志》:刘伯庄《史记音义》二十卷(《旧唐志》三十卷)。

《直斋书录解题》:《史记音义》二十卷,唐崇贤馆学士刘伯庄撰。贞观初,奉敕讲授,采邹诞生、徐广及隋柳顾言《音义》为此书(原注:案《唐书·艺文志》有刘伯庄撰《史记地名》二十卷,又《史记音义》二十卷。袁凯谓,或沿邹诞生、徐广旧名而并称之。误也)。

刘伯庄《史记地名》二十卷

按:见《新唐书·艺文志》著录(旧志史略卷同)。

许子儒《史记音义》一百三十卷

《史记索隐后序》:前朝吏部侍郎许子儒,亦作注义,不睹其书。

《唐书·艺文志》:许子儒注《史记》一百三十卷。

许子儒《史记音》三卷

按:见《唐书·艺文志》著录。注云:字文举,叔牙子也。证圣天官侍郎颍川县男。

张嘉会《史记》

《史记索隐后序》:崇文馆学士张嘉会独善此书而无注义。

徐坚《史记注》一百三十卷

按:见《唐书·艺文志》著录。

《史略》:坚字元固,唐集贤院学士,齐聃之子,议者以坚文字如汉班氏。

褚无量《史记至言》十二篇

《唐书·褚无量传》:无量刻意典坟,尤精《礼》、司马迁《史记》。没后有于书殿得讲《史记至言》十二篇,上之。帝叹息以绢五百匹赐其家。

王元感《注史记》一百三十卷

《唐书·王元感传》:元感虽年老,犹能烛下看书,通宵不寐。长安三年表上其所撰《尚书纠缪》、《春秋振滞》、《礼记绳愆》，并所注《孝经》、《史记》稾草。请官给纸笔，写上秘书阁。

《唐书·艺文志》：王元感注《史记》一百三十卷(旧志同)。

司马贞《补史记》

《补史记序》：太史公，古之良史也。君举必书，福善祸淫，用垂炯诫。事广而文局，词质而理畅，斯亦尽美矣。而有未尽善者，假如本纪叙五帝而阙三皇，世家载列国而有外戚。郳许春秋次国，略而不书。张吴敌国，蕃王抑而不载。并编录有阙，窃所未安。又列传所著有管、晏，及老子、韩非。管、晏乃齐之贤卿，即如其例，则吴之延陵，郑之子产，晋之叔向，卫之史鱼，盛德不阙，何为盖阙。伯阳清虚为教，韩子峻刻制法，静躁不同，德刑斯舛。今宜柱史共漆园同传，公子与商君并列，可不善欤。其中远近乖张，词义踳驳，或篇章倒错，或赞论粗疏，盖由遭逢非罪，有所未暇，故十篇有录无书是也。后褚少孙亦颇加补缀，然犹未能周备。贞业谢颛门，人非博古。而家传是学，思欲续成先志，润色旧史。辄黜陟升降，改定篇目。其有不备，并采诸典籍，以补缺遗。其百三十篇之赞，记非周悉，并更申而述之，附于所篇之末。

司马贞《史记索隐》三十卷

《史记索隐自序》：贞谀闻陋识，颇事钻研，而家传是书，不敢失坠，初欲改更舛错，裨补疏遗，义有未通，兼重注述。然以此书残缺虽多，实为古史，忽加穿凿，难允物情，今止探求异闻，采摭典故。解其所未解，申其所未申者，释文演注。又重为述赞，凡三十卷。号曰《史记索隐》。

《史记索隐后序》：贞少从张学(张即张嘉会)，晚更研寻，初以残缺处多，兼鄙褚少孙诬谬，因愤发而补史记，遂兼注之。然其功殆半，乃自唯曰："千载古史，良难䌷绎。"于是更撰音义，重作赞述，盖欲以剖盘根之错节，导北辕于司南也。凡为三十卷，号曰《史记索隐》云。

《补史记序》：今辄案古今，仍以裴注为本，兼自见愚管，重为之注，号曰《小司马史记》。

《郡斋读书志》：《史记索隐》三十卷，唐司马贞撰。据徐、裴注纠正抵牾，援据密致，如东坡辨宰我未尝从田常为乱，盖本诸贞也。

《直斋书录解题》:《史记索隐》三十卷,唐弘文馆学士河内司马贞撰。采摭异闻,释文演注。末二卷为述赞,为《三皇本纪》。世号《小司马史记》。

《史略》:司马贞《史记索隐》三十卷,贞以徐广、裴骃、邹诞生、刘伯庄音释疏舛,别加考摭,作此书,系以述赞。

《四库简目》:《史记索隐》三十卷,唐司马贞撰。是书因裴骃《集解》而作,首注骃序一篇,记其全文。于司马迁书,则如陆德明《经典释文》之例,惟标所注之字句,盖经传别行之古法。末二卷为述赞,百三十篇,又补《史记条例》,终以《三皇本纪》并自注之。

《四库总目》:《史记索隐》三十卷(江苏巡抚采进本),唐司马贞撰。贞河内人,开元中,官朝散大夫宏文馆学士。初受《史记》于崇文馆学士张嘉会,病褚少孙补司马迁书多伤踳驳。又裴骃《集解》旧有音义,年远散佚。诸家音义,延笃《音隐》,邹诞生、柳顾言等书亦失传,而刘伯庄、许子儒等,又多疏漏。乃因裴骃《集解》,撰为此书。首注骃序一篇,载其全文。其注司马迁书,则如陆德明《经典释文》之例,惟标所注之字。盖经传别行之古法。凡二十八卷,末二卷为述赞一百三十篇,及补《史记》条例。欲更其次第,其言皆有条理。至谓司马迁述赞不安,而别为之,则未喻言外之旨。终以《三皇本纪》自为之注,亦未合阙疑传信之意也。此书本于《史记》之外别行,及明代刊刻监本,合裴骃、张守节及此书散入句下,恣意删削,漏略殊甚。然至今沿为定本,与成矩所刊朱子《周易本义》,人人明知其非,而积重不可复返。此单行本为北宋秘省刊板,毛晋得而重刻者,录而存之,犹可以见司马氏之旧,而正明人之疏舛焉。

《十七史商権》:《索隐》凡三十卷。前二十八卷,贞采徐广、裴骃、邹诞生、刘伯庄旧注,兼下己意,按文申义。自序一篇,附于末。其二十九卷及三十卷之上半卷,则贞嫌元本述赞未善,而重为一百三十篇之赞。下半卷,则补序一篇,自述其补之之由,又逐段论其改删升降之意。

《郘亭知见传本书目》:《史记》索隐三十卷,唐司马贞撰。汲古阁单行本。顾抱冲有淳熙辛丑澄江耿秉刊本。黄荛圃有宋乾道三年蔡梦弼刊本。元中统本,半页十四行,行二十五字,注双行字同。郘亭有明初游明校正,重刊元中统二年平阳道段氏本。又有明正德刊本，皆有《集解》、《索隐》而无《正义》，俱百三十卷。韩筱亭有不全十二行十四字本。钱遵王百衲本归那竹汀之孙桂某。一归刘燕庭。柯维熊校金台汪谅本。前序云陕西翻宋板，无《正义》，白鹿洞本有《正义》，即柯所出。

《郑堂读书记》：《史记索隐》三十卷（汲古阁刊本），唐司马贞撰。《四库全书》著录，《新唐志》、《崇文目》、《读书志》、《书录解题》、《通考》、《宋志》俱载之。是书因裴骃《集解》而推广之，其于《史记》，惟标所注之字，如陆氏《经典释文》之例。首注《裴序》一篇，载其全文。前二十八卷，采徐广、裴骃、邹诞生、刘伯庄旧注，兼下己意，按文申义。《自序》一篇附于末。其二十九卷及三十卷之上半卷，则贞嫌原本述赞未善，而重为一百三十篇之赞。下半卷则《补序》一篇，自述其补之之由，又逐段论其改删升降之意，然后继以《补三皇本纪》一篇，自为之注。按贞之改补，诚不知而作，后亦自悔其穿凿，俱仍旧贯，而聊附其说于此。其注颇极详赡，与张守节同时，而著书各不相谋，其有裨于裴注，则一也。此据臧恭生说，乃说谎也。王氏《读书杂志》有《史记》四卷，系摘句摘字为题而考证之。此本后有毛之晋二跋，知其以北宋秘省大字本校刊，而附于裴氏《集解》之后云尔。

张守节《史记正义》三十卷

《史记正义自序》：守节涉学三十余年，六籍九流，地里苍雅，锐心观采。评《史》《汉》诠众训释，而作《正义》。郡国城邑，委曲申明。古典幽微，窃探其美，索理允惬。次旧书之旨，兼音解注，引致旁通，凡成三十卷，名曰《史记正义》。发挥膏肓之辞，思济沧溟之海，未敢侔诸秘府，冀训诂而齐流，庶贻厥子孙世畴兹史。于时岁次丙子，开元二十四年八月，杀青斯竟。诸王侍读宣议郎守右清道率府长史张守节上。

《直斋书录解题》：《史记正义》三十卷，唐诸王侍读张守节撰。开元二十四年作序。

《史略》：张守节《正义》三十卷，唐开元中，诸王侍读采诸家训释为此书。

《四库简目》：《史记正义》一百三十卷，唐张守节撰。征引故实，颇为赅博，于地理尤详。音义并较他注为密。

《四库总目》:《史记正义》一百三十卷(兵部侍郎纪昀家藏本),唐张守节撰。守节始末未详,据此书所题,则其官为诸王侍读率府长史也。是书据自序三十卷,晁公武、陈振孙两家所录,则作二十卷。盖其标字列注,亦必如《索隐》,后人散入句下,已非其旧,至明代监本采附《集解》、《索隐》之后,更多所删节,失其本旨。守节所长,在于地理,故自序曰:郡国城邑,委曲详明。又守节征引故实,颇为赅博,故自序曰:古典幽微,窃探其美。至守节于六书五音,至为详审,故书首有《论字例》、《论音例》二条。而监本脱误滋多,苟非震泽王氏刊本俱存,无由知监本之妄删也。

《郘亭知见传本书目》:《史记正义》一百三十卷,唐张守节撰。南监有四本,嘉靖张邦奇本,万历二年全有丁大字本、小字本,万历二十四年冯梦祯本,北监本,此五本注皆不全。明嘉靖四年,震泽王延喆刊本,是年金台汪谅先刊柯维熊校本。十三年秦藩刊本,俱翻宋刻,每半页十行,行大字十八,小字二十三,柯本《索隐》序后有绍兴三年四月十二日右修职郎充提举茶盐司干办公事石公宪发刊,至四年十月二十四日毕工三行知三本。并从绍兴平出也。每卷尾总计史若干字,注若干字为二行,亦有不具者,三本悉同王板所据本周本纪脱第二十七页,柯板秦本纪脱第三十一页,各以意补缀注各有不全。然可以互补秦藩本,则两页并全,所以为胜凌稚隆评林本,从柯本出,尚无大删节。又有翻本,乾隆四年殿本,各注皆全。又古香斋巾箱本与殿板同,凡例言以宋本与汪本详对,即柯本也。《崇文总目》有单行《正义》三十卷,今佚。

陈伯宣《注史记》一百三十卷

按:见《唐书·艺文志》著录,注云:贞元中上。

《通志》:《史记》一百三十卷,陈伯宣注,今存八十七卷。

徐铉《骑省集》:伯宣,德安人。

李镇《注史记》一百三十卷

按:见《唐书·艺文志》著录。注云:开元七年上,授门下典仪。

李镇《史记义林》二十卷

按:见《唐书·艺文志》著录。

韩琬《续史记》一百三十卷

按:见《唐书·艺文志》著录。

窦群《史记名臣疏》三十四卷

按:见《唐书·艺文志》著录。

裴安时《史记纂训》二十卷

按:见《新唐书·艺文志》著录。《史略》:裴安时字适之,大中江陵少尹。

以上隋唐时人

佚名《史记掇英》五卷

按:见《宋史·艺文志》著录。注云:不知作者。

杜镐等校《史记》

《玉海》:淳化五年七月,诏选官分校《史记》、前后《汉书》,杜镐、舒雅、吴淑、潘谨,修校《史记》。

任随等《复校史记刊误》五卷

《玉海》:景德元年正月丙午,任随等上《复校史记刊误文字》五卷。

佚名《校正史记》

《玉海》:景祐元年九月癸卯,诏选官校正《史记》。

徐得之《史记年纪》

按:见《江西通志·艺文志》著录。

吕乔年《史记论说》二卷

《丽泽论说集录》:《史记》二卷,宋吕乔年编。

冯椅《续史记》

按:见《江西通志·艺文志》著录。注云:按白谢志,续作读。

刘凤《史记正误》二卷

按:见《福建通志·艺文志》著录。注云:刘凤,绍兴二十一年进士。

张材刊《附索隐史记》一百三十卷

《直斋书录解题》:淳熙中,广汉张材(介仲)刊于桐川郡斋。削去褚少孙所续，而附以司马贞《索隐》，其后，江阴耿秉直之复取所削者别刊之。

吕祖谦《史记详节》二十卷

按：见《汇刻书目》著录。注云：宋刻巾箱本，明正德间慎独斋刻本。

钱端礼《史记提要》一卷

按：见《四库存目》著录，为《诸史提要》一部，取史文可资词藻者，按部采摘，汇集成编，各以一二语标题，而分注其首尾于下。其体例颇与洪迈《史汉法语》、《诸史精语》相近。陈振孙《书录解题》尝讥其泛，然录抄毫无义例。盖南宋最尚词科，亦妃青俪白相高，故当时有此抄书之学也。

佚名《史记年要》六卷

按：见《京师图书馆善本书目》著录。注云：不著撰人名氏，宋刊小字本隄装。清内阁书，四库未收。系《眉山新编诸史策要》之一。

欧阳士秀《孔子世家补》十二卷

《四库存目》：《孔子世家补》十二卷（《永乐大典》本），宋欧阳士秀撰。士秀，庐陵人，仕履未详。是书成于淳祐辛亥，大抵据《皇极经世》，以驳《史记·孔子世家》之讹。然邵子精于数学，不闻精于史学，所书先圣事迹，亦未必尽确。《自序》又称虑夫事之精粗隐显，大小本末错糅其间，而不易见，则著年表，以提其纲，列世本以类其族，且缀弟子年名于其终，于以稽其是非，用沃群疑而祛已惑。今考《永乐大典》所载，已无所谓年表、世本、弟子年名者，则已非完书矣。

洪迈《史记法语》八卷

《浙江采进遗书目》：《史记法语》八卷（写本），宋洪迈辑。说见《经子法语》。卷末亦署淳熙十二年，刊于婺州。

《直斋书录解题》：《史记法语》十八卷。

《四库存目》：《史记法语》八卷（浙江巡抚采进本），宋洪迈编。迈字景卢，鄱阳人，绍兴乙丑中博学鸿词科，官至端明殿学士，谥文敏，事迹详《宋史》本传。是编于《史记》百三十篇内，自二字以上句法古隽者，依次搜出，亦间录旧注。盖与《经子法语》等编，同以备修词之用。《书录解题》载之《类书类》，称十八卷，此本乃止八卷，似非完书。然卷末有题识一行，云淳熙十二年二月刊于婺州，是当时刊本，实止八卷。《书录解题》所载，衍一十字明矣。

洪遵《订正史记真本凡例》一卷

《四库存目》：《订正史记真本凡例》一卷（编修程晋芳家藏本），旧本题宋洪遵撰。遵字景严，鄱阳人，皓仲子。官至同知枢密院事，谥文安，事迹具《宋史》本传。是编载曹溶《学海类编》中，前有自序，手录司马迁《史记》一帙，尽汰去杨恽、褚少孙等所补十编，并去其各编中增益之语，而以已所校订者录于下方，此其书前凡例也。考诸家目录，皆不载遵有此书。诸家言史学者，如《汉书刊误》、《新唐书纠缪》、《五代史纂误》俱表表于世。自宋以来，亦从无引及此本者。今观其所刊正，不尽无理，而云得司马迁名山所藏真本，与今本核其异同，知其孰为杨恽所增，孰为褚少孙所补，则三洪皆读书人，断不谬妄至此。岂有由汉及宋，尚有司马迁真本藏于山中，遵忽然得之者耶。其为明季妄人托名伪撰，殆无疑义。且既谓之凡例矣，而某篇同，某篇异，某篇自某处至某处删若干句，某篇某句下删若干字，直以全书悉载例中，可使人按例而涂乙之，即得真本，无庸更有全书矣。此尤为作伪之一证也。

苏辙《古史》六十卷

《郡斋读书志》：《古史》六十卷，皇朝苏辙（子由）撰。其序曰：太史公始易编年之法为纪传世家，记五帝以来，然不得圣人之意。余因迁之旧，始伏羲讫秦始皇帝，为七本纪、十六世家、三十七列传，谓之《古史》。追录圣贤之遗意，以示后世。《国史》讥苏氏之学皆机权变诈。今观此书盖不然，则知子由晚节，为学益精深云。

《直斋书录解题》：《古史》六十卷，门下侍郎眉山苏辙（子由）撰。因马迁之旧，上观《诗》《书》，下考《春秋》，及秦、汉杂录，为七本纪，十六世家，三十七列传。盖汉世古文经未出，战国诸子各自著书，或增损古事以自信其说，迁一切信之，甚者或采世俗相传之语，以易古文旧说，故为此史以正之。

《四库简目》：《古史》六十卷，宋苏辙撰。所述上起伏羲，下迄秦始皇，凡本纪七，世家十六，列传三十七。盖病《史记》浅漏疏略，为之改修。然辙文章不及司马迁，其持论以无为为宗，所见亦未能出迁上。悍然点窜，殆不自量。以其补苴罅漏,时有一得,故存以备参考耳。书中附注不著姓名,据叶大庆《考古质疑》盖其子逊所作也。

《四库总目》:《古史》六十卷(副都御史黄登贤家藏本),宋苏辙撰。辙以司马迁《史记》多不得圣人之意,乃因迁之旧,上自伏羲神农,下迄秦始皇,为本纪七,世家十六,列传三十七,自谓追述圣贤之遗意,以明示来世,至于得失成败之际,亦备论其故。以今考之,如以《三皇纪》增入道家者流,谓黄帝以无为为宗,其书与老子相出入。于《老子传》附以佛家之说,谓释氏视老子体愈远,而立于世之表。于《孟子传》谓孟子学于子思,得其说而渐失之,反称誉田骈、慎到之徒。又谓其为佛家所谓钝根声闻者,班固论迁之失,首在先黄老而后六经,辙所更定,乌在其能正迁耶。平心而论,史至于司马迁,犹诗至于李、杜,书至于钟、王,画至于顾、陆,非可以一支一节,比拟其长短者也。辙乃欲点定其书,殆不免于轻妄。至其纠正补缀,其去取之间,亦颇为不苟。存与迁书相参考,固亦无不可矣。书中间有附注,以叶大庆《考古质疑》考之,盖其子逊之所作,旧本不载其名,今附著焉。

《适园藏书志》:《古史》六十卷,宋苏辙撰。子由志在正司马公之乖异,而得失亦互见。注即其子逊所作。

《郘亭知见传本书目》:《古史》六十卷,宋苏辙撰。扫叶山房本,天禄后目有宋刊小字本一部,大字本二部。阳湖孙氏有元刻大字本。明初本每页二十八行,行二十四字。

倪思《迁史删改古书异辞》十二卷

《直斋书录解题》:《迁史删改古书异辞》十二卷,倪思撰。以迁史多易经语,更简严为平易体,当然也。然易辞而失其义,书事而与经异者多,不可以无考,故为是编。经之外,与他书异者,亦并载焉。

谢翱:《秦汉之际月表》

按:见《福建通志·艺文志》著录。

姚宽《史记集解》

按:见王圻《续文献通考》著录。

赵瞻:《史记抵牾论》

按:见王圻《续文献通考》著录。注云:盩厔人,举进士,调孟州司户参军,累迁同知枢密院事。

以上宋时人

肖贡《史记注》一百卷

按:见王圻《续文献通考》著录。注云:贡字真卿,咸阳人。好学读书,至老不倦。

张洪《史记要记》

按:见王圻《续文献通考》著录。

元吴迂《孔子世家考异》二卷

按:见《倪补辽金元艺文志》著录。

吴非《楚汉之际月表》

按:见《江南通志·艺文志》著录。

吴莱《孔门弟子列传》二卷

按:见《世善堂书目》著录。

郝敬《史记琐琐》二卷

《四库存目》:《史记琐琐》二卷(山东巡抚采进本),明郝敬撰。黄虞稷《千倾堂书目》载《敬山堂集》,不详卷数,今亦未见全本,此其集中外篇之第十八种也。取《史记》疑义,略为考正训释,然多臆撰。如《殷本纪》西伯伐饥国,盖黎饥古字假借,乃云书作伐黎,黎饥色也。《书》曰黎民阻饥,为其民失养而弔伐之,然则黎民于变时雍,又当何解。又《周本纪》轻吕之剑,谓即赤刀,龙嫠谓即龙溺。《项羽本纪》楚歌为激楚之音。皆漫无根据,不足信也。

陈明卿《史记考》

按:见《日本东京帝国图书目》著录。注云:明时人。

张之象《太史史例》一百卷

《浙江采进遗书目》:《太史史例》一百卷(刊本),明按察司经历松江张之象辑。寻绎《史记》书法,标列二百八十七则,摘其文而分系之,其书类例有伦。

《四库存目》:《太史史例》一百卷(浙江汪启淑家藏本),明张之象辑。之象字元超,华亭人。嘉靖中,官浙江按察司知事,《明史·文苑传》附载《文徵明传》中。是编取《史记》所书,分类标列,为二百八十九例。摘其文以系于各类之后,各目皆极琐屑。夫文字详略,势无定体,本不可以例言,况太史公成一家之书,往往意在文外,尤不得尽以定法拘之,而之象乃毛举细微,以为事事有例,此又以说春秋家之窠臼,移而论史矣。

张之象《史记汇》十卷

按:见《江南通志·艺文志》著录。

张之象《史记发微》

按:见《江南图书馆目》著录。

柯维骐《史记考异》十卷

《内阁书目》:《史记考异》十卷,嘉靖间莆田柯维骐著。汉司马迁书未及竣,而褚先生之徒补之,加以诂注纷纭,维骐订讹补阙,其则有四,一核名实,二正伦纪,三去奇说,四明素衷,皆博采先儒成说,而汇集之。太子司谏香山黄佐有序。

程一枝《史诠》五卷

《四库存目》:《史诠》五卷(内府藏本),明程一枝撰。一枝字巢父,休宁人。是编专释《史记》字句,校考诸本,颇有发明。惟参杂时人评语,颇近乡塾陋本,体例亦有过于胶固者。如欲据《荀子》、《乐记》删改《礼书》、《乐书》之类,皆不可据为定论也。

陈懿典《读史漫笔》一卷

《四库存目》:《读史漫笔》一卷(编修程普芳家藏本),明陈懿典撰。此编摘《史记》世家列传事迹,随意论列数语,皆陈因肤廓之言。

吴宏基《史拾载补》无卷数

《四库存目》:《史拾载补》无卷数(江苏周厚堉家藏本),明吴宏基撰。宏基字柏持,仁和人。是编取《史记》“八书”及“儒林”、“循吏”、“游侠”、“酷吏”、“滑稽”、“日者”、“龟策”、“货殖”、“匈奴”、“西南夷”、“大宛”列传十一篇,加以圈点,并略附笺注评语于篇后。前有自序,似乎先著一书,名《史拾》,而此补之者。又冠以苏辙《古史跋》,似乎补所未收者,其体例殊不可解。又有郎璧金序,称其旅摭稗收,凡天经地志,昆蠕草卉之事,汇纂成书,缀之简裔。更与本书不相应,亦莫能详也。

项笃寿《史记论赞》七卷

按:见《四库存目》著录,即《全史论赞》之一部,是书以史文浩繁,难于寻究,特撮其论赞,以备观览。然惟存其论,使称善者不知其所以善,称恶者不知其所以恶,仍于读史者无益也。

郑维岳《史记旁训》二卷

按:见《郑氏旁训目》著录。

李元阳《史记题评》一百三十卷

按:见《八千卷楼目》著录。

徐孚远、陈子龙《史记测议》一百三十卷

按:见《八千卷楼目》著录。

陈子龙《史记评林》一百三十卷

按:见《浙江图书馆目》著录。注云:程端伯补注。

陶九成《史记注语》

按:见《绛云楼书目》著录。

黄嘉惠《史记辑评》一百三十卷

按:见《环碧山房书目》著录。

梁希卓《史记辑录》

按:见《江西通志·艺文志》著录。

赵恒《史记涉笔》

按:见《福建通志·艺文志》著录。注云:恒字志贞,嘉靖戊戌进士。

黄嘉宾《史记解》

按:见《福建通志·艺文志》著录。注云:嘉宾,嘉靖已未进士。

茅坤《史记钞》六十五卷

按:见《八千卷楼目》:《史记钞》六十三卷,明茅坤撰。

《浙江通志·艺文志》:《史记钞》一百四卷,茅坤辑。

《四库存目》:《史记钞》六十五卷(两江总督采进本),明茅坤编。是编删削《史记》之文,亦略施评点。然坤虽好讲古文,恐未必能删正司马迁也。

凌迪知《太史华句》八卷

《浙江采进遗书目》:《太史华句》八卷(刊本),明凌迪知撰。亦仿林氏《汉隽》之例,取《史记》中辞句,分门撮要者。

《四库存目》:《太史华句》八卷(浙江汪启淑家藏本),明凌迪知编。是编成于万历丁丑,《明史·艺文志》著录,卷数与此本相同。皆摘《史记》字句,以类编次。司马迁史家巨擘,其文岂可以句摘,句又岂可以华目。盖王、李割剥秦汉之风,至明季而未殄,故书肆尚镌此等书,以投时好耳。

凌稚隆《史记纂》八本

按:见《传是楼书目》著录。

凌稚隆《史记评林》一百三十卷

按:见《尤氏艺文志》著录。

凌稚隆《史记短长说》二卷

按:见《八千卷楼书目》著录。注云:海山仙馆本。

端揆《史记评注》

按:见《江南通志·艺文志》著录。注云:端揆,当涂人。

许邦宪《史记考》

按:见《浙江通志·艺文志》著录。注云:见万历《义乌县志》。

钱锺义《史记摘抄》六卷

按:见《传是楼书目》著录。

庞尚鹏《史记略》

按:见《广东通志·艺文志》著录。注云:未见。

高岱《楚汉余谈》一卷

按:见《八千卷楼书目》著录。注云:祁氏抄本。

葛鼎等《史记汇评》

按:见《涵芬楼书目》著录。注云:葛鼎、金蟠同撰。

锺人杰《史记评林》十六册

按:见《培林堂书目》著录。

黄宗仪《史记注记》

按:见《台州经籍志》著录。注云:见《绛云楼书目》,《黄岩县志》。

孙奎《史记辨纂》

按:见《江西通志·艺文志》著录。注云:《泸溪县志》:奎字启文,自称曲涧居士。

朱东观《史记集评善本》一百三十卷

按:见《八千卷楼书目》著录。

朱焯《史记纂补》二卷

按:见《千倾堂书目》著录。

唐顺之《荆州批选史记》十二卷

按:见《传是楼书目》著录。

归有光《评点史记》一百三十卷

按:见《八千卷楼书目》著录。注云:张氏刊本。

叶向高《史记文髓》二卷

按:见《八千卷楼书目》著录。

蔡宗禹《史记一家言》

按:见《福建通志·艺文志》著录。注云:宗禹,万历辛丑进士。

黄濬耀《史记杂论》四卷

按：见《千倾堂书目》著录。

邓元锡《史记略》四卷

按：见《传是楼书目》著录。

柯维骐《史记考要》

《明外史·儒林传》：柯维骐惟嗜读书，著《史记考要》行于世。

胡梦泰《读史书后》一卷

《四库存目》：《读史书后》一卷（江西巡抚采进本），明胡梦泰撰。泰字蠡，铅山人。崇祯丁丑进士，官鄞县知县。是编皆读《史记》而跋其后，文体晦涩，几不可读，殆亦刘凤之流。又有文德翼序，语意亦相类，盖明季伪体横行，士大夫以是相高，而不知故为诘曲，适为后人笑也。

柯、王《合校史记》一百三十卷

按：见《江南图书馆目》著录。注云：明刊本。

以上元明时人

姚鼐《评点史记》一卷

按：见《浙江图书馆目》著录。注云：光绪八年，桐城方氏刊本。

邓梦琴《史记书后》四卷

按：见《江西通志·艺文志》著录。注云：孟琴，《浮梁县志》字虞挥。

方苞《史记注补正》一卷

按：见《八千卷楼书目》著录。

王楷苏《史记摘讹》

按：见《陕西通志·艺文志》著录。

穆文熙《史记节略》

按：见《万卷楼艺文记》著录。六册。

佚名《增定史记纂》

按：见《万卷楼艺文记》著录。十四册。

尚镕《史记辨证》十卷

按:见《江西通志·艺文志》著录。注云:尚镕,《南昌县志》字乔客。

庚亮《史记衷可》四卷

按:见《福建通志·艺文志》著录。注云:庚亮,雍正间诸生。

刘志圻《史记补正》

按:见《安徽通志·艺文志》著录。

刘光贲《史记校勘札》一百三十卷

按:见《甘肃省立图书馆目》著录。

蒋金石《史记汇纂》八册

按:见《无锡图书馆目》著录。

沈科《史记钞》二十卷

按:见《浙江通志·艺文志》著录。注云:见《聚乐堂艺文志》。

齐召南《史记功臣侯年表考证》五卷,《史记功臣侯第考》一卷

《台州经籍志》:《史记功臣侯年表考证》五卷,《史记功臣侯第考》一卷,《天台耆旧传》、《天台诗存》,清齐召南撰。前书凡一百八条,附刻殿本《史记》每卷后。《史记功臣侯第考》未见。

丁斌《史记补遗》

《台州经籍志》:《史记补遗》,《光绪台州志》:清天台丁斌撰,今缺,有补夏少庚本纪,附刊丁氏本中。

刘文淇《楚汉诸侯疆域志》三卷

按:见《涵芬楼书目》著录。注云:原刊本、广雅局本。

王念孙《史记杂志》六卷

按:见《王氏四种书目》著录。

胡大光《史记别解》

按:见《安徽通志·艺文志》著录。注云:胡大光,歙县人。

詹惟修《史记拔奇》

按:见《安徽通志·艺文志》著录。

张文虎《校刊史记札记》五卷

按:见《八千卷楼书目》著录。注云:金陵局本。

《书目答问补正》:《古香斋史记》一百三十卷,同治五年江宁局刻南汇张文虎校本附《校刊札记》五卷,此本最善。

苧田氏《史记菁华录》八卷

按:见《浙江图书馆目》著录。注云:不著编辑人名氏,署苧田氏(吴兴姚氏扶荔山房本)。

朱彝尊《孔子弟子门人考》,《孟子弟子考》

按:见《学海类编目》著录。注云:四十一叶。

林春海《孔子世家补订》一卷,《孟子列传纂》一卷

按:见《竹柏山房十五种书目》著录。

林茂春《史记拾遗》十六卷

按:见《福建通志·艺文志》著录。注云:林茂春,乾隆丙午举人。

朱黄石《史记阐》一卷

按:见《福建通志·艺文志》著录。注云:朱黄石,字子房,弱冠即补弟子员。文章高古,自成一家。

王元启《史记三书正讹》三卷

按:见《书目答问》著录。注云:祗平居士集本,《律书》一卷,《历书》三卷,《天官书》一卷。

王元启《史记月表正讹》一卷

按;见范希曾《书目答问补正》。注云:广州局本。

林伯桐《史记蠡测》一卷

按:见《八千卷楼书目》著录。注云:修本堂本。

张次仲《史记钞》

按:见《浙江通志·艺文志》著录。

丁晏《史记毛本正误》一卷

按:见《八千卷楼书目》著录。注云:广雅局本,颐志斋本。

何焯《史记札记》二卷

按:见《义门读书记目》著录。

王又朴《史记读法》二册

《耳食录》:《史记读法》,天津王又朴从项羽、外戚、肖曹、淮阴、李广、魏其七篇,原其颠末,析其秋毫,使读者得门而入。凡三册。

佚名《史记录》

按:见《三家书目》著录。注云:同文书局本。

杭世骏《史记考证》七卷

按:见《八千卷楼书目》著录。注云:抄本、外集本。

李圣裁《史记正谬》

按:见《江西通志·艺文志》著录。注云:李圣裁,《云都县志》:字吉庐。

吴见恩《史记论文》一百三十卷

按:见《八千卷楼书目》著录。

汪越《读史记十表》十卷

《四库简目》:《读史记十表》十卷,国朝汪越撰。徐克范补。其书取《史记》十表,排比旧文,钩指微义,虽一笔一削,务以《春秋》书法推寻,未免求之太深。而订讹砭漏,所得为多。

《四库总目》:《读史记十表》十卷(副都御史黄登贤家藏本),国朝汪越撰。徐克范补。越字师退,康熙乙酉举人。克范字尧民,皆南陵人。是书有后记一篇,记越初作此书成,以书抵克范曰:有《读史记十表》一帙,遍求友人商榷,殊无一人案定。子长原表,通首讫尾,印证鄙说之是非者,不解何故。仰惟细加推勘,示明纰缪,以便改订。有补义则亦书于篇末,将来受梓云云。

盖古来增减前人旧本，多在其人之身后，惟此书则同时商榷而补之，故考校颇为精密，于读史者尚属有裨。考史家之难，在于表志，而表文经纬相牵，或连或断，可以考证，而不可以诵读，学者往往不观。刘知几《考证史例》至为详悉，而《史通》已有废表之论，则其他可知。越等独排比旧文，钩稽微义，虽其间一笔一削，务以春秋书法求之，未免或失之凿。而定讹砭漏，所得为多。其存疑诸条，亦颇足正《史记》之抵牾，异乎膑棒一书，纤毫必为回护者，于史学之中可谓人略我详矣。

邵泰衢《史记疑问》一卷

《浙江采进遗书目》：《史记疑问》三卷（刊本），国朝钦天监监副钱塘邵泰衢撰。凡迁史中疏略抵牾之处举若干条，参取先儒之说并析辩之。

《四库简目》：《史记疑问》一卷，国朝邵泰衢撰。《史记》本未成之稿，虽采群言，实多抵牾。此书参考事实，抉摘疵谬，往往多中其失。

《四库总目》：《史记疑问》一卷（两准马裕家藏本），国朝邵泰衢撰。《史记》采众说以成书，征引浩博，不免抵牾。班固尝讥其宗旨之乖。刘知几颇摘其体例之谬。至其叙述之罅漏，先儒虽往往校正，然未有专著一书，抉其疏舛者。泰衢独旁引异同，而一一断之以理。如谓高祖纪解纵罪人，坦然回沛之非情实。《留侯世家》诸将偶语沙中之不可信。《李陵传》兵矢既尽，尚杀匈奴万余人之言为夸。据《功臣年表》汉九年吕泽已死，而驳《留侯世家》所记汉十一年不应又有吕泽。大抵参乎审勘，得其间隙，故所论多精确不移。不但如吴缜之纠《新唐书》，只求字句间也。

《郘亭知见传本书目》：《史记疑问》一卷，国朝邵泰衢撰。有刊本三卷。

王谟《史记世家》五卷

按：见《江西通志·艺文志》著录。

董说《史记脉》

按：见《浙江通志·艺文志》著录。注云：董说，乌程人。

潘永孝《读史记札记》

按：见《涵芬楼书目》著录，注云：《昭代丛书》本。

祁承㸁《史记节详》

按:见《浙江通志·艺文志》著录。注云:《澹生堂书目》。

李天秩《史记评林》

按:见《江南通志·艺文志》著录。

章平《史记校异》

按:见《安徽通志·艺文志》著录。

邓以赞《史记辑评》二十四卷

按:见《传是楼书目》著录。

朱子蕃《百大家评注史记》

按:见《涵芬楼书目》著录。注云:同文图书局本。

邵晋涵《史记辑评》

按:见《涵芬楼书目》著录。注云:会文堂本。

梁玉绳《史记志疑》三十六卷

按:见《八千卷楼书目》著录。注云:原刊本。

孙星衍《史记天官书补目》一卷

按:见《八千卷楼书目》著录。注云:广雅局本,《昭代丛书》本。

孙星衍《史记天官书考证》十卷

按:见《书目答问》著录。注云:未见传本。

《书目答问补正》:孙《考证》未刊,原稿旧藏吴襄勤处。

姚文田《汉初年月日表》一卷

按:见《通雅堂学古录目》著录。注云:道光七年刊。

张锡瑜《史记功比说》一卷

按:见《八千卷楼书目》著录。注云:广雅堂本。

牛运震《史记评注》二十卷

按:见《八千卷楼目》著录。注云:空山堂本。

程林宗《史记文评》无卷数

按:见《陕西通志·艺文志》著录。

卢文弨《史记惠景间侯者年表补阙并校》

按:见《涵芬楼书目》著录。注云:《群书拾遗初编》本。

钱求赤《校史记索隐》三十卷

按:见《稽瑞楼书目》著录。

张履祥《读史记》

按:见《张杨园全集》著录。

徐三重《史记通表》二卷

按:见《江南通志·艺文志》著录。注云:徐三重,青浦人。

钱塘《史记三书释疑》三卷

按:见《书目答问》著录。

钱坫《补史记注》一百三十卷

按:见《书目答问》著录。注云:未刊。

汪钢《史记八书质疑》二卷

按:见《安徽通志·艺文志》著录。注云:汪钢,婺源人。

洪德常《史记例选》二本

按:见《传是楼书目》著录。

许应元《史记钞》

按:见《浙江通志·艺文志》著录。注云:见《分省人物考》。

钱大昕《史记考异》五卷

按:见《潜研堂全书目》,为《廿二史考异》一部分。嘉庆间自刻本,光绪甲申湖南龙氏家塾翻刻,较原刊多四种。

黄丕烈《史记论文》

《耳食录》:《史记论文》,国朝姑苏黄丕烈荛圃纂。宋明道本。

陈广车《评点史记四篇》

按:见《陈氏丛书目》(光绪壬午邛州伍肇龄刊于成都)著录。

佚名《史记过庐批本》

按:见《传是楼书目》著录。

王拯《史记合笔》六卷

按:见《来青阁书目》著录。注云:望三益斋刻。

佚名《史记补正》三卷

按:见《台州经籍志》著录。注云:见《光绪台州志》。

吴汝纶《史记读本》

《涵芬楼书目》:相城吴先生点勘史记读本,附点识评语(石印本)。

杨守敬《春秋列国图》

按:见《观海堂汇刻目》著录。

杨守敬《战国疆域图》

按:见《观海堂汇刻目》著录。

杨守敬《秦郡县图》

按:见《观海堂汇刻目》著录。

王国维《太史公系年考略》一卷

按:见《广仓学窘丛书目》著录。

以上清人

崔适《史记探源》八卷

按:见《浙江图书馆目》著录。注云:清宣统庚戌刻本。

朱祖谋《史记探源序》:太史公时,未有古文。是书证其所本有,辨其所本无。岂惟有功于史学,其有功于经学政学何何如哉。

《书目答问补正》:归安崔适《史记探源》八卷,辨证《史记》之窜乱,纯以今文家言为主,原刻本,北京大学排印本。

佚名《宋史记目录》一本

按:见《中国书店书目》著录。注云:缪氏荡书簃抄本。

瞿方梅《史记三家注补正》八卷

按:见范著《书目答问补正》著录。注云:载《学衡》,无刻本。

袁嘉谷《史记札记》七卷

按:见《树圃丛书目》著录。注云:佚。嘉谷先生字树五,又曰树圃,云南石屏人。光绪癸卯,经济特科第一。著述甚富,俱精审。此书佚不得见,殊可惜焉。

李笠《史记订补》八卷

按:见《抱经堂书目》著录。又《中国书店书目》著录。注云:瑞安人。

以上今人

芳本铁三郎《史记十传纂评》

按:见《日本东京帝国图书馆目》著录。

中井积德《史记雕题》二十三卷

按:见《日本东京帝国图书馆目》著录。

山本廉《纂评史记传抄》三卷

按:见《日本东京帝国图书馆目》著录。

广部乌道《标注史记读本》一百三十卷,附录二卷

按:见《日本东京帝国图书馆目》著录。

藤泽恒校《凌稚隆史记评林》一百三十卷

按:见《日本东京帝国图书馆目》著录。

铨木义宗《训点凌稚隆史记评林》一百三十四卷

按:见《日本东京帝国图书馆目》著录。

奥田遵《校正凌稚隆史记评林》一百三十卷

按:见《日本东京帝国图书馆目》著录。

冈三庆(鳌头注释)《史记列传讲义》

按:见《日本东京帝国图书馆目》(鳌头注释)著录。

太田才次郎《史记列传讲义》

按:见《日本东京帝国图书馆目》著录。

村山拙轩《史记列传讲义》

按:见《日本东京帝国图书馆目》著录。

深井鉴一郎《标注史记列传读本》

按:见《日本东京帝国图书馆目》著录。

城井寿章《史记列传讲义》

按:见《日本东京帝国图书馆目》著录。

池田启公《龙门史考》十页

按:见《日本东京帝国图书馆目》著录。

以上日本人

《正史汇目》第三　《汉书》部

（一）班固《汉书》未撰前目

杨雄《续史记》

按：见《后汉书·班彪传》，《史通》史官篇、正史篇。

刘向《续史记》

按：见《史通》史官篇、正史篇。

刘歆《续史记》

按：见《后汉书·班彪传》，《史通·正史篇》。

卫衡《续史记》

按：见《史通·正史篇》，《后汉书·班彪传》作杨城衡。

史岑《续史记》

按：见《史通·正史篇》，《后汉书·班彪传》作史孝山。

《雕龙选注》雕龙云，武仲之美显宗，史岑之述熹后。《选注》，汉有两史岑，一在王莽末，字子孝。《东观汉纪》东平王苍上《光武中兴颂》，明帝问可与谁等，校书郎对，前世史岑之比是也。其一颂和熹邓后者，字孝山，在莽后百有余年，书典散亡，莫详爵里。集林诸家，以孝山之文，载于子孝之集。范晔遂谓王莽末，沛国史岑字孝山，以文显误也。案显注见《出师颂》，《史通》所列，则字孝山者是。

梁审《续史记》

按：见《史通·正史篇》。

肆仁《续史记》

按:见《史通·正史篇》。

晋冯《续史记》

按:见《史通·正史篇》。

《后汉书·班固传》:固奏记东平王苍曰,京兆祭酒晋冯,结发修身,白首无违,好古乐道,玄默自守。古人之美行,时俗莫及。

段肃《续史记》

按:见《史通·正史篇》。

《后汉书·班固传》:固奏记东平王苍曰,弘农功曹段肃,达学洽闻,才能绝伦。诵诗三百,奉使专对(按范书作殷肃,固集作段肃)。

金丹《续史记》

按:见《史通·正史篇》。

冯衍《续史记》

按:见《史通·正史篇》。

韦融《续史记》

按:见《史通·正史篇》。

萧奋《续史记》

按:见《史通·正史篇》。

刘恂《续史记》

《史通·史官篇》:司马迁既殁,后之续《史记》者,若褚先生、刘向、冯商、扬雄之徒,并以别职,来知史务。

《史通·正史篇》:《史记》所书,年止汉武,太初已后,阙而不录。其后刘向、向子歆及诸好事者,若冯商、卫衡、扬雄、史岑、梁审、肆仁、晋冯、段肃、金丹、冯衍、韦融、萧奋、刘恂等,相次撰续。迄于哀、平间,犹名《史记》。

班彪《史记后传》

《后汉书·班彪传》:彪既才高而好述作,遂专心史籍之间。武帝时,司马迁著《史记》,自太初以后,阙而不录。彪继采前史遗事,傍贯异闻,作《后传》数十篇。

《论衡》:叔皮续《太史公书》百篇以上,记事详悉,义浅理备。读观之者以为甲,而太史公乙。

《应劭集解》:元、成帝纪,皆班固父彪所作。

《史通·正史篇》:至建武中,司徒掾班彪以为其言鄙俗,不足以踵前史;又雄、歆伪褒新莽,误后惑众,不当垂之后代者也。于是采其旧事,旁贯异闻,作《后传》六十五篇。

《通志·总序》:善学司马迁者,莫如班彪,彪续迁书,自武昭至于后汉,欲令后人之续己,如己之续迁。既无衍文,又无绝绪,世世相承,如出一手,善乎其继志也。其书不可得而见,所可见者,元成二帝赞耳。皆于本纪之外,别纪所闻,可谓深入太史公之阃奥矣。

班固《汉书》已成后目

班昭《续汉书八表天文志》

《后汉书·班昭传》:扶风曹世叔妻者,同郡班彪之女也。名昭。兄固著《汉书》"八表"及"天文志",未见竟而卒。和帝诏昭就东观藏书阁,踵而成之。

《史通·正史篇》:固后坐窦氏事,卒于洛阳狱,书颇散乱,莫能综理。其妹曹大家博学能属文,奉诏校叙。

马续《续汉书》

《后汉书·马援传》:马援兄子严,严七子,惟续、融知名。续字季则,博观群籍。

《后汉书·班昭传》:时《汉书》始出,多未能通者,同郡马融伏于阁下,从昭受读,又诏融兄续继昭成之。

《王训故》:顺帝时,《汉书》始出,多未能通,马融从班昭受读,后诏融兄续继昭成之。

《后汉书·天文志》:孝明帝使班固叙《汉书》,而马续述《天文志》。

胡广《汉书解诂》

《读书丛录》:《汉书·文帝纪》应劭注引胡公曰,元帝纪如淳注引胡公曰,《百官公卿表》如淳注引胡公曰,《贾谊传》苏林注引胡公汉官。胡公即胡广也。当时名位尊,故不著其名。

颜师古《叙例》不载广名氏爵里。

《侯补后汉书艺文志》:《汉书》注屡引胡公,似皆出广所著《汉书解诂》。惟《史记·贾谊传》索隐两引胡广,《司马相如传》索隐九引胡广,则显《汉书注》矣。

许慎《汉书注》

《十七史商榷》:许慎尝注《汉书》,今不传,引见颜师古注中者尚多,不知五种中是何种。所采叙例,不列其名,不知何故。慎所注全部,惟《说文》存。余《五经异义》,《淮南子注》,皆不存,但引见他书。

佚名《汉书旧注》

《读书丛录》:《风俗通·声音篇》引《汉书旧注》云,菰次鞭也。菰者忾也,言其节忾威仪。又引《汉书注》荻,角也,言其声音荻荻,名自定也。案颜师古集注《叙例》惟服虔与应劭同时,余诸家皆在应劭后。《隋书·经籍志》:《汉书》一百一十五卷,太山太守应劭集解。又撰音义二十四卷。劭以前注《汉书》者多矣。

佚名《汉书音义》

《读书丛录》:《史记正义》云《汉书音义》中有全无姓氏者,裴氏注《史记》,直云《汉书音义》,今有六卷,题曰孟康,或曰服虔。案《司马相如列传》集解骃案《汉书音义》曰,瑕蛤猛氏皆兽名。《文选》李善注引作孟康。《邹阳列传》申徒荻自沈于河,《集解》骃案《汉书音义》曰殷之末世人。《文选》注引作服虔。

荀悦《汉纪》三十篇

《后汉书·荀淑传》:悦字仲豫,颍川人,献帝时,官秘书监。帝以班固《汉书》,文繁难省,乃令悦作《左氏传》体以为《汉纪》三十卷。《汉纪自序》:撮叙表志，总为帝纪，通比其事例，系年月大略粗举，凡为三十卷，数十余万言。省约易习，无妨本书，有便于用，其旨云尔。

《史通·正史篇》：初，汉献帝以固书文烦难省，乃诏侍中荀悦依《左氏传》体删为《汉纪》三十篇，命秘书给纸笔，经五六年乃就。其言简要，亦与纪传并行。

《史通·二体篇》：荀悦厌其迂阔，又依左氏成书，剪截班史，篇才三十。历代褒之，有逾本传。

《史通·论赞篇》：仲豫义理虽长，失在繁富。自兹以降，流宕忘返，大抵皆华多于实，理少于文，鼓其雄辞，夸其俪事。

《史通·叙事篇》：至若荀悦《汉纪》，其才尽于十帝。

《史通·探赜篇》：孙盛称荀悦《汉纪》述匈奴则简，盖所以贱夷狄而贵诸夏也。又荀氏著书，抄撮班史，其取事也，中外一概，夷夏皆均，非是独简胡乡，而偏详汉室。盛既疑丘明之摈吴、楚，遂诬仲豫之抑匈奴，可谓强奏庸音，持为足曲者也。

《史通·杂说篇上》：荀悦既删略班史，勒成《汉纪》，而彪《论王命》，列在末篇。夫以规讽隗嚣，翼戴光武，忽以东都之事，擢居西汉之中，必如是，则宾戏、幽通，亦宜同载者矣。

《郡斋读书志》：《汉纪》三十卷，汉荀悦撰。班固作《汉书》，起高祖，终于孝平王莽之诛，十二世，二百四十二年。为纪表志传，凡八十余万言。献帝以其文烦，诏悦举要撮总，通比其事，列系年月，为纪三十篇，凡八万三千四百三十二字。辞约事该，时称嘉史。

《直斋书录解题》：《汉纪》三十卷，汉侍中汝南荀悦仲豫撰。献帝好典籍，常以班固《汉书》文繁难省，乃令悦依《左氏传》体以为《汉纪》。诏尚书给笔札。辞约事详，论辨多美。其自序曰：立典有五志焉，曰达道义，章法式，通古今，著功勋，表贤能。

《四库简目》：《汉纪》三十卷，汉荀悦撰。约班固《汉书》，为编年之体。盖建安中奉诏所作。《后汉书·荀淑传》称其辞约事详，论辨多美。历代皆重其书。顾炎武《日知录》独轻诋之，非通论也。

《四库总目》:《汉纪》三十卷(安徽巡抚采进本),汉荀悦撰《后汉书》附见其祖《荀淑传》。张璠《汉纪》称其因事以明臧否,致有典要,大行于世。唐刘知几《史通·六家篇》以悦书为《左传》家之首。其《二体篇》又称其历代宝之,有逾本传。班荀二体,角力争先。其推之甚至。故唐人试士,以悦书与史汉为一科。《文献通考》载宋李焘跋曰悦为此纪,固不出班书,亦时有所删润。而谏大夫王仁、侍中王闳谏疏,班书皆无之。王铚作《两汉纪后序》亦称荀袁二纪于朝廷纪纲,礼乐刑政,治乱成败,忠邪是非之际,指陈论著,每致意焉。反复辨过,明白条畅,启告当代,而垂训无穷。是宋人亦甚重其书也。近时顾炎武《日知录》病其叙事索然无意味,间或首尾不备,其小有不同,皆以班书为长,未免抑扬过当。是书考李焘所跋,自天圣中已无善本,明黄姬水所刊,亦间有舛讹。康熙中襄平蒋国祥、蒋国祚与袁宏《后汉纪》合刻。后附《两汉纪字句异同考》一卷。

《郘亭知见传本书目》:《汉纪》三十卷,汉荀悦撰。明吕柟校正,翟清刊本。嘉靖戊申黄姬水刊本。万历二十六年刊本。康熙中蒋国祥刊本。后附《两汉纪字句异同考》。《天禄后目》有《前后汉纪》三十卷,宋绍兴十二年刊本。

附录:应劭等《汉纪注》三十卷

按:见《唐书·艺文志》著录。

附录:崔浩《汉纪音义》三卷

按:见《唐书·艺文志》著录。

服虔《汉书音训》一卷

《汉书叙例》:服虔字子慎,荥阳人。后汉尚书侍郎高平令,九江太守(原注初名重,后改名祇,后定名虔)。

《汉书叙例》:《汉书》旧无注解,唯服虔、应劭等,各为音义自别施行。

《隋书·经籍志》:《汉书音训》一卷,服虔撰。

应劭《汉书集解》一百十五卷,《汉书集解音义》二十四卷

《汉书叙例》:应劭字仲瑗(一字仲援,一字仲远),汝南南顿人。后汉萧

令，御史营令，泰山太守。

《隋书·经籍志》：《汉书》一百十五卷，汉护军班固撰，太山太守应劭集解。《汉书集解音义》二十四卷，应劭撰。

《隋书经籍志考证》：《汉书集解》今存。颜师古注本，较应劭本多五卷，《唐志》两本并存，而脱应劭集解四字。

侯本《后汉书艺文志》：师古曰：服、应曩说，疏略尚多。又曰：今之《集解音义》后人见者不知臣瓒所作，乃谓之应劭等集解。王氏《七志》，阮氏《七录》，并题云然，斯不审耳。康案《隋志》有应劭《汉书集解音义》，而无臣瓒，盖即误瓒书为应书也。然应劭亦实有《汉书注》。又此名相沿已久，故仍从《隋志》著录。

蔡邕《汉书音义》

按：见《太平御览》引。

延笃《汉书音义》

《汉书·天文志》流星下燕万载宫极东去。注延笃谓之堂前阑楯也。

佚名《汉帝年纪》

《顾补后汉书艺文志》：《汉帝年纪》，未详撰人名氏。见《高帝纪》、《武帝纪》注。

佚名《汉注》

《顾补后汉书艺文志》：汉注未详撰人名氏，见《前汉书·高祖纪》师古注，晋灼注，《武帝纪》注，《东平思王传》晋灼注，《宣帝纪》师古注，《张释之传》注，《兒宽传》注，《张敞传》注，盖《饶宽传》注、《张汤传》注、《金敞传》注、《平帝纪》注、《刘向传》注引。

应奉《汉书后序》十二卷

华峤《后汉书》：应奉著《后序》十余篇。

范晔《后汉书·应奉传》：奉著《汉书后传》多所述载。

《隋书·经籍志》：梁有《后序》十三卷，汉司隶校尉应奉撰。

《隋书经籍志考证》：《隋志》子部儒家注云：梁有《后序》十二篇。应奉撰，当即范史所称《汉书后序》，寻其名义似宜置诸史部。

应奉《汉事》十七卷

袁山松《后汉书》：奉又删《史记》、《汉书》及《汉记》三百六十年，自汉兴至其时，凡十七卷，名曰《汉事》。

《隋书经籍志考证》：《汉事》十七卷，应奉撰，不著录。《史记·索隐·匈奴传》引应奉曰，秦筑长城，徙役之士，亡出塞外，依鲜卑山，因以为号。《通典·职官门》注应奉曰，高帝承泰礼仪多阙。灌婴服事七年，号大谒者，后人掌之，以姓灌，章列于《汉书》也。

应奉《汉语》

《隋书·经籍志》：奉撰汉事成败可为鉴戒者，谓之《汉语》。

《顾补后汉书艺文志》：《史记·文帝纪》服临者无践。晋灼注引《汉语》作无跣，跣徒跣也。《昭帝纪》注引丁外人字少君。《霍光传》注引光嫡妻东间氏，生安夫人，昭后之母也。又东间氏亡，显以婢代立，素以冯殷奸也。《宣帝纪》注引殷字子都。

应劭《中汉辑序》

司马彪《续汉书》：应劭著《中汉辑序》叙汉官仪及礼仪故事，凡十一种，百三十六卷。朝廷制度、百家典式所有不亡者，劭纪之也。

伏俨《汉书注》

《汉书叙例》：伏俨字景宏，琅邪人。

刘德《汉书注》

《汉书叙例》：刘德，北海人。

以上汉时人

郑氏《汉书注》

《汉书叙例》：郑氏，晋灼《音义序》云，不知其名，而臣瓒《集解》辄云郑德，既无所据，今依晋灼但称郑氏耳。

《汉书叙例注》：宋祁曰景祐余靖校本云郑氏旧传，晋灼集注云北海人，不知其名，而臣瓒以为郑德，今书但称郑氏。

《读书丛录》:《汉书集注》有郑氏曰,晋灼《音义序》云,不知其名,而臣瓒以为郑德,汴本《史记索隐》以为郑玄。案《高帝纪》沛公还军,亢父郑氏曰,属任城郡。《郡国志》任城国不名为郡。《王子侯表》郲裴载侯道郑氏曰,郲裴音即非,在肥乡县南五里。肥乡县,黄初二年置,皆在郑康成后,汴本索隐以郑氏作郑玄误。

《侯补三国艺文志》:郑氏《汉书注》,洪颐煊《读书丛录》云云,郑氏既在郑康成后,又在晋灼前(灼西京人),并用黄初改用郡县名,则为魏人无疑矣。至康成之无《汉书注》,本可无疑。洪亮吉据《史记集解》引郑玄注数处,谓《汉书音义》所称郑氏,盖康成居多。此晋灼、臣瓒所未及言者,后人能臆断之乎。

李斐《汉书注》

《汉书叙例》:李斐,不详所出郡县。

李奇《汉书注》

《汉书叙例》:李奇,南阳人。

邓展《汉书注》

《汉书叙例》:邓展,南阳人。魏建安中,为奋威将军,封高乐乡侯。

文颖《汉书注》

《汉书叙例》:文颖字叔良,南阳人。后汉末荆州从事。魏建安中,为甘陵府丞(南阳有志云:注《前汉书》一百三十三卷行于世)。

张揖《汉书司马相如传注》

《汉书叙例》:张揖字雅让,清河人,一云河间人。魏太和中为博士(止解《司马相如传》一卷)。

《史略》:似孙曰:司马相如一传,最难注,予尝注此传,大费功力。张揖曾作《博雅》,通于名物,所以止注此传。

苏林《汉书注》

《汉书叙例》:苏林字孝友,陈留外黄人。魏给事中,领秘书监散骑常侍。永安卫尉,太中大夫。黄初中,迁博士,封安成亭侯。

张晏《汉书注》

《汉书叙例》:张晏,字子博,中山人。

如淳《汉书注》

《汉书叙例》:如淳,冯翊人,魏陈郡丞。

《十七史商榷》:《广韵》引《晋中经部》云:魏有陈郡丞、冯翊、如淳注《汉书》。

孟康《汉书音》九卷

《汉书叙例》:孟康字公休,安平广宗人。魏散骑侍郎,弘农太守,领典农校尉,渤海太守,给事中,散骑常侍中书令,后转为监,封广陵侯。

《隋书·经籍志》:《汉书音》九卷,孟康撰。梁有隋亡。

项昭《汉书注》

《汉书叙例》:项昭不详何郡县人。

韦昭《汉书音义》七卷

《汉书叙例》:韦昭,字弘嗣,吴郡云阳人。吴朝尚书郎,太史令,中书郎,博士祭酒,中书仆射,封高陵亭侯。

《隋书·经籍志》:《汉书音义》七卷,韦昭撰(案:韦昭,《旧唐志》作韩韦讹)。

《十七史商榷》:《三国志昭传》不言注《汉书》,然昭注《国语》今存,而传亦无,则传不备也。

诸葛亮《论前汉事》一卷

按:见《隋书·经籍志》著录。

诸葛亮《汉书音》一卷

按:见《唐书·艺文志》著录。

王楙《汉书注》

《读书丛录》:《汉书·高帝纪》十二年,师古注引臣瓒、王楙,或云,公者,比于上爵。《景帝纪》中三年,臣瓒注引王楙云,景帝薄后以此年死。王楙是西晋以前人,叙例亦不载。

以上三国时人

晋灼《汉书集注》十三卷,《音义》十七卷

《汉书叙例》:晋灼,河南人。晋尚书郎。

《汉书叙例》:至典午中朝,爰有晋灼,集为一部,凡十四卷。又颇以意增益,时辩前人当否,号曰《汉书集注》。属永嘉丧乱,金行播迁,此书虽存,不至江右。以是爰自东晋,迄于梁陈,南方学者,皆弗之见。

《隋书·经籍志》:《汉书集注》十三卷,晋灼撰。

《唐书·艺文志》:晋灼《汉书音义》十七卷。

《隋书经籍志考证》:释慧远《华严经音义》引有《汉书集注》而不题灼名,未知即是灼书否?《唐志》十四卷,又《音义》十七卷,《隋志》不著录。

刘宝《汉书驳义》二卷

《汉书叙例》:刘宝,字道真,高平人。晋中书郎,河内太守,御史中丞,太子中庶子,吏部郎,安北将军。

《汉书叙例注》:侍皇太子讲别有《驳义》。

《隋书·经籍志》:《汉书驳义》二卷,晋安北将军刘宝撰。

臣瓒《汉书集解音义》二十四卷

《史记集解序》:《汉书音义》称臣瓒者,莫知姓氏。今直云瓒曰,又都无姓名者,但云《汉书音义》。

《汉书叙例》:臣瓒不详姓氏及郡县。

《汉书叙例》:有臣瓒者,莫知氏族,考其时代,亦在晋初。又总集诸家音义,稍以己之所见,续厕其末,举驳前说。喜引竹书,自谓甄明,非无差爽。凡二十四卷,分为两帙,今之集解音义,则是其书。而后人见者,不知臣瓒所作,乃谓之应劭等集解。王氏《七志》,阮氏《七录》,并题云然,斯不审耳。学者又斟酌瓒姓,附著安施,或云傅族。既无明文,未足取信。

《汉书叙例》注:宋祁曰,景祐余靖校本云,臣瓒不知何姓,案:裴骃《史记序》云,莫知姓氏,韦稜《续训》又言未详。而刘孝标《类苑》,以为于瓒,郦元

注《水经》以为薛瓒，姚察《训纂》云，案《庾翼集》于瓒为翼主簿，兵曹参军，后为建威将军。《晋中兴书》云，翼病卒，而大将于瓒等作乱。翼长史江□诛之。于瓒乃是翼将，不载有注解《汉书》。然瓒所采众家音义自服虔、孟康以外，并因晋乱湮灭，不传江右。而《高纪》中瓒案《茂陵书》，《文纪》中案《汉禄秩令》，此二书亦复亡失，不得过江。明此瓒是晋中朝人，未丧乱之前，故得具其先辈音义，及《茂陵书》、《汉令》等耳。蔡谟之江左，以瓒二十四卷散入《汉书》，今之注也。若谓为于瓒乃是东晋人，年代前后，了不相会。此瓒非于，足可知矣。又案《穆天子传》目录云，秘书校书郎中傅瓒校古文《穆天子传》，曰记。《穆天子传》者，汲县人不准盗发古冢所得书，今《汉书音义》臣瓒所案，多引汲书，以驳众家训义。此瓒疑是傅瓒。瓒时职典校书，故称臣也。

《读书丛录》：《汉书音义》臣瓒，裴骃《史记集解序》云，莫知姓氏。刘昭《续汉志》，刘孝标《类苑》，杜氏《通典》，俱作于瓒。《史记索隐》，李善《文选注》，俱作傅瓒。郦道元《水经注》又作薛瓒。颜氏《叙例》不载薛瓒之说。

《补晋书艺文志》：《汉书集解音义》二十四卷，臣瓒撰。谨案见颜氏《汉书叙例》。臣瓒或作傅瓒，或作于瓒，或作薛瓒，具详宋景文笔记中。言人人殊，迄无主名。近洪颐煊谓《贾充传》有著作郎王瓒，当即臣瓒，其言似可据。惟诸家考证，既不能定为谁氏，则亦难以孤文单证，遽归之王瓒。今仍以颜氏《叙例》著录。

郭璞《汉书注》

《汉书叙例》：郭璞字景纯，河东人。晋赠弘农太守(原注止注相如传序及游猎诗赋)。

蔡谟《汉书注》

《晋书·蔡谟传》：谟博学，于礼仪、宗庙制度，多所议定。总集应劭以来注班固《汉书》者，为之集解。

《汉书叙例》：蔡谟字道明，陈留考城人。东晋侍中，五兵尚书，太常，领秘书监，都督徐、兖、青三州诸军事，领徐州刺史，左光禄大夫，开府仪同三司，领扬州牧，侍中，司徒不拜。赠侍中司空，谥文穆公。

《汉书叙例》：蔡谟全取臣瓒一部，散入《汉书》，自此以来，始有注本。但意浮功浅,不加隐括。属辑乖舛,错乱实多。或乃离析本文,隔其辞句,穿凿妄起,职此之由。与未注之前,大不相同矣。谟亦有两三处错意,然于学者,竟无弘益。

《十七史商榷》:《晋书》七十六卷,本传,谟东晋元帝时始入仕,卒于穆帝永和末,年七十六。谟总应劭以来注班固《汉书》者为之集解。师古则云谟全取臣瓒一部,散入《汉书》,然则谟但袭取瓒,初不取应劭以来《晋书》,非也。师古又云,自此以来,始有注本。盖汉人注经,与经别行。服、应、瓒、灼,亦用其体,不载《汉书》正文。并合为一,自谟始。

崔浩《汉书音义》二卷

《汉书叙例》:崔浩字伯深,清河人。后魏侍中,特进抚军大将军,左光禄大夫、司徒,封东郡公。

《汉书叙例》注:撰荀悦《汉纪音义》。

《唐书·艺文志》:崔浩《汉书音义》二卷。

夏侯咏《汉书音》二卷

《隋书·经籍志》:《汉书音》二卷,夏侯咏撰。

《隋书经籍志考证》:应劭与服虔、韦昭《汉书》,《师古注》皆引其语,惟夏侯咏不见。

谢沈《汉书外传》十卷

按:见《唐书·艺文志》著录。

刘显《汉书音》二卷

《颜氏家训》:沛国刘显,博览经籍,偏精班汉,梁代谓之汉圣。

按:见《唐书·艺文志》著录。

吕忱《汉书音义》

按:见《水经注》、《文选注》引。

司马彪《汉书音义》

按:见李善《文选注》引。

葛洪《汉书钞》三十卷

按:见《隋书·经籍志》著录。

齐恭《汉书注》

按:见《永和姓纂》卷三引。

休广《汉书音义》

按:见《水经注》、《文选注》引。

梁元帝《汉书注》一百十五卷

《梁书·元帝纪》:注《汉书》一百一十五卷。

《金楼子著书篇》:注《前汉书》十二帙,一百一十五卷。

《隋书·经籍志》:《汉书注》一百一十五卷,梁元帝撰。梁有今亡。

韦稜《汉书续训》三卷

《梁书·韦叡传》:叡子稜,性素恬,以书史为业。博物强记,当世之士,咸就质疑,著《汉书续训》三卷。

《隋书·经籍志》:《汉书续训》三卷,梁北平谘议参军韦稜撰。

钱大昕《隋书考异》:北平当作平北。

萧该《汉书音义》十二卷

《隋书·萧该传》:该性笃学,尤精《汉书》。著《汉书音义》,为当时所贵。

《隋书·经籍志》:《汉书音义》十二卷,国子监博士萧该撰。

《隋书经籍志考证》:萧该《音义》,章怀《后汉书》隗嚣传、刘伯升传注引,《唐志》同。

《八千卷楼目》:梁萧该《汉书音义》一卷,抄本。

臧庸辑《隋萧该汉书音义》三卷,《叙录》一卷

按:见《书目答问补正》著录。注云:原刻本,德化李氏木犀轩本。

颜延年《汉书决疑》十二卷

《隋书经籍志考证》:《汉书决疑》十二卷,颜延年撰。不著撰。两《唐志》俱载之,《新唐志》题颜游秦,据《颜师古传》,则《旧志》非是。

项岱《汉书叙传》五卷

《隋书·经籍志》:《汉书叙传》五卷,项岱撰。

《隋书经籍志考证》:刘昭《续汉祭祀志》注引项威《汉书注》,威岱相似易讹。《旧唐志》五卷,《新唐志》八卷。

陆澄《汉书注》一卷

《隋书·经籍志》:《汉书注》一卷,齐金紫光禄大夫陆澄撰。

《隋书经籍志考证》:《唐志》作新注。

陆澄《汉书注》一百二卷

《隋书·经籍志》:《汉书注》一百二卷,陆澄撰,梁有今亡。

《史通·补注篇》:陆澄所注班史,多引司马迁之书,若此缺一言,彼增半句,皆采摘成注,标为异说,有昏耳目,难为披览。

刘孝标《汉书音》一百四十卷

《隋书·经籍志》:《汉书音》一百四十卷,刘孝标撰。梁有隋亡。

姚察《汉书集解》一卷

按:见《隋书·经籍志》著录。

姚察《定汉书疑》二卷

按:见《隋书·经籍志》著录。

姚察《汉书训纂》三十卷,《说林》十卷

《陈书·姚察传》:太建初,补宣明殿学士,除散骑侍郎,左通直,寻兼通直散骑常侍,报聘于周,江左耆旧,先在关右者,咸相倾慕。沛国刘臻窃于公馆访《汉书》疑事十余条。并为剖析,皆有经据。臻谓所亲曰,名下定无虚士。所著《汉书训纂》三十卷,《说林》十卷,行于世。

《隋书·经籍志》:《汉书训纂》三十卷,陈吏部尚书姚察撰。

《隋书经籍志考证》:《汉书训纂》三十卷,《华严经音义》引瑱谓珠玉压坐为饰也。释元应《一切经音义》引鳣,蛇鱼也。杜佑《通典·州郡门》引户扈鄠三字一也。又萧何封沛之酂,夫人封南阳之邓。《太平寰宇记》河南道引函道,地形如函也。

以上两晋六朝时人

包恺《汉书音》十二卷

《隋书·李密传》:密师事国子助教包恺,受《汉书》。

《隋书·儒林传》:包恺从王仲通受《史记》、《汉书》,尤称精究。大业中为国子助教,于是《汉书》学者,以萧、包二人为宗匠。

《隋书·经籍志》:《汉书音》十二卷,废太子勇命包恺等撰。

于仲文《汉书刊繁》三十卷,《略览》二十卷

《隋书·于仲文传》:仲文撰《汉书刊繁》三十卷,《略览》二十卷。

佚名《汉疏》四卷

《隋书·经籍志》:《汉疏》四卷,梁有今亡。

姚班《汉书绍训》四十卷

《唐书·姚班传》:曾祖察尝撰《汉书训纂》,而后之注《汉书》者,多窃取其义,为己说。班著《绍训》,以发明旧义云。

《唐书·艺文志》:姚班《汉书绍训》四十卷。

颜游秦《汉书决疑》十二卷

《唐书·儒学传》:师古叔游秦,武德初,累迁广州刺史,封临沂县男。撰《汉书决疑》,师古多资取其义。

《唐书·艺文志》:颜游秦《汉书决疑》十二卷。

敬播《汉书注》四十卷,《音义》二十卷

《唐书·儒学传》:敬播迁著作郎,房玄龄患颜师古注《汉书》文繁,令掇其要为四十篇。是时《汉书》学大兴,其章章者,若刘伯庄、秦景通兄弟、刘讷言皆名家。

颜师古《汉书注》一百二十卷

《唐书·儒学传》:师古字籀,为太子承乾注班固《汉书》,上之,赐物二百段,良马一,时人谓杜征南、颜秘书为左丘明、班孟坚忠臣。其所注《汉书》大显于时。

《汉书叙例》:储君体上哲之姿,膺守器之重,俯降三善,博综九流。观炎汉之余风,究其终始。懿孟坚之述作,嘉其宏赡,以为服应向说,疏紊尚多。苏普众家,训断尠。蔡氏纂集,尤为抵牾,自兹以降□有之云。怅前代之未周,愍将来之多惑,顾名幽仄,俾竭刍荛。匡正睽违,激扬郁滞,将以博喻胄齿,远覃邦国。弘敷锦带,启导青衿。曲禀宏规,备蒙嘉惠。增荣改观,重价流声。斗筲之才,徒思罄力,驽蹇之足,终惭远致。岁在重光,律中大吕,是谓涂月,其书始就。不耻狂简,辄用上闻。

《史略》:初汉服虔等《音义》,又有晋灼、臣瓒等说,应劭亦为集解,而蔡谟复拊注之。正观中,太子承乾命师古裒集众说。师古叔游秦,尝撰《汉书决疑》,乃因其旧而作今注。时号师古为班固忠臣。

《通志》:颜师古解《汉书》所以得忠臣之名者,《汉书》未经颜氏之前,凡几家,一经颜氏之后,后人不能易其说。纵有指乱易说之者,如明月晓星,不能有其明也。

《郡斋读书志》:前汉书一百卷,唐太宗子承乾令颜师古考众说为之注。

《直斋书录解题》:《汉书》一百卷。师古以太子承乾之命,总先儒注解,服虔、应劭而下二十余人,删繁补略,裁以已说,遂成一家。

《容斋随笔》:昔人谓颜师古为班固忠臣,以其注释记传,虽有谬误,必曲为之辨故也。如五行志中最多。其最显显者,与《尚书》及《春秋》乖戾为甚。颜师古注《汉书》,评校诸家之是非,最为精尽。然亦有失之冗赘及不烦音释者。

《四库总目》:师古注条理精密,实为独到。然唐人多不用其说,故《猗觉寮杂记》称师古注《汉书》,魁梧音悟票姚皆音去声,杜甫用魁悟票姚皆作平声。殆贵远贱近,自古而然欤。要其疏通证明,尤不愧班固功臣之目。固不可以一二字之出入,病其大体矣。

《陔余丛考》:《新唐书》颜游秦乃师古之叔,尝注《汉书决疑》,师古注《汉书》,多取其义。许观固追论之,谓游秦所作《决疑》十二卷,时称大颜,师古为太子承乾注《汉书》,尽取其义,是师古之注,实游秦注也。

刘伯庄《汉书音义》二十卷

《唐书·儒学传》:刘伯庄者,彭城人,为弘文馆学士,迁国子博士。与许敬宗等论撰甚多,终崇贤馆学士,自所著书亦百余篇。

《旧唐书·刘伯庄传》:龙朔中,兼授崇贤馆学士,撰《汉书音义》二十卷行于世。

《唐书·艺文志》:刘伯庄《汉书音义》二十卷。

郝处俊等《铨定汉书》八十七卷

《旧唐书·郝处俊传》:处俊好读《汉书》,略能成诵。

《唐书·艺文志》:《御铨定汉书》八十七卷,高宗与郝处俊等撰。

颜引《汉书古今集义》二十卷

按:见《唐书·艺文志》著录。

刘嗣《汉书音义》二十六卷

按:见《唐书·艺文志》著录。

阴景伦《汉书律历志音义》一卷

按:见《唐书·艺文志》著录。

僧务静《汉书正义》三十卷

按:见《唐书·艺文志》著录。

王勃《汉书注指瑕》

《唐书·文苑传》:王勃字子安,绛州龙门人。九岁得颜师古注《汉书》,读之,作指瑕以摘其失。

李喜《汉书辩惑》三十卷

《唐书·儒学传》:李善方雅清劲,有士君子之风,曾撰《汉书辩惑》三十卷。

《唐书·艺文志》:李喜《汉书辩惑》二十卷

李喜《汉书正名氏义》十二卷

按:见《唐书·艺文志》著录。

李喜《汉书英华》八卷

按:见《唐书·艺文志》著录。

沈遵《汉书问答》五卷

按:见《唐书·艺文志》著录。

元怀景《汉书议苑》

按:见《唐书·艺文志》著录。

以上隋唐时人

陈充等校《前汉书》

《玉海》:淳化五年七月诏选官分校《史记》、前后《汉书》,陈充、阮思道、尹少连、赵况、赵安仁、孙何校前后《汉书》。

刁衎等复校《前汉书》

《玉海》:景德元年正月丁未,命刁衎、晁迥、丁逊复校《前汉书》。二年七月壬戌刁衎等上复校《前汉书》板本,刊正三千余字,录为六卷,上之。赐器帛。

景祐校正《前汉书》

《玉海》:景祐元年,诏选官校正《前汉书》。

余靖等《汉书刊误》三十卷

《玉海》:景祐二年九月壬辰,诏翰林学士张观刊定《前汉书》,下胄监颁行。初秘书丞余靖请刊正《前汉书》,因诏尽取秘阁古本对校。逾年,乃上《汉书刊误》三十卷。至是改旧摹板。

《宋史·余靖传》:历秘书丞,建言班固《汉书》舛谬,命与王洙并校司马迁、范晔二史。书奏,擢集贤院校理。

赵忭《新校汉书》一百卷

《宋史·艺文志》:赵忭《新校汉书》一百卷。

《玉海》:熙宁二年八月六日庚子,参政赵忭进《新校汉书》。

陈绎《汉书是正文字》七卷

《玉海》:赵忭进陈绎所著《是正文字》七卷,赐绎金帛。

《宋史·陈绎传》:绎中进士第,为馆阁校勘,集贤校理,刊定《前汉书》。

居母丧,诏即家雠校。

张泌《汉书刊误》一卷

按:见《宋史·艺文志》著录。

刘敞、刘攽、刘奉世《三刘汉书标注》六卷

《宋史·刘敞传》:敞弟攽,所著书百卷,尤邃史学。预司马光修《资治通鉴》,专职汉史。敞子奉世字仲冯,历端明殿学士,文词雅赡,最精《汉书》学。

《宋史·艺文志》:《三刘汉书标注》六卷,注刘敞、刘攽、刘奉世撰。

《郡斋读书志》:《三刘汉书》一卷,皇朝刘敞原父、弟攽贡父、子奉世仲冯撰。刘跂尝跋其书尾云:余为学官亳州,故中书刘舍人贡父实为守,从容出所读《汉书》示余,曰:欲作补注,未能也。然卷中题识已多,公之子方山亚夫录以相示也。

《直斋书录解题》:《三刘汉书标注》六卷,侍读学士清江刘敞原父、中书舍人刘攽贡父、端明殿学士刘奉世仲冯撰。奉世,敞之子也。又本题《公非先生刊误》,其实一书。公非,贡父自号也。《汉书》自颜监之后,举世宗之,未有异其说者,至刘氏兄弟,始为此书,多所辨正发明。

刘攽《汉书刊误》四卷

按:见《宋史·艺文志》著录。

富弼《前汉书纲目》一卷

按:见《宋史·艺文志》著录。

刘巨容《汉书纂误》二卷

按:见《宋史·艺文志》著录。

佚名《西汉刊误》一卷

按:见《宋史·艺文志》著录。注云:不知作者。

徐天麟《西汉会要》七十卷(并见"两汉书部汇目")

《四库简目》:《西汉会要》七十卷,宋徐天麟撰。取《汉书》所藏典章制度,见于纪传表志者,三百六十七事,以类相从,分十五门,编载略与《唐会要》相似。其无可隶者,亦依苏冕旧例,以杂录格之,颇为淹贯。惟所采止于

《汉书》，未免稍隘耳。

《四库总目》：《西汉会要》七十卷（浙江汪启淑家藏本），宋徐天麟撰。其书仿《唐会要》之体，取《汉书》所载典章制度，见于纪志表传者，以类相从，分门编载，其无可隶者，亦依苏冕旧例，以杂录附之。凡分十有五门，共三百六十七事。嘉定四年具表进之于朝，有旨付尚书省，藏之秘阁。班固书最称博赡，于一代礼乐刑政，悉综括其大端，而理密文繁，骤难得其体要，天麟为之区分别白，经纬本末，一一犁然，其铨次极为精审。惟所采只据本史，故于汉制之见于他书者，概不采掇，未免失之于隘。又如舆服门中，于司马相如、扬雄诸赋铺张扬厉之语，一概摘入，殊非事实，亦为有乖义例。然其贯串详洽，实未有能过之者，昔人称颜师古为《汉书》功臣，若天麟者，固亦无愧斯目矣。

《郘亭知见传本书目》：《西汉会要》七十卷，宋徐天麟撰。宋嘉定乙亥刻本，半页十一行，行二十字，见沪肆，聚珍本，闽复本，道光二年南城胡森刻。吴门近有活字本。

徐天麟《汉书本末》一卷

按：见《宋史·徐梦莘传》。

徐天麟《西汉地理疏》六卷

按：见《宋史·徐梦莘传》。

王珠《汉书考正》不分卷

按：见《八千卷楼目》著录，注云：影元抄本。

刘元高《汉书意抄》

按：见《江西通志·艺文志》著录。《瑞州府志》：刘元高，字仲山，高安人。

郑伯谦《西汉贯珠细目》十卷

按：见《传是楼书目》著录。

陈天麟《前汉六帖》十二卷

按：见《宋史·艺文志》著录。

王逨《西汉决疑》五卷

《直斋书录解题》:《西汉决疑》五卷,国子司业宛邱王逨致君撰(案:《文献通考》作"王述")。一曰失实,二曰引古,三曰异言,四曰杂证,五曰注释。

吴仁杰《西汉刊误补遗》十七卷

《宋史·艺文志》:《两汉刊误补遗》十卷,吴仁杰撰。

《直斋书录解题》:《西汉刊误补遗》十七卷(案《宋史·艺文志》作十卷),国子博士吴仁杰斗南撰。补三刘之遗也。

陈天麟《前汉古字韵编》五卷

《直斋书录解题》:《前汉古字韵编》五卷,侍郎宣城陈天麟季陵撰。取《汉书》所用古字,以今韵编入之。

吕氏《前汉论》三十卷

《郡斋读书志》:吕氏《前汉论》三十卷,皇朝吕大忠晋伯撰。予得其本于铜梁令吕肇修,汲公诸孙也。

刘泾《西汉发挥》十卷

《郡斋读书志》:《西汉发挥》十卷,皇朝刘泾巨济撰。泾,蜀人。

何俌《西汉补遗》一卷

《郡斋读书附志》:《西汉补遗》一卷,何俌德辅补西汉之遗文也,盖束皙补《诗》之义耳。俌,乾道中权工侍兼权直院。

吴莘《西汉补注》十卷

《郡斋读书附志》:《西汉补注》十卷,国子博士吴莘商卿所著也。倪思为之序。

吴莘《西汉鉴》十卷

《郡斋读书附志》:《西汉鉴》十卷,国子博士吴莘所著也。王容为之序。

钱文子《补汉兵制》一卷

《浙江采进遗书目》:《补汉兵制》一卷(刊本),宋宗正少卿永嘉钱文子撰。其意惩宋养兵之费,广冗,兵滥食不可究诘,汉制寓兵于农,尤为近古,而班史无志,因以补之。自为注,其门人陈元粹序,王大昌跋。中右纲目十六条,则元粹所加也。

《四库简目》:《补汉兵制》一卷,宋钱文子撰。北宋惩五代之弊,收天下之兵于京师,禁军多至八十万。南渡之后,招募弥多,冗费弥甚。文子以汉代去古未远,犹有寓兵于农之意。因采《汉书》中言及兵制者,裒为一编,附以论断。

《四库总目》:《补汉兵制》一卷(浙江巡抚采进本),宋钱文子撰。文子字文季,乐清人。绍熙三年,由上舍释褐出身,以吏部员外郎兼国史院编修,官历宗正少卿。后退居白石山下,自号白石山人。宋初惩五代之弊,收天下甲兵,悉萃京师,谓之禁军。展转增益,至于八十余万。而虚名冒滥,实无可用之兵,南渡以后,仓卒补苴,招聚弥多,而冗费亦弥甚。文子以汉承三代之后,去古未远,犹有寓兵于农之意。而班史无志,因摭其本纪列传及诸志之中载及兵志者,裒而编之,附以考证论断,以成此书。卷首有其门人陈元粹序,述其作书之意甚详,盖为宋事立论,非为《汉书》补亡也。

《十七史商榷》:《补汉兵制》一卷,宋宗正少卿乐清钱文子文季撰。门人奉议郎知江州瑞昌县主管劝农营田公事陈元粹序。近日盛百二、李文藻刻之。班氏于刑志中,带叙兵事,草草数语,全不详备。文子五千载之下,亦不过从《汉书》中细绎而得。假令班氏欲志其详,何难委曲如绘,惜乎略之。唐兵制之善与汉同,宋厢军禁军,何尝不仿汉唐,惟养兵冗滥,汉唐所无耳。文子考古以讽时,有以哉。

《郘亭知见传本书目》:《补汉兵制》一卷,宋钱文子撰。盛百二刻本,知不足斋本。

陈傅良《西汉史钞》十七卷

按:见《宋史·艺文志》著录。

胡寅《西汉史钞》二十卷

按:见《福建通志·艺文志》著录。注云:胡寅,宣和三年进士。

洪迈《前汉法语》二十卷

《郡斋读书附志》:《前汉法语》二十卷,鄱阳洪文敏公迈所著。

佚名《前汉书策要》二十七卷

按:见《京师图书馆善本书目》著录。余详《史记策要》条。

吕祖谦《西汉书详节》三十卷

按:见《汇刻书目》著录。详《史记详节》条。

钱端礼《前汉书提要》二卷

按:见《四库存目》著录。详《史记提要》条。

朱子文《汉书辨正》

按:见《丁氏善本书目》著录。

陈珙《西汉政事录》

按:见《福建通志·艺文志》著录。注云:陈珙字子重,嘉定元年进士。

黄公度《汉书镌误》

按:见《福建通志·艺文志》著录。注云:黄公度,绍兴三年进士。

刘子翚《汉书杂论》

按:见《福建通志·艺文志》著录。

沈长卿《西汉总类》二十六卷

《郡斋读书附志》:《西汉总类》二十六卷,沈长卿文伯所编也。随事立门,随门类事,他传所载,总而归一;虽注中有所取者,亦皆掇拾而裒集之。长卿,霅川人也。乾道改元,信川教官吴琼景玉序。

林越《汉隽》十卷

《直斋书录解题》:《汉隽》十卷,括苍林越撰。以《西汉书》分类为十五篇(案:《文献通考》作五十篇),皆句字之古雅者,隽者,取隽永之义也。

《百川学海目录》:《汉隽》十卷,宋括苍林越纂。凡五十类,抄聚《汉书》之精语也。有注。

《郘亭知见传本书目》:《汉隽》十卷,宋括苍林越撰。明刊本。又嘉靖中吴氏刻本。《四库存目》。又明凌氏文林绮绣刊本十六卷改名《两汉隽言》后六卷,凌迪知续。

佚名《汉书叙例目录》一卷

按:见《秘书省书目》著录。

王应麟《汉书艺文志考证》十卷

《宋史·儒林传》:王应麟所著有《汉书艺文志考证》十卷。

《四库简目》:《汉书艺文志考证》十卷,宋王应麟撰。《汉书·艺文志》间有班固自诠,然不甚详,颜师古注,间有附论,亦仅辨证其数条,不能赅备。应麟始摭拾旧文,为之补注。不载《汉志》全文,惟以有考订者摘录为纲,略如经典释文之例。持论皆有根据,惟古书不载于《汉志》者,增入二十六种,真伪相杂,颇为蛇足。

《四库总目》:《汉书艺文志考证》十卷(通行本),宋王应麟撰。《汉书·艺文志》因刘歆《七略》而修,凡句下之注,不题姓氏者,皆班固原文,其标某某曰者,则颜师古所集诸家之说。然师古注班固全书,艺文特其八志之一,故仅略疏姓名时代。所考证者,如《汉著记》即起居注,《家语》非今《家语》,邓析子非子产所杀,庄忽奇、严助之驳,文逢门即逄蒙之类,不过三五条而已止。应麟始捃摭旧文,各为补注,不载《汉志》全文,惟以有所辨论者摘录为纲,略如《经典释文》之例。其传记有此书名而《汉志》不载者,亦以类附入。未免间失之嗜奇。然论其该洽,究非他家之所及也。

程具《班左诲蒙》三卷

《郘亭知见传本书目》:《班左诲蒙》三卷,宋左通奉大夫征猷阁待制除提举万寿宫实录院修撰程具撰。《直斋》著录,后有绍兴三十一年五月日南剑州雕匠叶昌等镂板一条,取左班二书,常言细事,与夫古言异字,名扬制度之微,猎取殆尽,以公穀附焉。政和三年癸巳六月自序张氏志旧抄本。

佚名《汉书考证》

按:见《丁氏善本书目》著录,详见“两汉书部”。

以上宋时人

徒单镒《西汉书译解》

按:见《全补三史艺文志》。注云:大定六年译。

刘端《读汉书改本》

按:见《千顷堂书目》。注云:刘端,建文时人。

郝敬《汉书琐琐》四卷

按:见《千顷堂书目》。注云:《山草堂集》本。

茅坤《汉书钞》九十三卷

按:见《八千卷楼目》著录。

张邦奇《兀涯西汉书议》十二卷

《浙江采进遗书目》:《兀涯西汉书议》十二卷(写本),明尚书鄞县张邦奇辑。节摽班书本文,每条系以论说,俱作臣案云云。当是经进之本。

《四库存目》:《兀涯西汉书议》十二卷(浙江范懋柱家天一阁藏本),旧题明张邦奇撰,实则因霍韬旧稿而增修之。兀涯者,韬别号也。邦奇字常甫,鄞县人,弘治乙丑进士,官至南京兵部尚书,谥文定,事迹具《明史》本传。其书皆摘西汉之事,编次年月,先录《汉书》原文,而附以评断,多引明代故事,证其得失。盖尝经奏议之书,其每条标臣案者,韬原文有别标侍郎臣张邦奇曰者,则续修之文也。

王奕《西汉通志》

按:见《浙江通志·艺文志》著录。注云:见《万历温州府志》。

王奕《补正汉天文志》

按:见《浙江通志·艺文志》著录。注云:见《万历温州府志》。

王奕《释汉地理志》

按:见《浙江通志·艺文志》著录。注云:见《万历温州府志》。

陆万逵《汉书抄》

按:见《浙江通志·艺文志》著录。注云:《天启平湖县志》。

李廷机《汉书要删文粹》六卷

按:见《浙江通志·艺文志》著录。注云:李廷机,万历癸未殿试第二。

黄文焕《汉书审索》

按:见《浙江通志·艺文志》著录。注云:黄文焕,天启乙丑进士。

徐雄《汉评》

按:见《金华先民传》。

凌稚隆《汉书纂》二十六卷

按:见《传是楼书目》著录。

凌稚隆《汉书百家评林》一百卷

按:见《千顷堂书目》著录。

项笃寿《汉书论赞》六卷

按:见《四库存目》著录,详《史记论赞》条。

唐顺之《汉书揭要》一卷

按:见《格致丛书目》著录。

茅瓒《西汉书钞》六卷

按:见《八千卷楼目》著录。

孙鑛《汉书评》七十卷

按:见《好古堂书目》著录。

陈仁锡《评汉书》一百二十卷

按:见《好古堂书目》著录。

孙月峰《评点汉书》十六本

按:见《江南图书馆目》著录。注云:明抄本。

以上元明时人

梁玉绳《汉书古今人表考证》九卷

按:见《八千卷楼目》著录。注云:原刊本,粤雅堂本,《书目答问》清白士集本。

蔡云《汉书人表考校补》一卷,《续考补》一卷

按:见《书目答问》著录。注云:自刻本,《涵芬楼书目》,广雅局本。

翟云升《校正汉书古今人表》一卷

按:见《八千卷楼目》著录。注云:五经岁遍斋本。

王元启《汉书律历志正讹》二卷

按:见《书目答问》著录。注云:祇平居士集本。

齐召南《汉书考证》一百二十卷

按:见《浙江通志·艺文志》著录。注云:见《宝纶堂文钞》,凡五百余条,附刻殿本《汉书》每卷后。

牟廷相《更定〈汉书·王莽传〉》

按:见《雪泥屋遗书目》著录。注云:牟廷初初名廷相,字陌人,乾隆乙卯优贡生。官任成训导,著述未刊。

詹惟修《汉书裒赡》

按:见《安徽通志·艺文志》著录。

宋鉴《汉书地理考》

按:见《陕西通志·艺文志》著录。注云:《汉学师承记》著录,无卷数。

佚名《汉书纂》十六册

按:见《万卷楼艺文记》著录。

孙廷铨《汉史忆》二卷

按:见《八千卷楼目》著录。注云:孙文定公全集本。

杭世骏《汉书疏证》二十七卷

按:见《清吟阁书目》著录。

杭世骏《汉书蒙拾》三卷

按:见《八千卷楼目》著录。注云:杭氏七种本。

钱坫《新斠注汉书地理志》十六卷

《学部图书馆目》:《斠注汉书地理志》十六卷,钱坫原刻本,徐伯松、朱墨莘校补于上,会稽章寿康刻于蜀,名之曰《新斠注地理志》,此其原稿。

《书目答问》:《新斠注地理志》十六卷,钱坫撰,原刻本。同治甲戌会稽章氏重刻本,附徐松集释。

钱坫《汉书十表注》十卷

《书目答问》:钱坫又有《汉书十表注》十卷,未刊。

徐松《汉书西域传补注》二卷

按:见《八千卷楼目》著录。注云:广雅局本。

《书目答问》:原刻本,张琦刻本。补正:光绪五年定州王灏刻畿辅丛书本,光绪十二年会稽章寿康刻式训堂丛书本。西人所著如喜尔慈《西域地理考》、斯坦因《西域新图志》诸书,尚无译本。

徐松《西域水道记》

按:见《涵芬楼书目》著录。注云:《舆地丛书》本。

傅占衡《汉书摭言》

按:见《江西通志·艺文志》著录。注云:《临川县志》字平叔。

周廷寀《西汉儒林传经表》二卷

按:见《江南图书馆目》著录。

夏燮《汉书八表刊误》

按:见《安徽通志·艺文志》著录。

吴卓信《汉地理志补注》一百三卷

按:见《八千卷楼目》著录。注云:钞本。

周寿昌《汉书注校补》五十六卷

按:见《八千卷楼目》著录。注云:广雅本。

李光庭《汉西域图考》七卷

按:见《书目答问》著录。注云:同治庚午刊本。

陈许廷《汉书隽》十卷

按:见《传是楼书目》著录。

王光鲁《西汉隽言》八卷

按:见《八千卷楼目》著录。

宁王《汉书秘史》一卷

按:见《得月楼书目》著录。

沈维贤《汉书匈奴表》三卷,附录一卷

按:见《浙江图书馆目》著录。注云:印本。

姚鼐《汉书评点》一卷

按:见《浙江图书馆目》著录。注云:金氏重刻本。

陈世泽《汉书会要》

按:见《福建通志·艺文志》著录。注云:陈世泽,字仁仲,雍正间诸生。

吴应箕《汉书书后》

按:见《江南通志·艺文志》著录。注云:吴应箕,贵池人。

佚名《前汉考异》一卷

按:见《遂初堂书目》著录。

朱一新《汉书管见》四卷

按:见《江南图书馆目》著录。

佚名《汉书侯表举正》不分卷

按:见《八千卷楼目》著录。注云:不著撰人名氏,刊本。

李邺嗣《西汉节义传论》二卷

按:见《太公图书馆目》著录,涵芬楼目金峨山馆本。

傅为讵《读汉书论》

按:见《云南图书馆目》著录。

程一枝《汉诠》

按:见《安徽通志·艺文志》著录。

林茂春《汉书拾遗》二十卷

按:见《福建通志·艺文志》著录。注云:林茂春,乾隆丙午举人。

吴非《楚汉帝目表》一卷

按:见《涵芬楼书目》著录。注云:《贵池先哲遗书》本。

洪颐煊《汉志水道疏证》五卷

按:见《传是楼书目》著录。《书目答问》:问经堂本。

王绍兰《汉书地理志校注》二卷

按:见《浙江图书馆目》著录。注云:萧山陈氏遗经楼刊本。

王先谦《汉书补注》一百卷

按:见《涵芬楼书目》著录。注云:同文局本。

顾允武《汉书古今集》二十卷

按:见《江南图书馆目》著录。

赵诚夭《汉书三表举正》六本

按:见《清吟阁书目》著录。

全祖望《汉书地理志稽疑》六卷

按:见《八千卷楼书目》著录。注云:广雅局本。

汪迈孙《汉书地理志校本》二卷

按:见《八千卷楼目》著录。注云:原刊本。

段玉裁《汉书地理志校本》

按:见《书目答问补正》著录。注云:未刊。

沈钦韩《汉书疏证》三十六卷

按:见《浙江图书馆目》著录。注云:浙江局本。

钱大昕《汉书考异》四卷

按:见《潜研堂书目》著录。详《史记考异》条。

钱大昭《汉书辨疑》二十二卷

按:见《八千卷楼目》著录。注云:广雅局本。

何若瑶《汉书考证》一卷

按:见《八千卷楼目》著录。注云:广雅局本。

汪有光《读汉书笔记》

按:见《安徽通志·艺文志》著录。注云:汪有光,黔人。

陈澧《汉书地理志水道图说》七卷

按:见《八千卷楼目》著录。注云:广雅局本,东塾读书本。

吴承志《汉书地理志水道图说补正》二卷

按:见《中国书店书目著录》。注云:钱塘人。

臧镛堂《汉书音义》三卷补遗一卷

按:见《木犀轩丛书目》(光绪间李氏本)著录。

卢文弨《读汉书志补注》

按:见《群书拾补初编目》著录。

王念孙《汉书杂志》十六卷

按:见《涵芬楼书目》著录。注云:《读书杂志》本。

王荣商《汉书补注》七卷

按:见《南通图书馆目》著录。广东局本。

石韫玉《汉书刊误》一卷

按:见《八千卷楼目》著录。注云:全集本。

何焯《前汉书札记》六卷

按:见《义门读书记目》著录。

郭梦星《汉书古字类》一卷

按:见《实树堂遗书》(刊本)目著录。

缪荃孙《汉书引经异文录证》二卷

按:见《八千卷楼目》著录。注云:刊本。

吴调阳《汉书地理志详释》四卷

按:见《观象庐丛书》(光绪间家刻本)目著录。

杨守敬《汉书地理志补刊》二卷

按:见《观海堂汇刻目》著录。

杨守敬《前汉地理志图》

按:见《观海堂汇刻目》著录。家刊本。

杨守敬《补古今人表》四卷

按:见《观海堂汇刻目》著录。未刊。

李赓芸《汉书地理志考误》一卷

按:见《嘉定李氏遗书目》著录。

李赓芸《汉书艺文志考误》一卷

按:见《嘉定李氏遗书目》著录。

李赓芸《汉书发挥》

按:见《嘉定李氏遗书目》著录。

丁谦《汉书匈奴传地理考证》二卷

按:见《浙江图书馆丛书目》著录。

丁谦《汉书南夷两粤朝鲜传地理考证》一卷

按:见《浙江图书馆丛书目》著录。

丁谦《汉书西域传地理考证》一卷

按:见《浙江图书馆丛书目》著录。

王峻《汉书辨误》四卷

按:见《书目答问补正》。注云:自刻本。

以上清人

孙德谦《汉书艺文志举例》一卷

按:见《涵芬楼书目》著录。

姚明煇《汉书艺文志注解》二卷

按:见《涵芬楼书目》著录。

顾实《汉书艺文志讲疏》

按:见《商务印书馆图书汇目》著录。

杨树达《汉书疏证》

按:见《商务印书馆图书汇目》著录。

以上今人

《正史汇目》第四　史汉部

张衡校《史记》、《汉书》

《后汉书·张衡传》：条上司马迁、班固所叙与典籍不合者十余事。又以为王莽本传，但应载篡事而已。至于编年月，纪灾祥，宜为元后本纪。

王蔑《史汉要集》二卷

《隋书·经籍志》：《史汉（一作史记）要集》二卷，晋祠部郎王蔑撰。抄《史记》，入《春秋》者不录。

倪思《班马异同》三十五卷

《直斋书录解题》：《班马异辞》三十五卷，倪思撰。以班史仍《史记》之旧，而多删改，大抵务趋简严，然或删而遗其事实，或改而失其本意。因其异，则可以知其笔力之优劣，而又知作史述史之法矣。

《四库简目》：《班马异同》三十五卷，宋倪思撰。刘辰翁评点。大旨以《汉书》多因《史记》之旧，而篇章字句，时有窜改。因参合两书，证其异同，以求史家笔削之意。其例以《史记》原文大书，《史记》无而《汉书》增者，则以细字书之。《史记》有而《汉书》删者，则以墨笔勒其旁。或颠倒先后者注《汉书》上连某文，下连某文；移入别篇者，则注曰《汉书》见某传。

《四库总目》：《班马异同》三十五卷（浙江汪汝瑮家藏本）旧本或题宋倪思撰，或题刘辰翁撰。杨士奇跋曰：《班马异同》三十五卷，相传作于须溪，观其评泊批点，臻极精妙，信非须溪不能。而《文献通考》载为倪思所撰，岂作于倪而评泊出于须溪耶。其语亦两持不决。按《通考》之载是书，实据《直斋书录解题》，使果出于辰翁，则陈振孙时，何得先为著录，是固可不辨而明矣。是编大旨以班固《汉书》，多因《史记》之旧，而增损其文。乃考其字句异同，以参观得失，其例以《史记》本文大书，凡《史记》无而《汉书》所加者，则以细字书之。《史记》有而《汉书》所删者，则以墨笔勒字旁。或《汉书》移其先后者，则注曰《汉书》上连某文，下连某文。或《汉书》移入别篇者，则注曰《汉书》见某传。二书互勘，长短较然，于史学颇为有功。昔欧阳棐编《集古录》跋尾，以真迹与集本并存，使读者寻删改之意，以见前人之用心。思撰是书，盖即此意。特棐所列者，一人之异同；思所列者，两人之异同，遂为创例耳。其中如戮力作勠力，沉船作湛船，由是作繇是，无状作亡状，鈇质作斧质，数却作数郤之类，特今古异文。半菽作芋菽，蛟龙作交龙之类，特传写讹舛。至于秦军作秦卒，人言作人谓，三两人作两三人之类，尤无关文义，皆非有意窜改，思一一赘列，似未免稍伤繁琐。然既以异同名书，则只字单词，皆不容略，失之过密，终胜于失之过疏也。至英布、陈涉诸传，轶而未录；明许相卿作《史汉方驾》始补之，则诚千虑之一失矣。思字正甫，湖州归安人，乾道二年进士，历官宝文阁学士，谥文节，事迹具《宋史》本传。

《郑堂读书记》:《班马异同》三十五卷（明李元阳校刊本），宋倪思撰，元刘会孟评（思字正甫，归安人，乾道二年进士，历官宝文阁学士，谥文节。会孟名辰翁，号次溪，庐陵人，景定壬戌廷试对策忤贾似道，置丙第，遂以亲老请掌濂溪书院，后召入史馆及除太常博士，皆不就。宋亡后隐居以终）。《四库全书》著录，版心作《史汉异同》，《书录解题》（类书类）、《通考》俱载之。陈氏又作《马班异辞》，则一书而三名矣。陈氏称思以班氏史仍《史记》之旧，而多删改，大抵务趋简严，然或删而遗其事实，或改而失其本意。因其异则可以知其笔力之优劣，而又知作史述史之法矣。而卷末杨东里（士奇）跋，亦称《史汉异同》相传作于次溪，而编内不载。观其评论批点，臻极精妙，信非次溪不能，然《文献通考》云倪思撰，岂非书作于倪，而评论批点出于次溪耶？谨按《四库全书存目》有《班马异同评》三十五卷，云宋倪思撰，刘辰翁评，知东里所言洵然。是本所提，不知何以不称名而称字也。且是书虽有三十五卷，而考之不全，如孝文、孝景二本纪，“天官”、“封禅”、“河渠”、“平准”四书，“陈涉”、“外戚”、“楚元王”、“荆燕”、“齐悼惠王”、“梁孝王”、“五宗”、“三王”八世家，“邹阳”、“贾谊”、“黥布”、“韩王信”、“卢绾”、“田儋”、“万石”、“张叔”、“田叔”、“南越”、“东越”、“朝鲜”、“西南夷”、“儒林”、“大宛”十五传，及

“太史公自序”，俱与《汉书》有异同详略处，而皆不及考，未知何意。岂倪之原本久佚（倪又有《迁史删改古书异辞》十二卷，见《书录解题》。《通考》已佚），今所传者，系刘氏评本，刘或选取一半而评之，故非倪之原本，而陈氏所著卷数，又出后人依评本妄改耶？明许台仲（相卿）因倪之本，稍为厘定，改为《史汉方驾》三十五卷，《四库存目》只顶入陈胜、英布二传，而卷数不增，又不遍补倪氏所遗，莫测其意例之所在矣。聊附记于此，不别著录。

《郘亭知见传本书目》：《班马异同》三十五卷，宋倪思撰，嘉靖十六年李元阳、汪佃校刊本。杨士奇跋称此书本名《史汉异同》，不题撰人姓名。据《文献通考》题作倪思，李刻因改此名。吴槎客拜经楼有不全宋本。乔鹤侪有元大德太平路刻本，又韩敬求仲序刊本。

刘辰翁《班马异同评》三十五卷

《四库存目》：《班马异同评》三十五卷（浙江汪汝瑮家藏本），宋倪思撰，刘辰翁评。辰翁字会孟，庐陵人。景定壬戌廷试对策，忤贾似道，置丙第，遂以亲老请掌濂溪书院，后召入史馆及除太常博士，皆不就。宋亡后，隐居以终。其文集散佚，谨存四景诗及《须溪记钞》，盖不及十分之一。今从《永乐大典》裒辑遗篇，始稍成卷帙。惟所评诸书尚传，此本亦其一也。辰翁人品颇高洁，而文章多涉僻涩，其点论古书，尤好为纤诡新颖之词，实于数百年前预开明末竟陵之派。此书据文义以评得失，尚较为切实，然于显然共见者，往往赘论，而笔削微意，罕所发明。又倪思原书本较其文之异同，辰翁所评，乃多及其事之是非。大抵以意断制，无所考证，既非论今，又非论古，未免两无所取。杨士奇跋以为臻其精妙，过矣。旧无专刻，仅附见倪思书以行，然究为以辰翁之书乱思之书，固有疑《班马异同》即为辰翁作者（原注语详《班马异同》条下）。今各著录，俾两不相淆焉。

佚名《马史精略》五十六卷

按：见《宋史·艺文志》著录，不著撰人名氏。

胡英彦《注释史汉阙文》

按：见《八千卷楼书目》著录。

周京《史汉音辨》

按:见《江西通志·艺文志》著录。

湛祚《史汉韵说》

按:见《江西通志·艺文志》著录。

王益之《西汉年纪》三十卷

《四库简目》:《西汉年纪》三十卷,宋王益之撰。原本久佚,今从《永乐大典》录出。其书排比西汉事迹,多搜采于马班二史之外,条下所载考异,亦多司马光、三刘、吴仁杰所遗,颇为精密。惟自序称讫王莽之诛,而此本止于平帝,或有所佚脱欤。

《四库总目》:《西汉年纪》三十卷(《永乐大典》本),宋王益之撰。益之字行甫,金华人,官大理司直。所著有《汉官总录》、《职源》等书,盖能熟于两汉掌故者。今他书散佚,惟此本以载入《永乐大典》独存焉。益之自序,称《年纪》三十卷,《考异》十卷,《鉴论》若干卷,各自为书,今此本不载《鉴论》,而《考异》则散除《年纪》各条之下,与序不合,殆后人离析其文,如胡三省之于《通鉴考异》欤。又序称自高祖迄王莽之诛,而此本终于平帝,居摄之后,阙焉。且其文或首尾不完,而间已有脱佚,盖编入《永乐大典》之时,已残缺矣。今依益之自序目次,厘为三十卷。其《考异》亦从旧本,仍附各条之下,以便检核,不复拘自序之文,别为编次焉。

《郑堂读书记》:《西汉年纪》三十卷(南沙席氏扫叶山房刊本),宋王益之撰(益之,字行甫,金华人,官大理司直)。《四库全书》著录,《书录解题》、《宋志》俱止载行甫《汉官总录》十卷,《职源》五十卷,而无是书。然是书久已散佚,今馆臣从《永乐大典》录出。其自序谓取迁、固史与其轶见于他书者,以《荀纪》、《通鉴》凡例裁之。其间月日明具,则载于月日之下;有年无月,则总于是岁之末;岁月俱阙,则约其事之先后而志焉。起于高祖,终于王莽之诛,凡二百二十九年,为《西汉年纪》三十卷。史传互载,不无抵牾,因为订正,为《考异》十卷。诸儒之议,多所发明,因为诠次,为《鉴论》若干卷。今按此本无《鉴论》,而有《考异》,且散附各条之下。如胡身之《通鉴注》之载考异者然。盖编《永乐大典》时所据之本如是,末阙居摄以后之事,恐亦旧本所阙也。其书凑合诸书而成,每节每句下,必注所出书名篇名,最为征实之学。后为李铁君(锴)《尚史》本之,他人所不能也。惜其文或首尾不完,间有脱佚,盖亦旧本如是,非明初人所割裂也。如此著作,固当与司马、班、荀之书,并垂千古,而其所撰《考异》,亦较《通鉴考异》、《两汉刊误补遗》诸书为精密,是又当与二刘、吴氏并擅其胜矣。后有其弟中甫(观之)跋,称嘉定辛巳锓本,此本为南沙席氏取武英殿原本较梓,前载《四库提要》一篇。

《郘亭知见传本书目》:《西汉年纪》三十卷,宋王益之撰。扫叶山房席氏刊本。

娄机《班马字类》五卷

《宋史·娄机传》:以资政殿学士,知福州,力辞以归,所著复有《班马字类》,人多藏弆焉。

《直斋书录解题》:《班马字类》二卷,参政嘉禾娄机彦发撰。取二史所用古字及假借通用者,以韵类之。洪迈、景卢作序。

《四库简目》:《班马字类》五卷,宋娄机撰。采《史记》、《汉书》古字,亦以韵编次,虽近饾饤之学,然考订训诂,释辨音声,于假借通用诸字,胪列颇详,深有裨于小学。

《郘亭知见传本书目》:《班马字类》五卷,宋娄机撰。明刊本,今泽存堂张士俊刊。马氏玲珑山馆仿宋本题《史汉字类》,其板后归吴兴倪氏锄经堂。《天禄后目》有宋刊本六部。昭文张氏有抄本,附宋李曾伯《补遗》一千二百三十九字,随娄本依韵编入。有景定甲子刊书自序。海昌蒋氏刊娄本。

《书目答问》:《班马字类》五卷,附《补遗》,宋娄机撰。注云:别下斋刻涉闻梓旧本,小玲珑馆仿宋大字本,又仿宋中字本。《补正》:张氏泽存堂本,常熟鲍氏后知不足斋本,长沙思贤书局刻本。

以上宋时人

许相卿《史汉方驾》三十五卷

《浙江采进遗书目》:《史汉方驾》三十五卷(刊本),明给事中海宁许相卿撰。以宋倪思本,但标巨细分别异同,因其不便疾读,并取刘辰翁评本,更为此编。

《四库存目》:《史汉方驾》三十五卷(两江总督采进本),明许相卿编。相卿字台仲,海宁人,正德丁丑进士,官至兵科给事中,事迹具《明史》本传。是编因倪思原本,稍为厘订,改题此名。陈胜、英布二传,思书偶遗,此补缀所阙。他如卫青、霍去病传,附录诸将,《汉书》别自立传,与《史记》文不相袭者,思书删去,此皆掇拾所遗。其先后次第,改从司马贞索引,亦稍更其序,然所益不及百分之一。惟思书《史记》大书,《汉书》细书,文相连属,但以字形广狭为分,颇易混淆。又字旁钩勒,传写尤舛误,相卿变其体例,以史汉相同者,直书行中,不同者,分行夹注。凡《史记》有《汉书》无者,偏列于右。《汉书》有而《史记》无者,偏列于左。条理井然,较思书为胜。所列评语,亦因刘辰翁之本,稍为损益,颇不及旧文。又旧文皆标置简端,相卿意取便览或移附句旁,如批点时文之例,反参错难观,则未免于不善变矣。

潘光统《史汉存疑》

《粤人记》:潘光统字少承,顺阳人,官至大官丞。尝类选《明音》、《唐音》若干卷,所著《史汉存疑》、《山房纪闻》及诗文各若干卷。

郝敬《史汉愚案》八卷

按:见《八千卷楼书目》著录。注云:《山草堂集》本。

施端教《读史汉翘》二卷

《四库存目》:《读史汉翘》二卷(浙江吴玉墀家藏本),明施端教编。端教字匪莪,泗州人。是书取《史》、《汉》中字句新异者,编录成帙,盖仿林越《汉隽》,洪迈《史记法语》、《西汉法语》例,然卷帙无多,分类繁琐,殊无益于考证。

胡粹中《汉史笔记》

按:见《尤氏艺文志》著录。

许朱《史汉评纂》八卷

按:见《福建通志·艺文志》著录。注云:许朱,天启辛酉举人。

佚名《史汉合抄》十卷

按:见《江南图书馆目》著录。注云:乾隆刊本。

唐顺之《荆州批点史汉》十五本

按:见《江南图书馆目》著录。

凌稚隆《史汉异同补评》三十二篇

按:见《环碧山房书目》著录。

沈启原《班马异同》

按:见《浙江通志·艺文志》著录。注云:万历《秀水县志》。

以上明时人

詹明章《班马合抄》

按:见《福建通志·艺文志》著录。注云:詹明章,康熙间贡生。

方咸亨《马班笔记》

按:见《江南通志·艺文志》著录。

佚名《班史菁华》

按:见《遂初堂书目》著录。

茅一柱《史汉合编》八十八卷

按:见《传是楼书目》著录。

傅泽《史汉发明》五卷

按:见《八千卷楼书目》著录。

杨于杲《史汉笺论》四卷

按:见《甘肃通志·艺文志》著录。注云:湖北荆州通判。

荆州《史汉选》

按:见《八千卷楼书目》著录。

袁黄《史汉定本》

按:见《浙江通志·艺文志》著录。注云:见《黄氏书目》。

沈仪《班史清华》十卷

按:见《浙江通志·艺文志》著录。注云:见《仁和县志》。

成容镜《史汉骈拔》一卷

按:见《浙江图书馆目》著录。注云:考史汉、两汉(广雅本)。

高梅亭《评史汉合钞》十卷

按:见《抱经堂书目》著录。

佚名:《史汉异同》六卷

按:见《世善堂书目》著录,不著撰人名氏。

凌以栋《史汉评林》二十卷

按:见《世善堂书目》著录。

以上清时人

《正史汇目》第五　《后汉书》部

(一)范晔《后汉书》未成前目

汉明帝《世祖本纪》

《后汉书·东平王苍传》:帝以所作《光武本纪》示苍。

《北史·萧大圜传》:明帝为《世祖本纪》。

班固、陈宗、尹敏、孟冀等《世祖本纪》

《后汉书·班固传》:除兰台令史,与前睢阳令陈宗、长陵令尹敏、司隶从事孟異,共成《世祖本纪》。

《论衡》:陈平仲《纪光武》(按:平仲当是宗字)。

《后汉书·杜林传》:孟冀,茂陵人(案異当作冀,班固传作異,旧本作冀)。

《后汉书·尹敏传》:尹敏字幼季。建武二年上疏陈《洪范》消灾之术,待诏公车,拜郎中,后迁长陵令。

班固"功臣"、"平林"、"新市"、"公孙述"列传载记二十八篇

《后汉书·班固传》:固又撰"功臣"、"平林"、"新市"、"公孙述"事,作列传载记二十八篇,奏之。

《史通·正史篇》:在汉中兴,明帝始诏班固与睢阳令陈宗、长陵令尹敏、司隶从事孟異(《班固传》作"異",旧本作"冀")作《世祖本纪》,并撰"功臣"及"新市"、"平林"、"公孙述"事,作列传、载记二十八篇。自是以来,春秋考纪,亦以焕炳,而忠臣义士,莫之撰勒。

刘复、班固、贾逵等《汉史》

《后汉书·北海靖王传》:临邑侯复好学,能文章,永平中每有讲学事,辄

令复典掌焉。与班固、贾逵共述《汉史》。

章帝《显宗本纪》(即明帝本纪)

《北史·萧大圜传》:章帝为《显宗本纪》。

佚名《马防颂》

按:见《顾补后汉艺文志》著录。注云:章帝命史官撰。

佚名《平原怀王胜传》

按:见《顾补后汉艺文志》著录。注云:邓太后命史官作。

刘珍、刘騊駼、李尤等建武以来纪表、名臣、节士、儒林、外戚诸传

《后汉书·刘珍传》:刘珍字秋孙,永初中,为谒者仆射。邓太后诏使与校书刘騊駼、马融及五经博士校定东观五经、诸子传记、百家艺术,整齐脱误,是正文字。永宁元年,又诏珍与騊駼作建武以来名臣传。

《后汉书·北海靖王传》:复子騊駼及从兄平望侯毅有才学。永宁中,邓太后召毅及騊駼入东观,与谒者仆射刘珍著中兴以下名臣列士传。

《后汉书·李尤传》:和帝时侍中贾逵荐尤有相如、杨雄之风,召诣东观,受诏作赋,拜兰台令史。安帝时,为谏议大夫,受诏与谒者仆射刘珍等俱撰《汉记》。

《史通·正史篇》:诏史官谒者仆射刘珍及谏议大夫李尤杂作纪,表,名臣、节士、儒林、外戚诸传,起自建武,讫乎永初。事业垂竟,而珍、尤继卒。

伏无忌、黄景、崔寔等"诸王"、"王子"、"功臣"、"恩泽侯表"、"南单于、西羌传"、"地理志"

《后汉书·伏湛传》:至玄孙无忌,亦传家学,博物多识。永和元年,诏无忌与议郎黄景,校定中书五经、诸子百家艺术。元嘉中,桓帝复诏无忌与黄景、崔寔等共撰《汉纪》。

《后汉书·崔骃传》:骃孙寔,才美能高,召拜议郎,与边韶、延笃著作东观。

《史通·正史篇》:珍、尤继卒,复命侍中伏无忌与谏议大夫黄景作"诸王"、"王子"、"功臣"、"恩泽侯表"、"南单于"、"西羌"传、"地理志"。

边韶、朱穆、曹寿、延笃等孝穆崇二皇、顺烈皇后传，百官表，顺帝功臣等传

《后汉书·边韶传》：边韶字孝先，桓帝时，征拜太中大夫，著作东观。

《后汉书·朱晖传》：晖子穆，字公叔，拜尚书，所著论奏二十篇。及卒，蔡邕及门人共述其体行，谥为文忠先生。

《史通·正史篇》注：曹寿，字世叔，即娶班彪女昭者也。

《史通·正史篇》：元嘉元年，复令太中大夫边韶、大军营司马崔寔、议郎朱穆、曹寿杂作孝穆、崇二皇（“孝穆”五字，传写讹脱，当作“献穆、孝崇二皇后”）及顺烈皇后传。又增《外戚传》入安思等后，《儒林传》入崔篆诸人。寔、寿又与议郎延笃杂作《百官表》、顺帝功臣孙程、郭願及郑众、蔡伦等传。凡百十有四篇，号曰《汉纪》。

卢植、马日磾、蔡邕、杨彪、韩说等补续《汉记》

《后汉书·卢植传》：卢植字子幹，征拜议郎，与谏议大夫马日磾、议郎蔡邕、杨彪、韩说等，并在东观，校中书《五经》记传，补续《汉记》。

《后汉书·袁术传》注：马日磾字翁叔，融之族子。与杨彪、卢植、蔡邕典校中书，历位九卿，遂登台辅。

《后汉书·杨震传》：震曾孙彪，字文先，熹平中，公车征拜议郎。

华峤《后汉书》：彪与日磾、植、邕等，著作东观。

《后汉书·蔡邕传》：邕在东观与卢植、韩说等撰补《后汉纪》，所作灵帝及十志，又补诸列传四十二篇，因李傕之乱，湮没多不存。

《史通·正史篇》：熹平中，光禄大夫马日磾，议郎蔡邕、杨彪、卢植著作东观，接续纪传之可成者。

蔡邕《汉书十志》（一作《汉书十意》）

蔡邕上《汉书十志疏》：臣自在布衣，常以为《汉书》十志不尽，王莽而止。世祖以来，惟有纪传，无续志者。臣所师事故太傅胡广，知臣颇识其门户，略以所有旧事与臣，虽未详备，粗见首尾。积累思维，二十余年，不在其位，非外吏庶人，所得擅述。天诱其衷，得备著作郎，建言十志，皆当撰录。遂与议郎张华等分受之。其难者皆以付臣，先治律历，以筹算为本，天文为验。请

太师田注考校连年,颇有差舛,当有增损,乃可施行无穷。独议郎刘洪,密于用算,故臣表上洪,与共参思图牒,寻绎度数,适有头绪,会臣被罪。

袁山松《后汉书》:刘洪与蔡邕共述《律历纪》。

范晔《后汉书·蔡邕传》:邕前在东观,与卢植、韩说等撰补《后汉纪》,会遭事流离,不及得成。因上书自陈,奏其所著十志,分别首目,连置章左。帝嘉其才高。会明年大赦,乃宥邕还郡。

《史通·正史篇》:邕别作"朝会"、"车服"二志。后坐事徙朔方,上书求还,续成十志。会董卓作乱,大驾西迁,史臣废弃,旧文散佚。

《史通·书志篇》:原夫司马迁曰书,班固曰志,蔡邕曰意,华峤曰典,张勃曰录,何法盛曰说。名目虽异,体例不殊。

《顾补后汉艺文志》:蔡邕《汉书十意》,犹前书十志(案避桓帝讳,故作意。赵戒本字志伯,后改字意伯,见《孔庙置守庙百名卒史碑》)。律历意第一,礼意第二,乐意第三,祀郊祀意第四,天文意第五,车服意第六(《汉书》晋灼注引蔡邕律历纪。《文选》陆佐公刻漏注引蔡邕律历,《汉书·律历志》注引蔡邕律历。《山堂考索》引蔡邕律历志。《太平御览·明堂》引蔡邕乐志。《艺文类聚》引蔡邕礼乐志。《文选·东都赋》注引蔡邕礼乐志。《文选·长笛赋》注引蔡邕礼乐志。《太平御览》引蔡邕乐志。司马彪《续汉书》志刘昭补注引。刘昭祭祀志注引蔡邕表志。蔡邕传注引舆服志。《太平御览·车》引蔡邕舆服志。司马彪《续汉书·舆服志》甘泉卤簿注引。《太平御览·冠》引蔡邕舆服志。《太平御览》引蔡邕舆服志)。

杨彪《献帝纪》

《史通·正史篇》:会董卓作乱,大驾西迁,史臣废弃,旧文散佚。及在许都,杨彪颇存记注。

《顾补后汉艺文志》:献帝本纪,杨彪续撰(案自世祖本纪以下,至杨彪"献帝本纪",皆《东观汉纪》所著录)。

附录:《东观汉记》一百四十三卷

《文心雕龙·史传篇》:后汉纪传,发源东观。

《史通·六家篇》:东观曰记。(整理者按:《史通》此句所出之全段为:昔虞、夏之典，商、周之诰，孔氏所撰，皆谓之“书”。夫以“书”为名，亦稽古之伟称。寻其创造，皆准子长，但不为“世家”，改“书”曰“志”而已。自东汉以后，作者相仍，皆袭其名号，无所变革，唯东观曰“记”，三国曰“志”。然称谓虽别，而体制皆同）。

《史通·表历篇》：表次篇第，编诸卷轴，得之不为益，失之不为损。……既而班、东（原注：东谓《东观汉记》）二史，各相祖述，迷而不悟，无异逐狂。

《史通·论赞篇》：东观曰序。

《史通·忤时篇》：古之国史，皆出自一家，惟后汉东观，大集群儒，著述无主，条章靡立。由是伯度讥其不实，公理以为可焚，张（衡）、蔡（邕）二子纠之于当代，傅（玄）范（晔）两家嗤之于后叶。

《隋书·经籍志》：《东观汉纪》一百四十三卷，起光武注记，至灵帝。长水校尉刘珍等撰。

《隋书经籍志考证》：《唐志》一百二十六卷，《书录解题》八卷，《宋志》十卷。其书以新市、平林诸人，列为载记，房乔修《晋书》，刘渊等载记，盖仿其例。今四库缉本二十四卷，有天文志、地理志。《玉海》、《梁中兴书目》作八卷，今所存者只邓禹、吴汉、贾复、景丹、耿弇、寇恂、冯異、祭遵、盖延九传（今有刊本行世）。

《耳食录》：《东观汉记》，汉帝诏诸臣作，北宋时尚有残本四十三卷。令馆臣于《永乐大典》中辑得二十四卷领直省（桐花馆重刊本）。寿又与议郎延笃，杂作《百官表》，顺帝功臣孙程、郭愿、郑众、蔡伦等传，凡百十有四篇，号曰《汉记》。范书《伏湛传》亦云，元嘉中，桓帝诏伏无忌与黄景、崔寔等，共撰《汉记》。《延笃传》亦称笃与朱穆、边韶共著作东观。此《汉记》之再续也。盖至是而史体粗备，乃肇有《汉记》之名。《史通》又云，熹平中，光禄大夫马日磾，议郎蔡邕、杨彪、卢植著作东观，接续纪传之可成者，而邕别有《朝会》、《车服》二志，后坐事徙朔方，上书求还，续成十志。董卓作乱，旧文散逸，及在许都，杨彪颇存注记。按范书《蔡邕传》，邕在东观，与卢植、韩说等撰补《后汉纪》，所作灵帝及十志，又补列传四十二篇，因李傕之乱，多不存。《卢植传》亦称熹平中植与邕、说并在东观，补续《汉记》。又刘昭补注司马书引袁崧书云，刘洪与蔡邕共述律历纪。又引谢承书云，胡广博综旧仪，蔡邕因以为志。又引谢沈书云，邕引中兴以来所修者，为祭祀志。章怀太子范书注称邕上书云，臣科条诸志，所欲删定者一，所当接续者四，前志所无臣欲著者五。此《汉记》之三续也。其称东观者，《后汉书》注引洛阳宫殿名云，南宫有东观。范书窦章传云，永初中，学者称东观，为老氏藏室，道家蓬莱山，康遂荐章入东观为校书郎。

《四库简目》:《东观汉记》二十四卷。是书于汉明帝时创修，后递有增续，至熹平中乃成书。隋志题刘珍撰，盖失其实。原本一百四十三卷，久已散佚，姚之骃掇拾残文，仅得八卷，殊多挂漏。今以《永乐大典》所载补葺，勒为二十四卷。

《四库总目》:《东观汉记》二十四卷（永乐大典本），按《东观汉记》，《隋书·经籍志》称长水校尉刘珍等撰，今考之范书，珍未尝为长水校尉，且此书创始在明帝时，不可题珍等居首。按范书班固传云，明帝始诏班固与睢阳令陈宗、长陵令尹敏、司隶从事孟異，共成世祖本纪；固又撰“功臣”、“平林”、“新市”、“公孙述”事，作列传载记二十八篇，此《汉记》之初创也。刘知几《史通·古今正史篇》云:安帝诏史官谒者仆射刘珍、谏议大夫李尤，杂作“纪表”、“名臣”、“节士”、“儒林”、“外戚”诸传，起建武讫永初。范书刘珍传亦称邓太后诏珍与刘騊駼作《建武以来名臣传》，此《汉记》之初续也。《史通》又云，珍、尤继卒，复命侍中伏无忌与谏议大夫黄景，作诸王、王子、功臣、恩泽侯表与单于、西羌传、地理志。元嘉元年，复令太中大夫边韶、大军营司马崔寔、议郎朱穆、曾寿杂作孝穆崇二皇及顺烈皇后传。又增外戚传入安思等后，儒林传增入崔篆诸人。东汉初，著述在兰台。至章和以后，图籍盛于东观，修史者皆在是焉，故以名书。《隋志》称书凡一百四十三卷，而新旧《唐书》志则云一百二十六卷，又录一卷，盖唐时已有阙佚。《隋志》又称是书起光武讫灵帝，今考列传之文，间纪及献帝事，盖杨彪所补也。晋时以此书与《史记》、《汉书》为三史，人多习之，故六朝及初唐人隶事释书，类多征引，自唐章怀太子集诸儒注范书，盛行于代，此书遂微。北宋时，尚有残本四十三卷，赵希弁《读书附志》、邵博《闻见后录》，并称其书，乃高丽所献，盖已罕得。《南宋中兴书目》则止存邓禹、吴汉、贾复、耿弇、寇恂、冯异、祭遵、景丹、盖延九传，共八卷。有蜀中刊本流转，而错误不可读。上蔡任洮始以秘阁本雠校，罗愿为序行之，刻板于江夏。又陈振孙《书录解题》其所见本，卷第凡十二，而阙第七第八二卷，卷数虽似稍多，而核其列传之数，亦止九篇，则固无异于书目所载也。自元以来，此书已佚。《永乐大典》于邓、吴、贾、耿诸韵中并无《汉记》一语，则所谓九篇者，明初即已不存矣。本朝姚之骃撰《后汉书补逸》，曾蒐集遗文，析为八卷。然所采只据刘昭《续汉书十志补注》、《后汉书注》，虞世南《北堂书钞》、欧阳询《艺文类聚》、徐坚《初学记》五书，又往往掇拾不尽，挂漏殊多。今谨据姚本旧文，以《永乐大典》各韵所载，参考诸书，补其阙逸，所增者几十之六。其书久无刻版，传写多讹，姚本随文钞录，缪戾百出。且《汉记》目录虽佚，而纪表志传载记诸体例，《史通》及各书所载梗概，尚一一可寻。姚本不加考证，随意标题，割裂颠倒，不可殚数。今悉加厘正，分为"帝纪"三卷，"年表"一卷，"志"一卷，"列传"十七卷，"载记"一卷；其篇第无可考者，则为佚文一卷，而以《汉纪》与范书异同附录于末。虽残珪断璧，零落不完，而古泽斑然，罔非瑰宝。书中所载，如章帝之诏增修群祀，杜林之议郊祀，东平王苍之议庙舞并一朝大典，而范书均不详载。他如张顺预起义之谋，王常赞昆阳之策，杨政之严正，赵勤之洁清，亦复概从阙如，殊为疏略。惟赖此残笈，读史者尚有所稽，则其有资考证，良非浅鲜，尤不可不亟为表彰矣。

《书目答问》:《东观汉记》二十四卷，旧题汉刘珍撰。聚珍本，福本，扫叶山房本，桐华馆本。

《郑堂读书记》:《东观汉记》二十四卷(南沙席氏扫叶山房刊本)，旧题汉刘珍等撰(珍字秋孙，南阳人，永初中为谒者仆射，迁侍中，拜宗正转卫尉)，《隋志》作一百四十三卷，新旧《唐志》俱作一百二十七卷。至宋代原书已佚，《宋志》止作八卷，《通考》所载罗鄂州(愿)序同。惟吴汉、贾复、耿弇、寇恂、冯异、祭遵、景丹、盖延九人列传而已。国朝姚鲁思搜集遗佚，录入《后汉书补逸》，亦止八卷。今馆臣据姚本旧文，补以《永乐大典》所载，并参考诸书，增补十之五六，分为"帝纪"三卷，"年表"一卷，"志"一卷，"列传"十七卷，"载记"一卷;佚文及东观记范书异同一卷,共二十四卷,著录于《四库全书》。南沙席氏即从武英殿聚珍版原本重刊。按《隋志》称起光武记注至灵帝,则不可题珍等居首,而唐宋诸志俱相沿如此,殊误。其称东观者,东汉修史,皆在东观,故后人以名其书。在当时止称《汉记》也。今是编由掇拾而成,虽不能复东观之旧,然藉此考范氏之异同,固读史者所必需矣。回视姚氏所辑之八卷,等诸大辂之于椎轮可也。

刘艾《灵帝·献帝纪》六卷

《旧唐书·经籍志》:刘艾《灵帝·献帝纪》六卷。

《顾补后汉艺文志》:艾,灵帝时辟司徒椽,献帝初平时待中转宗正。所著灵帝纪,见《后汉书·灵帝本纪》注,又董卓传注引。《献帝纪》见《开元占经》、《后汉书·董卓传》注、《献帝纪》注及《魏志·太祖纪》注引。

侯瑾《皇德传》三十篇

《后汉书·侯瑾传》:侯瑾字子瑜,按《汉记》撰中兴以后行事,为《皇德传》三十篇行于世。

《隋书·经籍志》:《汉皇德纪》三十卷,汉有道徵士侯瑾撰。起光武至冲帝。《宋书》太祖时沮渠茂虔献《皇德传》三十五卷,《顾补后汉艺文志》《皇德传》见《太平御览·虎》,《太平御览》、《廉山堂考索》、《通典》、《汉书·五行志》注引。

韦昭《后汉书音义》二十七卷

按:见《顾补后汉艺文志》著录。

谯周《礼仪志》

谢承《后汉书》:太傅胡广综旧仪,立汉制度,蔡邕因以为志,谯周后改定为《礼仪志》。按见唐太常博士彭景直疏及《通典》引。

谯周《天文志》

《续汉书天文志》注引谢沈书:蔡邕撰建武以后星验著明,以续前志,谯周接继其下。

《晋书·天文志序》:班固序汉史,马续述天文,而蔡邕、谯周,各有撰录。

谯周《灾异志》

按：见《续汉书五行志》，注云：纪汉建武以来。

董巴《灾异志》

按：见《续汉书五行志》，注云：纪汉建武以来（巴，魏给事中）。

谢承《后汉书》一百三十卷

《三国志·吴书·妃嫔传》：吴主权谢夫人父煚尚书郎，弟承拜五官郎中，稍迁长沙东部都尉、武陵太守，撰《后汉书》百余卷。裴注引《会稽典录》：承字伟平，博学洽闻，尝所见知，终身不忘。

《国学纪闻》：谢承父嬰（何云今《三国志》谢夫人传作煚）为尚书侍郎，每读高祖及光武之后将相名臣策文通训，条在南宫，秘于省阁，唯台郎升复道取急，因得开览（原注：谢承《后汉书》见《文选》注）。

《文心雕龙·史传篇》：薛谢之作，疏缪少信。

《史通·书志篇》："百官"、"舆服"，谢（即谢承）拾孟坚之遗。

《史通·论赞篇》：谢承曰诠。

《史通·烦省篇》：英贤所出，何国而无？书之则与日月长悬，不书则与烟尘永灭。是以谢承尤悉江左，京洛事缺于三吴。

《史通·自叙篇》：始在总角，读班、谢两汉，便怪前书不应有"古今人表"，后书宜为更始立纪。

《史通·杂说篇下》：书名竹帛，物情所竞，虽圣人无私，而君子亦党。……如谢承《汉书》偏党吴、越，魏收《代史》，盛夸胡塞，复焉足怪哉？

《史通·杂说篇下》：汉代青翟、刘舍，位登丞相，而班史无录，姜诗、赵壹，身止计吏，而谢书有传。

《隋书·经籍志》：《后汉书》一百三十卷，无帝纪，吴武陵太守谢承撰。

《隋书经籍志考证》：《新唐志》同，又录一卷，《旧唐志》一百三十三卷，又录一卷。史无帝纪，惟闻此书。《北堂书钞·设官部》引承书有《风教传》，亦创见也。今存姚之骃辑本四卷（孙志祖辑本五卷，王谟辑本六卷，汪文台辑本八卷）。

姚之骃《补谢承书序》：谢伟平之书，东汉第一良史也。凡所载忠义名卿及通贤逸士，其方言懿矩，半为范书所遗。惟六朝词人多诵说之，故其轶事时见他书。辄采掇汇集，分为四卷。

王辑《谢承后汉书序》：余于诸别史中，最爱谢伟平《后汉书》，以吾江左人士考之，范书只列有南州高士父子，及陈重、雷义、程曾、唐檀数传，其余何汤仅附见《桓荣传》章怀太子注引谢书，载汤事亦綦详。外有羊茂、孔恂、严丰、宋度、湛重、邓通、项诵、刘陵、黄向、张冀十人爵里事迹，斑斑可考。乃其姓名俱不挂范书。良由伟平父婴当日实以台郎出入阁道，博览汉世诸将相名臣策文，秘为家庭异闻。伟平又复矢志卢公，有善必扬，无微不彰，故其书可贵向。

孙辑《谢承后汉书序》：考之《隋书·经籍志》而知谢书无帝纪，考之《北堂书钞》而知有《风教传》，考之《太平御览》而知有《东夷传》，考之《史通》而知有百官舆服志，姜诗、赵壹传。又易论赞而为诠，与诸史不同。

王辑《谢承后汉书叙例》：谨案吴淑进事类赋注状云，凡讖纬之书，及谢承《后汉书》，张璠《汉记》，《续汉书》，《帝系谱》，徐整长《历物理论》之类，皆今所遗逸，而著述之家，相承闻之，不忍弃去，亦复存之。则此书在宋初已无传矣，明海虞陈禹谟补刻。《北堂书钞》亦云不见《东观汉记》、谢承《汉书》，即以范氏《汉书》补之，则谓明永乐间扬州有刊本者，妄也。

《顾补后汉艺文志》：按谢承书明内阁犹有全本，后为高拱携至家，遂匿不复见。然考朱彝尊《曝书亭集跋语》，是国初间有刊本流传，今遂成绝响矣。姚之骃《后汉书补遗逸》掇拾丛残，辑为六卷，然遗漏尚多。诚得宏达之士，以姚本参校，葺而存之，其足资考证者甚多，诚绍统之先声，亦蔚宗之羽翼也。

《侯补三国艺文志》：按谢书自晁陈马氏以来，俱不著录。传青主所言扬州有刊本，当亦如姚氏辑本之类耳。姚本阙漏尚多，近有胡□辑本，未见。

薛莹《后汉纪》六十五卷

《三国志·薛综传》：综子莹，字道言，初为秘府中书郎，孙休即位，为散骑中常侍，数年，以病去官。孙皓初，为左执法，后下莹狱，徙广州。右国史华覈上疏谏，遂召莹还，为左国史。太康三年卒，著书八篇，曰《新议》。

《隋书·经籍志》:《后汉记》六十五卷,本一百卷,梁有隋残缺。晋散骑常侍薛莹撰。

《隋书经籍志考证》:《唐志》一百卷(今存姚氏汪氏辑本各一卷)。

姚辑《薛莹后汉纪序》:莹,字道言,吴薛综之子。其所纂踏,允有先风。涉学既博,文音尤儁。吴少帝命韦曜、周昭、梁广、华覈及莹五人,共撰《吴书》。同僚之中,莹为冠首。吴亡后,归司马氏,官散骑常侍。著书八篇,名曰《新议》。其所著书,当是私作,故《吴志》本传不载。余靖表云,莹作《后汉纪》百卷,今他本直云《后汉书》也。莹书大半弗存,未经拂目瞥目,然读世祖及显宗两论,波属云委,浩瀚苍郁,洵良史乎,他称是矣。

司马彪《续汉书》八十三卷

《晋书·司马彪传》:彪泰始中为秘书郎,转丞,注《庄子》,作《九州春秋》。以为"先王立史官,以书时事,载善恶,以为沮劝,撮教世之要也。汉氏中兴,迄于建安,忠臣义士,亦以昭著,而时无良史,记述烦杂。谯周虽已删除,然犹未尽,安顺以下,亡缺者多"。彪乃讨论众书,缀其所闻,起于世祖,终于孝献,编年二百,录世十二,通综上下,旁贯庶事,为纪、志、传凡八十篇,号曰《续汉书》。

《文心雕龙·史传篇》:司马彪之详实。

《史通·正史篇》:魏黄初中,唯著《先贤表》,故汉纪残缺,至晋无成。泰始中,秘书丞司马彪始讨论众书,缀其所闻,起元光武,终于孝献,录世十二,编年二百,通综上下,旁引庶事,为纪、志、传凡八十篇,号曰《续汉书》。

《史通·五行篇》:自汉中兴以还,迄于宋齐,其间司马彪、臧荣绪、沈约、萧子显,相继载笔,竞志五行,虽未善,而大较多实。

《史通·补注篇》:不能探赜彪、峤,网罗班、马,方复留情于委巷小说,锐思于流俗短书,可谓劳而无功,费而无当者矣。

《史通·覈才篇》:间有术同彪、峤,才若班、荀,怀独见之明,负不刊之业,而皆取窘于流俗,见嗤于朋党。

姚辑《司马彪续汉书序》:夫彪为王室支脉,以好色,薄行,弗嗣。由此不交人事,乃专精学艺,博览群籍。唐太宗尝咏其《续汉志》云:前史弹妙词,后昆沈雅思，书言揭盛迹，补阙兴鸿志。川谷犹旧途，郡国开新意。其推崇之意可见。向使彪嗣高阳王，不过贵耀一时，岂能使千百年下，传其著作若此哉。

《隋书·经籍志》：《续汉书》八十三卷，晋秘书监司马彪撰。

《隋书经籍志考证》：《唐志》八十三卷，又录一卷。今存姚氏辑本一卷。魏志《武帝纪》注、《司马朗传》注，引有司马彪《序传》当是《续汉书》八篇（今存姚氏辑本四卷，汪氏辑本五卷）。

华峤《后汉书》十七卷

《晋书·华峤传》：峤以《汉纪》繁秽，慨然有改作之意，会为台郎，典官制事，由是得遍观秘籍，遂就其绪。起于光武，终于孝献，一百九十五年，为《帝纪》十二卷，《皇后纪》二卷，《十典》十卷，《传》七十卷，及三谱、序传、目录，凡九十七卷。峤以皇后配天作合，前史作外戚传，以继末编，非其义也。故易为《皇后纪》，以次帝纪。又改志为典，以有《尧典》故也。而改名《汉后书》奏之。诏朝臣会议，时中书监荀勖、令和峤、太常张华、侍中王济，咸以峤文质事核，有迁、固之规，实录之风，藏之秘府。后太尉汝南王亮、司空卫瓘为东宫傅，列上通讲，事遂施行。所撰书《十典》未成而终，秘书监何劭奏峤中子彻为佐著作郎，使踵成之，未竟而卒。后监缪徵又奏峤少子畅为佐著作郎，克成《十典》，并草魏、晋纪传，与著作郎张载等俱在史官。永嘉丧乱，经籍遗没，峤书存者，五十余卷。

《晋诸公赞》：峤字叔骏，有才学，撰《后汉书》，世称为良史。

《上魏书十志启》：叔骏删辑后刘绍统削撰季汉，十志实范迁固。

《文心雕龙·史传篇》华峤之准当。

《史通·二体篇》：既而丘明传《春秋》，子长著《史记》，载笔之体，于斯备矣。后来继作，相与因循，假有改张，变其名目，区域有限，孰能逾此！盖荀悦、张璠，丘明之党也；班固、华峤，子长之流也。

《史通·书志篇》：华峤曰典。（整理者按：《史通》此句所自之全文为：原夫司马迁曰书，班固曰志，蔡邕曰意，华峤曰典，张勃曰录，何法盛曰说。名目虽异，体例不殊。亦犹楚谓之梼杌，晋谓之乘，鲁谓之春秋，其义一也）

《史通·序传篇》:峤言辞简质,叙致温雅,味其宗旨,亦孟坚之亚欤。

《史通·言语篇》:夫以枉饰虚言,都捐实事,便号以良直,师其模楷,是则董狐南史,举目可求,班固、华峤,比肩皆是者矣。

《史通·烦省篇》:议者苟嗤沈、萧之所记,事倍于孙、习;华、谢之所编,语烦于班、马,不亦谬乎!

《史通·正史篇》:散骑常侍华峤删定《东观记》为《后汉书》,《帝纪》十二,《皇后纪》二,《典》十,《列传》七十,《谱》三,总九十七篇,其《十典》竟不成而卒。自斯已往,作者相继,为编年者四族,创纪传者五家,推其所长,华氏居最,而遭晋室东徙,三惟一存。

《华峤集序》:峤作《后汉书》百卷,张华等称其有良史之才,以继迹迁固。乃藏之秘府,与三史并流。

姚辑《华峤后汉书序》:按《华叔骏集》载诏语曰:亭侯峤,体素宏简,文学该通,著书实录,有良史之志,故转为秘书监,其加散骑常侍。凡著作礼仪、音律、天文、数术、南省文章,门下撰集,皆典统之。峤谢表云:刘向父子,世典史籍,马融博通,三入东观,非臣庸贱,所敢拟迹,则当时之推重可知矣。

《隋书·经籍志》:《后汉书》十七卷,本九十七卷,今残缺。晋少府卿华峤撰。

《补晋书艺文志》:《后汉书》十七卷,少府卿华峤撰。谨案见《隋志》,本书峤传。是书本九十七卷,经永嘉之乱,仅存五十余卷。此作十七卷,则又佚大半。两《唐志》均著录三十一卷。

《隋书经籍志考证》:蔚宗撰史实本华峤,故亦易外戚为后妃,而肃宗纪论,二十八将论,桓谭、冯衍传论,袁安传论,刘赵淳于江周赵传序,班彪传论(《通鉴》亦引之),章怀并注为华峤之辞。王允传论章怀漏注,以魏志董卓传注参较,知亦峤辞。若袁安传言汤长子成早卒,峤书作长子平,平弟成(见魏志袁绍传注),此可考范史之异。至《魏志·华歆传》注、《师说》德行篇、方正篇注,并引峤谱注其言皆华氏事,盖即班马自叙之例。《唐志》三十一卷(今存姚氏辑本一卷,汪氏辑本二卷,又章宗源辑本一卷)。

谢沈《后汉书》八十五卷,《外传》十卷

《晋书·谢沈传》:沈字行思,会稽山阴人。博学多识,明练经史。康帝即

位，以太学博士征除尚书度支郎。何充、庾冰，并称沈有史才，迁著作郎，撰《晋书》三十余卷。沈先著《后汉书》百卷，及《毛诗》、《汉书外传》，所著述及诗赋文论，皆行于世。其才学在虞预之右云。

姚辑《谢沈后汉书序》：山阴谢沈有孝行，博学多识，明练经史，为著作郎，撰司马书三十余卷，及《毛诗外传》。《典午传》云沈曾著《后汉书》百卷，余靖以为百二十有二卷。又云官祠部郎，未知孰是。今兹所存，麈豹之一斑，孔鸾之一羽耳。观其述礼仪、祭祀诸志，原原本本，似不欲攘人美以为己有者，亦良史之才也。史称其才学在虞预之右，信然。

《隋书·经籍志》：《后汉书》八十五卷，本一百二十二卷，晋祠部郎谢沈撰（今存汪氏、姚氏辑本各一卷）。

《补晋书艺文志》：《后汉书》八十五卷，祠部郎谢沈撰，谨案见《隋志》，旧注是书本一百二十二卷，《旧唐志》作一百三十二卷，《新唐志》则作一百三卷。今考《沈传》，实只百卷，《隋志》注及《旧唐志》，疑均有讹。《新唐志》较《沈传》多二卷，或系是书之余也。

《隋书经籍志考证》：《后汉书外传》十卷，谢沈撰，不著录。《晋书·谢沈传》，谢沈先著《后汉书》百卷，及《汉书外传》，皆行于世。案沈之《外传》无逸篇可引。《旧唐志》称《后汉书外传》，《新唐志》只称《外传》。以《隋志》注云本一百二十二卷，合《唐志》卷数计之，或《外传》二十卷。《梁七录》所载之《外传》，固附本书，至隋而《外传》轶，唐时《外传》出而阙十卷。

张莹《后汉南记》四十五卷

《隋书·经籍志》：《后汉南记》四十五卷，本五十五卷，今残缺。江州从事张莹撰。

《补晋书艺文志》：《后汉南记》四十五卷，江州从事张莹撰。谨案见隋志。旧注云：本五十五卷，今残缺。两《唐志》著录则作五十八卷，均无后字。

《隋书经籍志考证》：《世说·言语篇》引荀谞典籍文章，无不征涉，无所就。《文学篇》注服虔明《左氏传》作训解。《初学记·地部》郭丹从武关出谒更始。《人事部》和帝四岁与兄庆出同车入共室。又阴庆以园田钱财分与二弟。《武功部》魏应明《鲁诗》，帝赐以剑玦。《居处部》马援奏铜马法，诏名金马门。《文选·干宝晋纪总论》注蜀有阳平江关白水,此为三关。《北堂书钞·后妃部》居危能重。《政术部序》曰,赤精渐微。《太平御览·地部》樊重家素富,闭门城市。《职官部》陈宠为太守,任功曹王涣。《兵部》陈蕃欲诛黄门,谋泄被害。《宗亲部》北海靖王兴为光武抚育,恩爱如子。《珍宝部》安帝见铜人,张陵对以秦始皇时所铸。共十五事,遂题张莹《汉南记》。《续汉郡国志》注《史记集解》并引张莹曰匂亶今江陵也。

袁山松《后汉书》九十五卷

《晋书·袁瑰传》:袁瑰字山甫,陈郡阳夏人。子乔,乔子方平,方平子山松。山松少有才名,博学有文章,著《后汉书》百篇。历位为吴郡太守,孙恩作乱,山松守沪渎,城陷被害。

《史通·书志·天文篇》:若乃体分濛澒,色著青苍,丹曦、素魄之躔次,黄道、紫宫之分野,既不预于人事,辄编之于策书,故曰刊之国史,施于何代不可也。其间惟有袁山松、沈约、萧子显、魏收等数家,颇觉其非,不遵旧例。凡所记录,多合事宜。寸有所长,贤于班、马远矣。

姚辑《袁山松〈后汉书〉序》:袁崧亦作袁山松,陈郡人。官司马朝秘书监,著《后汉书》一百卷。刘孝标《世说》注多采之,与袁宏为从弟,第一纪之书,疑同时所作,故不相为引,顾一门皆良史才,何甚盛也。

《隋书·经籍志》:《后汉书》九十五卷,本一百卷,晋秘书监袁山松撰。

《补晋书艺文志》:《后汉书》九十五卷,秘书监袁山松撰,谨案见《隋志》。旧注云本一百卷,《旧唐志》作一百二卷,《新唐志》一百一卷又录一卷。《新唐志》作袁崧,《艺文类聚》白帖引亦有作袁崧者,皆山松二字之讹(今存姚氏、汪氏辑本各一卷)。

《隋书经籍志考证》:沈约《宋书·礼志》引山松《汉百官志》,《水经注》引山松志,《宏简录》载《梁七录》内有《后汉书·艺文志》若干卷。不著山松名,证以《通志》,当即袁氏之志。

张璠《后汉纪》三十卷

《三国志·魏志·三少帝纪》注:案张璠晋之令史,出为官长,撰《后汉纪》,虽似未全,辞藻可观。

《史通·二体篇》:荀悦、张璠,丘明之党也。

袁宏《后汉纪序》:张璠所撰书,其言汉末之事差详。

姚辑《张璠汉纪序》:《汉纪》之称,因旧也。意其时谢、薛诸书,皆未行世,璠因东京本朝之史,而删除之。且《东观纪》续于熹平,其后但有起居注诸书。璠故略于国初,而详于季世,亦以补其未备耳。是以裴松之注《魏蜀志》,多援引是书为证。袁宏叙《汉纪》云经营八年,疲而不能定,始见张璠所撰书,其言汉末之事差详,故复采而益之。盖是编罕传,当典午时,已艰购若此。吴正仪亦以为逸书无考,余秘书则历叙群史,独缺是编,岂竟其识其名耶。千所传者千百之什一,刘璘一论,备具三长,余可知已。

《隋书·经籍志》:《后汉纪》三十卷,张璠撰。

《隋书经籍志考证》:《世说》注、《后汉书》注俱引璠纪,《唐志》卷同,今存姚氏辑本一卷(又汪氏辑本一卷)。

刘义庆《后汉书》五十八卷

按:见《唐书·艺文志》著录

附录:姚之骃《后汉书补逸》二十一卷

姚辑《七家后汉书序》:古书之逸者多矣,即如史官所记,东汉以还,其不传何限,案籍而补之,恐有塞破世界之忧。是又不然,夫他书可逸,惟史当补,近史文类或可逸,古史文约尤当补。今试以谢华诸史与范校,其阙者半,其同者半。其阙可以传一朝之文献,其同时且可以参其是非,较其优绌,于史学庶乎其小补也。爰是检阅群书,钞蕞成帙,考核同异,间以臆断,合为八种二十一卷。

《四库简目》:《后汉书补逸》二十一卷,国朝姚之骃编。凡《东观汉记》八卷,谢承《后汉书》四卷,薛莹《后汉书》、谢沈《后汉书》、袁山松《后汉书》各一卷,司马彪《续汉书》四卷。皆散佚之余,于诸书蒐合者也。舛讹漏落,均所不免,而略存左书之梗概,亦不可谓之无功。

《四库总目》:《后汉书补逸》二十一卷(两江总督采进本),国朝姚之骃撰。之骃字鲁斯,钱塘人,康熙辛丑进士,官至监察御史。是编蒐辑《后汉书》之不传于今者八家,凡《东观汉记》八卷,谢承《后汉书》四卷,薛莹《后汉书》、张璠《后汉纪》、华峤《后汉书》、谢沈《后汉书》、袁山松《后汉书》各一卷，司马彪《续汉书》四卷。刘知几《史通》称范蔚宗所采，凡编年四族，纪传五家，今袁宏书尚有传本，故止于八也。其捃拾细琐，用力颇勤，惟不著所出之书，使读者无从考证，是其所短。至司马彪书虽佚，而章怀太子尝取其十志以补范书之遗，今《后汉书》内刘昭所著，即彪之书。而之骃不究源流，谓之范志乃别采他书之引司马志者录之，字句相同，曾莫之悟，其谬实为最甚。然洪迈博极群书，而所作《容斋随笔》，亦以司马志为范志，则其误有所承矣。至《东观汉记》，核以《永乐大典》所载，较之骃所录，十尚多其五六。盖秘府珍藏，非草茅之士所能睹，亦不能以疏漏咎之骃也。

《郑堂读书记》：《后汉书补逸》二十一卷（露涤斋刊本），国朝姚之骃撰（之骃字鲁思，钱塘人，康熙辛丑进士，官至监察御史）。《四库全书》著录。鲁思以后汉一朝之史，自范蔚宗外，作者多家，书虽久亡，其轶乃时时见于他说，爰是检阅群书，钞撮成帙，考核同异，附以案语。凡《东观汉记》八卷，谢承《后汉书》四卷，薛莹《后汉书》，张璠《汉纪》，华峤《后汉书》，谢沈《后汉书》、袁崧《后汉书》各一卷，司马彪《续汉书》五卷，其采自群书，概依原本，间有大缪，辨如注言，其小疵纤误，统置阙如，不妄更改。有同此一条，两书引用互异者，仍兼采并收，不妄删削。其例言谓有三善焉，补亡一，辨误二，较量行文高下三，洵不诬矣。然如司马氏书十志尚存，完善无缺，世所共学。鲁思不知《后汉书》所附之志，既司马氏书，而反采他书之引十志者，以成一书，可谓劳而无功。又如《东观记》，今馆臣从《永乐大典》录出，参之是编之八卷，扩充为二十四卷。又近儒孙颐谷（志祖）有补正姚辑谢承《后汉书》五卷，则此本亦惟有薛莹以下五家可取耳。而皆不著所出之书，亦不足有资于考证也。各种俱有序文，目录前又有康熙癸巳总序例言。

附录：王谟《谢承后汉书补》六卷

王辑《谢承后汉书补自序》：余因钞辑汉魏遗书别史，首及伟平此书。加意蒐罗，仅得六卷。亟欲先登梨枣而终以未见姚氏补遗为嫌。窃意其书如果完善，愚书无庸复出，若彼此互有阙遗，亦可相为补益，以此迟疑，不果受梓。今始从坊间购得姚书，比较目录，其所载凡二百八十一人，余书三百八十余人,多寡既悬殊,而其中姓氏离合,事迹详略,与其时世先后,亦往往互异。大抵各从所见采录,各随己意编次,即不合无足怪,最可议者,在尽削所见书目,茫无依据。而承父婴一条,案语尤谬,亦由未取原书,复加磨勘故也。其他议论,针砭范书阙失,先得我心,且于余书存疑处,亦能分别言之,其用功于此书,亦深已哉。此书亡于唐宋之际,已数百载,坠绪茫茫,几至泯灭。姚氏乃发愤网罗,力为草创,厥功匪易。而余书晚出,不意采获至有三百八十余人之多,为仿范史体例编次,略有条理,遂成部帙。虽于伟平原书百三十卷,尚未能存什一于千百,然以视姚氏补遗,差更完善,可以问也。嘉庆丁卯秋月,汝上老人王谟识。

王辑《谢承后汉书补例》:国朝姚之骃有编辑《后汉书补逸》二十一卷,内《东观汉记》八卷,谢承《后汉书》四卷,司马彪《续汉书》四卷,薛莹、谢沈、袁山松书各一卷。亦皆从群书蒐合而成,其《东观汉记》已刊入《四库全书》颁行。诸家《汉书》,尚未得见,今故仍从遗书体例,次第钞辑。谢书无帝纪,但有列传,凡共钞出三百七十八人,略依范书目录编次,分为六卷(见江南图书馆收藏)。

附录:《四库馆辑东观汉记》二十四卷

按:见《四库全书目》著录,详《东观汉记》条。

附录:孙志祖《谢氏后汉书补逸》五卷

严元照《谢氏后汉书补逸序》:近仁和孙颐谷侍御,以姚本谢书,收辑诸书,既多遗脱,其标目亦颇有疏略,乃重为订定。于姚本既多补正,复为考所出之书,悉著明之。于其所遗漏者,复为采撷,续成一卷。凡范书及异同之处,亦注出之,良为精审。

汪辉祖《谢氏后汉书补逸序》:康熙间,姚之骃撰。《后汉书考逸》中,有谢书四卷,孙颐谷先生病其舛阙,重加纂集。凡姚氏所采者,一一著其出处;误者正之,略者补之。复以范书参校异同。其未采者别为续辑一卷。证引精博,十倍于姚,全书虽逸,梗概于是略备,洵可谓伟平之功臣矣。

《八千卷楼目》:《重订谢承后汉书补逸》五卷,国朝孙志祖撰,刊本。

《江南图书馆善本书目》:孙志祖《谢氏后汉书补逸》五卷,精抄本。何梦华藏书。丁氏《藏书志》载此书有钱塘何元锡字敬祉，号梦华，又号蝶隐，及布衣暖菜根香，读书滋味长两印。余细考之，两印均无，且无八千卷楼诸印记，则已非丁氏原藏本矣。

附录：汪文台《辑七家后汉书》二十一卷

崔国榜《七家后汉书辑序》：黟县汪先生南士，绩学敦行，著书等身。尝以稽古余力，重为搜补，先生之友汤伯玕，称先生旧藏姚本，随见条记，丹黄殆遍。复虑未尽，以属弟子汪学惇，学惇续有增益。学惇殁后，藏书尽售于人，汤君复见此本，已多脱落，亟手录以还先生之子锡蕃，锡蕃奉楹书客江右，同岁生会稽赵㧑叔从锡蕃假钞。余复因㧑叔得见是书，偕镇海林君粲英共读一过。会写副既毕，为谋付刊。而余将入都，㧑叔亦官新昊，未克从事估毕。林君慨然独任雠校，此刻之成，为功实多。兹辑存七家，为书二十卷，末附失名氏《后汉书》为一卷，凡得二十一卷。

《汇刻书目》：《七家后汉书》黟县汪文台辑。谢承《后汉书》八卷，谢莹《后汉书》一卷，司马彪《后汉书》五卷，华峤《后汉书》二卷，谢沈《后汉书》一卷，袁山松《后汉书》二卷，张璠《后汉纪》一卷，附不著名氏《后汉书》一卷。

附录：章宗源《辑华峤后汉书》一卷

按：见《孙氏祠堂书目》著录。注云：集本。

附录：章宗源《辑张璠汉纪》一卷

按：见《孙氏祠堂书目》著录。注云：集本。

附录：黄爽《辑后汉书》

按：见《书目答问补正》著录。注云：黄奭，汉学堂亦辑《后汉书》数种。

《汉学堂丛书》：甘泉黄奭编辑，光绪癸巳黄氏修版目：薛莹《后汉书》、华峤《后汉书》、谢沈《后汉书》、袁山松《后汉书》、张璠《后汉纪》。

附录：杨守敬《汉书二十四家古注辑存》十二卷

按：见《书目答问补正》著录。注云：未刊。

袁宏《后汉纪》三十卷

《晋书·文苑传》：袁宏字彦伯，撰《后汉纪》三十卷。

《文心雕龙·史传篇》:袁、张所制偏驳不伦。

《史通·论赞篇》:若袁彦伯之务饰玄言,谢灵运之虚张高论,玉卮无当,曾何足云!

《史通·正史篇》:晋东阳太守袁宏抄撮汉氏后书,依荀悦体,著《后汉纪》三十篇。世言汉中兴史者,惟范、袁二家而已。

《郡斋读书志》:袁宏《汉纪》三十卷。宏在晋末为一时文宗。性强直,虽为桓温礼遇,每不阿屈。以东京史籍不伦,谢承、司马彪之徒,错谬同异,无所取正,惟张璠《纪》差详,因参摭记传,以损益之,比诸家号为精密。

《直斋书录解题》:《后汉纪》三十卷,晋东阳太守阳夏袁宏彦伯撰,以《后汉书》烦秽杂乱,撰集为此记。

《四库简目》:《后汉纪》三十卷,晋袁宏撰,其体例全仿荀悦书,其取材则以张璠《汉纪》为主,而以谢承以下诸家并之,今以《三国志》注、《后汉书》注所引璠书互校,其异同详略之处,皆以此书为长。知其剪裁点窜,具有史才,非苟作者矣。

《四库总目》:《后汉纪》三十卷(安徽巡抚采进本),晋袁宏撰。宏字彦伯,阳夏人。太元初,官至东阳太守,事迹具《晋书·文苑传》。是书前有宏自序,称尝读《后汉书》,烦秽杂乱,聊以暇日,撰集为《后汉纪》。其所掇会《汉纪》(原注:案此《汉纪》盖指荀悦之书涉及东汉初事者,非张璠书也)、谢承书、司马彪书、华峤书、谢沈书、汉山阳公记、汉灵献起居注、汉名臣奏,旁及诸部耆旧先贤传,凡数百卷。前史阙略,多不次序,错缪同异,谁使正之。经营八年,疲而不能定。颇有传者,始见张璠所撰书,其言汉末之事差详,故复采而益之云云,盖大致以《汉纪》为准也。案《隋志》载璠书三十卷,今已散佚,惟《三国志》注及《后汉书》注间引数条,今取与此书互勘,璠纪所有,此书往往不载,其载者亦多所点窜,互有详略。而核其文义,皆其书为长。其体例虽仿荀悦书,而悦书因班固旧文剪裁联络。此书则抉择去取,自出鉴裁,抑又难于悦矣。刘知几《史通·正史篇》称世言汉中兴作史者,惟袁、范二家,以配蔚宗,非溢美也。

《郑堂读书记》:《后汉纪》三十卷(襄平蒋氏五峰阁刊本),晋袁宏撰(宏字彦伯，阳夏人，孝武帝太元初官至东阳太守）。《四库全书》著录，《隋志》、新旧《唐志》、《读书志》、《书录解题》、《通考》、《宋志》俱载之。其著述体例及论断，全仿荀氏《前汉纪》为之，但荀纪在班之后，全取班书宜也。此书在范之前，然亦皆范书所有，范所无者甚少，何耶？其“自序”云：余尝读《后汉书》，烦秽杂乱，睡而不能竟也，聊以暇日，撰集为《后汉纪》。其所缀会谢承书、司马彪书、华峤书、谢沈书、汉山阳公纪、汉灵献起居注、汉名臣奏，旁及诸郡耆旧先贤传，凡数百卷。前史阙略，多不次叙，错缪异同，谁使正之。经营八年，疲而不能定。颇有传者，始见张璠所撰书，其言汉末之事差详，故复采而益之。据此，则彦伯所采者，亦云博矣。乃竟少有出范书外者，然则诸书精实之语，范氏摭拾已尽，二书固当并行。《史通·正史篇》亦谓世定汉中兴史者，唯范、袁二家而已。按范书献纪末云，明年刘备称帝于蜀，孙权亦自王于吴，于是天下遂三分矣。所以收束上文，最为完密。袁纪止缀一句，云明年刘备自立为天子，此则不及范处。总之，后来者居上也。此本前有《晋书》彦伯本传，即蒋氏所采入者。

《郘亭知见传本书目》：《后汉纪》三十卷，晋袁宏撰。明南监刊本，吕柟校正翟清刊本。嘉靖戊申黄姬水刊本，康熙中蒋国祥刊本，康熙丙子成德刊本。

附录：钮永廷《后汉纪校释》三卷

按：见《江南图书馆目》著录，注云：南菁札记本。

葛洪《后汉书钞》三十卷

按：见《唐书·艺文志》著录。

(二)范晔《后汉书》已成后目

刘昭《注后汉书》一百二十五卷

《梁书·文学传》：刘昭集后汉同异，以注范晔书，世称博悉。迁通直郎，出为剡令，卒官。集注《后汉书》一百八十卷。

《史通·补注篇》：窃惟范晔之删《后汉》也，简而且周，疏而不漏，盖云备矣。而刘昭采其所捐，以为补注，言尽非要，事皆不急，譬夫人有吐果之核，弃药之滓，而愚者乃重加捃拾，洁以登荐，持此为工，多见其无识也。

《隋书·经籍志》：《后汉书》一百二十五卷，范蔚宗撰。

《郡斋读书志》：初，晔令谢俨撰志，未成而晔伏诛，俨悉蜡以覆车。梁世刘昭得旧本，因补注三十卷。

《直斋书录解题》：《后汉志》三十卷，晋秘书监河内司马彪绍统撰。梁剡令平原刘昭宣卿补注。蔚宗本书，隋、唐志皆九十七卷，今书纪、传共九十卷，盖未尝有志也。刘昭所注，乃司马彪《续汉书》之八志尔，序文固云范志今阙，乃借旧志注以补之。其与范氏纪、传自别为一书，其后纪、传孤行，而志不显。

《隋书经籍志考证》：今本范史纪传九十九卷，外附刘昭《补注续汉志》三十卷，志乃司马彪撰，非蔚宗本。《史通·正史篇》与《梁书》、《隋志》，皆言昭注范史，惟《梁书》作一百八十卷，与《隋志》卷书不合，《新唐志》有刘熙注蔚宗书一百二十二卷，熙乃昭字之讹（以唐志卷数计之，纪传九十二卷，合续志三十卷，恰符百二十二卷之数。据《通志·选举略》言，唐以后《汉书》并刘昭所注志为一史，是当时习范史者补，习刘志后人见其合本，遂误认为一书）。陈振孙言《馆阁书目》以百二十卷并称蔚宗为非是（姚察、刘知几所见唐时合并之本）。

《十七史商榷》：《梁书·文学传》刘昭事与《南史·文学传》略同。考昭注范书纪传、司马氏志，今世所行，纪十二卷，志三十卷，传八十八卷，即其本也。《梁书》所云一百八十卷，八十当作三十，唐刘知几《史通》第五卷云，范蔚宗之删后汉，简而且周，疏而不漏，盖云备矣。而刘昭采其所捐，以为补注，言尽非要，事皆不急。譬人有吐果之核，弃药之滓，愚者重加捃拾，洁以登荐。持此为工，多见其无识也。愚谓知几称蔚宗之美甚确，至其诋斥刘昭，恐未必然。大约唐初人有此一种议论，所以李贤辈有事改撰，昭注遂遭废去大半。就如知几之言，则昭注似裴松之之于陈寿，松之虽少裁断，其博亦有可取，此等入正文则烦猥，入注犹差可，况昭注必胜松之耶。凡著述空际掉弄，提唱驰骋，愈多愈乱人意，记载实事，以备参考，虽多不甚可憎。

刘昭《补注后汉书》五十八卷

《唐书·艺文志》：《后汉书》五十八卷，刘昭补注。

《容斋随笔》：刘昭补注志三十卷，至本朝乾兴元年，判国子监孙奭始奏以备前史之阙，故淳化五年监中所刊《后汉书》，凡九十卷，惟《帝后纪》十卷，列传八十卷，而无志云。《新唐书·艺文志》刘昭《补注后汉书》五十八卷，不知昭为何代人，所谓三十卷，当在其中也。

《读书丛录》：《隋书·经籍志》，《后汉书》一百二十五卷，范晔本，梁剡令刘昭注。《梁书·刘昭传》：集《后汉书》同异，以注范晔书，世称博悉。昭注补志序云，乃借旧志注以补之，分为三十卷，是昭未尝注司马彪全书。惟取八志以合于范史，故《隋志》及《梁书》本传，惟言注范书而不别出彪书之注。李贤注范书大率本于昭，而八志全用昭注，故题昭名以别之。

谢俨《后汉书》十卷

《宋书·谢俨传》：范晔所撰十志，一皆托俨搜撰。垂毕，遇晔败蜡以覆车，一代以为恨。

张缅《后汉纪》四十卷

《梁书·张缅传》：少勤学自课，读书手不释卷，尤明后汉及晋代众家。客有执卷质缅者，随问便对，略无遗失。缅性爱坟籍，聚书至万卷。钞《后汉书》众家异同，为《后汉纪》四十卷。

张缅《后汉略》二十五卷

《隋书·经籍志》：《后汉略》二十五卷，张缅撰。按《唐志》作《后汉书略》二十五卷，编年类又有缅《后汉略》二十七卷，自是重出。《太平御览·州郡部》阆州古有隆城，坚险，因置隆州，寻又立盘龙郡，以郡盘龙山为名，此题《后汉要略》（一作后魏，魏字疑误）。《人事部》马腾，扶风马援后也，长八尺余，身体洪大，而性质厚，人多敬之。此题《后汉典略》皆不著张缅名。

刘芳《后汉书音》一卷

《后魏书·刘芳传》：芳撰蔚宗《后汉书音》一卷。

《隋书·经籍志》：《后汉书音》一卷，后魏太常刘芳撰。

臧竞《范汉音训》三卷

《隋书·经籍志》：《范汉音训》三卷，陈宗道先生臧竞撰。

萧该《范汉音》三卷

《隋书·经籍志》:《范汉音》三卷,萧该撰。

《读书丛录》:《隋书·经籍志》萧该《汉书音义》十二卷,《范汉音》三卷。《光武帝纪》郸字注潞字注,《皇后纪》孋字注,《隗嚣传》锟字注,齐武王缜淳字注塾字注。引萧该,皆《范书音》之文,或以此为《汉书音义》,则误矣。

萧子显《后汉书》一百卷

《梁书·萧子显传》:子显好学,工作文。采众家后汉考正同异,为一家之书。所著《后汉书》一百卷。

《隋书·经籍志》:《后汉书》一百卷,萧子显撰。梁有隋亡。

裴子野抄合《后汉事》四十余卷

《梁书·裴子野传》:少好学,善属文,典而速,不尚丽靡之词。抄合《后汉事》四十余卷。

王规注《续汉书》二百卷

《梁书·王规传》:规集后汉众家异同,注《续汉书》二百卷。

萧方等注范晔《后汉书》

《梁书·萧方传》:方少聪敏,有俊才,善骑射,尤长巧思。方等注范晔《后汉书》,未就。

吴均注《后汉书》九十卷

《梁书·文学传》:均好学,有俊才,沈约尝见均文,颇相称赏。注范晔《后汉书》九十卷。

王韶《后汉林》二百卷

《隋书·经籍志》:梁有王韶《后汉林》二百卷,亡。

韦阐《后汉音》二卷

《隋书·经籍志》:梁有韦阐《后汉音》二卷,亡。

以上南北朝时人

章怀太子贤注《后汉书》一百卷

《唐书·艺文志》:章怀太子贤注《后汉书》一百卷。注:贤命刘讷言、格希元等注。

《唐书·章怀太子传》:上元年,立贤为皇太子,诏集诸儒左庶子张大安,洗马刘讷言,洛州司户参军事格希元,学士许叔牙、成元一、史藏诸、周宝宁等,共注范晔《后汉书》。书奏,帝优赐段物数万(案:《旧唐书·本纪》书成于仪凤元年,此言书奏者特蒙上文而言之耳,非奏于是年也)。

《郡斋读书志》:《后汉书》九十卷,《志》三十卷,宋范晔撰。唐高宗令章怀太子贤与刘讷言、革希元作注。

《直斋书录解题》:《后汉书》九十卷。十志未成而诛,为谢俨蜡以覆车,故惟存纪、传。贤,高宗太子,招集诸儒庶子张大安、洗马刘讷言等共为之注。贤坐明崇俨得罪武后,废死,大安、讷言亦流贬。

《十七史商榷》:刘昭注范氏纪传,司马氏志,今世所行纪十二卷,志三十卷,传八十八卷,即其本也。章怀太子贤既用其本,改其注矣。于志仍用昭注注,纪传易注。志难避难趋易也。且昭所注续志,颇有可观,则其纪传注必佳,仍旧可耳,何必改作。唐初诸皇子,好以著述争名。太宗子承乾命颜师古注《汉书》,泰引萧德言等撰《括地志》矣。贤又招儒臣为此注,使刘注零落不全,恐有意存掩美改坏旧注,并袭取旧注,攘为已有者。为章怀太子注范蔚宗《后汉书》者,张大安、刘讷言、格希元、许叔牙、成言一、史藏诸、周宝宁等,见《新唐书》八十一卷章怀本传,又见八十九卷《张公瑾传》,一百二卷《岑长倩传》,诸人皆无所表见学识未必佳于刘昭,或袭取或改坏,恐皆不免(格希元姓格,晁公武《郡斋读书志》作革希元,未知何据。宰相世系表格氏允格之后,辅元相武后,希元即其弟,然则作格无疑)。

韦机《后汉书音义》三十七卷

按:见《旧唐书·经籍志》著录。《新唐志》作二十七卷。

王越客《后汉文武释论》二十卷

按:见《唐书·艺文志》著录。

以上唐时人

熊方《后汉书年表》十卷

《千顷堂书目》：熊方《后汉书年表》十卷，字广居，丰城人。景祐中乡举，泮州参军，自名其堂曰补史。

《浙江采进遗书目》：《后汉书年表》十卷（开万楼写本），宋迪功郎权泮州司户参军熊方撰。以范史无表，故补作《同姓王侯表》二，《异姓诸侯表》六，《百官表》分上下各二，乃思陵朝经进本。朱彝尊谓此编宜附刻范史后，以成一代完书。

《四库简目》：《补后汉书年表》十卷，宋熊方撰。是编以补《后汉书》之阙，凡《同姓诸侯王表》二卷，《异姓诸侯表》六卷，《百官表》四卷。虽取材不出于范书，而条贯参稽，至为精密。

《四库总目》：《补后汉书年表》十卷（编修汪如藻家藏本），宋熊方撰。方字广居，丰城人，由上舍生官至右迪功郎，权泮州司户参军。是书前后进表不著年月，当为南渡初人。昔司马迁作《史记》，始立十表。《梁书·王僧虔传》称其旁行斜上，体仿《周谱》，盖三代之遗法也。班固八表，实沿其例。范蔚宗作《后汉书》，独阙斯制，遂使东京典故，散缀于纪传之内，不能丝连绳贯，开帙厘然。方因作此编，补所未备。凡《同姓侯王表》二卷，《异姓诸侯表》六卷，《百官表》二卷。其所证据，一本范氏旧文，义例则仿之前书，而稍为通变。如《王子外戚恩泽诸侯表》皆不复分析，惟各书其状于始封之下，而以功以亲，自可了如指掌。又《百官表》虽因西汉，而废置不一，方取刘昭之志，自太傅至河南尹，凡二十有三等，以系于年。而除拜薨免之实悉见，其贯穿钩考，极为精详，纲目条章，亦俱粲然有法，惟中间端绪繁密，故踳驳之处，间亦有之。要其经纬周密，叙次井然，使读者按部可稽，深为有裨于史学。丰城县志称方作是书，自题其堂曰补史，其深自矜重，殆亦非徒然矣。

《郘亭知见传本书目》：《补后汉书年表》十卷，宋熊方撰。刊本。爱日精庐有旧抄本，题经进集补后汉书年表，具熊方自序进表进状。四库著录系开万楼抄本，知不足斋本。

《郑堂读书记》：《后汉书年表》十卷（影宋抄本）宋熊方撰（方字广居，丰城人，由上舍生官至右迪功郎权泮州司户参军）。《四库全书》著录，上有补字，倪氏《宋志补》无之。广居以范氏作东汉史，仅毕纪传，而表志未立。刘昭补注旧志，又不及表。乃稍仿《前汉书》例，集补《后汉同姓王侯》、《异姓诸侯》及《百官》三表，以足范、刘之未备。凡表之所载，一据范、刘旧文，不复参以他说，以补其佚。其取材既隘，脱漏甚多，今以班氏之例求之，此表多有未合。如前书《诸侯王》、《王子侯》分为二表，井然不紊，是书合同姓王侯为一，殊无义例。前书凡王侯辈，其人后为帝者，表内不书名，所以尊君也。熊氏不明此例，一概书名，失之。前书凡言随父者，必是别封；是书于世传勿替之王侯，概言随父，且言随祖，殊失班氏本旨。前书别封之侯，由其父推恩者，例得随父，若其子孙自立功业得侯者，只宜另编；乃是书于例应随父者，则为另编，而于例不应随父者，又附于下，亦失史法。前书高祖约非有功不侯，故班氏于功臣之外，别列《外戚》、《恩泽》一门，极有深意；熊氏不知其例，合为《异姓》一表。恩泽追封之王侯，班氏不载，盖以慎名器也；是书亦并收之，非史法也。前书《公卿表》三公九卿外，兼及列于九卿之水衡都尉、右扶风、左冯翊、京兆尹，其余长乐等官，皆不收；是书于太仆、卫尉、少府兼载长乐，并太子太傅（中二千石）、太子少傅（二千石）、大长秋（二千石）、将作大匠（二千石）、城门校尉（比二千石）、北军中候（六百石）、司隶校尉（比二千石）等官，亦并采之，由其不明官制故也。至其书之舛漏，殆不可枚举。由其止就二三种书供其挦扯，不能广搜博考，以求其佐证，而且专己自用，不师古人，一语指摘，几于体无完肤，此钱可庐（大昭）所以别撰《后汉书补表》以正之也。自钱氏之书出，此编尽可覆瓿，徒以其宋人旧帙存之耳。朱竹垞《曝书亭集》有是书序，谓宜雕范氏史于前，而以司马志附其后，并以熊氏《年表》附之，庶成一代完书。余谓使竹垞生于今日，得见钱氏之书，恐不以是书附之矣。是书前有经进之序，又有《进表》、《进状》，皆不著年月，盖高宗朝所进也。

孙奭校定《刘昭补注志》三十卷

《玉海》：梁天监中，刘昭集注《后汉书》一百八十卷，昭注《补志》。宋乾兴元年十一月戊寅，孙奭请校定刘昭《补注》三十卷，镂板颁行，从之。

佚名校正《后汉书》

《玉海》：景祐元年九月癸卯，诏选官校正《后汉书》。

刘攽《东汉刊误》一卷

《宋史·刘攽传》:所著书百卷,尤邃史学,作《东汉刊误》,为人所称。

《郡斋读书志》:《东汉刊误》一卷,皇朝刘攽贡父撰。攽序称英宗读《后汉书》,见“垦田”字皆作“恳”字,命国子监刊正之。攽为直讲,校正其谬误,不可胜数。然此书世无善本,率以己意定之。治平三年奏御。攽号有史学,温公修《通鉴》,以两汉事付之。

佚名《后汉书策要》二十六卷

按:见《京师图书馆善本书目》著录。余详《史记策要》条。

吕祖谦《东汉精华》十四卷

《四库存目》:《东汉精华》十四卷(衍圣公孔昭焕家藏本)宋吕祖谦撰。是编乃其《两汉精华》之一。即范氏之书,摘其要语而论之,或比类以明之。于光武明章和四帝纪,尤为详悉,所略者惟表志耳。然不具事之始末,所论每条仅一二语,略抒大意,亦不中其所以然。盖是书乃阅史之时,摘录于册,以备文章议论之用,后人重祖谦之名,因而刊之。与洪迈《经史法语》,均非有意著书者也。

徐天麟《东汉会要》四十卷

《宋史·徐梦莘传》:梦莘从子天麟,字仲祥。开禧元年进士。著《东汉会要》四十卷。

《四库简目》:《东汉会要》四十卷,宋徐天麟撰。凡三百八十四事,门目与《西汉会要》同。惟《西汉会要》但录事迹,此书则间有论断,为例小殊。

《四库总目》:《东汉会要》四十卷(浙江范懋柱家天一阁藏本)宋徐天麟撰。天麟官抚州教授时,既奏进《西汉会要》,后官武学博士时,续成此书。于宝庆二年,复奏进之。其体例皆与前书相合,所列亦十五门,分三百八十四事。惟《西汉会要》不加论断,而此书则间附以案语,及杂引他人论说,盖亦用苏冕《驳议》之例也。东汉自光武中兴,明章嗣轨,皆汲汲以修举废坠为事,典章文物,视西京为盛。而当时载笔之士,如《东观记》,及华峤、司马彪、袁宏之类,遗编断简,亦间有留传。他若《汉官仪》、《汉杂仪》、《汉旧仪》诸书，为传注所征引者，亦颇犁然可考。故东汉一代故事，较西汉差为详备。天麟据范书为本，而旁贯诸家，悉加裒次。其分门区目，排比整齐，实深有裨于考证。中间如献帝子济阴王熙，山阳王懿，济北王邈，东海王敦，虽为曹氏所置，旋即降为列侯。然既以封建立国，自当注之帝系皇子条下，以表其实。乃因范书无传，遂削而不书，未免阙漏。又天麟《自序》中，称刘昭因范氏遗绪，注补八志，而不知其为司马彪《续汉书志》，实非范书，晁公武已讥之，则亦偶然失检，然其大体详密，即稍有踳驳，故不足为累也。其书世所传者，皆据宋本传抄，第三十七、三十八两卷全阙，三十六、三十九两卷亦各佚其半，无可考补，今亦并仍之焉。

《郘亭知见传本书目》:《东汉会要》四十卷，宋徐天麟撰。四库据传抄宋本，阙三十七、三十八两卷，又三十六、三十九两卷各佚其半。宋宝庆丙戌刻本，半页十行，行二十字，四库所阙独完。路小洲藏宋本，想亦足本。今海昌蒋氏得阙卷刻入校补，偶录汪小米家，明人抄本全。聚珍本，闽覆本。吴门有活字板本。道光二年，南城胡森刻。

王应麟《汉制考》四卷

《四库简目》:《汉制考》四卷，宋王应麟撰。因《汉书》、《续汉书》诸志，于制度多举大端，略于纲目，因采郑氏《三礼注》及《说文》诸书，以补其遗。又孔贾诸疏，于郑注某物即今某物者，多不能详解，亦一一博考诸书，疏通证明，颇为赅洽。

《四库总目》:《汉制考》四卷（两江总督采进本），宋王应麟撰。应麟是编，因《汉书》、《续汉书》诸志，于当日制度，多详于大端，略于细目，因摭采诸家经注及《说文》诸书所载，钩稽排纂，以补其遗，颇足以资考证。又以唐时贾孔诸疏，去古已远，方言土俗，时异名殊，所谓某物如今某物，某事如今某事，往往循文笺释，于旧文不必悉符，亦一一详为订辨。要其大致精核，具有依据，较南宋末年诸人侈空误而鲜实征者，其分量相去远矣。

《郘亭知见传本书目》:《汉制考》四卷，宋王应麟撰。附《玉海》元刻本，今刊本津逮秘书本，学津讨源本。

佚名《东汉质疑》九卷

按：见《宋史·艺文志》著录。不著撰人名氏。

洪迈《后汉精语》十六卷

《直斋书录解题》:《后汉精语》十六卷,洪迈撰。

吕祖谦《东汉书详节》三十卷

按:见《汇刻书目》著录。详《史记详节》条。

钱端礼《后汉书提要》二卷

按:见《四库存目》著录。详《史记提要》条。

翟汝文《东汉通史》五十卷

按:见《江南通志·艺文志》著录。注云:宋翟汝文,丹阳人。

佚名《后汉书考正》

按:见《丁氏善本书目》著录。详见“两汉书部”。

以上宋时人

郝敬《后汉书琐琐》六卷

按:见《八千卷楼目》著录。注云:山草堂集本。

张邦奇、江汝璧校《后汉书》

按:见《江南图书馆目》著录。注云:明刊本。

凌濛初《后汉书纂》十二卷

按:见《八千卷楼书目》著录。

项笃寿《后汉书论赞》五卷

按:见《四库存目》著录。详《史记论赞》条。

陈仁锡《后汉书评》一百二十卷

按:见《培林堂书目》著录。

顾起元《批评后汉书》一百卷

按:见《淡生堂书目》著录。

以上明时人

林茂春《后汉拾遗》十二卷

按:见《福建通志·艺文志》著录。注云:林茂春,乾隆丙午举人。

茅国缙《东汉史删》三十三卷

按:见《传是楼书目》著录。

佚名《东汉史删》三十二卷

按:见《淡生堂书目》著录。

练恕《后汉书注刊误》一卷

按:见《多识录》著录。

练恕《后汉公卿表》一卷

按:见《多识录》著录。

齐召南《后汉郡国志考证》五卷

《台州经籍志》:《后汉郡国志考证》五卷,《大清一统志》,《天台耆旧传》,《天台诗存》,《天台新志》,齐召南撰。凡七十八条,附刻殿本《后汉书》每卷末。

何焯《后汉书札记》五卷

按:见《义门读书记目》著录。

厉鹗《补后汉书艺文志》

按:见《书目长编》著录。注云:据文廷武《补晋书艺文志序》。

洪饴孙《补后汉书艺文志》

按:见《书目长编》著录。注云:据陆从轻《合肥札记》。

齐召南《后汉公卿表》一卷

《台州经籍志》:《后汉公卿表》一卷。《大清一统志》,《天台耆旧传》,《天台诗存》,《天台新志》,齐召南撰。

李韦求《后汉书儒林传补》二卷

《书目答问补正》:海盐李韦求《后汉书儒林传补》二卷,虎溪山房本。

《郑堂读书记》:《后汉书儒林传补》二卷(虎溪山房刊本),国朝李韦求撰(韦求号五峰,海盐人)。五峰以《后汉书·儒林传》但录其能通经名家者,其自有列传者，则不兼书目，谓能通经名家者，尚不止此四十二人。以《汉书·京房传》例之，其自有传者宜兼书，乃遍考《东观汉记》，谢承《后汉书》，袁山松《后汉书》，司马彪《续汉书》，欧阳修《集古录》，赵明诚《金石录》，洪适《隶释》、《隶续》及诸传记等书，得百十余人以补之。至于治经而无家法者不录，其用心亦良善矣。但其人已具列传者，务必引《京房传》例，仍行载入，虽所载多列传所无，究以不载为是。至所引书即分注于各传下，有何不可，乃总述于自序中，亦过于好异也。

王廷璨《后汉书》二十四卷

按：见《浙江通志·艺文志》著录。注云：王廷璨，钱塘人。

梁谏庵《后汉书补注》

《传是楼书目》：《后汉书补注》，梁谏庵撰，周生校。

惠栋《后汉书补注》二十四卷

《郑堂读书记》：《后汉书补注》二十四卷（德裕堂刊本），国朝惠栋撰（栋字定宇，号松厓，元和人，乾隆辛未荐举经学）。范蔚宗书全本、华峤《后汉书》，比《东观记》、谢承书所载，人物削去十之四五，是使可传者不获显于后世，复得明允为之注，后人不复致疑。是蔚宗之咎，而亦明允之咎也。松厓因仿裴世期注《三国》之例，以补注范史，悉本《东观记》、谢承、谢沈、袁山松所撰《后汉书》，而以司马彪《续汉志》，袁宏、薛莹《后汉纪传》为附，俾事迹粲然可观，约而不漏，详而不繁。所注《八志》，援引尤多，其有脱字衍字及差讹者，复据顾亭林、何义门诸家之说，一一校正。书仿小司马《史记索隐》式，约三十余万言，作《后汉书补注》二十卷，《续汉志补注》四卷，其《天文》《五行》等志，尤精凿不刊。盖松厓贯串图纬，精心考核，若拨云雾而见青天也。其有功于司马范氏，当又在宣卿明允之上矣。乾隆甲戌顾震沧（栋高）为之序，未及刊行，稿藏仪征汪氏。至嘉庆癸亥，宝山李啬生（保泰）得其稿本，校正付梓，并为之序。明年，冯鹭庭（集梧）亦为之序。

《郘亭知见传本书目》：《后汉书补注》二十四卷，国朝惠栋撰。嘉庆九年裕德堂本。

朱石曾《后汉书郡国志校补》

按:见《嘉定朱氏遗书目》著录。

程霖《后汉书传论》

《台州经籍志》:《后汉书传论》,汪蓉塘遗稿,清临海程霖撰。

佚名《外戚恩泽表》一本

按:见《清吟阁书目》著录。

周寿昌《后汉书注补正》八卷

按:见《八千卷楼书目》著录。注云:广雅局本。

钱大昭《后汉郡国令长考》一卷

按:见《八千卷楼书目》著录。注云:广雅局本。

《书目答问补正》:钱大昭《后汉郡国令长考》已刊,有武昌局正觉楼丛书本,南城蔡学苏刻三余书屋丛书本,徐氏积学斋本。

钱大昭《后汉书辨疑》十一卷

按:见《八千卷楼书目》著录。注云:广雅局本。

钱大昭《后汉书补表》八卷

按:见《八千卷楼书目》著录。注云:知不足斋本,广雅局本。《耳食录》:《后汉书补表》,嘉定钱大昭撰,凡八卷。刊入《汗筠斋丛书》(嘉定秦氏校刊)。

《郑堂读书记》:《后汉书补表》八卷(汉筠斋丛书本),国朝钱大昭撰(大昭字晦之,号可庐,大昕之弟也。嘉庆元年荐举孝廉方正)。可庐以范氏本无年表,至宋熊氏(方)始作《补表》,以弭蔚宗之阙,乃所据只《后汉书》、《三国志》二书,取材既隘,体例亦疏,因别撰斯编。正史而外,兼取山经地志金石子集,得诸侯王六十一人,王子侯三百四十四人,功臣侯三百七十九人,外戚恩泽侯八十九人,宦者侯七十九人,偶有异同,加辨证焉。司马《续志》,惟载百官于公卿,姓氏则仍阙如,今则三公拜罢,各依本纪胪列,其列卿之可考者,亦以次补入,谓之《公卿表》。不言百官者,表所不及也。凡熊氏所漏脱者,悉考而补之,叙事简洁,而考证审密,诚可以踵班氏而无愧矣。见今版行诸史,既以《续汉书志》系范书之后,亦当以此《补表》并系之,殊远胜于熊表之附范书也。前有乾隆丁酉《自序》,及《条例》,并余姚卢抱经(文弨)序,后有嘉庆戊午嘉定秦照若(鉴)跋。

《郘亭知见传本书目》:《后汉书补表》八卷,国朝钱大昭撰。嘉庆三年,秦氏汗筠斋本。

钱大昭《补续汉书艺文志》一卷

按:见《八千卷楼书目》著录。注云:广雅局本。

《书目答问补正》:钱大昭《补续汉书艺文志》已刊,有家刻本。昭代丛书壬集本,南陵徐乃昌积学斋本。

钱大昕《后汉书考异》三卷

按:见《潜研堂全书目》著录。详《史记考异》条。

钱大昕《续汉书考异》二卷

按:见《潜研堂全书目》著录。详《史记考异》条。

梅毓《刘更生年表》一卷

按:见《积学斋丛书目》著录。

何若瑶《后汉书注考证》一卷

按:见《八千卷楼书目》著录。注云:广雅局本。

吴树声《后汉书孝弟录》

按:见《云南图书馆目》著录。

沈明彝《后汉书注又补》一卷

按:见《八千卷楼书目》著录。注云:广雅局本。

华湛恩《后汉三公年表》一卷

按:见《八千卷楼书目》著录。注云:广雅局本。昭代丛书本。

沈钦韩《后汉书疏证》三十卷

按:见《八千卷楼书目》著录。注云:刊本。浙江书局本。

侯康《补后汉书艺文志》四卷

按:见《八千卷楼书目》著录。注云:岭南遗书本,广雅局本。

侯康《后汉书补注续》一卷

按:见《浙江图书馆目》著录。注云:广雅局本。

顾櫰三《补后汉书艺文志》三十一卷

按:见《书目答问补正》著录。注云:光绪间,南清河王锡祺排印《小方壶斋丛书本》。蒋国榜排印《金陵丛书本》。广州局本。顾氏此书,别有定本二十八卷,精洽未刊,稿本藏瑞安杨氏宗许楼。

陈廷祚《补后汉书艺文志》十卷

按:见《江南图书馆目》著录。

姚振宗《后汉书艺文志》四卷

按:见《适园丛书目》著录。

曾朴《后汉书艺文志》一卷,考十卷

按:见《八千卷楼书目》著录。注云:刊本。

王先谦《汉书集解》一百二十卷

按:见《涵芬楼书目》著录。注云:长沙王氏校刊本。

王先谦《续汉书补注》三十卷

按:见《书目答问补正》著录。王先谦《后汉书集解》一百二十卷,《续汉书补注》三十卷,民国十二年长沙新刻本。此二书晚出最备。

田普光《后汉书儒林传补逸》一卷,续编一卷

按:见《八千卷楼书目》著录。注云:鄦斋丛书本。

徐乃昌续田普光《后汉书儒林传补逸》一卷

按:见《鄦斋丛书目》著录。

朱右曾《后汉郡国志校补》

按:见《书目答问补正》著录。注云:未见刊本。

丁谦《汉书东夷传地理考证》一卷

按:见《浙江图书馆丛书目》著录。

丁谦《后汉书南蛮西南夷地理考证》一卷

按:见《浙江图书馆丛书目》著录。

丁谦《后汉书西羌传地理考证》一卷

按:见《浙江图书馆丛书目》著录。

丁谦《后汉书南匈奴传地理考证》一卷

按:见《浙江图书馆丛书目》著录。

丁谦《后汉书西域传地理考证》一卷

按:见《浙江图书馆丛书目》著录。

丁谦《后汉书乌桓鲜卑传地理考证》一卷

按:见《浙江图书馆丛书目》著录。

卢文弨《续汉书志注补》

按:见《群书拾遗目》著录。

杭世骏《后汉书蒙拾》三卷

按:见《杭氏七种目》著录。

杨守敬《续汉书郡国志图》

按:见《观海堂汇刻目》著录。

徐绍桢《后汉书朔闰考》五卷

按:见《学寿堂丛书目》著录,光绪番禺徐氏刻本。

以上清时人

小山田兴清《后汉书类字》

按:见《日本东京帝国图书馆目》著录。注云:松屋丛书。

以上日本人

《正史汇目》第六　两汉书部

刘攽等《两汉刊误》四卷

按:见《宋史·艺文志》著录。

《郡斋读书附志》:《西汉刊误》一卷,《东汉刊误》一卷,宣德郎守太常博士充国子监直讲刘攽所撰也。仁宗读《后汉书》,见"垦田"字皆作"恳"字,使侍中传诏中书,使刊正之。攽为学官,遂刊其误为一书云。

吴仁杰《两汉刊误补遗》十卷

《浙江采进遗书目》:《两汉刊误补遗》十卷(闻望楼写本),宋国子博士河南吴仁杰撰。朱彝尊跋曰唐以前读《两汉书》者,第有集解音义而已,其后李善作《辨惑》,颜游秦作《决疑》,见于新书《艺文志》。至于宋作刊误者四家,张泌、余靖、刘攽,其一忘其名氏矣。刘氏之书,因宋仁宗读《后汉书》见"垦田"字皆作"恳",于是使侍中诏传中书俾刊正之,攽为学官,遂刊其误。今吴氏是编,本以补刘氏之遗,而文多于刘,足以征其博洽也已。

《四库简目》:《两汉刊误补遗》十卷,宋吴仁杰撰。初刘攽作《西汉刊误》一卷,《东汉刊误》一卷,此书盖补所遗。然书中乃兼论刘敞、刘奉世之说,盖当时尝以敞父子所校汉书,与《西汉刊误》合刻一编故也。其书引据赅洽,参证精确,实出三刘之上。惟《宋志》载是书十七卷,今本十卷,而西汉居其八卷,似论东汉者尚佚七卷耳(案《宋志》为《文献通考》之误)。

《四库总目》:《两汉刊误补遗》十卷(两淮马裕家藏本),宋吴仁杰撰。是书前有淳熙己酉曾绛序,称仁杰知罗田县时自刊版,又卷末庆元己未林瀛跋,称陈虔英为刊于全州郡斋,盖欲初刊而未果,抑虔英又重刊欤。旧刻久佚,此本乃朱彝尊之子昆田抄自山东李开元家,因传于世。据其标题,当为刘攽《两汉书刊误》而作,而书中乃兼补正刘敞、刘奉世之说。考赵希弁《读书附志》载《西汉刊误》一卷,《东汉刊误》一卷,称刘攽撰。《文献通考》载《东汉刊误》一卷,引《读书志》之文,亦称刘攽撰。又载三刘《汉书标注》六卷,引《读书志》之文,称刘攽、刘敞、刘奉世同撰。又引陈振孙《书录解题》称别本题公非先生刊误,其实一书。徐度《却扫编》引攽所校陈胜、田横传二条,称其兄敞及兄子奉世,皆精于《汉书》,每读随所得释之,后成一编,号《三刘汉书》。以是数说推之,盖攽于前后《汉书》初各为刊误一卷,赵希弁所说是也。然当时乃以敞书合于敞父子书,非以敞父子书合于敞书也。故不改敞父子《汉书标注》之名。而《东汉》一卷,无所附丽,仍为别行,则马端临所列是也。至别本乃以攽书为主,而敞、奉世说附入之,故仍题刊误之名,则陈振孙所记是也。厥后遂以《东汉刊误》并附以行,而《两汉刊误》名焉。仁杰之兼补三刘,盖据后来之本,而其名则未及改也。《文献通考》载是书十七卷,《宋史·艺文志》则作十卷,今考其书,每卷多者不过十四页,少者仅十二页,势不可以十卷之中,析出七卷。而十卷之中,补前汉者八卷,补后汉者仅二卷,多寡亦太相悬殊,殆修《宋史》时已佚其七,以不完之本著录欤。刘氏之书,于旧文多所改正,而随笔标记,率不暇剖析其所以然。仁杰是书,独引据赅洽,考证详晰,元元本本,务使明白无疑而后已。其淹通实胜于原著。虽中间以麟止为麟趾之类,间有一二之附会,要其大致,固瑕一而瑜百者也。曾绛序述周必大之言,以博物洽闻称之,固不虚矣。

《郑堂读书记》:《两汉刊误补遗》十卷(武英殿聚珍版本)宋吴仁杰撰(仁杰字斗南,昆山人)。《四库全书》著录,《读书附志》载刘攽《西汉刊误》、《东汉刊误》各一卷。《书录解题》、《通考》(史评类)俱载斗南《两汉刊误补遗》十七卷。陈氏云补三刘之遗也。《宋志》则作十卷。案《刊误》止攽一人所著,而此书兼及敞与奉世,考之《宋志》暨《读书志》(史评类)、《书录解题》俱有三刘《汉书标注》六卷,斗南盖兼此书而并补之,故补前汉者八卷,补后汉者仅二卷。其只称刊误者,亦以二书名异而体裁实同也。而此十卷之书,每卷页数无多,必不并合其卷,疑《宋志》误衍七字也。朱竹垞《曝书亭集》有此书跋,盛相矜许,人或因此遂奉为金科玉律,而不察其为醇疵互见之作,则恐贻误后学。斗南辨析《汉书》,掊击师古,甚有功,稍嫌援引多裁断少耳。至纠缠诸经训诂，于史学中掺入经学，横加掎摭，攻击不休，则非也。然其中有最精者，如《赵岐传》岐著《要子章句》，刊误要当作孟，而不能言孟所以误为要之故，斗南则云古文要作𡕒，与黽相近，疑孟与黽通，《岐传》本作《黽子章句》，而误作𡕒耳。凡若此者，实胜原书，所以三刘之书，久已散佚，而此则岿然独存，盖自有不可磨灭者在矣。此本前有淳熙已酉古汴曾(绛)序，后有□□已未其门生林(瀛)跋。《知不足斋丛书》亦收之，末更有竹垞及卢抱经、鲍渌饮三跋。

《适园藏书志》:《两汉刊误补遗》十卷(影宋写本)，宋吴仁杰撰。仁杰字斗南，又号蠹隐居士，昆山人。是书补刘攽《刊误》之遗，精确且出三刘之上，此书影宋精抄尤为佳本。收藏有唐楼宋氏结一庐图书记朱文方印。

《郘亭知见传本书目》:《两汉刊误补遗》十卷，宋吴仁杰撰。知不足斋本。宋淳熙已酉刊本，嘉庆已未刊本，两淮马裕家藏本，乃朱昆田抄自山东李开先家。

袁梦麟《汉制丛录》三十二卷

《直斋书录解题》:《汉制丛录》三十二卷，袁梦麟应祥撰。以二汉所记典故，分门编类，凡二十五门。

《宋史·艺文志》:《汉制丛录》二十卷，袁梦麟撰。

林虙、楼昉《两汉诏令》二十三卷

《直斋书录解题》:《西汉诏令》十二卷，吴郡林虙德祖编。采《括志传》，参之本纪，以示信安程俱致道。俱以世次先后，各为一卷，差比岁月，纂而成书，且为之序。虙尝试中词学，为开封府掾，尹以佞幸进，有所不乐，引疾纳禄去，遂终于家。《东汉诏令》十一卷，宗正寺主簿鄞楼昉旸叔编。大抵用林氏旧体，自为之序。帝王之制，具在百篇，后世不可及矣。两汉犹为近古，愚未冠时，无书可观。虽二史亦从人借。尝于班书志、传录出诸诏，与纪中相附，以便览阅。既仕于越，乃得见林氏书，而楼氏书近出，其为好古博雅，斯以勤矣。惟平、献二朝，莽、操用事，如锡莽及废伏后之类，皆当削去，莽时尤多也。

《四库简目》:《两汉诏令》二十三卷。《西汉诏令》十二卷，宋林虙编。

《东汉诏令》十一卷,宋楼昉编。其合为一卷,而冠以洪咨夔《两汉诏令揽要序》,则不知出于谁手,大抵书肆所为也。所录不出班范两书,然排比鳞次,使政治之得失,文章之升降,皆可互勘而知,则较散见纪传为有端绪焉。

《四库总目》:《两汉诏令》二十三卷(副都御史黄登贤家藏本)。《西汉诏令》十二卷,宋林虙编。《东汉诏令》十一卷,宋楼昉所续编也。虙字德祖,吴郡人,尝为开封府掾。昉字旸叔,鄞县人,官宗正寺主簿。先是虙以《西汉文类》所载诏令阔略,乃采括纪传得西汉诏令四百一篇,以世次先后,各为一卷。大观三年,程俱为之序。南渡后,昉又依虙之体,编《东汉诏令》以续之,有嘉定十五年自序。是编合为一书,题曰《两汉诏令》,而各附原序于后,其首又载洪咨夔所作《两汉诏令总论》一篇。案咨夔有《两汉诏令揽钞》,见于本传,而此总论内云夔假守龙阳,纵观三史,裒其诏制书策令敕之类事,著其略,每尝以臆见系之。然则所云《揽钞》者,必尚有咨夔议论之辞,而今书内无之,则此特后人取林虙楼昉两书合编,而掇咨夔之论冠其前耳,其与《揽钞》实非一书也。两汉诏令,最为近古,虙等采辑详备,亦博雅可观。虽陈振孙谓其平献两朝,莽操用事,如锡莽及废伏后之类,皆当削去。是于裁制,亦间有未合。然其首尾完赡,殊便观览,固有足资参考者焉。

《郑堂读书记》:《两汉诏令》二十三卷(宋刊本),《西汉诏令》十二卷,宋林虙编。《东汉诏令》十一卷,宋楼昉编(虙字德祖,吴郡人,尝为开封府掾。昉字旸叔,号迂斋,鄞县人,官宗正寺主簿)。《四库全书》著录,《书录解题》《通考》俱分载之。《宋志》(总集类)只载德祖书而不载迂斋书,盖其疏也。西汉诏令载于《汉书》者,凡四百一篇,旧《西汉文类》所载尚多阙略,德祖实始采括传志,参之本纪,断章析简,掇之无遗力。荟蕞在纸,未遑诠录。信安程致道(俱)因取其稿,以世次先后,自高祖至平帝,人别为篇,又差次岁月,纂而成书。凡直叙事实,不载辞命者不录,如纪载建元元年秋七月诏曰:卫士转置,送迎二万人。其省万人,如此类不录。前有大观己丑致道德祖及宜兴蒋(瑎)三序,又有德祖小跋。至嘉定壬午,迂斋复仿德祖前书之体纂次,自光武迄献帝,诏令之见于《后汉书》者,凡二百四十八篇,以续之,并为之序。末有绍定戊子其婿范(光)癸巳其门人郑(清之)二跋。其合为一书,而冠以洪(咨夔)《两汉诏令揽要序》，则不知出于谁手。大抵书肆所为也。所录不出班范两书，然排比鳞次，使政治之得失，文章之升降，皆可互勘而知，则较散见纪传为有端绪焉。

杨侃《两汉博闻》十二卷

《郡斋读书志》:《两汉博闻》十二卷，皇朝杨侃纂。景德中，侃读两《汉书》，取其中名数前儒解释为此书，以资涉猎者。侃尝编《职林》矣，此亦其类也。

《直斋书录解题》:《两汉博闻》二十卷，无名氏。或云杨侃。

《四库简目》:《两汉博闻》十二卷，宋杨侃编。摘录前后汉之文，不依篇第，不分门类，惟简择其中字句故事，列为标目，而节取颜师古、章怀太子注列于其下，往往可订正注文之讹漏。

《四库总目》:《两汉博闻》十二卷(两淮盐政采进本)，明嘉靖中黄省曾刊本，不著撰人名氏。案晁公武《读书志》乃宋杨侃所编也。侃钱塘人，端拱中进士，官至集贤院学士，晚为知制诰。避真宗旧讳，更名大雅。是编摘录前后《汉书》，不依篇第，不分门类，惟简择其字句故事，列为标目，而节取颜师古及章怀太子注列于其下。凡《前汉书》七卷，《后汉书》五卷，虽于史学无关，然较他类书采摭杂说者，究为雅驯。《后汉书》中间有引及《前汉书》者，必标颜师古字，而所引梁刘昭《续汉志》注，乃与章怀注无别，体例未免少疏。至所列纪传篇目，亦往往多有讹舛。然如四皓条下引颜师古注曰，四皓称号，本起于此，更无姓名可称，盖隐居之人，匿迹远害，不自标显，秘其氏族，故史传无得而详。至于皇甫谧圈称之徒，及诸地理书说，竟为四人安姓氏，自相错互，语又不经。班氏不载于书，诸家皆臆说，今并弃略一无取焉云云。明监本《汉书注》竟佚此条，惟赖此书幸存，则亦非无资考证者矣。

《郑堂读书记》:《两汉博闻》十二卷(明刊本)，宋杨侃编(侃，钱塘人，避真宗旧讳，更名大雅，端拱中进士，官至集贤院学士知制诰)。《四库全书》著录，《读书志》、《书录解题》类书，《通考》、《宋志》俱载之。晁氏及《宋志》，俱明言杨侃之书，惟陈氏止云无名氏，或云杨侃(通考两载之)，以致黄氏刊是书时，尚不明著其名氏也。晁氏称景德中，侃读两《汉书》，取其中名数前儒解释为此书，以资涉猎。侃尝编《职林》矣，此亦其类也。按杨氏《职林》，久已不传，唯此书存。前七卷为《汉书》，后五卷为《后汉书》，俱摘录其字句故事为纲，并摘录正文及颜李两家注，列于其下，不分篇数，又不数门类，任意采摭，猝难检寻。既无关于史学，又无裨于词章，以云博闻，殆名不副实矣。前有嘉靖戊午黄（曾鲁）《重刊序》。

《郘亭知见传本书目》：《两汉博闻》十二卷，宋杨侃撰。嘉庆戊午黄氏刊本，不著撰人。

陈充等校前后《汉书》

《玉海》：淳化五年七月诏选官分校《史记》、前后《汉书》。陈充、阮思道、尹少连、赵况、赵安人、孙何校前后《汉书》。

徐天麟《两汉会要》

《直斋书录解题》：《西汉会要》七十卷，《东汉会要》四十卷，武学博士清江徐天麟仲祥撰。以二史所载汉家制度典章，散见于纪传表志者，仿唐以来"会要"体，分门编纂，其用力勤矣。其言范蔚宗志稿，为谢俨蜡以覆车，刘昭因蔚宗遗绪注而补之。夫既曰蜡以覆车，安得复有余绪，盖未考昭之所著，实司马绍统《续汉书志》也（详《东汉会要》、《西汉会要》条）。仲祥，乙丑进士，世有史学。

刁衎等复校前后《汉书》

《玉海》：景德元年正月丁未，命刁衎、丁逊、晁迥复校前后《汉书》。

钱时《两汉笔记》十二卷

《四库简目》：《两汉笔记》十二卷，宋钱时撰。皆评论《汉史》，前数卷，论颇苛刻，类胡寅《读史管见》，后数卷乃渐近人情。其谓井田封建必不可行，识在南宋讲学诸人之上。

《四库总目》：《两汉笔记》十二卷（浙江范懋柱家天一阁藏本），宋钱时撰。此书皆评论《汉史》，嘉熙二年，尝经奏进，前有尚书省劄称十二卷，与此本合。叶盛《水东日记》以为不完之本，非也。其例以两《汉书》旧文为纲，而各附论断于其下。前二卷颇染胡寅《读史管见》之习，如萧何收秦图籍，则责其不收六经。又何劝高帝勿攻项羽，归汉中，则责其出于诈术。以曹参文帝为陷溺于邪说，而归其过于张良。于陆贾《新语》，则责其不知仁义。皆故为苛论，以自矜高识。三卷以后，乃渐进情理，持论多得是非之平。其中如于张良之谏封六国后，论封建必不可复，郡县不能不置，于董仲舒请限民名田，论井田必不可行，于文帝除肉刑亦不甚以为过。尤能涤讲学家胸无一物，高谈三代之窠臼。至其论董仲舒对策以道之大原不在天而在心，则金豁学派之宗旨。论文帝以客礼待呼韩邪，论光武闭关谢西域，皆极称其能忍善让，则南渡和议之饰词。所谓有为言之者，置而不论可矣。

林越、凌迪知《两汉隽言》十六卷

《浙江采进遗书目》：《两汉隽言》十六卷（刊本）。《前集》十卷，系宋括苍林越（通考作钺）辑，即《汉隽》也。取《西汉书》句字之古雅者，分类为之。后集六卷，则明吴兴凌迪知仿林书之例，续采范史隽语而成。

《四库存目》：《两汉隽言》十六卷（内府藏本）。明凌迪知编。宋林越作《汉隽》，所采止于西汉，迪知因仿越体例辑后汉故实，与越书合为一编，改题今名。自第一卷至十卷，皆林氏之旧，题曰《前集》。十一卷至十六卷迪知所续者，题曰《后集》，采摭亦备，然不自为一书，而补葺旧本，创立新名，是则明人之结习矣。

《郑堂读书记》：《两汉隽言》十六卷（文林绮绣本）。前十卷宋林越编，即《汉隽》之书也。后六卷明凌迪知编。《四库全书》存目。其《自序》称：班孟坚作《汉书》，于汉未备，范蔚宗续其《后汉书》始成。括苍林公梓其词之隽异者，名曰《汉隽》，识者病其未为完善，以后汉之独遗也。余因续以后汉，更名为《两汉隽言》。按是书以林氏所编为前集，而以已所编为后集，凡分六十二篇。虽以类分，而以篇首二字为题，不别立名，如林书之式。其所采摭亦备，殊堪追随林书。然不自标名《后汉隽》，务必合古书为一，改题此名，是则结习相仍，莫可救药矣。

陈季雅《两汉博议》十四卷

按：见《宋史·艺文志》著录。

《郡斋读书附志》：《两汉博议》二十卷，陈季雅彦群所撰也。

佚名《两汉著明论》二十卷

按:见《宋史·艺文志》著录。不著撰人名氏。

柳正夫《两汉蒙求》一卷

按:见《宋史·艺文志》著录。

刘珏《两汉蒙求》十卷

按:见《宋史·艺文志》著录。

《直斋书录解题》:《两汉蒙求》十卷,枢密吴兴刘珏希范撰。绍圣中所序。

赵世逢《两汉类要》二十卷

按:见《宋史·艺文志》著录。

陶叔献《两汉策要》

按:见《八千卷楼书目》著录。注云:乾隆间刊本。

舒黄《前后汉纪》

按:见《江南通志·艺文志》著录。注云:舒黄,宋歙县人。

程瑀《两汉书索隐》

按:见《江西通志·艺文志》著录。

苏钦《两汉提要》十卷

按:见《福建通志·艺文志》著录。注云:苏钦,宣和六年进士。

王遇《两汉博议》

按:见《福建通志·艺文志》著录。注云:王遇,乾道八年进士。

刘刚中《两汉奇语》

按:见《福建通志·艺文志》著录。注云:刘刚中,嘉定四年进士。

佚名《汉书考证》、《后汉书考证》六册

以上宋时人

吕思诚《两汉通纪》

按:见《钱补元史艺文志》著录。

赵孟頫《两汉策要》八本

按:见《江南图书馆目》著录。

佚名《两汉考正正》不分卷

按:见《江南图书馆目》著录。注云:失名氏。影元刊本。

吴默《两汉评林选》三卷

按:见《太公图书馆目》著录。注云:吴默,明长洲人。

霍韬《两汉书纂》

按:见《广东通志·艺文志》著录。注云:王见序,见区庆云《定香楼集》。

郑氏《两汉旁训》六卷

按:见《郑氏旁训书目》著录。

唐顺之《两汉解疑》二卷

《郑堂读书记》:《两汉解疑》二卷(借月山房汇钞本),明唐顺之撰。《四库全书》存目。是书皆举两汉史策中之事设问,而以己意解之。前汉自高祖以迄元后,凡三十则;后汉自卓茂以迄臧洪,凡二十八则。俱执之有故,言之成理,虽有乖于公论,不恤也。然其辨吕后无幸辟阳侯事,以遏天下后世之渐,真粹然儒者之言,盖荆川本讲学家也。

《八千卷楼书目》:《两汉解疑》二卷,明唐顺之撰(学海类编本,忏花馆丛书本)。

《四库存目》:《两汉解疑》二卷(浙江巡抚采进本)明唐顺之撰。是编摘两汉人物,论其行事,设为问难,而以己意解之。大抵好为异论,务与前人相左。如以纪信之代死为不足训,以汉高之斩丁公为悖恩欺世之类。皆乖平允,不足为训也。

刘珍《两汉精华》

按:见《湖北通志·艺文志》著录。

王廷节《两汉书钞》八册

按:见《内阁书目》著录。注云:王廷节,嘉靖间侍郎。

以上元明时人

佚名《两汉谈苑》十二卷

《郑堂读书记》:《两汉谈苑》十二卷(写本),不著编辑者名氏。前后俱无序跋,相其纸墨,盖国初人作也。其书皆采摭前后《汉书》、《三国志》及裴松之注以成。凡分三十四门,门目悉仍《世说》之旧。其配隶各门,尚有条理,惜未免有改史文之失。不及近人《廿二史言行录》远矣。

蒋日豫《两汉传经表》一本

按:见《江南图书馆目》著录。

李鸿瑞《两汉循吏补遗》

按:见《福建通志·艺文志》著录。注云:李鸿瑞,嘉庆戊午举人。

张聘夫《两汉禁脔》

按:见《安徽通志·艺文志》著录。

陈寿祺《两汉拾遗》

按:见《福建通志·艺文志》著录。注云:陈寿祺,嘉庆己未进士。

佚名《两汉补遗》

按:见《遂初堂书目》著录。不著撰人名氏。

佚名《集校两汉书》

按:见《遂初堂书目》著录。不著撰人名氏。

陈景云《两汉举正》五卷

按:见《文道十书目》著录。注云:陈景云,吴江人。

高塘《两汉精华录》

按:见《涵芬楼书目》著录。注云:焕文书局本。

余继畬《两汉志沿边十郡》

按:见《涵芬楼书目》著录。注云:幽并凉三州今地约略。

佚名《两汉书考证》三册

按:见《稽瑞楼书目》著录。不著撰人名氏。

蒋日豫《两汉传经表》二卷

按:见《蒋侑石遗书目》(光绪三年莲池局刻本)著录。

张金吾《两汉五经博士考》三卷

按:见《后知不足斋丛书》著录。

惠栋《两汉人物考》

按:见《士礼居丛书目》(吴县黄丕烈荛圃校刊)著录。

周寿昌《两汉校补》

按:见《涵芬楼书目》著录。

钱大昭《两汉书辨疑》四十四卷

按:见《可庐著述十种目》著录。

《书目答问补正》:钱大昭《汉书辨疑》二十二卷,《后汉书辨疑》十一卷,《续汉书辨疑》九卷,并广州局本,即《两汉书释疑》。

佚名《前后汉书菁华》六卷

按:见《中国书店目》著录。不著撰人名氏。

杭世骏《两汉书蒙拾》五卷

按:见《南通图书馆目》著录。注云:上海同文局本。

何若瑶《前后汉书注考证》二卷

按:见《浙江图书馆目》著录。

沈钦韩《两汉疏证》七十四卷

按:见《浙江图书馆目》著录。

吴汝伦《汉书点勘》三本

按:见《中国书店书目》著录。注云:桐城人。

以上清时人

《正史汇目》第七　《三国志》部

(一)陈寿《三国志》未成前目

卫觊《魏书》

按:见《史通·正史篇》。

《魏志·卫觊传》:觊字伯儒,拜侍中,与王粲并典制度,受诏典著作,又为《魏官仪》。凡所撰述数十篇。

缪袭《魏书》

按:见《史通·正史篇》。

《魏志·刘劭传》:劭同时东海缪袭,亦有才学,多所述叙。注引《文章志》曰,袭字熙伯,辟御史大夫府。

韦诞《魏书》

按:见《史通·正史篇》。

《魏志·刘劭传》:光禄大夫京兆韦诞。注引《文章叙录》曰,诞字仲将,善属辞章。

应璩《魏书》

按:见《史通·正史篇》。

《魏志·王粲传》:应璩官至侍中。注引《文章叙录》曰,璩字休琏,善书记,齐王即位,典著作。

阮籍《魏书》

按:见《史通·正史篇》。

《晋书·阮籍传》:籍字嗣宗,嗜酒,能啸。魏晋之际,天下多故,名士少有全者,由是不与世事,酣饮为常。

《晋书·王沈传》:沈与阮籍,共撰《魏书》。

孙该《魏书》

按:见《史通·正史篇》。

《魏志·刘劭传》:陈郡太守任城孙该。注引《文章叙录》曰,该字公达,年二十为郎中,著《魏书》。

傅玄《魏书》

按:见《史通·正史篇》。

《晋书·傅玄传》:除郎中,与东海缪施,俱以时誉选入著作,撰集《魏书》。

王沈《魏书》四十八卷

《晋书·王沈传》:沈字处道,太原晋阳人也。好书,善属文。正元中,迁散骑常侍侍中,典著作。与荀觊、阮籍共撰《魏书》。多为时讳,未若陈寿之实录也。

《史通·正史篇》:魏史,黄初、太和中始命尚书卫觊、缪袭草创纪传,累载不成。又命侍中韦诞、应璩,秘书监王沈,大将军从事中郎阮籍,司徒右长史孙该,司隶校尉傅玄等,复共撰定。其后王沈独就其业,勒成《魏书》四十四卷。其书多为时讳,殊非实录。

《史通·曲笔篇》:王沈《魏录》,滥述贬甄。案沈所撰《魏书》已逸,述甄事无考。郭《评》:沈不忠于魏,故甄后之贬,滥述其事,彰曹丑也。

《史通·书事篇》:苟目前哲之指踪,校从来之所失,若王沈、孙盛之伍,伯起、德棻之流,论王业则党悖逆而诬忠义,叙国家则抑正顺而褒篡夺,述风俗则矜夷狄而陋华夏。

《史通·直书篇》:王沈《魏书》,假回邪以窃位,董统《燕史》,持谄媚以偷荣,贯三光而洞九泉,曾未足喻其高下也。

《隋书·经籍志》:《魏书》四十八卷,晋司空王沈撰。

《隋书经籍志考证》:《宋书·五行志》曰,王沈《魏书》志篇阙,凡厥灾异,但编帝纪而已。《律志》曰,自杨伟改创景初,而《魏书》阙志。愚案《水经渠水辽水淮水注》,并引《魏书》国志,《颍水注》,宣王军次邱头,王凌面缚水次,故号武邱一事，复题《魏书郡国志》。疑《沈书》固有志篇，特阙《五行》、《律历》也。裴松之《魏志武纪志》所引多述操令，若庚申庚戌丙戌丁亥令，皆以日纪，又有褒赏令，载《祀桥元文》。裴注不言《魏书》，以类推之，当亦是耳。《邓哀王传》注讥其容貌姿美一类言之，而分以为三(《史通·叙事篇》亦云)。《蜀诸葛传》注臣松之以为亮在渭滨，魏人蹑迹，而去呕血，盖因亮亡而自夸大也。夫以孔明之略，岂为仲达呕血乎。《魏后妃传》注引卞太后二事，又《甄后表让建长秋宫》、《三公奏文》、《昭后谥法》、《郭后立谢表》、《青龙二年哀策》。《太平御览·皇亲部》引卞后，甄后、毛后、郭后各一事，而《贬甄铭》未见。

鱼豢《魏略》三十八卷，《典略》五十卷

张富平《补三国魏志鱼豢传》：鱼豢京兆人，魏明帝时，仕为郎中，撰《魏略》五十卷，有帝纪志传，吴蜀两国间亦记录。诏修祀事，豢有郊天配享等议，见《魏略·礼志》。其传桓范、索胜诸人，亦时具直笔。豢卒在泰康以后，上距泰始禅让之初，星逾二纪。

《魏略辑本凡例》：《魏略》一书，名称卷数，诸家互异。《隋志》，鱼豢《典略》八十九卷，《旧唐志》，《典略》五十卷，《魏略》三十八卷，《新唐志》，《魏略》五十卷。郑樵《通志》、高似孙《史略》皆云《魏略》五十卷，《太平御览·书目》有鱼豢《魏典略》，有《魏旧志》，《世说新语》，裴松之《三国志注》暨《初学记》《北堂书钞》，皆《魏略》《典略》互见。章宗源《隋志考证》以《魏略》、《典略》为二书，考其致误之由，盖出于唐以后。

《史通·题目篇》：鱼豢、姚察著魏、梁二史，巨细毕载，芜累甚多，而俱榜之以略，考名责实，奚其爽欤！

《史通·称谓篇》：鱼豢、孙盛等乃没吴、蜀号谥，呼权、备姓名，方于魏邦，悬隔顿尔，惩恶劝善，其义安归。

《史通·正史篇》：魏时京兆鱼豢，私撰《魏略》，事止明帝。

《史通·载文篇》：若乃历选众作，求其秽累，王沈、鱼豢，是其甚焉。

《史通·杂说篇上》：如鱼豢《魏略议》、虞世南《帝王论》，或叙辽东公孙之败，或述江左陈氏之亡，其理并以命而言，可谓与子长同病者也。

《隋书·经籍志》:《典略》八十九卷,魏郎中鱼豢撰。

《旧唐书·经籍志》:鱼豢《魏略》五十八卷,《略典》五十卷,鱼豢撰。

《侯补三国艺文志》:《齐书·礼志序》魏氏籍汉末大乱,旧章殄灭,侍中王粲,尚书卫觊,集创朝仪,而鱼豢、王沈、陈寿、孙盛并未详也。《百官志序》今有《魏氏官仪》鱼豢中外官。《御览·职官部》引《魏略》多有叙百官品秩者,当即出此。又《御览》卷第十一引《魏略·五行志》,则是书固有志矣(中外官当亦志名,盖易百官为中外)。而萧子显与陈寿并称,意其所未成者,独《礼志》耳。《梁书·止足传序》云鱼豢《魏略·知足传》方田、徐于、管、胡,则其道本异。《三国志考异》曰,鱼豢《魏略》,今已不存,其诸传标目,多与他史异。如东里兖为《游说传》,董遇、贾洪、邯郸淳、薛夏、隗禧、苏林、乐详七人为《儒宗传》,常林、吉茂、沐并、时苗四人为《清介传》,脂习、王修、庞淯、文聘、成公英、郭宪、单固七人为《纯固传》,孙宾硕、祝公道、杨阿若、鲍出四人为《勇侠传》,王思诸人为《苛吏传》(并见裴氏注),田畴、管宁、徐庶、胡昭诸人为《知足传》(见《梁书》)是也。王粲、繁钦、阮瑀、陈琳、路粹诸人合传,焦先、扈累、寒贫诸人合传,当亦有目,今不可考矣。若秦郎、孔桂之为《佞倖传》,则沿迁固之旧目也。《东夷传》注及《世说》卷二注引《魏略·西戎传》亦与班史微异,而《御览》三百七十八,则称《魏略·西域传》,不作西戎。杭世骏《诸史然疑》曰,《唐书·志艺文》称鱼豢《魏略》有五十卷,并不言有《典略》,《隋志》则并《魏略》亦无,《三国志》注引《魏略》又引《典略》即一书也。《太平御览》直称《魏典略》焉。案《隋志》无《魏略》而有《典略》,杭氏似并《典略》忘之。要其合二书为一,则确论也。裴注及《御览》引此书甚多(《史记索隐》前后《汉书》注皆屡引之),辑之尚可裒然成帙。

《隋书经籍志考证》:《魏略》有纪志列传,自是正史之体。《文选·景福殿赋》注引《魏略·文纪》曰,灵龟出于神池。《初学记·天部》引《五行志》曰,延康元年,大霖雨,五十余日,魏有天下乃霁,将受大祚之应也(《太平御览·天部》同)。裴松之《魏志注》言《魏略》以秦朗与孔桂俱在《佞倖传》(明帝纪注),东里兖见《游说传》(三少帝纪注),以董遇、贾洪、邯郸淳、薛夏、隗禧、苏林、乐详等为《儒宗》(《王肃传》注其传有序),以脂习、王修、庞淯、文聘、成公英、郭宪、单固七人为《纯固传》(《王修传》注),王思、薛悌、郤嘉见《苛吏传》(《梁习传》注),以苏林、吉茂、沐并、时苗四人为《清介传》(《刘劭传》注),以孙宾硕、祝公道、杨阿若、鲍出等四人在《勇侠传》。宾硕虽汉人,而豢编之《魏书》,盖以其人接魏事义相类故也(《阎温传》注)。列传以贾逵、李孚、杨沛三人为一卷(《温恢传》注),以徐福、严幹、李义、张既、游楚、梁习、赵俨、裴潜、韩宣、黄朗十人共卷(《赵俨传》注)。陈寿《志》韩宣名都不见,惟《魏略》有传(同上)。《梁书·止足传序》曰,鱼豢《魏略·知足传》方田、徐于、管、胡,则其道本异。《世说·文学篇》注,引天竺城中有临儿国。《通典·边防门》注西夜并属疏勒二事,皆题《魏略·西戎传》(《魏志·东夷传》注引《魏略·西戎传》七事)。《太平御览·人事部》引短人国事,《寰宇记》引莎车国事,则皆作《西域传》。豢之论赞,实称曰议,裴注多引其词。而《西戎传》议,尤可考见,《史通·杂说篇》注,引鱼豢叙辽东公孙之败,议为天数意数语,是知王隐之称,本于鱼豢(《史通》王隐曰议)。《典略》八十九卷,《旧唐志》五十卷,案鱼豢《魏略》,只记曹魏,故以魏名。若《典略》所载,惟裴松之《国志注》,章怀《后汉书注》专引汉末及三国事。至《史记索隐·苏秦传》,《初学记》地部、文部,《艺文类聚》礼部、职官部、杂文部、鸟部,《北堂书钞》帝王部、政术部,《文选》魏都赋注、别赋注,《太平御览》地部、兵部、人事部、礼仪部、乐部、服章部、工艺部、布帛部、资产部、兽部、药部皆引之。此类纪载既广,体裁亦杂,与《魏略》断代为书者,一为正史,一为杂史。《隋志》阙著《魏略》,《新唐志》阙著《典略》,惟《旧唐志》兼载之。

附录:丁谦《鱼豢魏略西戎传地理考证》一卷

按:见《浙江图书馆丛书目》著录。

附录:张鹏一《魏略辑本》二十五卷

《魏略辑本自序》:陈寿《国志》,文略事简,莫睹原委,《豢书》备有各志,今虽散佚,而《五行》、《中外》、《官礼》志尚存数条,得窥一二。《儒宗》、《清介》、《西戎》各传,赖裴注详录,藉知当时习尚,殊方传闻。又其记载迄于陈留王奂时,《史通》谓事止明帝,殊非事实。其书自宋《太平御览》、高似孙《史略》、萧常《续后汉书》,多见征引。至元郝经《续后汉书》兼著八录,而无《魏略》,诸志佚文,疑南宋时其书不传。明陈仁锡纂《潜确类书》,引《魏略》数条,又不见他书。陈《自序》云,读书中秘斋宿承华,旁求图本,或其所引《魏略》,得之《永乐大典》中,亦未可知。惜《大典》原书,久已散佚,无从稽核。今辑为《魏略》二十五卷。

阴澹《魏纪》十二卷

《隋书·经籍志》:《魏纪》十二卷,晋左将军阴澹撰。

《隋书经籍志考证》:《陈思王传》注引曹植《铜雀台赋》题阴澹《魏纪》。案《北堂书钞·设官部》王隐《晋书》曰,阴澹弱冠,州请为治中从事。又今《晋书·张轨传》索袭不应州郡之命,太守阴澹奇而造焉。澹晋代人,故所撰史,见引于裴松之。两《唐志》讹作隋魏澹,《通志·艺文略》同误。然《隋志》题左将军官,《晋书》亦未详。

夏侯湛《魏书》

《晋书·夏侯湛传》:湛字孝若,与潘岳友善,除散骑常侍,著论三十余篇,别为一家之言。

《史通·正史篇》:夏侯湛时亦著《魏书》,见寿所作,便坏已草而罢。

《补晋书艺文志》:《魏书》,晋夏侯湛撰。谨案见裴松之《三国志注》,据本书《陈寿传》,是书实未成。

佚名《魏武本纪年历》五卷

按:见《史略·三国志》条著录。

佚名《魏未传》二卷

按:见《史略·三国志》条著录。

佚名《魏大事》

按:见《史略·三国志》条著录。

以上魏

杨戏《季汉辅臣赞》

《蜀志·杨戏传》:戏字文然,犍为武阳人也。少与巴西程祁、公弘,巴郡杨汰、季儒,蜀郡张表、伯达并知名。戏每推祁以为冠首,丞相亮深识之。戏以延熙四年著《季汉辅臣赞》,其所颂述,今多载于《蜀书》。

谯周《蜀本纪》

《侯补三国艺文志》:《蜀志·秦宓传》注引谯周《蜀本纪》曰,禹本汶山广柔县人也。生于石纽,其地名刳儿坪,《先主传》注亦引之,其文与扬雄《蜀王本纪》同。则无以定其必为谯周书也。

《颜补后汉艺文志》:谯周《蜀本纪》,《蜀志》引,《文选·王元长三月三日曲水诗序》注引,《史记正义》引。

王隐《删补蜀纪》七卷

《补晋书艺文志》:《删补蜀纪》七卷,晋王隐撰。谨案见两《唐志》,裴松之《蜀志注》引是书。此云删补,疑后人有增益,盖非隐之原本也。

《唐书·艺文志》:王隐《删补蜀纪》七卷。

常宽《蜀后志》

《补晋书艺文志》:《蜀后志》晋常宽撰。谨案见《华阳国志·宽传》。

《隋志》有《蜀志》一卷,云东京武平太守常宽著,即此书。宽为蜀郡江源人。卒于晋元帝时。《隋志》东京二字似误。

杜袭《蜀后志》

《补晋书艺文志》:《蜀后记》晋杜袭撰。谨案见《华阳国志·袭传》。

王崇《蜀书》

《补晋书艺文志》:《蜀书》晋王崇撰。谨案见《华阳国志·崇传》。

以上蜀

丁孚《吴书》

按:见《吴志·华覈疏》。

项峻《吴书》

按:见《吴志·华覈疏》。

周昭《吴书》

按:见《吴志·华覈疏》。

《吴志·步骘传》:周昭与韦曜、华覈并述《吴书》。

薛莹《吴书》

按:见《吴志·华覈疏》。

《吴志·薛综传》:综子莹,字道元,为秘府中书郎。孙皓初领少傅,以事徙广州,右国史华覈疏留之。皓召还莹为左国史。

梁广《吴书》

按:见《吴志·华覈疏》。

华覈《吴书》

《吴志·华覈传》:覈字永先,武进人。孙皓即位后,入东观,领右国史。

韦曜《吴书》

《吴志·韦曜传》:孙皓即位,封高陵亭侯,迁中书仆射职省为侍中,常领左国史。时所在承指,数言瑞应。皓以问曜,曜答曰,此人家筐箧中物耳。又皓欲为父和作纪,曜执以和不登帝位,宜名为传。如是者非一,渐见责怒。曜益忧惧,乞欲成所造书,以从业别有所付,皓终不听。

《吴志·薛综传》:右国史华覈上疏曰,大皇帝末年,命太史令丁孚、郎中项峻始撰《吴书》,孚、峻俱非史才,其所撰作,不足纪录。至少帝时,更差韦曜、周昭、薛莹、梁广及臣五人,访求往事。所共撰立,备有本末。昭、广先亡,曜负恩蹈罪,莹出为将,复以过徙。其书遂委滞,迄今未撰奏。臣愚浅才劣,适可为莹等记注而已。莹涉学既博,文章尤妙。实欲使卒垂成之功,编于前史之末。皓遂召莹为左国史。

《史通·正史篇》:吴大帝之季年,始命太史令丁孚、郎中项峻、撰《吴书》。孚、峻俱非史才,其文不足记录。至少帝时,更敕韦曜、周昭、薛莹、梁广、华覈访求往事,相与记述。并作之中,曜、莹为首。当归命侯时,昭、广先亡,曜、莹徙黜,史官久阙,书遂无闻。覈表请召曜、莹,续成前史。其后曜独终其书,定为五十五卷。

《史通·本纪篇》:夫位终北面,一概人臣,傥追加大号,止入传限,是以弘嗣《吴史》,不纪孙和,缅求故实,非无往例。

《隋书·经籍志》:《吴书》二十五卷,韦昭撰。本五十五卷,梁有今残缺。

《侯补三国艺文志》:韦昭《吴书》五十五卷,《吴志》注引此书甚多。书名虽系以韦曜,而据本传及薛莹传,则非曜一人手定也。又《薛莹传》称韦《书》承丁孚、项峻而作,孚、峻俱非史才。盖考《吴主传》黄武四年,丞相孙邵卒注,引《志林》曰,吴之创基,邵为首相,史无其事,窃尝怪之。刘声叔博物君子也,云推其名位,自应立传。项峻、吴(当作丁)孚时,已有注记,与张惠恕不能后韦氏作史,盖惠恕之党,故不见书。则韦《书》亦未必尽胜丁、项二人耳。又考《齐书·礼志序》云,吴则太史令丁孚拾遗汉事。是丁氏《吴书》有《礼志》也。

《隋书经籍志考证》:昭书名吴,自以吴为主。然裴松之注所引,称魏为帝,坚、策、权、皓称名。《文选》注、《后汉书》注皆然。惟陆逊破曹休上脱翠帽赐之。《通典·礼门》注称权为上。《艺文类聚·服饰部》又言上脱金带赐逊(《太平御览·服章部》同,又《布帛部》上赐逊丹缯,《人事部》冯熙使魏不屈,上嘉之,赐盐米。诸葛恪伐蜀,谢上赐蜀马,皆称吴主为上)。窃疑称名之法,非昭原本。《通鉴考异》辨张松先见刘备事,为昭之误。而《蜀先主传》注载郑众使蜀,谓昭烈曰,名未合天下之议,备甚慙恧。意在扬吴抑蜀,则备之称名,自其史例。《唐志》卷数及《玉海》引《中兴书目》,并与《史通》合,但《旧唐志》误入编年类,《新志》依《隋志》(《吴志》言孙和为传,自是正史之体)。

环济《吴纪》九卷

《隋书·经籍志》:《吴纪》九卷,晋太学博士环济撰。

《隋书经籍志考证》:《宋书·礼志》引环氏《吴纪》孙权追尊父坚为吴始祖,《吴志·张纮传》注引张尚对孙皓问诗(《御览·羽族部》亦引嗣主问张尚鸟之中大者鹤小者雀乎数语),《世说·政事篇》注贺邵祖父并历美官,《雅量篇》注顾劭为豫章太守,风化大行。《品藻篇》注全琮有德行义概,为大司马。《规箴篇》注孙休梦乘龙上天,顾不见尾。《排调篇》注张昭有才义,仕吴为辅将军。《初学记·地部》孙权召步骘说北人,欲以布囊盛土塞江。又赤乌八年夏,雷击宫门柱。《居处部》天纪二年,卫尉岑昏表修百府。《太平御览·兵部》太帝合肥之围,谷利助渡津北。《人事部》上为太子登选置师傅。又孟仁母为仁作大被,以致学者。《布帛部》蜀遣使献重锦千端。《果部》黄初三年,魏来求豆蔻。并题环济《吴纪》。孙权和休、皓皆称名。惟《御览》所引称大帝,皇太子,嗣主。《唐志》十卷,入编年类,《通志·艺文略》从《唐志》(《校雠略》曰《吴纪》九卷,《唐志》类于编年是,《隋志》类于正史非)。

张勃《吴录》三十卷

《史通·书志篇》:张勃曰《录》。

《隋书·经籍志》:《吴录》三十卷,张勃撰。梁有隋亡。

《隋书经籍志考证》:《史记索隐》(伍子胥传)张勃晋人,吴鸿胪俨之子也。作《吴录》,裴骃注引之是矣。《唐志》入杂史类,《通志略》入编年类。案《水经·浪水注》引鳝鱼子朝索食,暮还入母腹。《左传·宣公正义》武陵沅南县以南,皆有犀。《文选·笙赋》注湘东酃以为酒有名。谢灵运《登临海峤诗》注剡县有天姥峰。张衡《七命》注吴兴乌程县酒有名。《初学记·兽部》九真郡都庞多象,生山中,郡内及日南饶之。并题《吴录·地理志》,《艺文类聚》、《太平御览》、《寰宇记》所引,其题地理者尤夥,是知《史通》之言,误以《吴录》总名相混,不知录内分篇,实仍名志也。《世说·赏誉篇》注引《吴录·士林》曰,吴郡有顾、陆、朱、张,三国之间,四姓盛焉。士林二字未详,或其列传标目,如《魏略》儒之称,有志有传,其体不以编年类。

周处《吴书》三十卷

《晋书·周处传》:处字子隐,阳羡人。少孤,驰骋恣肆。入吴寻二陆学,入洛以身殉国,赠平西将军。著《默语》及《风土记》,并撰集《吴书》。

佚名《吴书实录》三卷

按:见《史略·三国志条》著录。

胡冲《吴历》六卷

按:见《史略·三国志条》著录。

以上吴

佚名《汉魏吴蜀旧事》八卷

按:见《史略·三国志条》著录。

何琦《论三国志》九卷

《晋书·孝友传》:何琦善养性,老而不衰。布褐蔬食,恒以著述为事。著《三国评论》,凡所撰录百许篇,皆行于世。

《隋书·经籍志》:《论三国志》九卷,何常侍撰。

徐爰《三国志评》三卷

《隋书·经籍志》:《三国志评》三卷,徐爰撰。

《隋书经籍志考证》:裴松之注《臧洪传》、《程昱传》、《皇权传》、《顾雍传》、《全琮传》、《周鲂传》、《钟离牧传》、《是仪传》,并引徐众《三国评》。《唐志·杂史类》有徐众《三国评》三卷。爰疑众字之讹。

王涛《三国志序评》三卷

《隋书·经籍志》:《三国志序评》三卷,晋著作佐郎王涛撰。梁有隋亡。

孙盛《三国阳秋》

《晋书·孙盛传》:盛笃学不倦,自少至老,手不释卷。著《魏氏春秋》、《晋阳秋》,并造诗赋论难复数十篇。《晋阳秋》词直而理正,咸称良史焉。

《补晋书艺文志》:《三国阳秋》,孙盛撰。谨案《初学记·职官部》引《中兴书目》称盛著是书(偶览《职官部》二十一亦引)。家大人曰,三国当指吴蜀魏,然本书《盛传》不载,《七录》、隋、唐《志》亦无之,疑三国二字实晋之讹。

孙盛《三国异同评》

《补晋书艺文志》:《三国异同评》,晋孙盛撰。谨案见《魏志·武帝纪注》,又称《异同杂语》(《魏志·武帝纪注》)《孙盛杂语》(见夏侯玄、吕虔、姜维等传注),疑皆一书也。《御览·兵部》引作《三国异同传》。

习凿齿《汉晋春秋》五十四卷

《晋书·习凿齿传》:凿齿为荥阳太守,是时温觊觎非望,凿齿在郡,著《汉晋春秋》,以裁正之。起汉光武,终于晋愍帝。于三国之时,蜀以宗室为正。魏武虽受汉禅晋,尚为篡逆。至文帝平蜀,乃为汉亡而晋始兴焉。引世祖讳炎兴而为禅受,明天心不可以势力强也。凡五十四卷(详"晋史部"本书)。

以上三国总

(二)陈寿《三国志》已成后目

裴松之《注三国志》六十五卷

《宋书·裴松之传》:松之字世期,河东闻喜人。博览坟籍,立身简素。元嘉三年,分遣大使巡行天下。松之使湘州,转中书侍郎,司、冀二州大中正。上使注陈寿《三国志》,松之鸠集传记,增广异闻,既成奏之。上善之,曰,此为不朽矣(《十七史商榷》松之当生于晋简文帝咸安二年,计晋亡之岁松之年四十九)。

《上三国志注表》:臣前被诏,使采三国异同,以注陈寿《国志》。寿书铨叙可观,事多审正,诚游览之苑囿,近史之嘉史。然失在于略时所有脱漏,臣奉旨寻详,务在周悉。上搜旧文,旁贯遗逸,按三国虽历年不远,而事关汉、晋,首尾所涉,出入百载。注记分错,每多舛互。其寿所不载,事宜存录者,则罔不毕取,以补其阙。或同说一事,而辞有乖杂,或出事本异,疑不能判,并皆抄内,以备异闻。若乃纰缪显然,言不附理,则随为矫正,以惩其妄。其时事当然,及寿之小失,颇以愚意有所论辩。自就撰集,已垂期月,写校始讫,谨奉上呈。窃惟续事,以众采成文,蜜蜂以兼采为味。故能使绚素有章,甘逾本质。臣实顽之,顾惭二物,虽自罄励,分绝藻缋(元嘉六年七月二十四日上)。

《史通·正史篇》:宋文帝以《国志》载事,伤于简略,乃命中书郎裴松之兼采众书,补注其阙。由是世言《三国志》者,以裴注为本焉。

《史通·补注篇》:次有好事之子,思广异闻,而才短力微,不能自达,庶凭骥尾,千里绝群,遂乃掇众史之异辞,补前书之所阙。若裴松之《三国志》,陆澄、刘昭《两汉书》,刘彤《晋纪》,刘孝标《世说》之类是也。……榷其得失,求其利害,少期(松之字)集注《国志》以广承祚所遗,而喜聚异同,不加刊定,恣其击难,坐长烦芜,观其书成表献,自比蜜蜂兼采,但甘苦不分,难以味同萍实者矣。

《史通·书事篇》:裴松之补陈寿之阙。

《郡斋读书志》:《三国志》六十五卷,晋陈寿。宋文帝嫌其略,命裴松之补注,博采群说,分入书中,其多过本书数倍。

《直斋书录解题》:《三国志》六十五卷。松之在元嘉时,承诏为之注,鸠集传记,增广异闻,大抵本书固率略而注又繁芜。

《四库简目》:裴松之注,引据洽博,至今为考证之资。中多补正事迹,而不及音义与故实,然亦间注数篇,疑欲为之而未竟也。

《四库总目》:宋元嘉中,裴松之受诏为注,所注杂引诸书,亦时下己意。综其大致,约有六端:一曰引诸家之论以辨是非,一曰参诸书之说以核讹异,一曰传所有之事详其委曲,一曰传所无之事补其阙佚,一曰传所有之人详其生平,一曰传所无之人附以同类。其中往往嗜奇爱博,颇伤芜杂。如《袁绍传》中之胡母班,本因为董卓使绍而见,乃注曰班尝见太山府君及河伯,事在《搜神记》,语多不载,斯已赘矣。《钟繇传》中乃引《陆氏异林》一条,载繇与鬼妇狎昵事。《蒋济传》中引《列异传》一条,载济子死为泰山伍伯,迎孙阿为泰山令事。此类凿空语怪,凡十余处,悉与本事无关,而深于史法有碍,殊为瑕类。又其初意似亦欲如应劭之注《汉书》,考究训诂,引证故实。故于《魏志·武帝纪》沮授字则注沮音菹,犷平字则引《续汉书·郡国志》注犷平县名属渔阳。甬道字则引《汉书》高祖二年与楚战筑甬道,赘旒字则引《公羊传》,先正字则引《文侯之命》,释位字则引《左传》,致届字则引《诗经》爰字,率俾字昏作字则皆引《书》,纠虔天刑字则引《国语》。至《蜀志·郤正传·释讥》一篇,句句引古事为注,至连数简。又如《彭羕传》之革不训老,《华佗传》之旉本似专,《秦宓传》之棘革异文,《少帝纪》之叟更异字,亦间有所辨证。其他传文句,则不尽然。然如《蜀志·廖立传》首忽注其姓曰补救切,《魏志·凉茂传》中忽引《博物纪注》一繦字之类,亦间有之。盖欲为之而未竟,又惜所已成,不欲删弃,故或详或略,或无或有,亦颇为例不纯。然网罗繁富,凡六朝旧籍,今所不传者,尚一一见其厓略。又多首尾完具,不似郦道元《水经注》,李善《文选注》,皆剪裁割裂之文,故考证之家,取材不竭,转相引据者,反多于陈寿本书焉。

沮渠茂虔《三国总略》二十卷

《宋书·沮渠蒙逊传》:蒙逊第三子茂虔,袭位,元嘉十四年,茂虔奉表献方物,并献《三国总略》二十卷。

张始均《魏志》三十卷

《魏书·张彝传》:彝子始均迁员外常侍,仍领郎。始均才干,有美于父,尝改陈寿《魏志》为编年之体,广益异闻,为三十卷。

梁祚《魏国统》二十卷

《后魏书·儒林传》:梁祚为统万镇司马,征为散令。撰并陈寿《三国志》名曰《国统》。

《隋书·经籍志》:《魏国统》二十卷,梁祚撰。

《隋书经籍志考证》:《世说·容止篇》注,刘伶肆意放荡,以宇宙为狭。《初学记》引《人部》曹公败于张绣,典韦力战,大骂而死。又山涛在总角中,耆老见者,箕裾敛衽。《文部》孙权梦北面顿首于天帝,见人以笔点其额。《太平御览·兵部》孙权赐甘宁酒米,宁以米赐帐下,酌酒饮其都督,衔枚出砍敌。《人事部》顾雍谏孙权,以公孙渊未可信。又黄权对文帝曰,臣降吴不可,归蜀无路,是以归命。又太祖过故人伯奢,道逢二人,笑曰,观君有奔惧之色。又崔州平兄元平为议曹,以忠直称。又王昶戒兄子曰,救寒无如重裘,止谤莫若自修。《四夷部》四夷有异犀三角以为簪,消除凶逆。又西南夷有大湖名荣水,水中有物啧啧作声,名曰鬼弹。又西南有夷名曰濮,重译乃通。共引梁祚《魏国统》十三事。《新唐书》作《魏书国纪》,书字误,增纪宜作统。《旧唐志》作《国统》脱魏字。皆十卷,入编年类,《通志》略作《魏国纪》,误认为后魏遂与卢彦卿《后魏纪》元行中《魏典》并列。

以上南北朝时人

卢宗道《魏志音义》一卷

按:见《隋书·经籍志》著录。

员半千《三国春秋》二十卷

《旧唐书·王义方传》:门人员半千博涉经史,知名河朔,撰《三国春秋》二十卷,行于代。

佚名《魏武本纪》三卷

按:见《唐书·经籍志》著录。

佚名《吴志抄》一卷

按:见《宋史·艺文志》著录。

唐庚《三国杂事》二卷

《四库简目》:《三国杂事》二卷,宋唐庚撰。杂论三国之事,凡三十六条,瑕瑜参半。

《四库总目》:《三国杂事》二卷(浙江范懋柱家天一阁藏本),宋唐庚撰。庚字子西,眉州丹稜人。绍圣中,登进士第,调利州治狱掾,迁阆中令。入为宗学博士,张商英荐除提举京畿常平,后坐为商英赋内前行,谪居惠州。大观五年赦归,道卒。事迹具《宋史·文苑传》。是书杂论三国之事,凡三十六条,并自序一篇。后人皆编入庚文集。考《宋志》载庚集二十二卷,与今本同。似此书原在集内。然晁氏陈氏书目,皆载庚集十卷,知今本析其一卷为两卷,又益以此书二卷,为二十二卷,实非原本。故《永乐大典》所载此书,亦别为一编,不著文集之目。今仍别为二卷,以还其旧。陈振孙《书录解题》称庚之文长于议论。今观其论诸葛亮宽待法正及不逾年改元事,论荀彧争曹操九锡事,皆故与前人相反。至亮之和吴本为权计,而以为王道之正。亮拔西县千余家,本以招安,而以为扰累无辜,皆不中理。又谓商无建丑之说,谓张掖石图即河洛之文,而惜无伏羲、神农以识之,尤为纰缪。然其他议论可采者颇多,醇驳并存,瑕瑜不掩,固亦尚论者之所节取耳。

《郑堂读书记》:《三国杂事》二卷(函海本),宋唐庚撰(庚,字子西,眉州人,绍圣中进士,官宗学博士,以张商英荐除提举宗畿常平)。《四库全书》著录。是编杂论三国之事,俱自陈《志》裴注中摘出,列其事于前而论之。凡汉十八条,魏十二条,吴六条。所论醇正,而不免小有疵瑕,然其于孙盛之评,痛加诋毁,实确论也。本见所著《眉山集》中,先有别本单行,李雨村(调元)复采入《函海》云。

吕南公《三国志》

《直斋书录解题》:丰祐间,南丰吕南公锐意为之(指《三国志》言),题其斋曰"究斧",书垂成而死,遂弗传。

郑知几《三国志》

《直斋书录解题》:绍兴间,吴兴郑知几维心尝为之,乡里前辈多称其善,而书(亦指《三国志》)亦不传。

李杞改修《三国志》六十七卷

按:见《宋史·艺文志》著录。

师古《三国志质疑》十四卷

按:见《宋史·艺文志》著录。

宗谏《三国采要》六卷

按:见《宋史·艺文志》著录。

洪迈《三国精语》六卷

按:见《直斋书录解题》著录。

杨天惠《三国人物论》三卷

《宋史·艺文志》:杨天惠《三国人物论》三卷。

《郡斋读书志》:《三国人物论》三卷,皇朝蜀人杨祐甫撰。

毕士安《校勘三国志》

《宋史·毕士安传》:咸平初,拜礼部侍郎,复为翰林学士。诏选官校勘《三国志》、晋唐书。或有言两晋事多鄙恶,不可流行者,真宗以语宰相,士安曰,恶以戒世,善以劝后,善恶之事,《春秋》备载。真宗然之,遂命刊刻。

《玉海》:咸平三年十月,校《三国志》、晋唐书。五年毕。四月乙亥,直秘阁黄夷简等上新印《三国志》。

陈亮《三国纪年》一卷

《直斋书录解题》:近永康陈亮,亦颇有意焉。仅成论赞数篇,见集中,而书实未尝修也。

《四库存目》:《三国纪年》一卷(浙江范懋柱家天一阁藏本),宋陈亮撰。亮字同甫,婺州永康人。绍熙四年进士第一,官至建康军节度判官,事迹具《宋史》本传。是书大旨主于在蜀而贬魏,吴名为纪年,实史家论断之体。已载亮所著《龙中集》中，此其别行之本也。

《郑堂读书记》：《三国纪年》一卷（函海本），宋陈亮撰（亮字同甫，婺州永康人，绍兴四年进士第一，官至建康军节度判官，追谥文毅）。《四库全书》存目。是书俱论断三国君臣行事，而标曰纪年，殊为大谬，此谓名不副实。凡二十六则，大旨尊蜀而斥魏吴。而卷首一则，引刘巴雅、茂费诗之说，以证昭烈之亟于称帝为非。则与其尊蜀之意，又有相矛盾矣。开口便错，其错必多，存而不论可也。前有《自序》，本载所著《龙川集》中，历来有别行之本云。故李雨村取以刊入《函海》云。

佚名《魏志策要》七卷，《蜀志策要》二卷，《吴志策要》五卷

按：见《京师图书馆善本书目》著录。详《史记策要》条。

佚名《校正三国志》

《玉海》：景祐元年，诏选官校正《三国志》。

吕祖谦《三国志详节》二十卷

按：见《汇刻书目》著录。详《史记详节》条。

钱端礼《三国志提要》一卷

按：见《四库存目》著录。详《史记提要》条。

萧常《续后汉书》四十七卷

周平园《续后汉书序》：陈寿身为蜀人，徒以仕屡见黜，父又为诸葛亮所髡，于刘氏君臣，不能无憾。著《三国志》，以魏必帝，而指汉为蜀，与孙氏俱谓之主，设心已偏。故凡当时祫祭高祖以下昭穆制度，皆略而弗书，方且乞米于人，欲为佳传，私心如此，史笔可知矣。其死未几，习凿齿作《汉晋春秋》，起汉光武终晋愍帝，以蜀为正，魏为篡，谓汉亡仅一二年，则以为晋炎兴之名，天实命之，是盖公论也。然五十四卷，徒见于《唐艺文志》及本朝《太平御览》之目，逮仁宗时修崇目，其书已逸，或谓世亦有之，而未见之也。幸《晋史》载所著论千三百余言，大旨昭然。刘知几《史通》云，备王道则曹逆而刘顺，本朝欧阳修论正统，而不黜魏，其宾客章望之著《朝统论》非之，见于国史。近世张栻《经世纪年》直以先主上继献帝为汉，而附魏吴于下方，皆是物

也。今卢陵贡士萧常，潜心史学，谓古以班固史为《汉书》，范晔史为《后汉书》，乃起昭烈章武元年辛丑，尽少帝炎兴元年癸未，为《续后汉书》。既正其名，复择注文之善者，并书之，积勤二十年，成《帝纪》、《年表》各二卷，《列传》十八卷，《吴载记》十一卷，《魏载记》九卷，别为《音义》四卷。惜乎寿疏略于前，使常不得追记英贤宪章于后，以释裴松之之遗恨也。

《直斋书录解题》:《续后汉书》四十二卷，卢陵贡士萧常撰。

《四库简目》:《续后汉书》四十七卷，宋萧常撰。祖习凿齿之说，改修陈寿《三国志》，以帝蜀黜魏。凡纪二卷，表二卷，传十八卷，载记二十卷，音义四卷，义例一卷。于诸传多增删移易，其取材则不出裴松之注及范蔚宗书，盖大旨在书法，不在事实也。

《四库总目》:《续后汉书》四十七卷(编修庄承篯家藏本)，宋萧常撰。常卢陵人，乡贡进士，初常父寿朋病陈寿《三国志》帝魏黜蜀，欲为更定，未及成书而卒。常因述父志为此书，以昭烈帝为正统，作帝纪二卷，年表二卷，列传十八卷。以吴魏为载记，凡二十卷，又别为音义四卷，义例一卷。于《蜀志》增传四十二，废传四，移《魏志》传入汉十。《吴志》废传二十。《魏志》废传八十九。多援裴注以入传，其增传亦皆取材于注，间有注所未及者。建安以前事，则据范书，建安以后事，则不能复有所益，盖其大旨在书法，不在事实也。然其义例精审，颇得史法。如魏吴诸臣，本附见二国载记之后，而其中有一节可名，如孟宗、陈表等则别入《孝友传》，杜德、张悌等则别入《忠义传》，管宁、吴范等则别入《隐逸方技传》，其体实本之《晋书》。又曹操封魏公加九锡等事，陈志皆称天子命公，此乃书操自为云云，则本之范蔚宗《后汉书》本纪。其他笔削，亦类多谨严。惟陈志《先主传》称封涿县陆城亭侯，而常于《昭烈纪》但云封陆城侯；陈志建安十四年，魏延为都督，而常则云拔魏延为镇远将军，裴注概无此语，不知常何所本。然常之所长，不在考证，殆偶然笔误，非别有典据也。常成此书时，尝以表自进于朝，所列但有本纪表传载记，而无音义。至周必大序，始并音义言之，或成书之后，又续辑补入欤。

《郑堂读书记》:《续后汉书》四十二卷《音义》四卷(墨海金壶本)宋萧常撰(常，庐陵人，乡贡进士)。《四库全书》著录，《书录解题》、《通考》、《宋志》

俱载之。萧氏以前史艺文志谓班固史为《汉书》，范煜史为《后汉书》，乃起昭烈章武元年辛丑，尽后主炎兴元年癸未，为《续后汉书》。既正其名，复择注文之善者并书之，成《帝纪》《年表》各二卷，《列传》十八卷，《吴载记》十一卷，《魏载记》九卷，别为《音义》四卷。凡《后汉书》有传者，兹不复出，事偶相涉，随事而书。凡记事旧史不载岁时月日，不可书之于纪，今互见列传，不没其实。凡事之不系乎治乱，不关乎名教，与夫迹涉怪诞者，略而不书。于孝友、忠义、隐逸、方技诸传，并附入魏吴之人，则又本之《晋书》体例也。以之续蔚宗之书，虽不相称，然以视元郝氏，明谢氏二书，固为胜之。惟其退魏于吴后，未免矫枉过直。夫孙权曾称臣于曹操，得表授骠骑将军，假节领荆州牧，封南昌侯，复称臣于曹丕，而得加九锡，封吴王后遂称帝，此固不可以先魏。又汉魏止后，与晋并峙十六年而灭，却好持《吴载记》以接《晋书》，此亦不可以先魏。而竟不然，则倒置矣。后唯黄氏（震）《古今纪要》袭其谬焉。前载萧氏《进表》，并庆元庚申周平园（必大）《序》，后附《义例》十条。

《郘亭知见传本书目》：《续后汉书》四十七卷，宋萧常撰。墨海金壶本，道光辛丑上海郁氏宜稼堂刊本，附《札记》六卷。

《书目答问补正》：萧常《续后汉书》，金壶本，同治间师古山房刻本。

以上唐宋时人

郝经《续后汉书》九十卷

《元史·郝经传》：郝家贫，读书，撰《续后汉书》。

《千顷堂书目》：郝经《续后汉书》一百三十卷，经使宋被羁，于真州时作。用《朱子纲目义例》，以昭烈为正统，魏吴为僭伪。凡为《年表》二卷，《帝纪》二卷，《列传》七十九卷，《录》八卷，共九十卷。别为一百三十卷，号曰《续后汉书》。

《四库简目》：《续后汉书》九十卷，元郝经撰。苟宗道注。原本久佚，今从《永乐大典》录出。大旨与萧常书同，惟作八录，以补陈寿之阙，则萧常书所未及。论断多激昂慷慨，于世教有裨。宗道所注，于去取义例，亦多发明。

《四库总目》：《续后汉书》九十卷（永乐大典本），元郝经撰。经字伯常，陵川人，官至翰林侍读学士，赠昭文馆大学士，荣禄大夫，追封冀国公，谥文忠，事迹具《元史》本传。经以中统元年使宋，为贾似道所拘，留仪真者十六年，于史馆著书七种，此即七种之一也。时萧常《续后汉书》尚未行于北方，故经未见其本，特著此书正陈寿帝魏之谬。即《三国志》旧文，重为改编，而以裴注之异同，《通鉴》之去取，参校刊定。原本九十卷，中间各分子卷，实一百三十卷。升昭烈为本纪，黜吴魏为列传，其诸臣则以汉魏吴别之。又别为《儒学》《文艺》《行人》《高士》《义士》《死国》《死虐》《技术》《狂士》《叛臣》《篡臣》《取汉》《平吴》《烈女》《四夷》诸传。复以寿书无志，作八录以补其阙，各冠以序，而终以议赞。别有《义例》，以申明大旨。持论颇为不苟，而亦不能无所出入。如士燮、太史慈皆委质吴廷而入之汉臣，李密初仕汉，终仕晋，《晋书》以《陈情》一表，列之孝友，而入之高士，则以名实为乖。又黄宪卒于汉安之世，葛洪显于晋元之朝，而皆入此书，则时代并爽。其他汉晋诸臣，以行事间涉三国，而收入列传者，不一而足。又八录之中，以往往杂采《史记》、前后《汉书》、《晋书》之文，纪载冗沓，亦皆失于限断。揆诸义例，均属未安。然经敦尚节气，学有本原，故所论说多有裨于世教。且经以行人被执，困苦艰辛，不肯少屈其志，故于气节之士，低徊往复，致意尤深。读其书者，可以想见其为人，又非萧常、谢陛诸家，徒推衍紫阳诸论者比也。是书与经所撰《陵川集》，皆延祐戊午官为刊行。然明以来，绝少传本，惟《永乐大典》所载尚多。核以原目，惟《年表》一卷，《刑法录》一卷，全佚不传，其全篇完好者，犹十之六七。其序文议赞存者，亦十之八九。今各据原目编辑校正，所分子卷，悉仍其旧。间有残阙，其文皆已具于陈志，均不复采补，以省繁复。又经所见乃陈志旧本，其中字句与今本往往异同，谨各加案语标明，以资考证，书中原注，乃书状官河阳苟宗道所作。《经集》载《寿正甫诗》有"新书总付徐无党，半臂谁添宋子京"句，正甫即宗道之字。《元史》所谓经留宋久，书佐皆通于学，苟宗道后至国子祭酒者，是也。宗道序中有缱绻患难，十有三年之语。考经以庚申使宋，则是序当作于壬申岁，而书中不书至元九年，盖时南北隔绝，尚不知中统之改为至元也。其注于去取义例，颇有发明，而列传中或有全篇无注者，殆传写有所佚脱欤。

《郘亭知见传本书目》:《续后汉书》九十卷，元郝经撰。苟宗道注。道光辛丑宜稼堂刊本，附《札记》四卷。

张枢《续后汉书》七十三卷

《元史·隐逸传》：杜本时有张枢者，亦屡征不起，尝取三国时事，撰汉本纪列传，附以魏吴载记，为《续后汉书》七十三卷。临川危素称其立义精密，可备劝讲，朝廷取其书，置宣文阁。

《千顷堂书目》：张枢《续后汉书》七十三卷。枢既刊定《三国志》，又别撰《汉本纪》列传，以魏吴载记附之，为《续后汉书》。三国之臣，有能致节于其君者，旧史或讳而不书，或书而失实，或仅见于异代之史，皆为更定。经筵检讨危素言其书于朝，诏藏于宣文阁。

张枢《刊定三国志》六十五卷

《千顷堂书目》：张枢《刊定三国志》六十五卷，枢以陈寿一书，没武侯之丰功伟烈，善谯周之卖降覆国，反道害义，莫大于是，因刊而正之。

赵居信《蜀汉本末》三卷

《浙江采进遗书目》：《蜀汉本末》三卷（天一阁写本），元梁国公许州赵居信撰。仿《朱子纲目》体，详书昭烈两世事。盖欲以正统予蜀也。

《四库存目》：《蜀汉本末》三卷（浙江范懋柱家天一阁藏本），元赵居信撰。居信字季明，许州人，至治中，官至翰林学士承旨。是书宗《资治通鉴纲目》之说，以蜀为正统，起桓帝延熹四年昭烈之生，终晋泰始七年后主之亡。末有《总论》二篇，称至元九年戊子所作，其成书则至元十二年辛卯也。前序一篇，不知谁作，称朱子出而笔削纲目，有以合乎天道，而当乎人心，信都赵氏复因之，广其未备之文，参其至当之论，然是书所取议论，不出胡寅、尹起莘诸人之内，所取事迹，则载于《三国志》者，尚十不及五。特于《资治通鉴纲目》中断取数卷，略为点窜字句耳。不足当著书之目也。

释一然《三国遗事》

《涵芬楼书目》：《三国遗事》，元高丽释一然。注：日本珂珞罗板印本。

郝敬《三国琐琐》四卷

按：见《八千卷楼书目》著录。注云：山草堂集本。

刘宣《纪三国策》

按:见《江西通志·艺文志》著录。

吕朴《校补三国志》

按:见《福建通志·艺文志》著录。

钟惶《三国志注》八卷

按:见《三史钞目》著录。

罗本《三国志通俗演义》二百四卷

《百川书志》:《三国志通俗演义》二百四卷,晋平阳侯陈寿史传,明罗本贯中编次,据正史采小说,证文辞,通好尚,非俗非虚,易观易入,非史氏苍古之文,去瞽传谈谐之气,陈叙百年,该括万事。

曹学佺《蜀汉地理补》二卷

按:见《福建通志·艺文志》著录。注云:曹学佺,万历乙未进士。

吴尚俭《续后汉书》六十卷

《郑堂读书记》:《续后汉书》六十卷(旧写定本),明吴尚俭撰(尚俭字□□,吴郡人)。吴氏以陈寿《三国志》崇魏抑汉,位分舛逆,且易汉为蜀,蔑其本称,因取其书,正其舛讹,补其缺漏,著纪帝二,列传二十,魏列传二十,吴列传十八,凡六十卷。旧以昭烈后主为传者,则升入帝纪,以操丕睿芳髦奂为纪者,则降为列传,而尽削魏吴诸主诏令不载,并以刘二牧、董卓诸人已载入《后汉书》,亦复削之。大都就陈志所有之文而整理之,而于魏吴则大加刊落,所增诸传及纪传中小注,亦皆取材于裴注,其于各传编次,略与陈志相仿佛,非大有所移易。其体有类于史钞,而其书可与萧郝两家称鼎足,亦即在此。至论赞激昂慷慨,总以扶持名教为主,无一字一句不斟酌而出之,此则其尤所用意处,几几乎有郝氏之风味焉。是书从无刻本,是本乃其写出定本,尚有添注涂改之处。前有《自序》及《凡例》十三则。

《郘亭知见传本书目》:明吴尚俭《续后汉书》六十卷。吴兴周氏有旧写定本刊本。

谢陛《季汉书》五十六卷

《千顷堂书目》:谢陛《季汉书》六十六卷,正论五篇,问答二十篇。

《培林堂书目》:《季汉书》明谢陛撰。《本纪》三卷,《世系》六卷,《内传》十七卷,《外传》三十卷,《载记》三卷,《杂记传》一卷。

《四库存目》:《季汉书》五十六卷(内府藏本),明谢陛撰。陛字少连,歙县人。其书遵《朱子纲目》义例,尊汉昭烈为正统,自献帝迄少帝为本纪三卷,附以诸臣为《内传》。吴魏之君,则别为《世家》,而以其臣为《外传》。复以董卓、袁绍、袁术、公孙瓒、公孙度及吕布、张邈、陶谦诸人,为《载记》。凡更事数姓,与依附董袁诸人者,则为《杂传》。又别作兵戎始末,人物生殁二表,以括一书之经纬。卷首冠正论五条,答问二十二条,凡例四十四条,以揭一书之宗旨。中间义例既繁,创立名目,往往失当。如晋之刘、石、姚、苻,擅号称尊,各为雄长,自当列之《载记》,董、袁之属,既非其伦。五季更五姓十主,为之臣者,不能定以时代,自当编为杂传。董、袁之宾客僚属,亦殊是例。陛乃沿袭旧名,实不免于貌同心异。又西京之祚,迄于建安,续汉之基,开于章武,虽绪延一线,实事判两朝。陛乃于帝纪中兼及山阳,其《后汉书》、《晋书》已有专传者,陛亦概取而附入之,尤为骈拇枝指,伤于繁复。薛冈《天爵堂笔余》称其改蜀为季汉,为今人作事,偶胜古人。然陈寿《季汉辅臣赞》已在其前,未为创例。沈德符《敝帚轩剩语》称世之议陛者,谓吴中吴尚俭已曾为此书,不知元时郝经,宋时萧常,俱先编葺(原注:案《宋史·艺文志》又有李杞改修《三国志》六十七卷,不止萧常,此未详考)。不特谢书非出创见,即吴之旧本,亦徒自苦,其言诚当矣。

《郑堂读书记》:《季汉书》六十卷(明刊本),明谢陛撰(陛字少连,歙县人)。《四库全书》存目。少连取陈氏《三国志》而更张之,改蜀为汉,凡本纪三卷,内传十七卷,以魏吴为世家六卷,以其臣为外传三十卷,以无所附丽者为载记三卷,杂传一卷。其以系于汉者为本纪,为内传,盖纯以正统予汉,以僭窃斥魏吴矣。称季汉者,以杨戏有《季汉辅臣赞》,及后主谥忠武,诏策有建殊勋于季汉之言也。冠以《正论》五篇,《答问》二十二篇,《凡例》四十四条,以揭全书之纲领。案少连既有志刊正《陈书》,只须规仿范氏《后书》、司马氏《续志》体例，就陈氏正文及裴氏注辅以他书，排比而整理之，以续范氏、司马氏之后，便可高出萧郝两家之上。而乃有意翻新出奇，取孝献一朝君臣事迹，冠于蜀汉君臣之前，遂与《后汉书》彼此重复，未免为屋下之屋。推原其心，盖以蜀汉事少，难以凌跨魏吴，故出此下策，此与儿童之见何异？非善于著书者也。前有《自序》及叶（向高）、王（图）、李（维桢）三序。

项笃寿《三国志论赞》三卷

按：见《四库存目》著录。详《史记论赞》条。

张毓睿《三国志瑜》八卷

《四库存目》：《三国史瑜》八卷（浙江巡抚采进本），明张毓睿撰。毓睿字圣初，钱塘人。是书成于崇祯癸未，于陈寿《三国志》中择其事迹较著者，条分件系，缀以评语。自汉献帝初平三年，迄建安二十五年。分国未定，仍称季汉。自魏黄初元年，迄咸熙元年，三国并建，则称三国。凡《晋书》中事属魏朝者，亦采入以补其阙，既非纪传，又非编年，了无伦绪。又于曹操既改称名，而编年又以为魏主，体例亦自相矛盾。评语多取锺惺之说，其所宗尚可知也。

以上元明时人

王复礼《季汉五志》十二卷

《四库存目》：《季汉五志》十二卷（浙江巡抚采进本），国朝王复礼撰。是编以陈寿《三国志》昭烈止于作传，诸葛关张赵云等传，亦失之简略，他如王隐《蜀记》诸书，荒谬尤多，乃参考群籍，重为纂述。首昭烈《本纪》，次诸葛以下四传，前冠以总纪，中附杂事杂文，将以补陈志之阙。独是陈寿之失，儒者类能言之，无烦辨驳。昭烈君臣，名悬日月，亦不待表章。至于《三国演义》，乃坊肆不经之书，何烦置辨，而谆复不休，适伤大雅，亦可已而不已矣。

佚名《三国志辨误》三卷

《四库简目》：《三国志辨误》一卷，不著撰人名氏。其书兼订陈志裴注之误，凡《魏志》二十一条，《蜀志》七条，《吴志》十四条。

《四库总目》：《三国志辨误》三卷（两淮盐政采进本），不著撰人名氏，亦莫详时代。《苏州府志》载陈景云字少章，吴江县学生，长洲人，少从何焯游，博通经史，淹贯群籍，长于考订，凡讹谬处能剖析毫芒，所著书凡九种，其四为《三国志校误》，似即此书，然考《义门读书记》中有何焯所校《三国志》三卷，其《魏志·杨阜传》阜尝见明帝著帽披缥绫半袖一条，称袖古今字，少章疑下一字衍，检《宋书·五行志》果然云云。此书不载此条，则又似非景云作，疑不能明，阙所不知可也。《三国志》简质有法，古称良史，而抵牾亦所不免，如孙权之攻合肥，魏吴二志，先后不同，当时已为孙盛所议。明以来南北监本，传写刊刻脱误尤多。是书所辨陈书及裴注之误，凡《魏志》二十八条，《蜀志》八条，《吴志》二十一条。其间于字之讹异者，如《三少帝纪》定陵侯繁，繁当作毓，少府褒，褒当作袤之类。于文之倒置者，如正元二年八月戊辰，不当在辛未后之类。于正文与注淆乱者，如《王肃传》评末附刘寔语，本裴注所引之类。于原本之阙佚者，如徐详不当附《胡综传》之类。并参校异同，各有根据，虽所辨仅数十条，不能如何焯书校正之详，而不似焯之泛作史评。又大抵以前后文互相考证，参以《后汉书》、《晋书》，不能如杭世骏书征据之博，而亦不似世骏之蔓引杂说。其抉摘精审之处，要不减三刘之于西汉书，吴缜之于五代史也。

《郑堂读书记》：《三国志辨误》三卷（墨海金壶本），不著撰人名氏，亦莫详时代。《四库全书》著录。案陈少章（景云）《文道十书》刊目，载《国志举正》，有录无书，又载有王峻所作墓志，称其著有《国志举正》四卷。今观是书考证之处，颇似何义门暨少章一流人。然书名卷数，俱不同，未敢决为陈氏书也。其书每志分为一卷，凡《魏志》二十八条，《蜀志》八条，《吴志》二十一条。考承祚《国志》六十五卷，系一手所撰定，简而有法，质而不俚，本无罅隙之可议也。然历年已久，传抄刊版，舛误不免，加以世期之注，网罗繁富，颇有与正文相淆者。是书一一辨正，俱确当不易，可为读陈志之一助云。此本前载《提要》，与沈刊提要本大有异同，盖沈据曹氏刊定本，而此据武英殿聚珍版本也。

《郘亭知见传本书目》：《三国志辨误》三卷，不著撰人。聚珍本，闽覆本，墨海本，守山本。

杭世骏《三国志补注》六卷，附《诸史然疑》一卷

《浙江采进遗书目》：《三国志补注》六卷（振绮堂写本），国朝仁和杭世骏辑。专取裴松之旧注所未备者，广引群籍，补而辑之。

《四库简目》：《三国志补注》六卷，附《诸史然疑》一卷，国朝杭世骏撰。裴松之《三国志注》本极典博，世骏乃欲摭拾残阙以驾乎其上，故贪多务得，体例不免芜杂。然参校异同，亦多精核。其《诸史然疑》为世骏未成之稿，篇页无几，难以孤行，以辨证颇有可采，今以类附载于末焉。

《四库总目》：《三国志补注》六卷，附《诸史然疑》一卷（浙江巡抚采进本），国朝杭世骏撰。是书补裴松之《三国志注》之遗。凡《魏志》四卷，《蜀志》《吴志》各一卷。松之注捃摭繁富，考订精详，世无异议。世骏复掇拾残剩，欲以博洽胜之，故细大不捐，瑕瑜互见。如某人宅在某乡，某人墓在某里，其体全类图经。虞荔之《鼎录》，陶宏景之《刀剑录》，皆按年编入。而锺繇等传，书评书品，动辄连篇，其例又如杂记。至于神怪妖异，如嵇康见鬼，诸葛亮祭风之类，稗官小说，累牍不休。尤诞谩不足为据。他如魏文帝角巾弹棋，裴注已引《博物志》，而又引《世说》；曹操之发丘模金，裴注已载陈琳檄，而又引《宋书·废帝纪》；书名有异，而事迹不殊，亦何取乎屋上之屋。至于崔琰捉刀，刘孝标《世说》注中已辨裴启《语林》之误，乃弃置刘语，而别引《史通》之文。张飞豹月乌，本出叶廷珪《海录碎事》，乃明标叶书，又冠以《汇苑》之目。大抵爱博嗜奇，故蔓引卮词，多妨体要。又《异苑》王粲识礜石事，佚其荆州刘表数言。诸葛亮《梁甫吟》不载出《艺文类聚》，辗转稗贩，疏漏亦多。然以《魏文帝纪》之王凌谢亭侯一条，《明帝纪》之孔晏又一条，陈泰年三十六条，《臧洪传》之徐众一条，《崔琰传》之陈炜一条，《华歆传》之东海郡人一条，严包交通一条，《蒋济传》之弊勉一条，《张辽传》之大呼是名一条，《楚王彪传》之徙封白马一条，《蜀志·先主传》之谯周为从事一条，《后主传》之不置史官一条，《诸葛亮传》之躬耕南阳一条，《邓芝传》之廖化襄阳人一条，《吴志·孙休传》二子之名一条，《太史慈传》之神亭一条，《黄盖传》之黄子廉一条，《贺齐传》之徐盛失矛一条，皆参校异同，颇为精核。余如黄初五经课试之法，王昶考课五事之目，司马芝复钱之议，王肃秘书监之表，王象缪袭之撰

皇览。引《正义》辨郑元解稽古同天之讹，引《后汉书》注证宗贼之义，引《风俗通》证周生为复姓，引《困学纪闻》证况长宁为蜀人，亦皆足以资考证。故书虽芜杂，而亦未可竟废焉。末附《诸史然疑》一卷，亦世骏所撰，皆纠史文之疏漏。凡《后汉书》十四条，《三国志》六条，《晋书》三条，《宋书》三条，《魏书》八条，《北史》六条，《陈书》三条，盖后人抄其遗稿录之成帙。然大致订讹考异，所得为多，于史学不为无补。以篇页无多，附载《三国志补注》之后，今亦并录之，以资参订云。

《郑堂读书记》：《诸史然疑》一卷（堇浦八种本）国朝杭世骏撰（世骏字大宗，号堇浦，仁和人，乾隆丙辰召试博学鸿词授翰林院编修）。《四库全书》著录，即附于《三国志补注》之后。是书于诸史中以意穿穴，有得则标举其旨趣，前人所论不复论，前人所纠亦不复纠也。《史汉考证》业有成书，断自后汉，以迄六代。凡《后汉书》十四条，《三国志》六条，《晋书》三条，《宋书》三条，《魏书》八条，《北史》六条，《陈书》三条。其不及唐以下者，《自序》谓论之不胜，其论纠之亦不胜其纠也。大抵皆纠正史文之疏漏，订讹考异，颇为精核。惜《史汉考证》未有刊本，即《三国志补注》六卷，著录于《四库全书》者，余尚未之见也。是书《知不足斋丛书》亦收入之。

《郘亭知见传本书目》：《三国志补注》六卷，附《诸史然疑》一卷，国朝杭世骏撰。杭氏刊本，知不足斋止刊《然疑》。

陈景云《三国志举正》四卷

按：见《陈景云著书九种目》著录。

何焯《三国志札记》三卷

按：见《义门读书记目》著录。

齐召南《三国志校正》

《台州经籍志》：《三国志校正》，清天台齐召南撰。稿藏于家。

杨晨《三国会要》

按：见《涵芬楼书目》著录。注云：台州丛书本。

杜国赞《三国志裴注述》十三卷

按：见《广西图书馆目》著录。注云：学海堂本。

赵一清《三国志注补》六十五卷

按:见《八千卷楼目》著录。注云:稿本,广雅局本。

洪亮吉《三国疆域志》三卷

按:见《八千卷楼目》著录。注云:刊本,北江全集本,广雅局本。

洪饴孙《三国职官表》三卷

按:见《八千卷楼目》著录。注云:广雅局本。

《书目答问》:洪饴孙《三国职官表》,道光元年李兆洛合《梁疆域志》刻本。《补正》:武昌局本,正觉楼丛书本。

黄中坚《掇更季汉书昭烈帝本纪》

按:见《涵芬楼书目》著录。注云:昭代丛书本。

周嘉猷《三国纪年表》一卷

按:见《八千卷楼目》著录。注云:广雅局本。

潘眉《三国志考证》八卷

按:见《八千卷楼目》著录。注云:广雅局本,昭代丛书本。

周寿昌《三国志注证遗》四卷

按:见《八千卷楼目》著录。注云:抄本,广雅局本。

孙承泽《蜀汉三国始末》一册

按:见《百川学海目》著录。

沈钦韩《三国志补训诂》八卷

按:见《书目答问》著录。注云:未见传本。

沈钦韩《三国志释地理》八卷

按:见《书目答问》著录。注云:未见传本。

章陶《季汉书》九十卷,附张廉《辨异》一卷

《郘亭知见传本书目》:国朝章陶《季汉书》九卷,道光乙丑刊。附张廉《辨异》一卷。

钱大昕《三国志考异》三卷

按:见《潜研堂全书目》著录。详《史记考异》条。

洪颐煊《三国志考异》一卷

按:见《八千卷楼目》,即《诸史考异》之一部,广雅局本。

汤成烈《季汉书》九十卷

《郘亭知见传本书目》:《季汉书》九十卷,国朝汤成烈撰。意同萧、郝《续汉书》而加详核,用力尤在表志。乃其道咸间令浙时所撰,七易稿而成。乱后亡去,尚有四易稿同治末乃补成之。自谓不及昔定本,书名仍谢陛、章陶,以《蜀志》载辅臣赞称季汉也。

佚名《三国志捃摭》无卷数

《郑堂读书记》:《三国志捃摭》无卷数(旧写本),不著编辑者名氏,前后俱无序跋,又不分卷数。首有吴稷堂(省肃)私印二,当属其纂辑之本,以备词赋之用。若出于前人,则必刊入《艺海珠尘》矣。其书就陈氏《三国志》及裴世期注,依次摘录故实,各为标目,凡出注者,则低一格以别之,体例与杭堇浦《两汉书蒙拾》又各不同。彼则专摘字眼,此则专采典故也。以其依书为次,而不分类,故入之史钞焉。

钱大昭《三国志辨疑》三卷

按:见《八千卷楼目》著录。注云:广雅局本。

侯康《三国志补注续》一卷

按:见《八千卷楼目》著录。注云:广雅局本。

侯康《补三国艺文志》四卷

按:见《八千卷楼目》著录。注云:岭南遗书本,广雅局本。

梁章钜《三国志旁证》三十卷

按:见《八千卷楼目》著录。注云:广雅局本。

卢文弨《三国志续考正》一卷

按:见《八千卷楼目》著录。注云:抄本。

吴增仪《三国郡县表》八表

按:见《南通图书馆目》著录。

章遇鸿《三国志舆地表》五十六卷

按:见《安徽通志·艺文志》著录。

周广业《季汉官职封爵考》二卷

按:见周耕厓所著书目著录。取《蜀志》、《华阳国志》诸书所载,参考传记缺疑补佚,依仿《续志》、《宋志》、《通考》之成例,凡建设始末、秩禄、冠服已详表志及应有之员,无因考见,概不复纪,遇有异同,间为诠注。

汪德钺《三国志补注》

按:见《安徽通志·艺文志》著录。

佚名《三国志文类》六本

按:见《李蒲汀书目》著录。

周星诒《三国志考证校记》

按:见《书目答问补正》著录。注云:山阴人,载《国粹学报》。

吴卓信《三国志补表》六卷

按:见《书目答问补正》著录。注云:常熟人,未刊。

吴卓信《三国志补志》十卷

按:见《书目答问补正》著录。注云:未刊。

钱仪吉《三国志证闻》三卷

按:见《八千卷楼目》著录。注云:刊本。

钱仪吉《三国会要》

《书目答问》:钱仪吉《三国会要》,未刊。《序例》一卷,在《衎石斋纪事初稿》中。《补正》:钱仪吉《三国会要》稿本,凡五册,旧藏萧山汤纪尚处。

佚名《三国志补注》二册

按:见《稽瑞楼书目》著录,不著撰人名氏。

佚名《读三国志书后》一卷

按:见《江南图书馆目》著录。不著撰人名氏。

丁谦《三国志乌桓鲜卑东夷传地理考证》一卷

按:见《浙江图书馆丛书目》著录。

谢钟英《洪亮吉三国疆域补注》十五卷

按:见《涵芬楼书目》著录。注云:光绪年刊本。

谢钟英《三国大事表》一卷

按:见《涵芬楼书目》著录。注云:光绪年刊本。

杨守敬《三国郡国表补正》八卷

《观海堂汇目》:《三国郡国表补正》八卷,吴增仅撰,杨守敬补正。

杨守敬《三国疆域图》

按:见《观海堂汇刻目》著录。

姚振宗《三国志艺文志补》

按:见《涵芬楼书目》著录。

董丰恒《三国志杂校》一卷

按:见《乌程董氏所著书目》著录。

徐绍桢《三国志质疑》六卷

按:见《南通图书馆目》著录。

以上清时人

罗振玉《三国志证闻拔勘记》

按:见《涵芬楼书目》著录。注云:雪堂丛书本。

庄适《三国志捃华》

按:见《涵芬楼书目》著录。

以上今人

松井广吉《支那三国时代》

按:见《日本东京帝国图书馆目》著录。注云:明治二七社会文库第八编。

以上日本人

《正史汇目》第八　《晋书》部

(一)唐修《晋书》未成前目

佚名《泰始以来大事》

《晋书·武帝纪》:泰始六年诏曰,自泰始以来大事,皆撰录,秘书写副。后有其事,辄宜缀集以为常。

贾谧等撰《晋书》

《晋书·贾充传》:充无嗣,以外孙韩谧奉充后……起为秘书监,掌国史。先是朝廷议立晋书限断,中书监荀勖谓宜以魏正始起年,著作郎王瓒欲引嘉平以下朝臣,尽入晋史,于时依违未有所决。惠帝立,更使议之。谧上议,请从泰始为断,于是事下三府。司徒王戎、司空张华、领军将军王衍、侍中乐广、黄门侍郎嵇绍、国子博士谢衡,皆从谧议。骑都尉济北侯荀畯、侍中荀藩,以为宜用正始开元。博士荀熙、刁协,谓宜嘉平起年,谧重执奏戎华之议,事遂施行。

荀绰《晋后书》十五篇

《晋书·荀勖传》:勖有十子,其达者辑、藩、组。辑子绰,字彦舒,博学有才能,撰《晋后书》十五篇,传于世。

《隋书·经籍志》:《晋后略记》五卷,晋下邳太守荀绰撰。

《补晋书艺文志》:《晋后略》记五卷,下邳太守荀绰撰。谨案见《隋志·荀勖传》。绰撰《晋后书》十五篇,行于世,即此记。《新唐志》作《晋后略》,《宋志·史钞类》作《晋略》,云九卷,《群书治要》(二十九)则引作《略记》。

《隋书经籍志考证》:《晋书·荀绰传》,绰撰《晋后书》十五篇,《旧唐志》作《晋后略记》,《新唐志》作《晋后略》,皆五卷。《世说·赏誉篇》注:刘谟以清识为名。《术解篇》注:杜夔、荀勖定钟律。《水经·縠水注》:陆机为都督,败于鹿苑。《太平御览·地部》张方围京邑,决千金堰,《皇亲部》贾后诣金墉城食金屑而死。又贾后杀杨庶人,信妖巫殡之施诸厌胜。又张后于武帝受禅,追尊为太后。《职官部》武含以母诲辞常侍为吏部郎。《服用部》张方兵入洛,割御宝流苏帐为马鞯(《布帛部》同)。《资财部》成都王围京邑,城中卖死驴马肉,杂人肉卖之。《莱茹部》成都王围京邑,城中以陈韭莱为御膳。共引《晋后略》十一事。《宋志·史抄类》荀绰《晋略》九卷。

傅畅《晋诸公赞》二十二卷

《晋书·傅祗传》:祗子畅,字世道,年五岁,父友见而戏之,解畅衣取其金环与侍者,畅不之惜,以此赏之。年未弱冠,甚有重名,以选入侍讲东宫,为秘书丞。寻没于石勒,勒以为大将军右司马。谙识朝仪,恒居机密,勒甚重之,作《晋诸公叙赞》二十二卷,又为《公卿故事》九卷。

《隋书·经籍志》:《晋诸公赞》二十一卷,晋秘书监傅畅撰。

《隋书经籍志考证》:《晋书·傅畅传》,畅作《晋诸公叙赞》,《魏志·三少帝纪》注王沈、王业将出,呼王经,经不从曰,吾子行矣。《世说·贤媛篇》注谓傅畅、干宝二家所记,深得之(干宝《晋纪》王经正直,不忠于我,故诛之)。

《通典·职官门》注汝南王亮为大司马,正旦大会乘车入殿。又陈骞为大司马,赐兖冕之服二事,皆今《晋书》所阙。《水经·縠水注》:都水使者陈狼凿都渠事。题傅畅《晋书》,《左传·庄公正义》司隶傅祗,于王恺家得鸩鸟奏烧于都街,题《晋语诸公赞》,语字误增。他书征引或称傅畅《晋赞》,省诸公二字,《唐志》二十二卷。

束皙《晋书·帝纪、十志》

《晋书·束皙传》:博学多闻,转佐著作郎,撰书《晋书·帝纪、十志》。迁转博士,著作如故。所著晋书纪、志,遇乱亡失。

《史通·正史篇》:晋史,洛京时,著作郎陆机始撰三祖纪,佐著作郎束皙又撰十志。会中朝丧乱,其书不存。

《补晋书艺文志》:《晋书·帝纪》十卷,晋束皙撰。谨案见本书《皙传》,言此书亡于永嘉之乱。

华畅《晋纪》

《晋书·华表传》:表字峤,峤少子畅,为佐著作郎,草魏晋纪传,与著作郎张载等俱在史官。

夏侯湛《晋书》

《晋书·陈寿传》:夏侯湛时著《魏书》,见寿所作,便坏已草而罢。张华深善之,谓寿曰,当以《晋书》相付耳,其为时所重如此。

王隐《晋书》八十六卷

《晋书·王隐传》:隐父铨,历阳令,少好学,有著述之志,每私录晋事及功臣行状,未就而卒。隐以儒素自守,不交势援,博学多闻,受父遗业,西都旧事,多所谙究。建兴中,过江,丞相军谘祭酒涿郡祖纳雅相知重。纳好博弈,每谏止之。纳曰,聊用忘忧耳。隐曰,盖古人遭时则以功达其道,不遇则以言达其才,故否泰不穷也。当今晋未有书,天下大乱,旧事荡灭,非凡才所能立,君少长五都,游宦四方,华夷成败,皆在耳目,何不述而裁之。应仲远作《风俗通》,崔子贞作《政论》,蔡伯喈作《劝学篇》,史游作《急就章》,犹行于世,便为没而不朽。当其同时人岂少哉,而了无闻,皆由无所述作也。故君子疾没世而无闻,《易》称自强不息,况国史明乎得失之迹,何必博弈而后忘忧哉。纳喟然叹曰,非不悦子之道,力不足也。乃上疏荐隐……太兴初,乃召隐及郭璞俱为著作郎,令撰晋史。预平王敦功,赐爵平陵乡侯。时著作郎虞预私撰《晋书》,而生长东南,不知中朝事,数访于隐,并借隐所著书窃写之,所闻渐广,是后更疾隐,形于言色。预既豪族,交接权贵,共为朋党,以斥隐,竟以谤免,黜归于家。贫无资用,书遂不就。乃依征西将军庾亮于武昌,亮供其纸笔,书乃得成,诣阙上之。隐虽好著述,而文辞鄙拙,芜舛不伦,其书次第可观者,皆其父所撰,文体混漫,义不可解者,隐之作也。

《史通·正史篇》:历阳令陈郡王铨有著述才,每私录晋事,及功臣行状,未就而卒。子隐,博学多闻,受父遗业,西都事迹,多所详究。过江为著作郎,受诏撰《晋史》。为其同僚虞预所诉,坐事免官,家贫无资,书遂未就。乃依征西将军庾亮于武昌镇。亮给其纸、笔、墨,由是获成,凡为《晋书》八十九卷。咸康六年,始诣阙奏上。隐虽好述作,而辞拙才钝。其书编次有序者,皆铨所修，章句混漫者，必隐所作。

《史通·书志篇》：王隐后来，加以瑞异。

《史通·鉴识篇》：刘祥撰《宋书序录》，历说诸家晋史，其略云：法盛《中兴》，荒庄少气，王隐、徐广，沦溺罕华。

《史通·书事篇》：王隐、何法盛之徒所撰《晋史》，乃专访州间细事，委巷琐言，聚而编之，目为鬼神传录；其事非要，其言不经，异乎三史之所书，五经之所载也。

《史通·论赞篇》：王隐曰议。

《史通·称谓篇》：及后来作者，颇慕斯流，亦时采新名，列成篇题。若王《晋》（王隐《晋书》）之“十士”、“寒俊”，沈《宋》（沈约《宋书》）之“二凶”、“索虏”，即其事也。

《史通·叙事篇》：亦有方以类聚，譬诸昔人。如王隐称诸葛亮挑战，冀获曹咎之利；崔鸿称慕容冲见幸，为有龙阳之姿。其事相符，言之谠矣。

《史通·曲笔篇》：其有舞词弄札，饰非文过，若王隐、虞预，毁辱相凌。

《史通·人物篇》：当三国异朝，两晋殊宅，若元则、仲景，时才重于许、洛；何桢、许询，文雅高于杨、豫。而陈寿《国志》、王隐《晋史》，广列诸传，而遗此不编。此亦纲漏吞舟，过于迂阔者。

《史记索隐》：曰外戚，纪后妃也，后族亦代有封爵故也。《汉书》编之列传之中，王隐则谓之为纪，而在列传之首也。

《隋书·经籍志》：《晋书》八十六卷，本九十三卷，今残缺，晋著作郎王隐撰。

《补晋书艺文志》：《晋书》九十三卷，著作郎王隐撰。谨案见《七录》，《隋志》存八十六卷，两《唐志》较《隋》多二卷，《通志》仍九十三卷，盖郑樵据《七录》列入，非实见是书也。《御览》引书纲目有隐书《处士传》。唐刘赓、稽珙引隐书《瑞异记》，原本原抄（七十五）。引隐书《石瑞记》（疑即《瑞异记》）。《史通》引隐书《十士》、《寒俊》，皆其篇名（《书钞·设官部》引王隐吴郡顾录系何法盛书之误，不足据信）。

《隋书经籍志考证》：《世说·方正篇》注引王隐、孙盛，不与故君相闻议，其体不似史中论赞,《文选·谢修下忠贞墓启》引征士翟汤数语,则不称议而称述。《北堂书钞·设官部》引有《石瑞记》(书钞引此,虽未明称王隐,而《艺文部》补注引贯逵墓碑生金事,则题王隐《石瑞记》,补注乃明陈禹谟所撰,明人言,固多不可信,而此似有所本),当即《史通》所谓《瑞异》,其时张掖《元石图》指为晋受魏祚之祥,故因以题篇(《史通》以王隐《瑞异》与魏收石考,并言文取相配,故改《石瑞》为《瑞异》也)。沈约《州郡志》郦氏《水经注》,复引隐书《地道记》(刘昭《续汉郡国志》注引《晋书地道记》尤多,然不题王隐,惟沈郦称隐名,故专举之),是知易志为记,王隐所撰非何氏所题(《史通·题目篇》曰何氏中兴易志为记)。《太平御览·人事部》刘叔龙赤色大臂,少言语,有大志,自县小吏至雍州刺史一事,题名《寒俊传》。《文学部》王褒读诗流涕一事,题名《处士传》。处士与十士异。《史通》以二凶对言,取数相配。非处士之讹。《艺文类聚·灵异部》王矩至长沙,见一人自称天上社灵。《太平广记》载苏韶、夏侯恺亡后,见鬼事(《御览·人事部》亦引苏韶事而《广记》似全篇),自是《鬼神传》中之词。其他逸篇,征引众家《晋史》,以王隐为最多。《唐志》八十九卷。

谢沈《晋书》三十卷

《晋书·谢沈传》:沈字行思,会稽人,撰《晋书》三十余卷。

虞预《晋书》四十四卷

《晋书·虞预传》:豫雅好经史,憎疾元虚。其论阮籍裸袒,比之伊川被发。著《晋书》四十余卷。

《隋书·经籍志》:《晋书》二十六卷,本四十四卷,讫明帝。今残缺,晋散骑常侍虞预撰。

《补晋书艺文志》:《晋书》四十四卷,散骑常侍虞预撰。谨案见《七录》,《隋志》二十六卷,云讫明帝。两《唐志》则云五十八卷。考本书作四十余卷,与《七录》大数合。不应唐时卷数转增,疑有误文,不足据。

《隋书经籍志考证》:《魏志·王粲传》注引预书曰,(嵇)康家本姓奚,先自会稽迁于谯之铚县,改为嵇氏,取稽字之上山以为姓,盖以志其本也。一曰铚有嵇山,家于其侧,遂氏焉。今《晋书·康传》只载铚有嵇山一说,《太平御览·皇王部》上虽服膺文艺,而雅有雄霸之量数语,乃预《宣帝纪论》。其论阮籍裸袒,则《籍传》论也。今《晋书》皆不取。《初学记·设官部》何桢为宏农郡守,贡县吏杨嚣于朝。《北堂书钞·设官部》何桢为尚书郎,参秘书右丞,右丞之置,自桢始也。是知王隐所不编,预固有传。《唐志》五十八卷。

朱凤《晋书》十四卷

《隋书·经籍志》:《晋书》十卷未成,本十四卷,今残缺。晋中书郎朱凤撰。讫元帝。

《补晋书艺文志》:《晋书》十四卷中书郎朱凤撰。谨案见《七录》,《隋志》作十卷,云讫元帝。两《唐志》仍十四卷,书本未成之稿,见本书《凤传》。

《隋书经籍志考证》:《北堂书钞·设官部》何法盛《中兴书》曰,华谭为秘书监时,晋陵朱凤、吴郡吴震二人,并有史才,谭荐补著作佐郎(今晋书《华谭传》同)。《唐志》载凤书十四卷。《世说·德行篇》注引宣帝张夫人生梁孝王,柏夫人生赵王伦。《言语篇》注文王讳昭,宣帝次子。又元帝谥法,始建国都曰元。《汰侈篇》注彭城穆王权,太始元年封。《文选·关中诗》注赵王伦请三万人平齐万年,朝议不许。《安陆王碑》注前后徙河北诸郡县,居山间,谓之羯胡,《北堂书钞·车部》咸宁中,诏赐齐王攸之朝车设旗。《太平御览·职官部》诏以陈骞之子为通置常侍。又文帝立度支尚书,以司马孚为之,共引凤书九事。

谢承《晋书》三十六卷,又录一卷

案见《史略·晋书》条著录,注云宋临川内史。

何法盛《晋中兴书》七十八卷

《南史·徐广传》:时高平、郗绍亦作《晋中兴书》,数以示法盛。法盛有意图之,谓绍曰,卿名位贵达,不复俟此延誉。我寒士,无闻于时,宜以为惠。绍不与。至书成,在斋内厨中,法盛诣绍,绍不在,直入窃书。绍还失之,无复兼本,于是遂行何书。

《宋书·沈约自叙》:沈伯玉与谢超宗、何法盛,校书东宫。

《陈书·何之元梁典序》:法盛《晋书》变帝纪为帝典,既云师古,在理为优。

《史通·正史篇》:至宋湘东太守何法盛始撰《晋中兴书》,勒成一家,首尾该备。……何法盛:《宋书》无传。案:法盛书有掠取郗绍之说,附见《杂说中篇》。

《史通·论赞篇》:法盛曰述。

《史通·书志篇》:法盛曰说。(案:欧阳《五代史记》又曰考)。

《史通·题目篇》:何氏《中兴》(《晋中兴书》),易志为记(记乃说字之讹),此则贵于革旧,未见其能取新。

《史通·表历篇》:至法盛书载中兴,改表为注,名目虽巧,芜累亦多。

《史通·因习篇》:何法盛《中兴书》、《刘隗录》,称其议狱事具刑法志,依检志内,了无其说。

《史通·鉴识篇》:刘祥撰《宋书序录》,历说诸家晋史,其略云:法盛《中兴》,荒壮(原注:一作拙)少气;王隐、徐广,沦溺罕华。

《史通·杂说篇中》:东晋之史,作者多门,何氏中兴,实居其最。而为晋学者,曾未之知,倘湮灭不行,良可惜也。

《隋书·经籍志》:《晋中兴书》七十八卷,起东晋。宋湘东太守何法盛撰。

《隋书经籍志考证》:《艺文类聚》、《初学记》诸书,多引法盛征祥说,其载麟凤驺虞、甘露嘉禾等端,乃《符瑞志》体。其阴霖、电震、天鸣、山崩、豹尾、忘设鸥集、太极等异,乃《五行志》体。《开元占经》晋咸和二年五月甲申朔日有蚀之,在东升女主之象。明年皇太后以夏崩(见《占经卷》十井女主之象句,又见卷六十二并题悬象说)。题法盛悬象说,是则《天文志》体。《史通》所称《刑法志》当作刑法说。

《北堂书钞·设官部》齐王攸为司空,行太子太傅事,题《百官公卿表注》,又太子中舍人咸宁加名治文书三语,题《百官公卿志注》,此易表为注之证。《文选·殷仲文桓公九井诗》引《桓元录》谢灵运述祖德诗、元晖《八公山诗》,任彦升《奏弹王源注》,并引陈郡《谢录》,阮嗣宗《劝进表注》引《刘聪录》,庾元规《让中书表注》引颍川《庾录》,谢修《卞忠贞墓启注》引《济阴卞录》,《北堂书钞·设官部》所引有会稽《贺录》,琅琊《王录》,济阳《江录》,陈郡《袁录》,太原《王录》,顺阳《范录》(太原琅琊二录再见其书钞引八事,明陈禹谨补注所引，尚不止此。今俱不取）。合《史通》所称《刘隗录》、《鬼神录》（《书事篇》王隐、何法盛为《鬼神传录》）。此又改传为录之证（《书钞·政术部》庾冰一事，题《庾冰传·设官部》，谢沈一事，题《谢沈传》，传字俱宜作录）。盖典、注、说、录四体以易纪、表、志、传也。

宋绘注王隐书、《中兴书》

《北齐书·宋显传》：显从祖弟绘，少勤学，多所博览。好撰述，魏时张缅《晋书》未入国，绘依准裴松之注《国志》体注王隐及《中兴书》。河清五年，并遭水漂失。

陆机《晋纪》四卷

《晋书·陆机传》：机字士衡，吴郡人，祖逊，父抗。太康末，与弟云入洛，成都王颖劳谦下士，机委身焉。所著文章三百余篇。

《文心雕龙·史传篇》：晋代之书，陆机肇始而未备。

《史通·本纪篇》：陆机《晋书》，列纪三祖，直序其事，竟不编年。年既不编，何纪之有？

《史通·本纪注》：《晋书》本传不言作《晋纪》，而隋、唐二志，郑、马二通并有陆机《晋纪》四卷，并入编年门。今《史通》云历纪三祖，直叙其事，以为不合本纪之体。得毋机书之以纪名，原是荀、袁《汉纪》之“纪”，而非本纪之“纪”欤。

《史通·曲笔篇》：陆机《晋史》，虚张拒葛之锋。

《史通·正史篇》：洛京时，著作郎陆机始撰《三祖纪》。

《隋书·经籍志》：《晋纪》四卷，陆机撰。

《补晋书艺文志》：《晋纪》四卷，陆机撰。谨案见《隋志》，两《唐志》作《晋帝纪》。

《隋书经籍志考证》：《太平御览》职官部、人事部、兵部并引《武纪》曰，王浚在巴郡，梦悬四刀于壁上，问主簿李毅，毅贺曰，三刀为州，而见四为益，明府其临益州乎。后果为益州刺史（《艺文类聚》军器部、灵异部，《北堂书钞》武功部皆引之）。《初学记·帝王部》云，文帝势崇乎三分，而身终乎北面。虽曰未假王业，固已固矣四语。乃《文纪论》，又《文部》云，三祖实终为臣，故书为臣之事,不可不如传,此实录之谓也。而名同帝王,故自帝王之籍,不可以不称纪,则追之之义数语。题陆机限断语。

干宝《晋纪》二十三卷

《晋书·干宝传》:宝字令升,父莹,丹阳丞。宝少勤学,博览书记,以才器召为著作郎。平杜弢有功,赐爵关内侯。中兴草创,未置史官,中书监王导上疏宜备史官,敕佐著作郎干宝等渐就撰集,元帝纳焉。宝于是始领国史,以家贫求补山阴令,迁始安太守。王导请为司徒右长史,迁散骑常侍。著《晋纪》,自宣帝迄于愍帝,五十三年,凡二十卷,奏之。其书简略,直而能婉,咸称良史。

《文心雕龙·史传篇》:干宝述纪,以审正得序。

《史通·正史篇》:时尚书郎领国史干宝亦撰《晋纪》,自宣迄愍七帝,五十三年,凡二十二卷。其书简略,直而能婉,甚为当时所称。

《史通·二体篇》:晋史有王、虞,而副以干《纪》。

而晋世干宝著书,乃盛誉丘明而深抑子长,其义云:能以三十卷之约,括囊二百四十年之事,靡有遗也。

《史通·载言篇》:昔干宝议撰《晋史》,以为宜准丘明,其臣下委曲,仍为谱注。

《史通·论赞篇》:必择其善者,干宝、范晔、裴子野是其最也。

《史通·序例篇》:惟令升先觉,远述丘明,重立凡例,勒成《晋纪》。邓(粲)、孙(盛)已下,遂蹑其踪。史例中兴,于斯为盛。……必定其臧否,征其善恶,干宝、蔚宗(一作范晔)理切而多功,邓粲、道鸾词繁(一作"烦")而寡要。

《史通·载文篇》:陈寿、干宝颇从简约,犹时载浮讹,罔尽机要。

《史通·补注篇》:掇众史之所长(一作"异辞"),补前书之所阙,若裴松之《国志注》,陆澄、刘昭《两汉书》,刘彤《晋纪》,刘孝标《世说》之类是也。

《史通·模拟篇》:当春秋之世,列国甚多,每书他邦,皆显其号,至于鲁国,直云我而已。……而干宝撰《晋纪》,至天子之葬,必云"葬我某皇帝"。且无二君,何我之有?以此而拟《春秋》,又所谓貌同而心异也。《左传》曰邢迁如归，卫国志亡。言上下安堵，不失旧物也。如孙皓暴虐，人不聊生，晋师是讨，后予相怨。而干宝《晋纪》云，吴国既灭，江外忘亡。岂江外被（一作“安”）典午之善政，同归命之未灭乎？以此而拟左氏，又所谓貌同而心异也。君父见害，君子所耻，义当略说，不忍斥言。故《左传》叙桓公在齐遇害，而云彭生乘公，公薨于车。如干宝《晋纪》叙愍帝殁于平阳，而云晋人见者多哭，贼惧，帝崩。以此而拟《左氏》，又所谓貌异心同也。

《史通·书事篇》：干宝之释五志也，“体国经野之言则书之，用兵征伐之权则书之，忠臣烈士孝子贞妇之节则书之，文诰专对之辞则书之，才力技艺殊异则书之”（干宝释语，不必与五志分贴）。

《史通·申左篇》：杜预申以注释，干宝藉为师范（原注云：事具干宝《晋纪·叙例》中）。

《隋书·经籍志》：《晋纪》二十二卷，干宝撰，讫愍帝。

《补晋书艺文志》：《晋纪》三十卷，干宝撰。谨案见本书《宝传》，《隋志》存二十三卷，两《唐志》二十二卷，家大人曰，新志编年类既列此书，正史类又有宝《晋书》二十二卷，盖误纪为书，遂尔复出。

《隋书经籍志考证》：干宝《论武帝革命》，及《晋纪总论》，昭明列于《文选》。房乔修《晋书》，全取《总论》，而微有删节，《魏志·三少帝纪》注引成济问贾充曰，事急矣，若之何。《曹爽传》注宣王谓蒋济曰，智囊往矣。《陈泰传》注文王谓曰，元伯卿何以处我。

《世说·贤媛篇》注王经正直，不忠于我，故诛之。《文选·晋纪总论》注高贵卿公之弑，《通鉴》从干宝，而著于《考异》。《世说·方正篇》注亦引之。《文选》注所引有《武纪》、《惠纪》、《怀纪》、《愍纪》。惟《北堂书钞·设官部》傅咸兼司隶数日三奏免官一事，题《晋总记》。《唐志编年》有干宝《晋纪》四十卷，《正史类》又有干宝《晋书》二十二卷，自是重出。

曹嘉之《晋纪》十卷

《魏志·楚王彪传》注：王隐《晋书》曰，吏部郎中李重启东莞太守曹嘉（无“之”字，《北堂书钞·设官部》亦引此事，作“曹嘉之”）良素修洁，先代之后，可以为员外散骑侍郎。

《隋书·经籍志》:《晋纪》十卷,晋前将军谘议曹嘉之撰。

《补晋书艺文志》:《晋纪》十卷,前将军谘议曹嘉之撰。谨案见《隋志》。据王隐《晋书》(原本《书钞·设官部》引),嘉之曾官东莞太守,员外散骑侍郎。

《隋书经籍志考证》:《世说·方正篇》注引曹嘉之《晋纪》,和峤为中书令,荀勖为监,峤专车而坐事。《赏誉篇》注刘畴避乱坞壁,吹箛而群胡散去。又蔡谟称刘王乔为司徒美选。《文选·思旧赋》注嵇康刑于东市,顾日影弹琴。颜延年《五君咏》注山涛举阮咸为吏部郎,三上,武帝不能用。阮嗣宗《劝进表》注刘琨封印表毕,对使者流涕遣之。张华《女史箴》注华惧后族之盛,作《女史箴》。《初学记·职官部》荀勖迁尚书令,恚曰,夺我凤凰池。《北堂书钞·天部》诸葛诞霹雳震柱,读书自若。《设官部》诏荀勖守尚书令。《艺文类聚·职官部》汝南史曜为山涛所知。《太平御览·职官部》王戎再至,司徒见者不知是台司。又羊暨为刺史,牛产犊,及迁官,遣之而去。《人事部》夏侯元为征西,贾充送元,执手曰贾侯。共十一事。并作曹嘉之。《唐志》卷同。

习凿齿《汉晋阳秋》四十七卷

《晋书·习凿齿传》:凿齿为桓温主簿,出为荥阳太守。是时温觊觎非望,凿齿在郡,著《汉晋春秋》以裁正之。起汉光武终于晋愍帝,于三国之时,蜀以宗室为正,魏武虽受汉禅晋,尚为篡逆,至文帝平蜀,乃为汉亡而晋始兴焉。引世祖讳炎兴而为禅受,明天心不可以势强也。凡五十四卷。后以脚疾,遂废于里巷。及襄阳陷于苻坚,坚素闻其名,与道安俱舆而致之焉。

《世说·文学篇》:凿齿史才不常,为衡阳郡,于病中作《汉晋春秋》,品评卓逸。

檀道鸾《续晋阳秋》:凿齿著《汉晋春秋》,斥桓温觊觎之心也。

《史通·论赞篇》:孙安国都无足采,习凿齿时有可观。

《史通·称谓篇》:习谈汉主,则谓昭烈为玄德(原注云:习氏《汉晋春秋》以蜀为正统,其编目叙事,皆谓蜀先主为昭烈皇帝,至于论中语则呼为玄德)。

《史通·直书篇》当宣(懿)、景(师)开基之始,曹、马构纷之际,或列营渭曲,见屈武侯,或发仗云台,取伤成济。陈寿、王隐咸杜口而无言,陆机、虞预各栖毫而靡述。至凿齿乃申以死葛走达之说,抽戈犯跸之言。历代厚诬,一朝始(一作"如")雪。考斯人之书事,盖近古之遗直欤?

《史通·探赜篇》:习凿齿之撰《汉晋春秋》,以魏为伪国者,此盖定邪正之途,明顺逆之理耳。而檀道鸾称其当桓氏执政,故撰此书,欲以绝彼瞻乌,防兹追鹿。历观古之学士,为文以讽其上者多矣若齐冏(一作"赵")失德,豪士于焉作赋;贾后无道,《女史》由其献箴。斯皆短什小篇,可率尔而就也。安有变三国之体统,改五行之正朔,勒成一史,传诸千载,而藉以权济物议,取诚当时。岂非劳而无功,博而非要,与夫班彪《王命》,一何异乎？求之人情,理不当尔。

《隋书·经籍志》:《汉晋阳秋》四十七卷,讫愍帝。晋荥阳太守习凿齿撰。

《补晋书艺文志》:《汉晋阳秋》四十七卷,习凿齿撰。谨案见《隋志》,本书习凿齿传作五十四卷(两唐志同)。此书起汉光武讫晋愍帝。

《隋书经籍志考证》:《魏志·三少帝纪》注引成济犯跸事,臣松之以为凿齿虽最后出,然述此事,颇有次第。惟高贵卿公之葬,松之以为若但下车数乘,何以为王礼葬乎。斯盖恶之恶言,不如是之甚者。《蜀志·诸葛亮传》注引亮围祁山,司马畏蜀如虎(《太平御览·兵部》同引之)。亮据武丈原,至数挑战,贼不复出。与死诸葛战生仲达(《御览·人事部》亦引之),皆凿齿直笔。《先主传》注云先主虽颠沛险难,信义愈明。《二主妃子传》注云先主无权事之逼,而引前失以为譬,先主从之过矣。二事皆凿齿论,并称先主。而《通鉴》引颠沛险难数语,则称元德。魏《刘表传》注太祖征柳城,刘备说表袭许。《通鉴》建安十三年,刘备屯樊,是其叙事,亦称备名。《刘璋传》注曹操暂自矜伐,天下三分,君子知曹操之不能遂兼天下。《艺文类聚·祥瑞部》青龙三年,曹睿崇华殿灾。《太平御览·兵部》曹芳谒曹睿墓于大石山,皆称名。至曹髦见威权日去,自讨司马昭。《世说》方正篇、贤媛篇注所引称名。《魏志》注语同,而于髦称帝,于昭称文王,此昔人称引互有改易,不尽凿齿原本。《御览·人事部》引有削周鲁通《诸葛论》,《通鉴》未取。春秋又名阳秋。晋避简文太后讳也。

邓粲《晋纪》十一卷(《晋阳秋》二十二卷存疑)

《晋书·邓粲传》:粲以父骞有忠信言,而世无知者,乃著《元明纪》十篇。

豫章《十代文献略》引《太平御览》云，粲字文献，南昌人。父遄棠邑令。后汉末，自南阳徙家焉。粲善言辞，博通经典，任散骑常侍，撰《晋史》十卷。

《文心雕龙·史传篇》：按春秋经传，举例□凡，自《史》、《汉》以下，莫有准的。至邓粲《晋纪》始立条例。又撮略汉、魏，宪章殷、周，虽湘州曲学，亦有心典谟，及安国立例，乃邓氏之规焉。

《隋书·经籍志》：《晋纪》十一卷，讫明帝。晋荆州别驾邓粲撰。

《补晋书艺文志》：《晋纪》十一卷，荆州别驾邓粲撰。谨案见《隋志》，本书《粲传》作《元明纪》十篇。旧注云是书讫明帝。考《世说·赏鉴篇》注引此纪有咸和中贵游子弟慕王平子、谢幼舆为达，卞壶欲治之语。咸和为成帝年号，《隋志》所言，殊未核。或后人有增益欤。

《隋书经籍志考证》：《世说》注引粲《纪》二十余事，《任诞篇》注刘伶裸袒事，今《晋书》不载。《太平御览·人事部》浈阳令羊嗣贪而不治，县功曹吏共逐嗣，以嗣饶须，内羊阑中。始兴太守尹虞手剑功曹。原注：尹虞字壬卿，长沙人也。此注未审撰人羊嗣事，今《晋书》亦无考。又《世说·赏誉篇》注咸和中，贵游子弟，慕王平子、谢幼舆为达，卞壶欲奏治之。案咸和成帝年号，是粲所纪，不止讫于明帝。《御览·人事部》张华多须，以帛缠之，陆云见之，笑不能止。华、云皆卒于惠帝时，《元明纪》中，不宜载之。《唐志·粲纪》十一卷外，又有粲《晋阳秋》三十二卷（《旧唐志》二十二卷）。粲不闻撰《晋阳秋》，当是误增（《朱氏经义考》踵《唐志》之误）。

《补晋书艺文志》：《晋阳秋》三十二卷，邓粲撰。谨案见两《唐志》。旧志误衍春字。家大人曰，本书《粲传》不言著《阳秋》，《七录》、《隋志》亦均不著录，疑即孙盛书误属之粲，复出而不悟也。无确证纠其缪，故过而存之。

孙盛《晋阳秋》三十二卷

《晋书·孙盛传》：盛笃学不倦，自少至老，手不释卷。著《魏氏春秋》、《晋阳秋》。《晋阳秋》词直而理正，咸称良史焉。既而桓温见之，怒谓盛子曰，枋头诚为失利，何至乃如尊君所说，若此史遂行，自是关君门户事。其子遽拜谢，谓请删改之。时盛年老还家，性方严，有轨宪，虽子孙班白，而庭训愈峻。至此诸子乃共号泣稽颡，请为百口切计。盛大怒，诸子遂尔改之。盛写两定本寄于慕容儁。太元中，孝武帝博求异文，始于辽东得之。以相考校，多有不同，书遂两存。

《文心雕龙·史传篇》：孙盛《阳秋》以约举为能。

《文心雕龙·才略篇》：孙盛、干宝、文盛为史，准的所拟志乎典训。户牖虽异，而笔彩略同。

《史通·采撰篇》：安国之述《阳秋》也，梁、益旧事，访诸故老。夫以刍荛鄙说，刊为竹帛正言，而辄欲与五经方驾，三志竞爽，斯亦难矣。

《史通·直书篇》：孙盛不平，窃撰辽东之本。

《史通·论赞篇》：孙安国都无足采。

《史通·言语篇》：裴少期（松之字世期，唐讳"世"作"少"）讥孙盛录曹公平素之语，而全作夫差灭亡之词，虽言似《春秋》，而事殊乖越者矣。

《史通·模拟篇》：春秋诸国，皆用夏正。鲁以行天子礼乐，故独用周家正朔。至如书"元年春王正月"者，年则鲁君之年，月则周王之月（原注：考《竹书经年》始达此义。而自古说《春秋》者，皆妄为解释也）。如曹、马受命，躬为帝王，非是以诸侯守藩，行天子班历。而孙盛魏、晋二《阳秋》，每书年首，必云某年春帝正月，夫年既编帝纪，而月又列帝名，以此而拟《春秋》，又所谓貌同而心异也。

《史通·忤时篇》：孙盛实录，取嫉权门。

《隋书·经籍志》：《晋阳秋》三十二卷，讫哀帝，孙盛撰。

《隋书经籍志考证》：《蜀志·谯周传》注引桓温平蜀，荐《谯秀表》与《文选》同。《吴志·孙皓传》注王浚收其图籍户口，米谷二百八十万斛，舟船五千余艘，今《晋书》阙载米谷舟船。《世说·方正篇》注诸葛亮遗高祖巾帼，欲以激怒，冀获曹咎之利。《史通·浮词篇》止称王隐谠言，而不及孙盛，自是所考未精。《水经·河水注》杜预造河桥于富平津。《元和郡县志》亦引之。《通典礼门》傅元议正朔服色，依前代，庾纯奏父老不归养二事，并取《晋阳秋》论。《太平御览·皇王部》怀帝天资清劭，少有声名，乃《怀帝论》。明帝初在东宫，敬礼贤士乃《明帝论》。今《晋书》惟取《怀帝论》。又《元石图》有牛继马后，恭妃通小吏牛金而生元帝，孙盛先有此言，《史通》独讥沈约，误也。《文选·求为诸孙置守冢表》注引谢询、张悛事题《晋阳春秋》,“春”字误增。《初学记·职官部》引《中兴书》,称盛著《三国阳秋》,“三国”二字未详。

张氏《晋书鸿烈》六卷

《补晋书艺文志》:《晋书鸿烈》六卷,张氏撰。见《册府元龟·国史部》,《隋志》亦著录,不言晋人。

阮籍《晋纪》

《补晋书艺文志》:《晋纪》阮籍撰。谨案见《御览引书纲目》。

谢灵运《晋书》三十六卷

《宋书·谢灵运传》:太祖登祚诛徐羡之等,征为秘书监,再召不起。上使光禄大夫范泰与灵运书敦奖之,乃出就职,使整理秘书阁,补足遗阙。以晋氏一代,自始至终,竟无一家之史,令灵运撰《晋书》。粗立条流,书竟不就。

《梁书·止足传序》:灵运《晋书·止足传》,凡论晋世文士之避乱者,殆非其人,惟阮思旷遗荣好遁,殆远辱矣。

《史通·论赞篇》:若袁彦伯之务饰玄言,谢灵运之虚张高论,玉卮无当,曾何足云!

《隋书·经籍志》:《晋书》三十六卷,宋临川内史谢灵运撰。

《隋书经籍志考证》:《唐志》三十五卷又录一卷。《文选·萧扬州荐士表》注引序曰,上品无寒门,下品无贵族。干宝《论武帝革命》注引禅位表曰,夫唐虞内禅,无兵戈之事,故曰文德。汉晋外禅,有翦伐之事,故曰顺名。以名而言,安得不潜,称以为禅代耶。禅位表不详其义。《初学记·职官部》引志曰,总掌禁中书记,谓之中书。又云汉成帝以后,无复中书之职。又云秦有太尉掌兵,汉仍修之,或置或省。是古司马之官,掌九伐之职。又云古者重武事,贵射御,取其捷御如仆。各置一人,尚书六人,谓之八座。又云汉官尚书为中台,御史为宪台,谒者为外台,是谓三台(杜佑《通典》亦引三台之说)。《器物部》孝武节奢饰,禁绢扇。《果木部》元康二年,巴西界竹生花,紫色,结实如麦。《太平御览·皇王部》引世祖论,《人事部》引愍怀妃义不受辱事。

刘谦之《晋纪》二十三卷

《宋书·刘康祖传》:康祖伯父简之,简之弟谦之,好学,撰《晋纪》二十卷。

《隋书·经籍志》:《晋纪》二十三卷,宋中敬大夫刘谦之撰。

《隋书经籍志考证》:《世说·政事篇》注许柳从祖约为逆,后以逆诛。《文学篇》注谢安议简文谥法。《方正篇》注王敦欲废明帝温峤正言。《赏誉篇》注萧抡有才学,善三礼,历常侍国子博士。《汰侈篇》注王献之性甚整峻,不交非类。《言语篇》注桓元欲复虎贲中郎将刘简之,以《秋兴赋》序对(《文选·秋兴赋》注引同)。《文选·干宝晋纪总论注·应詹表》曰,元康以来,以儒术清俭为群俗,以容放为夷达,望白署空,显以台衡之量,寻文谨案,日以兰董之器。《北堂书钞·艺文部》王恭每读《左氏传》,至奉王命讨不庭,辍卷而叹,《设官部》中书令王献之卒,以侍中王珉代之。《太平御览·饮食部》王恭诛,有昔食麦屑,今食萱豆童谣,共十事。并引谦之《晋纪》。《唐志》卷同。

王韶之《晋纪》十卷

《宋书·王韶之传》:韶之家贫,父伟之,为乌程令,因居县境,博涉多闻。初为卫将军谢琰行参军。伟之少有志尚,当世诏命表奏,辄自书写。太元、隆安时事,小大悉撰录之。韶之因此私撰《晋安帝阳秋》,既成,时人谓宜居史职,即除著作佐郎,使续后事,讫义熙九年。善叙事,辞论可观,为后代佳史。迁尚书郎。韶之为《晋史》,序王珣货殖,王廞作乱。珣子弘,廞子华,并贵显,韶之惧为所陷,深结徐羡之、傅亮等,景平元年,出为吴兴太守。

《南史·萧韶传》:昔王韶之为《隆安纪》十卷,说晋末之乱。

《文心雕龙·史传篇》:王韶续末而不终。

《史通·杂述篇》:若王韶《晋安陆纪》,此之谓偏纪者也。

《隋书·经籍志》:《晋纪》十卷,宋吴兴太守王韶之撰。

《隋书经籍志考证》:《世说注》、《初学记》所引并题韶之《晋安帝纪》,新旧《唐志》则称韶之《崇安记》(《新志》入杂史,《旧志》入编年,皆十卷)。今以《初学记·天部》义熙二年彩虹出西方蔽月事,合他书征引,大抵皆安帝事,故题《晋安帝记》。义熙改元隆安,《唐志》讳隆故作崇。《史通》"安陆"当是"隆安"之讹。《世说·德行篇》注引孙恩反,临海太守辛昺斩首送之。今《晋书·恩传》作恩穷感,乃赴海自沈,此足考异。《艺文类聚·人部》司马休之败奔淮泗,从者作歌,《太平御览·职官部》李邈微时为姜显所陵。《兽部》司马休之加骓马号扬武。《竹部》司马尚之将士多饥,指简曰,且啖此,足解三日。《香部》王镇恶亡,郭宣之昼见来叙旧。此四事,又题续《晋安帝纪》,骓马一事,吴淑《事类赋·兽部》注亦引之,题续《书林·晋安帝纪》,"书林"二字未详。

周祇《崇安记》二卷

《隋书经籍志考证》:《崇安记》二卷,周祇撰。不著录。见两《唐志》,《旧志》入编年,《新志》入杂史。《世说·德行篇》注杨广宏农人,杨震后也。王恭祖濛,风流标望,父蕴亦得世誉。《文学篇》注殷仲堪好学,有理思,桓元善言理,与仲堪终日谈论,不辍。《任诞篇》注王廞叛,刘牢之讨廞,廞败。《排调篇》注:破冢,州名,在华容县。《九悔篇》注殷仲堪遣人赍宝物,遗相王宠幸。共七事,并引周祇《隆安记》。

檀道鸾《续晋阳秋》二十卷

《南史·檀超传》:超叔父道鸾字万安,国子博士,永嘉太守。有文学,撰《续晋阳秋》二十卷。

《史通·杂说篇中》王、檀著书,是晋史之尤劣者,方诸前代,其陆贾、褚先生之此欤。道鸾不揆浅才,好出奇语,所谓欲益反损,求妍更蚩者矣。又刘遗民、曹缵,皆于檀氏《春秋》有传,至于今《晋书》,则了无其名(按道鸾编年书不宜言有传,刘遗民即刘骥之,今《晋书》列隐逸传,《史通》误也)。

《隋书·经籍志》:《续晋阳秋》二十卷,宋永嘉太守檀道鸾撰。

《隋书经籍志考证》:《世说·德行篇》注陈仲弓造荀淑,大史奏德星聚事在炎汉,而称道鸾《晋史》,未详其义。《开元占经》所引,则皆日蚀星移之征。《旧唐志》作《注晋阳春秋》,"注"当作"续","春"字误增。《新志》作《晋阳秋》,脱"续"字,卷同。

徐广《晋纪》四十五卷

《晋书·徐广传》:广字行思,勒成《晋纪》,凡四十六卷。

《宋书·徐广传》:义熙十二年,《晋纪》成,凡四十二卷。

《贞观修书诏》:荣绪烦而寡要,行思劳而少功。

《隋书·经籍志》:《晋纪》四十五卷,宋中散大夫徐广撰。

《补晋书艺文志》:《晋纪》四十六卷,徐广撰。谨案见本书《广传》,《隋志》作四十五,两《唐志》同。

《隋书经籍志考证》:《世说·政事篇》注王导阿衡三世数语,题徐广《历记》,“历”乃“晋”字之讹。《雅量篇》注春元二十年,有蓬星如粉絮,刘孝标谓泰元末,惟有此妖,以证华林园杯劝长星之说,为不足信。《后魏书》载刘渊南移蒲子,《通鉴考异》讥《魏书》夸诞,据《水经·河水注》引《广记》固云,刘渊自离石南移蒲子,温公失考。《初学记·服食部》建兴元年,京城粮尽,屑曲为粥以供帝食一事。题徐广《晋志》。《太平御览·饮食部》引作纪。

裴松之《晋纪》

《宋书·裴松之传》:松之字世期,河东闻喜人。领国子博士,进太中大夫。博览典籍,所著《晋纪》行于世。

《贞观修书诏》:干、陆、曹、邓,略记帝王,鸾、盛、广、松,才编载纪,其文既野,其事罕有。

《隋书经籍志考证》:《晋纪》卷亡,裴松之撰,不著录。《北堂书钞·设官部》江彪三为选官,少有荐举,题松之《晋纪》。

郭季产《续晋纪》五卷

《隋书·经籍志》:《续晋纪》五卷,宋新兴太守郭季产撰。

《隋书经籍志考证》:《旧唐志》作郭秀彦晋续记,《新志》作季产。

佚名《晋录》五卷

《隋书经籍志考证》:《晋录》五卷,不著录,见《唐志》、《北堂书钞·设官部》鲁芝清约俭啬,上赐绢三百匹,袁奥行谊优异,可从九卿。崇重杨泉,清操自然,诏拜郎中。鲁芝素无华宅,使军兵作屋五十间。《艺文类聚·果部》咸宁中,嘉瓜同蒂生于成都,《白帖卷》十六,咸宁三年,制改太保王祥,司空王棋,各赐绢五百匹。共引《晋录》六事,无撰名。

臧荣绪《晋书》一百一十卷

《南齐书·高逸传》:荣绪纯笃好学,括东西晋为一书,纪录志传,百一十卷。隐居京口教授,南徐州辟西曹,举秀才,不就。太祖为扬州,征荣绪为主簿,不到。司徒褚渊少时,尝命驾寻之。建元中启太祖曰,荣绪隐者,昔臧质在宋,以国戚出牧彭岱,引为行佐,非其所好,谢疾求免。蓬庐守志,漏湿是安,灌蔬终老。与友关康之沉深典素,追古著书,撰晋史十袠,赞论虽无逸才,亦足弥纶一代。臣岁时往京口,早与之遇,近报其取书,始方送出,庶得备录渠阁,采异甄善。上答曰,公所道臧荣绪者,吾甚志之,其有史翰,欲令入天禄,甚佳。

《陈书·何之元传》:荣绪称史无论断,犹起居注耳。

《史通·论赞篇》:必择其善者,则干宝、范晔、裴子野是其最也,沈约、臧荣绪、萧子显抑其次也。

《史通·书志篇》:自汉中兴已还,迄于宋、齐,其间司马彪、臧荣绪、沈约、萧子显相承载笔,竞志五行。虽未能尽善,而大较多实。

《隋书·经籍志》:《晋书》一百一十卷,齐徐州主簿臧荣绪撰。

《隋书经籍志考证》:《太平寰宇记》山南西道引荣绪《地理志》曰汉阴县属魏兴郡。《北堂书钞·刑法部》引荣绪《刑德志》曰,刑以正刑。此其志篇之可见者。又案今《晋书·李重传》,称重议官阶,见《百官志》,《司马彪传》称彪议南郊,见《郊祀志》,《张亢传》亢述历赞,见《律历志》,《挚虞传》表论《封禅》,见《礼志》,议云辂两社,见《舆服志》,依检志内,俱无其文,钱宫詹《晋书考异》尝辨之。然据《唐会要》言贞观修《晋书》以臧荣绪为本。则《百官》、《郊祀》诸志,当是臧氏之志也。《书钞·设官部》引熙宁二年,省司农职,孝武宁康复置乃《百官志》语。《文选·籍田赋》注引大驾卤簿有大辇,又卤簿曰,青立车,青安车。《北山·移文》注骀六人。《太平御览·皇亲部》帝之姑姊妹皆为长公主,加绿绶。乃《舆服志》语。《初学记·岁时部》,熊远议履端元曰。《御览·时序部》元会设白虎撙事,乃《礼志》语。纪传之体,其词易见,惟录体未详。《唐志》卷同。

袁炳《晋书》

《南齐书·王赞深传》:陈郡袁炳,字叔明。有文学,亦为袁粲所知。著《晋书》,未成卒。

裴伯茂《晋书》

《魏书·文苑传》:裴伯茂曾撰《晋书》,竟未能成。

萧子云《晋书》十一卷

《梁书·萧子云传》:子云以晋代竟无全书,弱冠便留心撰著,至年二十六,书成,表奏之。诏付秘阁。著《晋史》至《二王列传》,欲作论语草隶法,言不尽意,遂不能成。略指论飞白一势而已,所著一百一十卷(《南史》同)。

《颜氏家训·杂艺篇》:萧子云每叹曰,吾著《晋书》(刊本作《志书》误)勒成一典,文章宏义,自谓可观,惟以笔迹得名,亦异事也。

《唐贞观修书诏》:子云学堙涸流。

《隋书·经籍志》:《晋书》十一卷,本一百二卷,梁有今残缺,萧子云撰。

《隋书经籍志考证》:《太平御览·人事部》,明帝以太常桓荣为五更,躬轼其间,亲行养老之礼。乃后汉事,而题萧子云《晋书》。《唐志》九卷。

萧子显《晋史草》三十卷

《隋书·经籍志》:《晋史草》三十卷,梁萧子显撰。

《隋书经籍志考证》:《唐志·编年类》有萧景畅《晋史草》三十卷,子显字景阳,"畅"乃"阳"字之讹。《太平御览·兵部》引《晋史草》曰,姚略时有贺僧者,不知何人,自云游历五郡,时人号为"贺五郡"。斋戒奉道,为百姓说吉凶。略死,泓立。僧为泓曰,宜洁扫一马厩,开屋设大柳,有异马,其大非常,自远所来矣。题称萧子云,与《隋志》不合。

沈约《晋书》一百一十卷

《宋书·自叙》:约尝以晋氏一代,竟无全书,年二十许,便有撰述之意。泰始初,征西将军蔡兴宗为启明帝,有敕赐许所撰书,凡二百二十卷(《南史》一百余卷)。条流虽举,而采掇未周。永明初,遇盗,失第五秩。

《梁书·沈约传》:约所著《晋书》一百十卷。

《史通·断限篇》:沈录金行,上羁刘主。

《史通·采撰篇》:沈氏著书,好诬先代,于晋则故造奇说,在宋则多出谤言,前史所载,已讥其谬矣。

《史通·外篇》:近者沈约《晋书》,喜造奇说,称元帝牛金之子,以应马继牛后之征。

《隋书·经籍志》:《晋书》一百一十卷,梁沈约撰。梁有隋亡。

《隋书经籍志考证》:《世说·文学篇》注康僧渊氏族,所出未详,尚书令沈约撰《晋书》,称其有羲学。《品藻篇》注引约书王敦惮周觊,见辄面热。《初学记·器物部》引王羲之在会稽山,为老姥书竹扇。《北堂书钞·设官部》裴潜风神高迈,见者改容(《艺文类聚·职官部》同)《太平御览·皇亲部》引夏、殷以上,内职无闻。姬氏之隆,妇官为盛。前汉列级十四,世祖受命,又有美人,以此职焉,数语。

庾诜《东晋新书》七卷

《南齐书·王智深传》:先是陈郡袁炳,有文学,著《晋书》,未成卒。颍川庾诜善属文,见赏豫章王,引至大司马记室参军卒。

《补晋书艺文志》:《东晋新书》七卷,庾诜撰。谨案见《七录》,《册府元龟》,次在晋代。

郑忠《晋书》七卷

《隋书·经籍志》:《晋书》七卷,梁郑忠撰。

张缅《晋书钞》三十卷

《梁书·张缅传》:缅少勤学,自课读书,手不辍卷。尤明后汉及晋代众家,客有执卷质缅者,随问便对,略无遗失。缅性爱坟籍,聚书至万余卷。抄《后汉》、《晋书》众家异同为……《晋书钞》三十卷。

《隋书·经籍志》:《晋书钞》三十卷,梁豫章内史张缅撰。

《北齐书·宋显传》:后魏时,张缅《晋书》,未入国史。

《史通·杂说篇中》:臧氏《晋书》,称苻坚之窃号也,虽疆宇狭于石虎,至于人物则过之。张勔(《隋志》作"缅")抄撮《晋史》,不求异同,而备揭此言,不从沙汰,罪又甚矣。

刘协《干宝晋纪注》六十卷

《梁书·文学传》:刘昭伯父彤,集众家《晋书》,注干宝《晋纪》为四十卷

《隋书经籍志考证》:《干宝晋纪注》六十卷,刘协撰,不著录。见《唐志》。《史通》亦作刘彤。《太平御览·设官部》引李允母丧拜金紫光禄大夫给吏卒门施行马一事。题刘彤注。《唐志》作刘协恐误。

附录:汤球《汉晋春秋辑本》

《汇刻书目二编》:《汉晋春秋辑本》清黔县汤球辑,广雅局本,习凿齿《汉晋春秋》三卷,杜延业《晋春秋》一卷。

附录:汤球《晋阳秋辑本》

《汇刻书目二编》:清黔县汤球辑。广雅局本。孙盛《晋阳秋》三卷,檀道鸾《续晋阳秋》二卷。

附录:汤球《晋纪辑本》

《汇刻书目二编》:《晋纪辑本》,清黟县汤球辑。广雅局本。干宝《晋纪》一卷,陆机《惠帝起居注》一卷,曹嘉之《晋纪》一卷,邓粲《晋纪》一卷,刘谦之《晋纪》一卷。

附录:汤球《晋书辑本》

《汇刻书目二编》:《晋书辑本》清黟县汤球辑。广雅局刊。臧荣绪《晋书》十七卷,《补遗》一卷,王隐《晋书》十一卷,虞预《晋书》一卷,朱凤《晋书》一卷,谢灵运《晋书》一卷,萧子云《晋书》一卷,萧子显《晋书草》一卷,沈约《晋书》一卷,何法盛《晋中兴书》一卷,《晋诸公别传》七卷。

附录:黄奭辑《晋书》

按:见《书目答问补正》著录。注云:黄奭辑《晋书》若干种,刻《汉学堂丛书》中。

《汉学堂丛书目》:朱凤《晋书》,何法盛《晋中兴书》(附徵祥说),谢灵运《晋书》,陆机《晋书》(《隋志》作《晋纪》),干宝《晋纪》,习凿齿《汉晋春秋》,邓粲《晋纪》,孙盛《晋阳秋》,刘谦之《晋记》,王韶之《晋安帝纪》,徐广《晋纪》,檀道鸾《续晋阳秋》,裴松之《晋纪》,萧子云《晋书》,萧景畅《晋史草》,沈约《晋书》。

公师彧《高祖本纪·功臣传》

《史通·正史篇》:前赵刘聪时,领左国史公师彧撰《高祖本纪》及《功臣传》二十人,甚得良史之体。凌修谮其讪谤先帝,聪怒而诛之。

《十六国春秋》:前赵公师彧,善相人,刘渊深相崇敬。后官太中大夫,为刘聪所诛。

和苞《汉赵记》十篇

《十六国春秋》:和苞刘曜时谏营寿陵,封平兴子。

《隋书·经籍志》:《汉记》十卷,和苞撰。

《史通·正史篇》:和苞撰《汉赵记》十篇,事止当年,不终曜灭。

《隋书经籍志考证》:《初学记·居处部》,刘聪嘉平三年,陈元达极谏,聪怒,将斩之。元达叫曰,臣所言者,社稷之计,聪免之。于是易李中堂为愧贤堂。《太平御览·兵部》麟嘉三年,太子粲讨赵同、郭默于洛阳。光初二年,石勒造攻车飞机,攻平阳小城,今上击之,勒师溃。《人事部》今上杀梁纬妻,辛氏乞就辟有司,以事地下舅姑,上曰,贞妇也。又王广女为父报仇,自杀。又陇上语曰,陇上壮士,有陈安。《礼仪部》盗发上洛男子张卢冢,卢得苏。共引和苞《汉赵记》七事。按苞称刘聪名,称曜为今上,粲为太子,是其史例。《唐志》十四卷,《旧唐志》入编年类。

以上前赵

徐光等《上党国记》

按:见《史通·正史篇》。

《十六国春秋》:后赵徐光字季武,顿丘人。石勒记室参军,迁中书令,领秘书监。

王兰等《赵书》

按:见《史通·正史篇》。

田融《赵书》十卷

《史通·正史篇》:后赵石勒命其臣徐光、宗历、傅畅、郑愔等撰《上党国记》、《起居注》(《晋书》石勒载记曰,命记室佐明楷、程机撰《上党国记》,中大夫傅彪、贾蒲、江轨撰《大将军起居注》。石泰、石同、石谦、孔隆撰《大单于志》)、《赵书》。其后又令王兰、陈晏、程阴、徐机等相次撰述。至石虎,并令刊削,使勒功业不传。其后燕太傅长史田融,宋尚书库部郎郭仲产、北中郎参军王度追撰二石事,集为《邺都记》、《赵记》等书。

《隋书·经籍志》：《赵书》十卷，一曰《二石集》，记石勒事，伪燕太傅长史田融撰。

《隋书经籍志考证》：《开元占经》载前石时安定太守上言，蛇与鼠斗于郡门。《北堂书钞·礼仪部》前石有佛图澄，号曰大和尚，道法大行。《太平御览·人事部》前石数游猎，每亟驰骋，主簿程琅谏，前石驰逐自若。草间有瓦禾，驰马逐之，马即死，前石亦危殆。又云，石肇，前石之昆弟也。前石既贵，肇在军中，人送诣前石，前石哀之，拜建成将军。《刑法部》后石率精骑五千袭赵续，一战擒续。又《车部》后石远猎，车千乘，辕长三尺。《布帛部》前石死，大臣子弟六十人为挽郎，引锦一匹。《咎征部》前石时有妇人震死，瘗之三日，霹雳重出之。《虫豸部》前石时白羌妇产卵，大如盂。并引《赵书》，皆称前石、后石（其称石勒、石虎者，当是征引所改，今不采）。《一切经音义》曰，麦麪诸书所无，惟《赵书》有人姓姚名麪，作此字也。《唐志》作田融《赵石记》二十卷，又《二石记》二十卷。《旧唐志》入编年类。

王度《二石传》二卷

《隋书·经籍志》：《二石传》二卷，晋北中郎参军王度撰。

《隋书经籍志考证》：《新唐志》王度随翙《二石伪事》六卷，《二石书》十卷。

王度《二石伪治时事》二卷

《隋书·经籍志》：《二石伪治时事》二卷，王度撰。

《隋书经籍志考证》：《开元占经》，石混说建武时，有马四匹录著殿中十余日，哭去不知所在。《太平御览·兵部》郭权降石虎，虎曰卿健将也，因与共言事。又刘曜攻金墉城，石勒军卒，至交战擒曜。又石虎攻中山，得郑略士妹为妾，郑谗崔氏，虎射崔中腰而覆。《礼仪部》佛图澄死，终年，冉闵开棺视之，惟杖钵存焉（《服用部》、《器物部》同）。《羽族部》石混降说邺中有凤凰将九雏，在延明门外石西道。共六事。作《二石伪事》（省"治时"二字）。

《北堂书钞·仪饰部》石虎二年迁都邺，宫照一大镜，不见头。又佛图澄死后，开棺惟见金杖二事。作《二石遗事》。

以上后赵

常璩《汉之书》十卷

《颜氏家训·书证篇》:《蜀李书》一名《汉之书》。

《史通·正史篇》:蜀初号曰成,后改称汉。李势散骑常侍常璩,撰《汉书》十卷。后入晋秘阁,改为《蜀李书》。

《隋书·经籍志》:《汉之书》十卷,常璩撰。

《隋书经籍志考证》:《陆氏经典释文序录》,蜀方姓范名长生,一名贤,隐居青城山,自号蜀才,李雄以为丞相。《艺文类聚·鸟部》武皇帝雄泰成三年,白鸟赤足来翔。范贤曰,必有远人怀惠,果关中流民请降。《太平御览·人事部》贾夷字景叔,梓潼人,少仕晋,中原散乱,归国。武帝素闻夷名重,皇子雅生,因名贾夷;又武帝雄字仲儁,相工相之曰,位必过三公。不疑有刘化者,道术士也,每语乡里,李仲儁有大贵之表,终为人主也。又武帝母方娠,梦双蛇自门升天,一蛇断。《珍宝部》武帝诸将进金银,或以得官,杨褒谏帝,谢之。《咎征部》哀帝即位,有白气一道带天,望气者言宫中有伏兵。共七事,皆称《蜀李书》。《新唐志》有《蜀李书》九卷(《旧志》入编年类)。又有《汉之书》十卷,重出。

常璩《华阳国志》十二卷

《隋书·经籍志》:《华阳国志》十二卷,常璩撰。

《史通·正史篇》:璩又撰《华阳国志》,具载李氏兴灭。

《史通·补注篇》:常璩之华阳士女,文言美辞列于章句,委曲叙事存于细书。

《史通·杂述篇》:九州土宇,万国山川,物产殊宜,风化异俗,如各志其本国,足以明此一方。若盛弘之《荆州记》、常璩《华阳国志》、辛氏《三秦》、罗含《湘中》,此之谓地理书者也。

《史通·杂述篇》:其有如常璩之详审,刘昞之该博,而能传诸不朽,见美来裔者,盖无几焉。

《史略》:《华阳国志》十二卷,晋常璩志巴汉风俗,公孙以后据蜀事。

《郡斋读书志》:《华阳国志》十二卷,晋常璩撰。华阳,梁州地也。纪汉以来巴蜀人物。吕微仲跋云:汉至晋初四百载间,士女可书者四百人,亦可谓盛矣。复自晋至周显德仅七百岁，而史所纪者无几人，忠魂义骨，与尘埃同没，何可胜数，岂不重可叹哉。

《直斋书录解题》：《华阳国志》二十卷，晋散骑常侍蜀郡常璩道将撰。志巴蜀地理、风俗、人物及公孙述、刘焉、刘璋、先后主以及李特等事迹。末卷为序志，云肇自开辟，终乎永和三年（原注：刘璋乃焉之子）。

《四库简目》：《华阳国志》十二卷，附录一卷，晋常璩撰。世所行本十卷中缺二子卷，今以《影写宋本》补足，并附以张佳允所补一卷。其书述巴蜀之事，始于开辟，终于永和三年。文词典雅，具有史裁。

《四库总目》：《华阳国志》十二卷，附录一卷（浙江汪启淑家藏本），晋常璩撰。璩字道将，江原人。李势时，官至散骑常侍。《晋书》载劝势降桓温者，即璩，盖亦谯周之流也。《隋书·经籍志·霸史类》中载璩撰《汉之书》十卷，《华阳国志》十二卷。《汉之书》，《唐志》尚著录，今已久佚。惟《华阳国志》存，卷数与《隋志》、《旧唐志》相合。《新唐志》作十三卷，疑传写误也。其书所述，始于开辟，终于永和三年。首为《巴志》，次《汉中志》，次《蜀志》，次《南中志》，次《公孙刘二牧志》，次《刘先主志》，次《刘后主志》，次《大同志》，大同者，纪汉晋平蜀之后事也。次《李特雄期寿势志》，次先贤士女，总赞论，次《后贤志》，次《序志》，次《三州士女目录》。宋元丰中，吕大防尝刻于成都。大防自为之序。又有嘉泰甲子李𡎺序，称吕刻刓阙，观者莫晓，所谓尝博访善本，以证其误，而莫之或得，因摭两《汉史》，陈寿《蜀志》、《益部耆旧传》，互相参订，以决所疑。凡一事而前后失序本末舛迕者，则考正之。一意而词旨重复，句读错杂者，则刊而去之。又第九卷末有𡎺附记，称《李势志》传写脱漏，续成以补其阙，则是书又于残阙之余，李𡎺为之补缀窜易，非尽璩之旧矣。𡎺刻本，世亦不传，今所传者，惟影写本。又有何镗《汉魏丛书》，吴琯《古今逸史》及明何宇度所刊之本。何、吴二家之本多张佳允所补《江原常氏女士志》一卷，而佚去《蜀中士女》以下至《犍为士女》共二卷。盖𡎺本第十卷分上中下，镗等仅刻其下卷也。又惟《后贤志》中二十人有赞，其余并阙，𡎺本则蜀郡广汉犍为汉中梓潼女士一百九十四人，各有赞，宇度本亦同。盖明人刻书，好以意为刊削，新本既行，旧本渐泯，原书遂不可觌。宇度之本，从壆本录出，此二卷偶存，亦天幸也。惟壆本以序志置于末，而宇度本升于简端。考壆序首述巴中南中之风土，次列公孙述、刘二牧、蜀二主之兴废，及晋太康之混一，以迄于特雄寿势之僭窃。以西汉以来，先后贤人，梁、益、宁三州士女，总赞序志终焉。则序志本在后，宇度不知古例，始误移之。又总赞相续成文，壆序亦与序志并称，宜别为一篇，而壆本亦割冠各传之首，殊不可解。殆如毛公之移《诗序》，李鼎祚之分序《卦传》乎。今姑从壆本录之，而附著其改窜之非如右。其张佳允所续常氏士女十九人，亦并从何镗、吴琯二本录入，以补璩之遗焉。

《郘亭知见传本书目》:《华阳国志》十二卷，《附录》一卷，晋常璩撰。四库依张佳胤嘉靖甲子足本录。《汉魏丛书》、《古今逸史》本皆不全。明何宇度本良。函海本全嘉庆甲戌廖寅题襟馆本，乃顾千里校。宋元丰中吕大防成都刻本。嘉泰甲子李壆刊本。宋李壆嘉泰甲子本校明何镗、吴琯本，增出卷十之上中两卷，李、廖二卷皆有之。

《书目答问》:《华阳国志》十二卷，《附录》一卷，晋常璩撰。顾广圻校。廖寅刻足本。《补正》:潮州郑氏龙溪精舍重刻廖寅函海本、汉魏丛书本、古今逸史本、四部丛刊影印明钱叔宝钞本，皆阙两卷。

附录:顾观光《华阳国志校勘记》

按:见《书目答问补正》著录。注云:武陵山人遗书本，成都存古书局单行本。

附录:缪荃孙《华阳国志条校》

按:见《书目答问补正》著录。注云:在自刻艺风堂读书记内。

以上李蜀

杜辅全《燕纪》

《史通·正史篇》:前燕有起居注，杜辅全(案清人浦起龙注:全，疑“诠”字脱旁)录以为《燕纪》。

董统《后燕书》三十卷

《史通·正史篇》:后燕建兴元年，董统受诏草创后书，著本纪并佐命功臣、王公列传，合三十卷。慕容垂称其叙事富赡，足成一家之言。但褒述过美，有惭董、史之直。

《史通·直书篇》：董统《燕史》，持谄媚以偷荣，贯三光而洞九泉，曾未足喻其高下也。

《史通·直书篇》注：后燕建兴元年，董统受诏，草创《后书》三十卷，案是书隋、唐二志皆不载。缘其后范亨等合诸燕史，并成一书，而董书遂逸也。

《隋书经籍志考证》：《水经·河水注》引《燕书》太子宝自河西还师，参合三军奔溃。《浊漳水注》王猛与慕容评相遇于潞州，评障固山泉鬻水军人绢匹水一石。《漯水注》建兴十年，慕容垂自河西还，筑燕昌城，共三事。《通鉴考异》所引《燕书》有《宣武记》、《文明记》、《征虏仁传》、《慕容翰传》，《太平御览·天部》所引有《烈祖后记》，此其分篇之可见者（其不题纪传者不取）。又《御览·人事部》云，烈祖崩，晋人喜曰，中原可图矣。桓温曰，慕容恪尚在，其忧方重耳。《唐志》、《宋志》皆二十卷。《旧唐志》入编年类误。

范亨《燕书》二十卷

《史通·正史篇》：其后申秀、范亨各取前后二燕，合成一史。

《隋书·经籍志》：《燕书》二十卷，记慕容儁事，伪燕尚书范亨撰。

张诠《南燕录》五卷

《隋书·经籍志》：《南燕录》五卷，记慕容德事，伪燕尚书郎张诠撰。

《隋书经籍志考证》：《北堂书钞·地理部》慕容德时，王瓒得古铜钟四枚献之，赐爵关内侯。《太平寰宇记》河南道慕容德以潘聪为徐州刺史，镇莒城。又以桓遵为徐州刺史，亦理此。宋武北伐，遵举城降。二事。并引《南燕录》。《初学记·职官部》慕容德以封嵩、韩谆为仆射，以嵩弟融、谆弟轨为中郎将。《御览·人事部》慕容纳沈静深邃，外讷内敏。二事并作张诠《南燕书》。《唐志》作张诠《南燕书》十卷，《旧唐志》入编年类。

王景晖《南燕录》六卷

《十六国春秋》：南燕王景晖，苻秦太史令，高鲁之甥也。鲁遣晖随献玉玺于慕容德，留仕德，著《南燕录》六卷。

《史通·正史篇》：南燕有赵郡王景晖，尝事德、超，撰二主起居注。超亡，仕于冯氏，官至中书令。仍撰《南燕录》六卷。

《隋书·经籍志》：《南燕录》六卷，记慕容德事。伪燕中书郎王景晖撰。

《隋书经籍志考证》：《初学记·地部》王景晖《南燕书》曰，姚秦皇初三年岁在丁酉，于长安渭滨得赤玺，上有文字曰，天命燕德。《新唐志》作景晖《南燕录》，《旧唐志》作景暄，入编年类。

高闾《燕志》十卷

《隋书·经籍志》：《燕志》十卷，记冯跋事，魏侍中高闾撰。

《隋书经籍志考证》：《初学记·居处部》慕容熙造逍遥宫。《太平御览·天部》太平十五年，自春不雨，至于五月，有司奏右部王荀妻产妖，乃暴荀妻于社，大雨普洽。《兵部》光始五年，慕容熙与苻后征高丽，为冲车驰道以攻之。《人事部》李陵君长谷之东，先生与高云游宴往来，每憩其家。陵与妻王氏每夜自赍酒馔而至。三事。引高闾《燕志》。《新唐志》同。《旧唐志·编年类》有《燕志》十卷，无撰名。

以上《燕书》

赵渊等《秦书》

《史通·正史篇》：前秦史官，初有赵渊、车敬、梁熙、韦谭相继著述。苻坚尝取而观之，见苟太后幸李威事，怒而焚灭其本。

董谊《秦书》

《史通·正史篇》：后著作郎董谊追录旧语，十不一存。

车频《秦书》三卷

《史通·正史篇》：及宋武帝入关，曾访秦国事，又命梁州刺史吉翰问诸仇池，并无所获。先是，秦秘书郎赵整参撰国史，值秦灭，隐于商洛山，著书不辍。有冯翊、车频助其经费，整卒，翰乃启频纂成其书，以元嘉九年起，至二十八年方罢，定为三卷。而年月失次，首尾不伦。

《隋书经籍志考证》：《秦书》三卷，秦冯翊、车频撰。不著录。《世述·识鉴篇》注引苻坚本姓蒲，祖父洪诈称谶文，改曰苻。与裴景仁《秦记》同，而增诈称书法苻坚背赤色隐起，若篆文（《御览·人事部》亦引之）。坚六岁戏于路，司隶徐正见而异焉(《御览·人事部》作徐统)。《赏誉篇注》释道安为慕容晋所掠，竺法汰渡江至扬土。《水经·渭水注》苻坚建安十四年，高陆县民穿井得龟，大二尺六寸。《济水注》苻坚时，沙门筑僧朗从隐士张巨和游。《北堂书钞·武功部》苻登刻兜鍪作死休字，示士必死为度，故战所向无前。又苻苌围襄阳，作飞云车攻城克之(二事《御览·兵部》引同)。苻坚立有黄云五色回绕台榭，时以为景云(《御览·天部》曰时以为瑞，赐民酺五日)。《初学记·武功部》苻坚使熊邈造金银细缕铠金，为纵以缧之。《艺文类聚·山部》慕容评拒王猛恒卖水与军人，众思为乱，猛因败之。《人部》苻坚时民歌曰，长安大街，两边种槐，《开元占经》载苻生寿光。三年，苻坚建元八年九年，星变。并引车频《秦书》("频"或作"颖")。《太平御览》引十九事。

裴景仁《秦记》十一卷

《宋书·沈昙庆传》：昙庆，大明元年督徐兖二州及梁郡诸军事，辅国将军，徐州刺史。时殿中员外将军裴景仁，助戍彭城，本伧人，多悉戎荒事。昙庆使撰《秦记》十卷，叙苻氏僭伪本末，其书传于世。

《史通·叙事篇》：按裴景仁《秦记》称苻坚方食，抚盘而诟；王劭《齐志》述受纥洛干感恩，脱帽而谢。及彦銮撰以新史，重规(李百药)删其旧录，乃易"抚盘"以"推案"，变"脱帽"为"免官"。夫近世通无案食，羌(一作"胡")俗不施冠冕，直以事不类古，改从雅言，欲令学者何以考时俗之不同，察古今之有异。

《史通·正史篇》：河东裴景仁正其(案指车频《秦书》)讹僻，删为《秦记》十一篇。

《隋书·经籍志》：《秦记》十一卷，宋殿中将军裴景仁撰。梁雍州主簿席惠明注。

《隋书经籍志考证》：《世说·排调篇》注苻朗降谢元，用为散骑侍郎，善识味，著《苻子》数十篇，盖老庄之流也。《太平御览·人事部》姚苌围苻坚，遣射仆尹纬诣阙陈事，坚曰，卿宰相才也，二事题裴景仁《秦书》。《初学记·地部》苻健至长安，贾元等上尊号，设坛城南，渭水之阳。又苻健皇始四年，山鸡来入人家，栖宿养子而去。《御览·地部》皇始五年，凤凰降渭滨。三事。题裴景仁《苻书》。《御览·人事部》苻坚幸太学，博士卢壶曰，韦逞母宋传其父业，得《周官音义》，可授后生，于是就宋立讲堂，隔纱幔而授业焉（《初学记·人部》同）。此作景仁《前秦记》。《艺文类聚·人部》苻坚祖洪见坚状貌，欲令头坚腹软，字之曰坚头。《草部》苻洪之先居武都，家生蒲，长五丈，状如竹，咸异之，谓之蒲家，因以氏焉。洪后以谶文改姓苻氏。《木部》初长安谣云，凤凰止阿房，至慕容冲入阿房而居焉。冲小字凤凰。《服饰部》韦逞母授经事，并题《秦记》，不著景仁名。《御览·人事部》邵宏言称名称字之法。又司马勋杀赵琨而弃其尸，琨子焕求父尸不得，有群鸟悲鸣，寻鸟向山而得父尸。又姚苌大破苻登，置酒高会曰，吾不如王兄者四。又桓温问杨亮曰，姚襄何如人，答曰，天下杰也。《服章部》皇始四年，新平县有长人见。《工艺部》吕光破龟兹，获鸠摩罗什。《饮食部》苻朗善别味。共七事。亦引《秦记》，不著撰名（姚和都亦撰《秦记》字从系景仁记，从言诸书征引，不著景仁名者，皆作记。自系景仁之书，且韦逞母授经，苻朗别味二事，与著景仁名所纪正同）。《旧唐志》“席惠明”作“杜惠明”，入编年类。《新唐志》亦作“杜”，入伪史类。

马僧虔等《秦史》

《史通·正史篇》：后秦扶风马僧虔、河东卫隆景并著《秦史》。

姚和都《秦纪》十卷

《隋书·经籍志》：《秦纪》十卷，记姚苌事，魏左民尚书姚和都撰。

《史通·正史篇》：及姚氏之灭，残缺者多。泓从弟和都，仕魏为左民尚书，又追撰《秦纪》十卷。

以上《秦书》

索绥《凉国春秋》五十卷

《十六国春秋》：前凉索绥，字士艾，敦煌人。幼举孝廉，又举秀才，为儒林祭酒。张骏命集阁内外事付绥，著《凉春秋》五十卷。

《史通·正史篇》：前凉张骏十五年，命其西曹边浏集内外事，以付秀才索绥，作《凉国春秋》五十卷。

刘庆《凉记》十二卷

《史通·正史篇》：又张重华护军参军刘庆在东苑专修国史二十余年，著

《凉记》十二卷。

索晖《凉书》

《史通·正史篇》:建康太守索晖又著《凉书》。

张谘《凉记》八卷

《隋书·经籍志》:《凉记》八卷,记张轨事,伪燕左仆射张谘撰。

《隋书经籍志考证》:《唐志》十卷,《旧志》张谘作张证。《世说·言语篇》注引张天锡二事,作张资《凉州记》。按《凉国春秋》、隋、唐志皆不著录,张谘《凉记》,《史通》亦阙载。

刘景《凉书》十卷

《后魏书·刘昞传》昞著《凉书》十卷("昞"《隋志》作"景",避唐嫌名)。

《隋书·经籍志》:《凉书》十卷,记张轨事,伪凉大将军从事中郎刘景撰。

《史通·正史篇》:从事中郎刘昞,著《凉书》。

《史通·论赞篇》:刘昺曰奏。

《史通·杂述篇》:刘昞之该博。

喻归《西河记》二卷

《隋书·经籍志》:《西河记》二卷,记张重华事。晋侍御史喻归撰。

《隋书经籍志考证》:《元和姓纂》曰东晋有喻归撰《西河记》三卷(《广韵》作二卷,"喻"作"谕")。《唐志》阙撰名。《初学记·州郡部》姑藏匈奴,故曰盖臧城也。城不方有头尾两翅,名盖乌城。《太平御览·州郡部》洪洞县,以此地固重复,控据要险,故曰洪洞焉。《羽族部》凉州罪人将刑,有一白雄鸡飞于人边,长鸣伏地,刺史张义免其坐。《鳞介部》张骏立谦光殿成。后池水中有五龙见,水通变绿色。《布帛部》西河无蚕桑,妇女著碧裲裙,上加细布裳(《北堂书钞·衣冠部》亦引之)。

刘景《敦煌实录》十卷

《宋书·大且渠蒙逊传》:元嘉十四年,茂虔表献《敦煌实录》十卷。

《后魏书·刘昞传》:昞著《敦煌实录》二十卷。

《史通·论赞篇》:刘昞,《北史》:刘延明,敦煌人。凉武昭王徵为儒林祭酒,著《三史略记》八十四卷。《敦煌实录》二十卷。案:延明,昞字也。《北史》讳唐嫌名,以字行。

《史通·杂述篇》:郡书者……如常璩之详审,刘昞之该博,而能传诸不朽,见美来裔者,盖无几焉。

《史通·外篇》:敦煌僻处西域,求诸人物,自古阙载,既而刘昞裁书,则磊落英才,粲然盈瞩。

《隋书·经籍志》:《敦煌实录》十卷,刘景撰。

《隋书经籍志考证》:《续汉五行志》注张衡对策曰,水者五行之首,滞而逆流者君恩,又下逮而教逆也。又嘉平元年,蛇长六尺,夜于御前当轩而坐。《白帖》卷三十一有盗发王禁冢,见禁与人樗蒲,赐盗者饮。《太平寰宇记》凉州牧李暠微服出城,逢一虎在道边,遥呼暠为西凉君。《太平御览·兵部》宋质直破虏有威名,儿啼,恐之即止。《人事部》汎渀博学善属文,弱冠屡陈损益。又董巽有才,太守京兆谅举巽功曹。谅卒,巽送丧遇寇,叩头救请。又索苞征伐克敌,勇冠三军。《宗亲部》记固推家财百万与寡弟妇,二百万与兄子。《乐部》索承宗伯夷成,善鼓瑟悲歌,时人号曰雍门周。《资产部》张存善针,存有奴好逃亡,存宿行针缩奴脚,欲使则针解之。《羽族部》侯瑾字子瑜,解鸟语。《太平广记·梦类》载张骏梦一人,鬓眉皓白,自称子瑜。索充梦一虏脱上衣来诣充。宋桶梦一人著衣桶,一手把两杖,极打之。共引《敦煌实录》十六事。《唐志》二十卷,《旧唐志》入杂传类。

段龟龙《凉记》十卷

《史通·正史篇》:西凉与西秦,其史或当代所书,或他邦所录。累经迁转,今并失传。段龟龙记吕氏,宗钦记沮渠氏,失名记秃发氏,韩显宗记冯氏。唯有三者可知,自余不详谁作。

《隋书·经籍志》:《凉记》十卷,记吕光事,伪凉著作佐郎段龟龙撰。

《隋书经籍志考证》:《初学记·人部》吕纂游猎,侍御史王回控马谏。《政理部》吕光时,敦煌太守献同心梨。《武部》咸宁三年发张骏陵得鞭,饰以珊瑚。引段龟龙《凉记》三事(或作《西凉记》,或作《凉州记》)。《艺文类聚》诸书所引,亦或作《凉州记》。

高道让《凉书》十卷

《后魏书·高谦之传》:谦之字道让,以父舅氏沮渠蒙逊,曾据凉土,国书漏阙,乃修《凉书》十卷。

《隋书·经籍志》:《凉书》十卷,高道让撰。

宗钦《凉书》十卷

《宋书·大沮渠蒙逊传》:元嘉十四年,茂虔表献《凉书》十卷。

《十六国春秋》:北凉宗钦字景岩,金城人。博综群言,仕沮渠蒙逊为中书郎,撰《凉记》十卷。

《隋书·经籍志》:《凉书》十卷,沮渠国史撰。

《史通·正史篇》:宗钦记沮渠氏。

佚名《拓跋凉录》十卷

《隋书·经籍志》:《拓跋凉录》十卷。

《隋书经籍志考证》:无撰名,《旧唐志》入编年类。

《史通·正史篇》:失名记秃发氏。

韩显宗《冯氏书》

《史通·正史篇》:韩显宗记冯氏(案《魏书·韩显宗传》有撰《冯志》十卷之文)。

以上凉

赵思群等《夏史》

《史通·正史篇》:夏天水赵思群,北地张渊,于真兴、承光之世,并受命著其国书。及统万之亡,多见焚烧。

《十六国春秋》:赫连夏赵逸字思群,天水人。仕姚兴与勃勃所虏,拜著作郎。张渊不知何处人,自云尝仕苻坚。坚败仕姚兴父子。入夏为太史令。

以上夏

附录:汤球《三十国春秋辑本》

《汇刻书目二编》:《三十国春秋辑本》,清黟县汤球辑,广雅局本。萧方等《三十国春秋》，武敏之《三十国春秋》，常璩《蜀李书》，和苞《汉赵记》，田融《赵书》，吴笃《赵书》，王度《二石传》，范亨《燕书》，车频《秦书》，王景晖《南燕书》，裴景仁《秦记》，姚和都《后秦记》，张谘《梁记》，喻归《西河记》，段龟龙《凉记》，刘昞《敦煌实录》，张诠《南燕书》，高闾《燕志》。

萧方等《三十国春秋》三十一卷

《隋书·经籍志》：《三十国春秋》三十一卷，梁湘东世子萧万等撰。

《困学纪闻》：萧方等为《三十国春秋》，以晋为主，附列刘渊以下二十九国。《通鉴》晋元兴三年，引方等论纲目，但云萧方误削等字。

《史通·杂说篇中》注：案《梁书》忠壮世子方等，字实相，世祖长子也。贞惠世子方诸，字智相，世祖第二子也。愍怀太子方矩，字德规，世祖第四子也。方乃昆弟二名之共字也。世祖，谓元帝。唐、宋《艺文志》亦误削"等"字。又案隋《经籍志》作"萧萬等"，则又讹"方"为"万"，再误"万"为"萬"。考核之学，良未易言。

《史通·称谓篇》：续以金行版荡，戎、羯称制，各有国家，实同王者。晋世臣子，党附君亲，嫉彼乱华，比诸群盗。此皆苟徇私忿，忘夫至公。自非坦怀爱憎，无以定其得失。至萧方等始存诸国名谥，僭帝者皆称之以王。此则赵犹人君，加以主号；杞用夷礼，贬同子爵。变通其理，事在合宜，小道可观，见于萧氏者矣。

《史通·模拟篇》：《左传》称楚武王欲伐赵（"赵"，一作"隋"），熊率且比曰：季梁在，何益。至萧方等《三十国春秋》说朝廷闻慕容儁死，曰：中原可图矣。桓温曰：慕容恪在，其忧方大。以此而拟《左氏》，又所谓貌异而心同也。

《史通·杂说篇中》：刘敬升《异苑》称晋武库失火，汉高祖斩蛇剑穿屋而飞。其言不经。致梁武帝令殷芸编诸小说，及萧方等撰《三十国史》，乃刊为正言。

崔鸿《十六国春秋》一百卷

《魏书·崔光传》：光弟敬友，敬友子鸿，历散骑常侍、齐州大中正。鸿弱冠便有著述之志，见晋魏前史皆成一家，无所措意。以刘渊、石勒、慕容俊、苻健、慕容垂、姚苌、慕容德、赫连屈孑、张轨、李雄、吕光，乞伏国仁、秃发乌孤、李暠、沮渠蒙逊,冯跋等并因世故,跨僭一方,各有国书,未有统一。鸿乃撰为《十六国春秋》,勒成百卷。因其旧记,时有增损褒贬焉。鸿二世仕江右,故不录僭晋、刘、萧之书。又恐识者责之,未敢出行于外。世宗闻其撰录,遣散骑常侍赵邕诏鸿,曰,闻卿撰定诸史,甚有条贯,使可随成者送呈,朕当于机事之暇览之。鸿以其书有与国初相涉,言多失体,且既未讫,迄不奏闻。鸿子子元,秘书郎。永安中,乃奏其父书。

《史通·正史篇》:魏世黄门侍郎崔鸿,乃考核众家,辨其同异,除烦补阙,错综纲纪,易其国书曰录,主纪曰传,都谓之《十六国春秋》。鸿始以景明之初,求诸国逸史,逮正始元年,鸠集稽备,而犹阙蜀事,不果成书。推求十有五年,始于江东购获,乃增其篇目,勒为一百二卷。鸿殁后,永安中,其子缮写奏上,请藏诸秘阁。由是伪史宣布,大行于时。

《史通·表历篇》:当晋氏播迁,南据扬、越,魏宗勃起,北雄燕、代,其间诸伪,十有六家,不附正朔,自相君长。崔鸿著表,颇有甄明,比于《史》、《汉》群篇,其要为切者矣。

《史通·言语篇》:彦鸾(崔鸿)修伪国诸史。收(魏收)弘(牛弘)撰魏、周二书,必讳彼夷音,变成华语,等杨由之听雀,如介葛之闻牛,斯亦可矣。而于其间,则有妄益文彩,虚加风物,援引诗、书,宪章史、汉。遂使沮渠(北凉)、乞伏(西秦),儒雅比于元封,拓跋、宇文,德音同于正始。华而失实,过莫大焉。

《史通·叙事篇》:崔鸿称慕容冲见幸,为有龙阳之姿,其事相符,言之谠矣。

《史通·探赜篇》:魏收云:鸿世仕江左,故不录司马、刘、萧之书,又恐识者尤之,未敢出行于外。案于时中原乏主,海内横流,逖彼东南,更为正朔。适使素王再出,南史重生,终不能别有异同,忤非其议。安得以伪(案:清人浦起龙注:"伪"或作"魏")书无录,而犹罪归彦鸾者乎?且必以崔氏祖宦吴朝,故情私南国,必如是,则其先徙居广固,委质慕容,何得书彼南燕,而与群胡并列。爱憎之道,岂若是耶?且观鸿书之纪纲,皆以晋为主,亦犹班《书》之载吴、项,必系汉年,陈《志》之述孙、刘,皆宗魏世。何止独遗其事,不取其书而已哉!

《隋书·经籍志》:《十六国春秋》一百卷,魏崔鸿撰。

《四库简目》:《十六国春秋》一百卷,旧本题魏崔鸿撰,实考鸿书自《崇文总目》,已不著录。此本乃明屠乔孙、项琳之所伪作,故以晋宋之号系年,与《史通》合,而无表,则与《史通》不合。无赞无序,亦与《魏书》不合。然皆摭诸书,所引鸿书,联贯排比而成,与他伪书究不同也。

《四库总目》:《十六国春秋》一百卷(安徽巡抚采进本)。旧本题魏崔鸿撰,实则明嘉兴屠乔孙、项琳之伪本也。鸿作《十六国春秋》一百二卷,见《魏书》本传。《隋志》、《唐志》皆著录。宋初李昉等作《太平御览》犹引之,《崇文总目》始佚其名,晁、陈诸家书目,亦皆不载,是亡于北宋也。万历以后,此本忽出,莫知其所自来。证以《艺文类聚》诸书所引,一一相同,遂行于世。论者或疑鸿身仕北朝,而仍用晋宋年号。今考刘知几《史通·探赜篇》曰,鸿书之纪纲,皆以晋为主,亦犹班《书》之载吴项,必系汉年,陈《志》之述孙刘,皆宗魏世。乔孙等正巧附斯义,以售其欺。所摘者未中其疾。惟《魏书》载鸿子子元奏称,刊著越、燕、秦、夏、梁、蜀遗载,为之赞序,而此本无赞序。《史通·表历篇》称晋氏播迁,南据扬、越,魏宗勃起,北雄燕代,其间诸伪,十有六家,不附正朔,自相君长,崔鸿著表,颇有甄明。而此本无表,是则捡阅偶疏,失于弥缝耳。然其文皆联缀古书,非由杜撰,考十六国之事者,固宜以是编为总汇焉。

《郑堂读书记》:《十六国春秋》一百卷(明万历己酉兰晖堂刊本),旧题魏崔鸿撰(鸿字彦鸾,东清河鄃人,官散骑常侍),实则明嘉兴屠乔孙、项琳之伪本也。《四库全书》著录。按彦鸾著《十六国春秋》百卷,又别作《序列》一卷,《年表》一卷,合为一百二卷。其著作大略,具见《魏书》本传。《隋志》作一百卷,盖不数《序列》、《年表》。新旧《唐志》具作一百二十卷,盖误衍十字。《崇文目》、《读书志》、《书录解题》皆不载,而《太平御览》犹引之,当宋初尚存也。至明万历中,其书忽出,每卷首题魏崔鸿撰,末题屠乔孙、项琳之同订,冠以《魏书·崔鸿本传》及甘(士介)序。大抵屠氏等采摭《晋书》并《艺文类聚》诸书所引,又附益以他书而成也。其书凡《前赵录》十卷,《后赵录》十二卷,《前燕录》、《前秦录》、《后燕录》、《后秦录》各十卷,《南燕录》三卷,《夏录》四卷,《前凉录》各三卷,《北凉录》四卷,《北燕录》三卷,合一百卷,共五百四十四人。其各国称录,与《史通·正史篇》所云"易其国书曰录,主纪曰传"相合。其纪年皆用各国年号,则与《史通·探赜篇》所云"鸿书之纪纲,皆以晋为主,亦犹班书之载陈、项,必系汉年;陈志之述孙、刘,皆宗魏世"不相合。此或屠氏故留此败阙,以示其实非鸿书,亦未可知。惟"鸿传"明言"刊著赵、燕、秦、夏、西凉、乞伏、西蜀等遗载,为之赞序,褒贬评论",而此本绝无赞序,盖其才力只能鸠合众书以成书,而不能独抒己见,自铸伟词故耳。然较之同时人之作伪者,则大不侔矣。固当与后来吴氏《十国春秋》并传云。

《郘亭知见传本书目》:《十六国春秋》一百卷,魏崔鸿撰,明屠乔孙等刊本,乾隆辛丑仁和汪日程重刊本。此书《四库目》以为即屠、项二君所伪作。然汲古阁《秘书目》有精抄本二十册,二套,称系从宋板抄出。在刻本之前。屠、项刻此书于万历中。而毛氏家藏已有抄本,即使伪托,亦前人所为,决非二君自作自刻也。

别本《十六国春秋》十六卷

《四库简目》:别本《十六国春秋》十六卷,旧本亦题崔鸿撰。载何镗《汉魏丛书》中,其出在屠氏、项氏本前。然十六国各为一录,与一百卷之数不合,或即《崇文总目》所谓《十六国春秋略》,《通鉴考异》所谓《十六国春秋钞》也。疑以传疑,姑二本并存焉。

《四库总目》:别本《十六国春秋》十六卷(浙江孙仰曾家藏本),旧本亦题魏崔鸿撰。载何镗《汉魏丛书》中,其出在屠乔孙本之前,而亦莫详其所自。十六国各为一录,惟列僭伪之主五十八人,其诸臣皆不为立传,全为载记之体,其非一百二卷之旧,已不待言。证以《晋书载记》,大致互相出入,而不以晋、宋纪年,与《史通》所说迥异。岂好事者摭类书之语,以《晋书载记》排比之,成此伪本耶。然考《崇文总目》有《十六国春秋略》二卷,不著撰人名氏。司马光《通鉴考异》所引诸书,亦有《十六国春秋钞》之名,则或属后人节录鸿书,亦未可定也。屠氏所刻百卷之本,既为依托,此本亦疑以传疑,未能遽废,故并存之,以备参考焉。

《郑堂读书记》:别本《十六国春秋》十六卷(汉魏丛书本)旧题魏崔鸿撰。何镗远在屠乔孙、项琳之二家之前,而已刊入丛书,盖流传已久矣。考《崇文目》有无名氏《十六国春秋略》二卷,司马氏《通鉴考异》亦有引及《十六国春秋钞》者,恐即此本也。《四库全书》著录于屠氏本后,故称别本,今从之。其书专记各国之主五十八人,而不及其臣下。校之《晋书载记》及张轨、李暠二传,大同小异。纪十六国事者,本不妨于《晋书》之外别存此一编,乃必欲冒彦鸾之名,而不知其体制卷帙之不合,殆所谓作伪心劳日拙者欤。

《郘亭知见传本书目》:别本《十六国春秋》十六卷,魏崔鸿撰,《汉魏丛书》本。

附录:《十六国考镜》一卷

《四库存目》:《十六国考镜》一卷(编修程晋芳家藏本),旧本题宋石延年撰。延年字曼卿,宋城人,官至太子中允。此编举《晋书载记》中所列五凉、四燕、三秦、二赵,并成夏等十六国,考其始终传世几代,历年若干,通篇不及二千言。自宋以来,诸家俱不著录,惟曹溶《学海类编》收之,其依托不待辨也。

附录:张愉曾《十六国年表》一卷

《四库存目》:《十六国年表》一卷(浙江汪启淑家藏本)国朝张愉曾撰。愉曾字庭硕,徽州人,是书以崔鸿所录十六国事,仿《史记·十二诸侯年表》之例,年经国纬,条理分明,颇便于寻览。其从父张潮收之《昭代丛书乙集》中。后有"潮跋"谓不识崔鸿何以不列年表,今得此书,可以补其阙略。考刘知几《史通》崔鸿原书,实有表。屠乔孙等作伪本时,偶漏撰此篇。潮未及考耳。前又有"潮序"一篇,文格纯效《尚书》,其意欲拟夏侯元昆弟诰,殊为诡僻,犹无取焉。

附录:孔尚质《十六国年表》二十二卷

《四库存目》:《十六国年表》二十二卷(浙江巡抚采进本),国朝孔尚质撰。尚质字元长,武陵人。是编虽以年表为名,而实非司马迁旁行斜上之体,特以伪本崔鸿《十六国春秋》列传改为编年,犹之排纂班《书》更为荀《纪》。然体例多不允协,如每年但大书甲子而以晋、宋年号与潜号分注,则统绪全乖。又首列所潜之庙号，而书中仍复书名，则纲目互异。又魏氏已定位中原，列于正史，此乃分标代魏与仇池杨难敌吐谷浑一例，转附录于十六国后，尤为未协。惟末附《舆图考》一卷，古名今地，排比颇明，差为易于寻览云。

附录：汤球：《十六国春秋辑补》一百卷

按：见《书目答问补正》著录。注云：广州局本。

附录：汤球：《十六国春秋纂录》校本十卷

按：见《书目答问补正》著录。注云：广州局本。

附录：董丰恒《十六国史餍逸》十九卷

按：见乌程董氏所著书目著录。

附录：朱骏声《十六国考》二卷

按：见《行素堂书目》著录。

杜延业《晋春秋略》二十卷

《直斋书录解题》：《晋春秋略》二十卷，唐秘书省正字杜延业撰。自王隐而下诸书及诸僭伪传记，皆所详究，而以萧方等《三十国春秋》删缉为此书（《馆阁书目》作“杜光业”，案《唐志》亦曰“延业”。考《新旧史》，他无所见，未详何时人）。

附录：杨守敬《东晋疆域图》

按：见《观海堂汇刻目》著录。

附录：杨守敬《前赵疆域图》

按：见《观海堂汇刻目》著录。

附录：杨守敬《后赵疆域图》

按：见《观海堂汇刻目》著录。

附录：杨守敬《前燕疆域图》

按：见《观海堂汇刻目》著录。

附录:杨守敬《后燕疆域图》

按:见《观海堂汇刻目》著录。

附录:杨守敬《南燕疆域图》

按:见《观海堂汇刻目》著录。

附录:杨守敬《北燕疆域图》

按:见《观海堂汇刻目》著录。

附录:杨守敬《前秦疆域图》

按:见《观海堂汇刻目》著录。

附录:杨守敬《后秦疆域图》

按:见《观海堂汇刻目》著录。

附录:杨守敬《西秦疆域图》

按:见《观海堂汇刻目》著录。

附录:杨守敬《前凉疆域图》

按:见《观海堂汇刻目》著录。

附录:杨守敬《后凉疆域图》

按:见《观海堂汇刻目》著录。

附录:杨守敬《南凉疆域图》

按:见《观海堂汇刻目》著录。

附录:杨守敬《北凉疆域图》

按:见《观海堂汇刻目》著录。

附录:杨守敬《西凉疆域图》

按:见《观海堂汇刻目》著录。

附录:杨守敬《后蜀疆域图》

按:见《观海堂汇刻目》著录。

附录:杨守敬《夏疆域图》

按:见《观海堂汇刻目》著录。

(二)唐修《晋书》已成后目

徐坚《晋书》一百十卷

按:见《唐书·艺文志》著录。

高希峤《注晋书》一百三十卷

《唐书·艺文志》:高希峤《注晋书》一百三十卷,开元二十七年上授青池主簿。

何超《晋书音义》三卷

杨齐宣《晋书音义序》:《晋书音义》,余内弟东京处士何超字令升之所纂也。令升即仲舅商州府君之子。约以优闲,溺于坟史,尝讶晋室之兴,未昭其音。思欲发挥前人,启迪后进,由是博考诸传,综览群言,研核异同,撰成音义。亦足以畅先皇旨趣,为学者司南,式叙其由,劝成其美。三都尚隐思旌擅洛之文,五等迥封远愧平晏之绩。巨唐天宝六载,天王左史弘农杨齐宣字正衡撰。

《唐书·艺文志》:何超《晋书音义》三卷,处士。

《宋书·艺文志》:杨齐宣《晋书音义》三卷。

《十七史商榷》:胡三省《通鉴注自序》云,《晋书》之杨正衡注,吾无取焉。《宋史·艺文志》则云杨齐宣《晋书音义》三卷,明南京国子监刻二十一史,《晋书》有何超字令升,所撰音义三卷,天宝六载,其内兄杨齐宣字正卿为之序。胡及《宋志》误以为杨撰耳。古以舅之子为内兄弟,姑之子为外兄弟,故杨述令升为我仲舅之子,而称为内弟。此书胡虽不取,然是唐初人撰,所引吕忱《字林》颇多,又引《文字集略》,又引《周迁舆服姓事》,又引《柳顾言说》,又引《珠丛》,又引《风土记》,此等书今皆亡矣。又引《风俗通》僻姓赍南春景予所藏元大德刻《风俗通》,比俗刻多两倍,亦无此一条。何在唐初尚见足本。然则此书非全无足取者,汲古阁板无何氏《音义》。

《四库总目》:《晋书》一百三十卷,唐房乔等奉敕撰。《音义》三卷,唐何超撰。超字令升,自称东京人。杨齐宣为之序,其审音辨字,颇有发明。

刘蕿《晋书指掌》十二卷

《郡斋读书志》:《晋书指掌》十二卷,皇朝刘蕿编。以《晋书》事实,以类分六十五门。

戴迅《晋史属辞》三卷

《直斋书录解题》:《晋史属辞》三卷,永嘉戴迅简之撰。用《蒙求》体,以类晋事。元祐癸酉岁也。

洪迈《晋书精语》五卷

《直斋书录解题》:《晋书精语》五卷,洪迈撰。

毕士安等校刊《晋书》

《玉海》:咸平(真宗年号)三年十月,校《晋书》。五年毕。

《宋史·毕士安传》:咸平初,拜礼部侍郎,复为翰林学士,诏选官校刊《三国志》、《晋、唐书》,或有言两晋事多鄙恶,不可流行者。真宗以语宰相,士安曰,恶以戒世,善以劝后,善恶之事,春秋备载。真宗然之,遂命刊刻。

景祐校正《晋书》

《玉海》:景祐元年九月癸卯,诏选官校正《晋书》。

佚名《晋书策要》

至京师图书命曰著录,得《晋书策要》赞。

吕祖谦《晋书详节》三十卷

按:见《汇刻书目》著录,详《史记详节》条。

钱端礼《晋书提要》三卷

按:见《四库存目》著录,详《史记提要》条。

薛儆《晋书金穴钞》十卷

按:见《宋史·艺文志》著录。

张陟《晋略》二十卷

按:见《宋史·艺文志》著录。

佚名《晋史猎精》一百三十卷

按:见《宋史·艺文志》著录,不著撰人名氏。

以上唐宋时人

张延《东晋书》二卷

按:见《钱补元史艺文志》著录。注云:藁城人,真定路教授。

郝敬《晋书琐琐》六卷

按:见《八千卷楼书目》著录。注云:草堂集本。

骆问礼《王谢史传世系表》一卷

按:见《淡生堂书目》著录。注云:万一楼集本。

华亥堤《晋书纂》七卷

按:见《培林堂书目》著录。

方从哲《校晋书》一百三十卷

按:见《培林堂书目》著录。

马维铭《晋史纂略》二十二卷

《浙江遗书存目》:《晋书纂略》二十二卷,明马维铭编。刘廷元校。

茅国缙《晋史删》四十卷

《浙江采进遗书目》:《晋史删》四十卷(刊本),明归安茅国缙撰。裁节《晋书》原文,存其要领,与蒋之翘本,有详略之分。

《四库存目》:《晋史删》四十卷(浙江巡抚采进本),明茅国缙撰。国缙字荐卿,归安人。万历癸未进士,官至监察御史,谪浙江县知事,终于南京工部主事。是书之名,载《浙江通志》中,卷数与此本相合。大旨以《晋书》原本繁冗,故删存其要,然不深知史例,刊削者多不甚当。如诸志概行删去,使一朝制度典章无可考证,是以《新五代史》绳诸史,而不知《新五代史》先非古法也。至所并纪传尤往往乖于体例,如羊祜、杜预同传,以其同镇荆州,涉吴事也。郭璞、葛洪同传,以同为方技之流也。陆机、陆云同传,以同为文士也。阮籍、嵇康诸人同传,以同为放达也。陈寿、王隐诸人同传,以同有记述也。

此断不可移易者，而国缙随意改并。甚至以庾亮入于葛洪传后，以谢安入于陶回传后。其尤疏舛者，如阮、嵇诸人传后史臣论词，专为放达之流而言。国缙以傅元诸人俱合于阮、嵇传，而其卷末仍载史臣论曰云云，矛盾殊甚。且《晋书》所以猥杂者，正为喜采小说耳，而国缙乃多取琐碎故实，及清谈谑语，与房乔等所见正同，是如涂涂附矣。至于以一传原文，而前后移置，又有节录传中数语，移为他传之分注，大都徒见纷更，而毫无义例。以是而改《晋书》，恐无以服修《晋书》之心也。

蒋之翘《晋书别本》一百三十卷

《千顷堂书目》：蒋之翘《更正晋书》一百三十卷。

《浙江采进遗书目》：《删补晋书》一百三十卷(刊本)，明嘉兴蒋之翘辑。以《晋书》原文多冗杂，因重加删润，旁采他书增益其文。……又附释例，并采诸家评语，以己说随篇附入。

《四库存目》：《晋书别本》一百三十卷(浙江巡抚采进本)，明蒋之翘撰。之翘字楚稚，秀水人。朱彝尊《静志居诗话》称其尝详对《晋书》镂板以行，而《嘉禾征献录》则又称其有《晋书注》一百三十卷，此本又题作《删补晋书》，标目不同。今考之翘所作释例，既谓删定此书数十卷，质之陈继儒。继儒曰，此可谓晋书别本矣，曷以是颜之。且引孙盛作《晋阳秋》先写别本之语为证，是晋书别本，乃其定名也。唐修《晋书》，本据臧荣绪等旧史，而益以诸家小说，烦碎猥杂，及抵牾错互之处，皆所不免。刘知几《史通·古今正正篇》已极言其病。之翘因芟其冗复，正其遗阙，别为此本。凡节原文者十之四，全删者十之二，正其舛误者十之三，其文义漏略者，则据《元经》、《十六国春秋》、《世说注》、《华阳国志》等书，各加润色，而稍细书以别之。其事有异同，亦仿《通鉴考异》之例，诠注于下。虽体例不尽精核，然亦犁然有序。其间失之过简者，如《职官志》、《艺术传》则全删之，《武十三王传》删其七，《简文四王传》删其二，《四夷诸国》删其十，甚至明穆皇后、孙惠等传，有关国是者，亦多所删削，未免矫枉过直。又踵宋祁之说，汰去骈体诏令，而于他文亦多评骘优劣。凡《文选》所已载者，即不具录，殊非史体。又首载《列籍志》，全用焦竑《经籍志》。《年表》全用郑樵《通志年谱》，尤无谓也。

《郑堂读书记》:《删补晋书》一百三十卷(原刊本),明蒋之翘撰(之翘字楚穉,秀水人)。《四库全书存目》作《晋书别本》,盖据其释例,引陈眉公语而改题也。楚穉以荀悦翦截《汉书》为《汉纪》,李延寿抄撮宋、魏等史为《南北史》,皆为历代所珍,有逾原本,乃以其法行于《晋书》。参以当时诸籍相雠正,汰其诬罔,节其冗长,湔其乱杂,整其颠错,补其脱略,阙其疑而不可了了者,间复为评为注,以明其得失,助其未逮。凡节删之,得什之四,全删之,得什之二,正其舛误纰谬,得什之三,其篇第章句,俱不改其原次。是虽未能攀附荀、李两家,而省约易习,整洁适用,此为《晋书》别开生面。后来郭凝初《晋记》则任意改修,失其本真,故与是编之仅仅删补者,不相侔矣。书成于崇祯己卯,自为之序,冠以《释例》,列籍考世系传授一统割据四图,又有《年表》及引评姓氏。

《郘亭知见传本书目》:《更定晋书》一百三十卷,明蒋之翘撰。有刊本,《四库》入《存目》。

项笃寿《晋书论赞》

按:见《四库存目》著录,详《史记论赞》条。

唐顺之《两晋解疑》一卷

《四库存目》:《两晋解疑》一卷(浙江巡抚采进本)。明唐顺之撰。持论与所作《两汉解疑》相类,而乖舛尤多。如贾充一条,称秦桧有息民之功,故得善终。冯道和蔼温柔,故有长乐老之荣,悖理殊甚。顺之学问文章,具有根柢,而论史之纰谬如此,盖务欲出奇胜人,而不知适所以自败,前明学者之通病也。

《郑堂读书记》:《两晋解疑》一卷(借月山房汇抄本),明唐顺之撰。《四库全书》存目。是书亦取两晋史事设问,而以己意解之。自羊祜以迄桓温,凡十七条。较《两汉》所解,边幅稍窘,而议论务欲出奇制胜,宜其纰缪之难免也。

《八千卷楼目》:《两晋解疑》一卷,明唐顺之撰。《学海类编》本,忏花盦本。

以上元明时人

郭伦《晋纪》六十八卷

《浙江采进遗书目》:《晋纪》六十四卷(写本),国朝举人萧山郭伦撰,为世系一,为本纪二,为内纪一,为列传三十四,为十六国录十二,为志八,为□志一。

《四库存目》:《晋纪》六十八卷(浙江巡抚采进本),国朝郭伦撰。伦字凝初,号西山,萧山人。乾隆丙子举人。是书前有伦自序,称读《晋书·荀勖传》,至高贵乡公欲为变一语,以为大悖于理。又如宣、景、文及身不帝,而列诸本纪,孙旗牵秀助乱之徒,乃与缪播阎鼎同列。贾充、姚苌传述鬼神事,竟如优俳。诸国载记,不年不月,复杂而无章。谯登、许肃之忠义,阙而不载。潘岳诸人之文,无关治乱,乃皆胪之本传。其间谋臣硕士,如张华、羊祜、杜预、王浚、刘琨、祖逖、陶侃、王导、温峤、谢安之谟猷,以及刘、石诸人之雄武,而本传芜冗,曾不足发其不可磨灭之概,至清言娓娓,乃司马氏所以乱亡,而缕述不衰,皆取舍失衷,是非瞀乱,因重为刊定,勒成此编。其中惟诸志稍有可观,悉仍旧贯。其余删其冗琐,更易旧文,为世系一,本纪三,内纪一,志八,列传四十一,十六国录十四。积十五年乃成,较原本颇明简。然亦有体例未善者,如司马懿父子,改为世系是已。至于《吕后本纪》见于《史记》,实以临朝,范史沿流,已失编年之本义,伦改传为纪,于例殊乖。平吴功臣,别立名目,史家亦无此法。推其根据,盖袭《史记·高祖功臣》,然彼自表例,非传例也。《五行志》散入本纪,固足破附会之论。若删除《列女》,使因事附见于诸传,设如陶婴之类,黄鹄不双,既与时事无关,又无族属可系者,将竟遗之乎。阮籍虽未仕晋,然劝进一笺,本集具载,此其意存党篡,百喙无词。自当以徐昂《发畏垒笔记》所论为是,载之晋史,所以诛心。乃附之《阮咸传》中,俾与陶潜称晋为一例,非至公也。桓温虽未亲篡,而跋扈不臣,至擅废立,其先导桓元,何啻曹操之开曹丕,律以无将之义,书叛何词,伦故未减之,亦为好持异论,他如史家之难,莫过表志,《晋书》既不立表,自宜补作。诸志漏略颇多,地理尤无端绪,亦急宜掇拾放逸,为之葺完。乃惮于改作,竟仍其旧,是亦未免因陋就简者矣。

《郑堂读书记》:《晋记》六十八卷,有斐堂刊本,国朝郭伦撰(伦字凝初,号幼山，萧山人，乾隆丙子举人)。《四库全书》存目。幼山读《晋书·荀勖传》至高贵乡公欲为变语，以为其言大悖；若宣、景、文列诸本纪，孙旗、牵秀之徒，为之列传；贾充、姚苌传，详说鬼神；诸国载记，复杂无章，北魏道武以前之事，及谯登、许肃忠义之臣，皆阙而不载；潘岳诸人之文，尽胪之本传；谋臣硕士之传，俱极芜冗；而清言为亡晋之资，又缕述之不衰，均难免于取舍失衷，是非瞀乱矣。因删削以成是编，凡为世系一，为本纪三，为内纪一，为志八，为列传四十一，为十六国录十四(北燕并东燕，故虽增代，仍为十六国)，凡六十八卷。案幼山指摘《晋书》之失，有极是者，有极非者。今就是书推而论之：如正史本纪，必从其创业者为始，不必身践帝位也。此例仿于《史记》各本纪及世家。唐修《晋书》，以宣、景、文为本纪，实用《史记》及《魏志》之例，而幼山改为世系，殆失于不考。以诸后为内纪，虽本范氏，而增一“内”字，亦属杜撰。列传一八臣之目，列传三平吴功臣之目，列传十二任放之目，及列传二十七中康乐公谢安之称，尤为无稽。至十六国录十四，忽及代事，考十六国之称，从来无代国在其中，况北魏已有正史，何劳重出？乃效《欧史》四夷附录纪及辽事之例，而为此屋下之屋。然《欧史》不以之入《十国世家》也。苟以其事与晋代相值而及之，将孙皓一朝，其即位之二年，适当晋受魏禅之岁，奚为又不重见乎。总之，大纲既失，其他不必细论也。前有乾隆甲戌自序，及雷翠庭(鋐)、秀水朱(坤)二序。《浙江采集遗书总目提要》一则。

郭任之《晋书摘谬》二卷

《浙江采进遗书目》：《晋书摘谬》二卷，国朝萧山郭任之撰。

毕沅《晋书地理志新补正》五卷

按：见《八千卷楼书目》著录。注云：经训堂本、式训堂本、广雅局本。

《耳食录》：《补晋书地里》，《晋书》之《地理志》，讹漏特甚，经训堂搜辑群书补正之。

陈与郊《辑晋书钩亥》二卷

按：见《淡生堂书目》著录。

佚名《晋史删》四十卷

按:见《淡生堂书目》著录。

洪亮吉《补东晋疆域志》四卷

按:见《八千卷楼书目》著录。注云:刊本,北江全集本、广雅局本。

徐文苑《东晋舆地表》

按:见《涵芬楼书目》著录。注云:广雅局本。

丁国钧《补晋书艺文志》四卷,《附录》一卷

按:见《江南图书馆目》著录。注云:常熟丁氏家刊本。

丁国钧《晋书校文》五卷

按:见《江南图书馆目》著录。注云:常熟丁氏家刊本。

钱仪吉《补晋兵志》一卷

按:见《涵芬楼书目》著录。注云:训纂堂本。

钱仪吉《晋会要》

《书目答问补正》:钱仪吉撰《晋会要》未成,稿旧在萧山汤纪尚处。

周云《晋书校勘记》四卷

按:见《八千卷楼目》著录。注云:广雅局本。

张次仲《晋书纂》

按:见《浙江通志·艺文志》著录。

方恺《晋书地理志校补》

按:见《涵芬楼书目》著录。

周家禄《晋书校勘记》五卷

按:见《浙江图书馆目》著录。注云:广雅本。

郝懿行《补晋书刑法志食货志》

按:见郝兰皋《著述晋目》著录。

杭世骏《晋书补传赞》一卷

按:见《八千卷楼书目》著录。著云:七种本,外集本。

《郑堂读书记》:《晋书补传赞》一卷(东浦八种本),国朝杭世骏撰。是书取《晋书》中文立、陈寿、王长文、李密、杜轸、何攀六人之传,为之补注,以赞之。一部《晋书》,惟此六传是巴蜀人,故常(璩)《华阳国志》俱有传,董浦即来辑《国志》之文,分附《晋书》传文之下,以为补注。并仿《晋书》赞体,各为之赞,寥寥数人,而又止据一书,不足以言著作。意其欲著全书,而姑以此启其端耳。

钱大昕《晋书考异》五卷

按:见《潜研堂全书》著录。详《史记考异》条。

洪颐煊《晋书考异》二卷

按:见《八千卷楼目》著录。详《三国志考异》条。

朱骏声《晋代谢氏世系考》一卷

按:见《行素堂书目》著录。

徐时贞《校勘晋书》四十二本

按:见《传是楼书目》著录。

周济《晋略》十卷

《八千卷楼书目》:《晋略》十卷,国朝周济撰(刊本)。

《南通图书馆目》:《晋略》六十六卷,清周济撰(味隽斋重刊本)。

劳格《晋书校勘记》三卷

按:见《八千卷楼目》著录。

《书目答问补正》:劳格《晋书校勘记》三卷,月河精舍本、广州局本。

文廷式《补晋书艺文志》六卷

按:见《书目答问补正》著录。注云:宣统元年湖南排印本。

吴士鉴《晋书斠注》五十六卷

按:见《书目答问补正》著录。注云:未刊。

吴士鉴《补晋书经籍志》(四卷)

按:见《涵芬楼书目》著录。注云:含嘉堂刊本。

卢文劭《晋书校正》

按:见《群书拾遗目》著录。

丁谦《晋书四夷传地理考证》一卷

按:见《浙江图书馆丛书目》著录。

杨守敬《晋地理志图》

按:见《观海堂汇刻目》著录。

以上清时人

《正史汇目》第九　《宋书》部

(一)沈约《宋书》未成前目

何承天《宋书》

《宋书·何承天传》:元嘉十六年,除著作佐郎,撰国史。承天年已老,而诸佐并名家少年,颍川荀伯子嘲之,常呼为奶母。承天曰,卿当云凤凰将九子,奶母何言邪。

《史通·正史篇》:元嘉中,著作郎何承天草创纪传,自此以外,悉委奉朝请山谦之补承天残缺。后又命裴松之续成国史。

裴松之《宋书》

《宋书·裴松之传》:元嘉十四年,领国子博士,续何承天国史,未及撰述,二十八年卒(《南史·裴松之传》:撰《国史要览》二十卷)。

《史通·正史篇》:后又命裴松之续成国史,松之寻卒。

孙冲之《宋书》

《宋书·臧质传》:孙冲之,晋秘书监盛曾孙也。

《宋书·邓琬传》:冲之以附逆败诛,不及撰述史事。

《史通·正史篇》:松之寻卒,史佐孙冲之表求别自创立,为一家之言。

山谦之、苏宝生《宋书》

《宋书·徐爰传》:元嘉中,使著作郎何承天草创国史,世祖(即武帝)初又使奉朝请山谦之,南台御史苏宝生踵成之。

《史通·正史篇》:孝建初,又敕南台侍御史苏宝生续造诸传,元嘉名臣,皆其所撰。

徐爰《宋书》六十五卷

《宋书·徐爰传》:先是元嘉中使何承天草创国史,世祖初又诏山谦之、苏宝生踵成之。六年,又以爰领著作郎,使终其业。爰虽因前作,而专为一家之书。上表曰,皇宋剿定鲸鲵,天人伫属,而恭服勤于三分,让德迈于不嗣,宜依衔书改文,登舟变号。起元义熙,为王业之始,载序宣力,为功臣之断。其伪玄篡窃,同于新莽,虽灵武克殄,自详之《晋录》,及犯命干纪,受戮霸朝,虽揖禅让之前,皆著之宋策,国典体大,请外详议,伏须遵承(表语《南史》不录)。于是江夏、王义恭等三十五人,同爰议,宜以义熙元年为断。王休若、檀道鸾二人,谓宜以元兴二年为始。虞龢谓,宜以开国为宋公元年。诏曰,项籍圣公,编录二汉,前史已有成例,《桓玄传》宜在宋典,余如爰议。

沈约《宋书·自序》:何承天始撰《宋书》,草立纪传,止于武帝功臣,其所撰志惟《天文》、《律历》,自此外悉委山谦之。谦之病亡,苏宝生续造诸传,元嘉名臣,皆其所撰。大明中,徐爰因何苏所述,勒为一史。起自义熙,初讫大明。末至于臧质、鲁爽、王僧达诸传,又皆孝武所造。自永光以来,至于禅让,十余年内,缺而不续。且事属当时,多非实录。又立传之方,取舍乖衷,垂之方来,难以取信。

《史通·正史篇》:宝生被诛,大明六年,又命著作郎徐爰踵成前作。爰因何、孙、山、苏所述,勒为一书,其臧质、鲁爽、王僧达诸传,又皆孝武自造,而叙事多虚,难以取信。

《隋书·经籍志》:《宋书》六十五卷,宋中散大夫徐爰撰。

《隋书经籍志考证》:《开元占经》引爰书元嘉十三年,诏太史令钱乐之铸浑天铜仪。十七年,又被敕作小浑天一事。今见沈《天文志》,而《州郡志》所称何志、徐志甚多。《律历志序》曰,《天文》、《五行》,徐志肇义熙之元。《南齐书·百官志》引何、徐《宋志》州牧督军,起于魏武语。《太平御览·服章部》引志曰,武弁,世谓之龙冠也。《偏霸部》载宋武帝始末,似属武帝全篇,少帝则仅节引数十语。《人事部》武帝登祚,加顾延之金章紫绶(《初学记·人事部》)。刘元景少便弓马,夙以勇称。《治道部》申恬拜殿中将军,禁省八载不休。《艺文类聚》帝王部、符命部并引武帝符瑞,生有神光。《北堂书钞·帝王部》引一世之雄句。《唐志》四十二卷。

孙严《宋书》六十五卷

《隋书·经籍志》:《宋书》六十五卷,齐冠军录事参军孙严撰。

《隋书经籍志考证》:《文选·袁阳源仿白马篇诗》注引袁淑一事,题作孙严《宋书》。《初学记·地部》高祖平关洛,致钟虡旧器南还,一大钟落水。又汉中城固县汉水崩,岸有铜钟十二枚出,自潜壤,二事。并同《选注》,作孙严。又高祖表沙门什法义于嵩庙坛下,得玉璧黄金。宗炳结宇衡山,欲怀向平之志。高祖北伐,沈田子姚宏率众掩至青尼关。又《礼部》袁淑愿上封禅书。《太平御览·兵部》柳元景北讨军副,柳元怙合战。《人事部》桓彦宗倜傥不拘小节。少帝乌啄嘶声。宗悫任气好勇,不为乡曲所知。刘宣晓天文梦凡土服之。徐湛之室宇田园,贵游莫及。宋越父为蛮所杀,越冒于市口刺之。《宗亲部》许照先诸父肇系狱,照先馈饷七年。已上共引十三事。同《隋志》作孙严。《唐志》五十八卷。

陆澄《宋书》

《南齐书·陆澄传》:澄欲撰《宋书》,竟不成。王俭戏之曰,陆公书厨也。

王智深《宋纪》三十卷

《南齐书·文学传》: 世祖敕王智深撰《宋纪》, 智深以贫告于豫章王, 王曰须卿书成, 当相论以禄。书成三十卷, 世祖召见, 令拜表奏上, 表未奏而世祖崩。隆昌元年敕索其书。初智深为司徒袁粲所接, 及撰《宋纪》, 意常依依。粲幼孤, 祖母名其为愍孙, 后慕荀粲自改名, 会稽乔贺讥之, 智深于是著论。

《隋书经籍志考证》: 《宋纪》三十卷, 齐竟陵王司徒参军王智深撰, 不著录。《水经·泗水注》刘义恭遣嵇元敬觇候魏军。《汝水注》汝南太守周矜起义于悬瓠。《初学记·人部》诏征士周绩立学于东陵。又宋明帝姿貌与圭璧等质。孔淳之与释沄崇为得意之交。《居处部》氐人杨难当居仇池。《器物部》刘彦范举兵潜作舰艅。《宝器部》江湛举汪微为吏部郎, 不受。《太平御览·礼仪部》齐宣帝坟茔有云气。《服章部》明帝用冕服诏。《兵部》孝武使沈攸之伐刘诞, 龙骧将军卜天生推车塞堑。《人事部》高祖召谢景仁须至乃飧。共引智深《宋纪》十二事。

文明中《宋书》六十一卷

《隋书·经籍志》:《宋书》六十一卷,宋文明中撰。梁有隋亡。

王琰《宋春秋》二十卷

《隋书·经籍志》:《宋春秋》二十卷,梁吴兴太守王琰撰。

《隋书经籍志考证》:《初学记·器物部》明帝性多忌讳,亦恶白字,古来名人有白字,辄加改易。《太平御览·兵部》龙骧将军陈伯绍讨刘思道,会绍髻解兜鍪坠退走。《禽木部》义熙八年,太社梲树生于坛侧。此三事并引王琰《宋春秋》。《唐志》卷同。

鲍衡卿《宋春秋》二十卷

《唐书·经籍志》:《宋春秋》二十卷,鲍衡卿撰。

(二)沈约《宋书》成后目

裴子野《宋略》二十卷

《梁书·裴子野传》:初子野曾祖松之,宋元嘉中,受诏续修何承天《宋史》,未及成而卒。子野常欲继成先业。及齐永明末,沈约所撰《宋书》既行,子野更删撰为《宋略》二十卷。其叙事评论多善,约见而叹曰,吾弗逮也。兰陵萧琛,北地传昭,汝南周舍,咸称重之。至是吏部尚书徐勉言之于高祖,为著作郎,掌国史及起居注。

《史通·正史篇》:自永光已后,至禅让十余年中,阙而不载。至齐著作郎沈约更补缀所遗,制成新史。始自义熙肇号,终乎升明三年,为纪十,志三十,列传六十,合百卷,名曰《宋书》。永明末,其书既行,河东裴子野更删为《宋略》二十卷。沈约见而叹曰:吾所不逮也。由是世之言《宋史》者,以裴《略》为上,沈《书》次之。

《史通·论赞篇》:袁宏、裴子野自显姓名。

《史通·载文篇》:历选众作,求其秽累,王沈、鱼豢是其甚焉;裴子野、何之元抑其次也。

《史通·曲笔篇》:子野、休文释纷相谢。用舍由乎臆说,威福行乎笔端,斯乃作者之丑行,人伦所同疾也。

《史通·模拟篇》:夫当时所记或未尽,则先举其始,后详其末,前后相会,隔越取同。若左氏成七年,郑获楚钟仪献晋,至九年,晋归钟仪于楚以求平,其类是也。至裴子野《宋略》叙索虏临江,太子劭使力士排徐湛、江湛僵仆,于是始与劭有隙。其后三年,有江湛为元凶所杀事。以此而拟左氏,亦所谓貌异而心同也。凡列姓名,罕兼其字。苟前后互举,则观者自知。如《左传》上言羊斟,则下曰叔牂;(一作"子臧",一止作"臧",并误),前称子产,则次见国侨,其类是也。至裴子野《宋略》亦然。何者?上书桓玄,则下云("云"旧误作"有")敬道;后叙殷铁,则先著景仁。以此而拟左氏,又所谓貌异而心同也。《左氏》与《论语》,有叙人酬对,苟非烦辞积句,但是往复唯诺而已,则连续而说,去其"对曰"、"问曰"等字。如裴子野《宋略》云:李孝伯问张畅:卿何姓,曰姓张。张长史乎。以此而拟《左氏》、《论语》,又所谓貌异而心同也。

《史通·人物篇》:裴几原(子野字)删略《宋史》,时称简要。至如张祎阴受君命,戕贼零陵,乃守道不移,饮鸩而死("死"一作"绝")。虽古之钼麑义烈,何以加诸。鲍昭文宗学府,驰名海内,方于汉代褒、朔之流。事皆阙如,何以申其褒奖。

《史通·杂说篇中》:裴几原(子野)删略《宋史》定为二十篇。芟烦撮要,实有其力。而所录文章,颇伤芜秽。如文帝《除徐傅官诏》,颜延年《元后哀册文》,颜峻《讨二凶檄》,孝武《拟李夫人赋》,裴松之《上注国志表》,孔熙先《罪许曜词》,凡此诸文,是尤不宜载者。

《隋书·经籍志》:《宋略》二十卷,梁通直郎裴子野撰。

《隋书经籍志考证》:《通典·选举门》引鸿胪卿裴子野论,是其论赞,既自显姓名,并书官爵,所言宋明帝聪博好文史,才思朗捷一篇,《文苑英华》称为《雕虫论》。又有总论,究详宋代始终,至二千四百余言,亦载于《文苑英华》,其体盖仿干宝《晋纪总论》。《太平御览·乐府》引先王作乐崇德,以格神人。论与《通典·乐门》所载同。《资治通鉴》取裴子野论十一事。《考异》中亦多取《宋略》。《史通》所讥不宜载之文,今逸篇中皆未之见。《唐志》卷同。

佚名《宋中兴伐逆事》二卷

《隋书·经籍志》:《宋中兴伐逆事》二卷。

《隋书经籍志考证》:无撰名,《唐志》入故事类。

谢绰《宋拾遗》十卷

《史通·书志·五行篇》:近者宋氏,年唯五纪,地止江淮,书满百篇,号为繁富。作者犹广之以《拾遗》,加之以《语录》。

《史通·书事篇》:谢绰拾沈约之遗。

《史通·忤时篇》:休文所缺,荀(当作"谢")绰裁其《拾遗》。

《史通·杂述篇》:国史之任,记事记言,视听不该,必有遗逸。于是好奇之士,补其所亡,若和峤《汲冢纪年》……谢绰《拾遗》,此之谓逸事者也。

《隋书·经籍志》:《宋拾遗》十卷,梁少府卿谢绰撰。

《隋书经籍志考证》:《史通》荀绰,乃谢绰之讹(又《书志篇》百官舆服谢拾孟坚之遗言谢沈、谢承《后汉书志》非言谢绰也)。《唐志》作宋拾遗录。《初学记·地部》引张永开元武湖,得新威斗。《职官部》太祖称王华、王昙首、殷景仁、刘湛一时之秀,同管喉舌。《礼部》桓温葬姑孰,青山平坟,不为封域。《器物部》戴明宝儿为五色珠帘。《服食部》王悦为吏部郎,邻省有会同者,遗悦饼一瓯,不受。《北堂书钞·武功部》檀道济白服在军,为虏所惮。《太平御览·人事部》何尚之、颜延年并短小似猴,《礼仪部》太祖召颜延年访觅在酒肆,《病疾部》宗悫表言贫贱时,疾病,梦见童子青衣,与王母符服之,共引九事,作《宋拾遗记》。《唐六典》注千牛刀一事作《宋拾遗录》。

刘璠《宋典》三十卷

按:见《唐书·艺文志》著录。

以上唐以前人

嘉祐校雠《宋书》

《郡斋读书志》:嘉祐中,以宋、齐、梁、陈、魏、北齐、周书舛谬亡缺,始诏馆职雠校。……政和中,始皆毕,颁之学官,民间传者尚少。

《玉海》:嘉祐六年八月庚申,诏三馆秘阁,校理宋、齐、梁、陈及魏、周、北齐七史书有不全者访校之。

项笃寿《宋书论赞》三卷

按:见《四库存目》著录,详《史记论赞》条。

以上宋明人

郝懿行《晋宋书考》一卷

按:见《书目答问》著录。注云:《郝氏遗书》本。《补正》:广州局本,粤雅堂本。

郝懿行《晋宋书考补》

按:见《书目答问补正》著录。注云:钱仪吉刻郝氏史学三种本。

郝懿行《宋书琐语》一卷

按:见《八千卷楼书目》著录。注云:《郝氏全书》本。

郝懿行《补宋书·刑法志·食货志》二卷

按:见《八千卷楼书目》著录。注云:《郝氏全书》本,广雅局本。

洪饴孙《补宋书·疆域志》

按:见《涵芬楼书目》著录。注云:广雅局本。

成蓉镜《宋州郡志校勘记》一卷

按:见《书目答问补正》著录。注云:南菁书院本,广州局本。

洪亮吉《宋书音义》四卷

按:见《书目答问》著录。注云:未刊。

丁谦《宋书夷貊传地理考证》一卷

按:见《浙江图书馆丛书目》著录。

侯康《补宋书艺文志》一卷

按:见《书目答问补正》著录。注云:未见传本。

钱大昕《宋书考异》二卷

按:见《潜研堂全书目》著录。详《史记考异》条。

洪颐煊《宋书考异》二卷

按：见《八千卷楼目》著录。详《三国志考异》条。

以上清人

杨守敬《刘宋州郡志图》

按：见《观海堂丛刻目》著录。

刘世珩印《宋书札记》一百卷

《书目答问补正》：近年贵池刘世珩玉海堂影宋蜀大字本《宋书》一百卷，附札记。

以上近人

《正史汇目》第十　《齐书》部

(一)萧子显《齐书》未成前目

檀超等《齐书条例》

《南齐书·檀超传》:建元二年,初置史官,以超与骠骑记室江淹掌史职,上表立条例。开元纪号,不取宋年,封爵各详本传,无假年表。立十志,《律历》、《礼乐》、《天文》、《五行》、《郊祀》、《刑法》、《艺文》依班固;《朝会》、《舆服》依蔡邕、司马彪;《州郡》依徐爰,《百官》依范晔。合《州郡》。班固五星载《天文》,日蚀载《五行》,改日蚀入《天文志》,以建元为始。帝女体自皇宗立传,以备甥舅之重。又立《处士》《列女传》,诏内外详议。左仆射王俭议,金粟之重,八政所先,食货通则国富民实,宜加编录,以崇务本。《朝会志》前史不书,蔡邕称先师胡广说《汉旧仪》,此乃伯喈一家之意,曲碎小仪,无烦录。宜立《食货》,省《朝会》。《洪范》九畴,一曰五行,五行之本,先乎水火之精,是为日月五行之宗也。今宜宪章前轨,无所改革。又立《帝女传》,亦非浅识所安,若有高德异行,自当载在《列女》,若止于常美,则仍旧不书。诏日月灾隶天文,余如俭议。

江淹《齐史》十志

《梁书·江淹传》:淹著述百余篇,自撰为前后集,并《齐史》十志,并行于世。

《史通·正史篇》:江淹始受诏著述,以为史之所难,无出于志,故先著十志,以见其才。

江淹《齐史》十三卷

《史通·正史篇》注:《隋志》:江淹《齐史》十三卷,亡。《南史本传》云与司徒左长史檀超共为条例,为王俭所驳,所撰十三篇,竟无次序,即指此也。

熊襄《齐典》

《南齐书·檀超传》:建元二年,初置史官。超史功未就,卒官,江淹撰成之,犹不备也。时豫章熊襄著《齐典》,上起十代,其序云,《尚书·尧典》,谓之《虞书》。则附所述,故通谓之齐,名为《河洛金匮》。

何点《齐书》

《南齐书·高逸传》:何求弟点,好狎人物。建元中褚渊、王俭为宰相,点谓人曰,我作《齐书》已竟,赞云渊既世族,俭亦国华,不赖舅氏,遑恤外家。俭欲候之,知不可见,乃止。

沈约《齐纪》二十卷

《梁书·沈约传》:约所著《齐纪》二十卷。

《宋书·自序》:永明二年(齐武帝号),又忝兼著作郎,撰次《起居注》。

《史通·正史篇》:沈约复著《齐纪》二十篇。

《隋书·经籍志》:《齐纪》二十卷,沈约撰。

《隋书经籍志考证》:《文选·奏弹刘整》注引约纪曰,刘整宋吴兴太守兄子,历位持节,都督交广三州也。《通鉴考异》升明元年,十二月,沈攸之至夏口事,谓约记误。又引桓崇击魏大破之,诏李安民往迎桓,标之众,魏使李道固至齐。孔颛上言铸钱。张稷等议立湘东王。共五事。又黄蛮文勉德,约纪作文施德,樊谐城作樊阶城。《太平御览·学部》引顾欢悲读蓼莪之篇。《菜茹部》引韩灵敏与兄灵珍种瓜事。

(二)萧子显《齐书》成后目

刘陟《齐纪》十卷

《隋书·经籍志》:《齐纪》十卷,刘陟撰。

《史通·史官建置篇》:齐、梁二代,又置修史学士,陈氏因循,无所变革,若刘陟、谢昊、顾野王、许善心之类是也。

吴均《齐春秋》三十卷

《梁书·文学传》:均表求撰《齐春秋》,书成,表奏之。高祖以其书不实,使中书舍人刘之遴诘问数条，竟支离无对。敕付省焚之，坐免职。著《齐春秋》三十卷。

《史通·正史篇》：（梁）时奉朝请吴均亦表请撰《齐史》，乞给起居注并群臣行状。有诏：齐氏故事，布在流俗，闻见既多，可自搜访也。均遂撰《齐春秋》三十篇。其书称梁帝为齐明佐命，帝恶其实，诏燔之。然其私本，竟能与萧氏所撰并传于后。

《史通·编次篇》：《春秋》嗣子谅闇，未逾年而废者，既不成君，故不别加篇目。……而吴均《齐春秋》乃以郁林为纪，事不师古，何滋章之甚欤。

《史通·叙事篇》：魏收《代史》，称刘氏纳贡，则曰"来献百牢"。吴均《齐录》叙元日临轩，必云"朝会万国"。夫以吴征鲁赋，禹计涂山，持彼佳事，用为今说，置于文章则可，施于简册则否矣。

《史通·模拟篇》：五始所作，是曰《春秋》；《三传》并兴，各释经义。如《公羊传》屡云：何以书？记其事也。此则先引经语，而继以释辞，势使之然，非史体也。如吴均《齐春秋》，每书灾异（"异"一作"变"），亦曰：何以书？记异也。夫事无他议，言从己出，辄自问而自答者，岂是叙事之理者邪。以此而拟《公羊》，又所谓貌同而心异也。

《隋书·经籍志》：《齐春秋》三十卷，梁奉朝请吴均撰。

《隋书经籍志考证》：《初学记》引宜都王铿屏风压背，言谈不辍一事。《北堂书钞·设官部》引柳世隆门三台不绝一事。《文选注》十二事。《太平御览》二十四事。《唐志》卷同。

王逸《齐典》五卷

《隋书·经籍志》：《齐典》五卷，王逸撰。

《隋书经籍志考证》：《唐志》四卷，入仪注类。

萧方等《齐典》十卷

《隋书·经籍志》：《齐典》十卷。

《江南通志·艺文志》：《齐典》十卷，梁湘东世子萧方等撰。

吴兢《齐史》十卷

按：见《唐书·艺文志》著录。

许亨《齐书》五十卷

《陈书·文学传》:许亨初撰《齐书》并志五十卷,遇乱失亡。

嘉祐校雠《齐书》

按:见上《宋书》引。

治平校定《南齐书》

《郡斋读书志》:治平中,曾巩校定南齐、梁、陈三书上之。

李焘《齐梁本支》

《宋史·李焘传》:焘所著有《齐梁本支》。

洪迈《齐书精语》三卷

按:见《南精书舍目》著录。

佚名《南齐书策要》二卷

按:见《京师图书馆善本书目》著录。详《史记策要》条。

以上唐宋时人

项笃寿《南齐书论赞》三卷

按:见《四库存目》著录。详《史记论赞》条。

丁谦《南齐书夷貊传地理考证》一卷

按:见《浙江图书馆丛书目》著录。

侯康《补齐书艺文志》一卷

按:见《书目答问补正》著录。注云:未见传本。

钱大昕《南齐书考异》一卷

按:见《潜研堂全书目》著录。详《史记考异》条。

洪颐煊《南齐书考异》一卷

按:见《八千卷楼目》著录。详《三国志考异》条。

以上明清时人

杨守敬《萧齐州郡志图》

按：见《观海堂丛书目》著录。

以上近人

《正史汇目》第十一　《梁书》部

(一)姚思廉《梁书》未成前目

沈约《高祖纪》十四卷

《梁书·沈约传》:约字休文,笃志好学,昼夜不倦,所著《高祖纪》十四卷。

徐勉《别起居注》六百卷

《梁书·徐勉传》:勉常以起居注烦杂,乃加删为《别起居注》六百卷。

《南史·徐勉传》:勉作《流别起居注》六百六十卷。

《隋书经籍志考证》:《别起居注》六百卷,梁徐勉撰。不著录。《隋志》《流别起居注》三十七卷,列于宋起居注前,且卷数悬殊,自与勉撰各为一书。但《梁书》去流字,当是脱落。

《金搂子·聚书篇》:为扬州刺史时,就吴中诸士大夫,写得起居注,又得徐勉起居注。

周舍等《梁史》

《隋书·百官志》:梁秘书丞置监丞各一人,郎四人,掌国之典籍图书。著作郎一人,佐郎八人,掌国史集注起居,著作郎谓之大著作,梁初周舍、裴子野,皆以他官领之。

周兴嗣《梁史》

《梁书·文学传》:周兴嗣,字思纂,为员外散骑侍郎,佐撰国史,迁给事中,撰史如故。普通二年卒,所撰《皇帝实录》,《皇德记》,《起居注》、《职仪》等百余卷。

任孝恭《梁史》

《梁书·任孝恭传》:孝恭与高祖有旧,高祖闻其才学,召入西省撰史。

梁简文帝《昭明太子传》五卷,《诸王传》三十卷

《梁书·简文帝本纪》:所著《昭明太子传》五卷,《诸王传》三十卷,行于世。

萧大圜《梁旧事》三十卷

《周书·萧大圜传》:大圜字仁显,梁简文帝之子,幼而聪敏,神情俊悟,梁元帝封晋熙郡王。及于瑾军至,元帝乃令使请和,大圜副焉。其实质也。太祖以客礼待之。建德四年,除滕王逌友。逌尝问大圜曰,吾闻湘东王作《梁史》,有之乎。余传乃可抑扬,帝纪奚若,隐则非实,记则攘羊。对曰,言者之妄也。如使有之,亦不足怪。昔汉明为《世祖纪》,章帝为《显宗纪》,殷鉴不远,足为成例。且君子之过,如日月之蚀,彰于四海,安得而隐之。如有不彰,亦安得而不隐。盖子为父隐,直在其中。讳国之恶,抑又礼也。逌乃大笑。大圜性好学,务于著述,撰《梁旧事》三十卷。

《隋书·经籍志》:《梁旧事》三十卷,内史侍郎萧大圜撰。

《隋书经籍志考证》:圜原作环,《钱氏考异》曰当作圜。《唐志》作《梁魏旧事》。《太平寰宇记》江南东道石英宝赐姓阮氏,时人名所居之溪为阮氏溪。又梁武时,童谣曰,鸟山出天子。又曰,天子之居在三余。并作《梁陈旧事》。

萧世怡《淮海乱离志》四卷

《隋书·经籍志》:《淮海乱离志》四卷,萧世怡撰。叙梁末侯景之乱。

《隋书经籍志考证》:《周书·萧世怡传》不载其著书,惟《萧圆肃传》(《北史·圆肃传》同)称圆肃撰,《淮海离乱志》四卷。《新唐志》同四卷,入杂史类,而题名萧大圜(刘知几《史通》同)。然大圜本传亦不载。《通志·校雠略》曰,《海宇乱离志》、《唐志》类于杂史是,《隋志》类于编年非(《旧唐志》入编年亦作淮海,惟《通志》作海宇)。

徐陵《梁史》

《陈书·徐陵传》:陵字孝穆,太清二年,兼通直散骑常侍,使魏,会齐受禅,陵累求复命,终拘留不遣。及齐送贞阳侯为梁嗣,乃遣陵随还。陈天嘉

年领大著作。

《史通·核才篇》:历观古之作者,若蔡邕、刘峻、徐陵、刘炫之徒,各自谓长于著书,达于史体,然观侏儒一节,而他事可知。……孝穆在齐,有志《梁史》,及还江左,书竟不成。嗟乎,以徐公文体,而施诸史传,亦犹灞上儿戏,异乎真将军,幸而量力不为,可谓自卜者审矣。

萧韶《梁太清纪》十卷

《南史·萧韶传》:韶初封上甲县都乡侯,太清初,为舍人。城陷奉诏西奔,及至江陵,人士多往寻觅,令韶说城内事。韶不能人人为说,乃疏为一卷,客问者,便示之。湘东王闻而取看,谓曰,昔王韶之为《隆安记》十卷,说晋末之乱离,今之萧韶,亦可为《太清纪》十卷矣。韶乃更为《太清纪》。其诸议论,多谢、吴为之,韶既承旨,撰著多非实录,湘东王德之。

《史通·杂说》注:其王褒、庾信等事,又多见于萧韶《太清纪》、萧大圜《淮海乱离志》、裴政《太清实录》、杜台卿《齐纪》。而令狐德棻了不兼采,以广其书。盖以其中有鄙言,故致遗略。

《隋书·经籍志》:梁《太清纪》十卷,梁长沙藩王萧韶撰。

《隋书经籍志考证》:《通鉴考证》多引《太清记》。《太平御览·宗亲部》引刘孝仪诸妹文采艳质,甚于神人三句。《唐志》卷同,《宋志》入传记类。

谢吴《梁书》四十九卷

《史通·正史篇》:梁史武帝时,沈约与给事中周兴嗣、步兵校尉鲍行卿、秘书监谢昊(《隋志》作吴)相承撰录,已有百篇。值承圣沦没。并从焚荡。

《隋书·经籍志》:《梁书》四十九卷,梁中书令谢吴撰。本一百卷。

《隋书经籍志考证》:《唐志》有谢昊、姚察《梁书》三十四卷,与姚察合著,恐《唐志》有误。《通志·艺文略》讹谢作林。

谢昊《梁典》二十九卷

《新唐书·艺文志》:《梁典》二十九卷,谢昊撰。

姚察《梁书帝纪》七卷

《陈书·姚察传》:元帝授察原乡令,时中书侍郎领著作杜之伟与察深相眷遇，表用察佐著作，乃撰史。陈太建初，补宣明殿学士，历戎昭将军，知撰《梁史》事。固辞不免，后主纂业，知撰史如故。陈灭入隋，开皇九年，诏受秘书丞，别敕成梁、陈二代史。所撰梁、陈二代史，虽未毕功，隋文帝开皇之时，遣内史舍人虞世基索本且进上，今在内殿。梁、陈二史，本多是察之所撰。其中序论及纪传，有所阙者，临亡之时仍以体例诫约子思廉，博访撰续。

《史通·正史篇》：陈祠部郎中姚察，有志撰述（"述"一作"勒"），施功未周。但既当朝务，兼知国史，至于陈亡，其书不就。

《隋书·经籍志》：《梁书帝纪》七卷，姚察撰。

许亨《梁史》五十三卷

《陈书·文学传》：许亨撰《梁史》，成者五十八卷（《南史》同）。

《隋书·许善心传》：初善心父亨撰著《梁史》，未就而没，善心述成父志，修续家书，其叙传末述著作之意曰，先君昔在前代，早怀述作。《梁书》纪传，随事勒成。及阙而未就者，目录注为一百八卷。梁室交丧，所撰之书，一时散亡。有陈初建，诏为史官，依旧目录，更加修撰，且成百卷。已有六帙，五十八卷，上秘阁讫。善心早婴荼蓼，弗荷薪构，太建之末，频抗表闻，至德之初，蒙授史任，忝职郎署，兼撰《陈史》。致此书延时，未即成续。祯明二年，以台郎入聘，值本邑沦覆（一作流覆），家史旧书，在后焚荡，今止有六十八卷在（《北史》作止有六卷获存）。又并缺落失次，自入京以来，随见补葺，略成七十卷。四帝纪八卷，后妃八卷（后妃次帝纪下，太子录上，序不言其名，未知是纪是录）。三太子录一卷（太子称录，亦许氏之标新）。为一帙，十卷。宗室王侯列传一帙，十卷。具臣列传二帙，二十卷。外戚传一卷，孝德传一卷，诚臣传一卷，文苑传一卷（《北史》二卷），儒林传二卷，逸民传一卷，数术传一卷，藩臣传一卷，合一帙十卷，止足传一卷，列女传一卷，权倖传一卷，羯贼传二卷，逆臣传二卷（逆臣传下《北史》有叛臣传二卷）。叙传论述一卷，合一帙十卷。凡称史臣者，皆先君所言，下称名案者，并善心补阙。别为叙论一卷，托于叙传之末（《北史·许善心传》亦载此序）。

《隋书·经籍志》：《梁史》五十三卷。陈领军大著作郎许亨撰。

顾野王《梁史》

《陈书·顾野王传》：太建六年，除太子率更令，寻领大著作，知《梁史》事。

何之元《梁典》三十卷

《陈书·何之元传》:之元以为梁氏肇自武皇,终于敬帝,其兴亡之运,盛衰之迹,足以垂鉴戒定褒贬,究其始终,起齐永元元年,迄于王琳遇获,七十五年行事,草创为三十卷。号曰《梁典》。

《史通·正史篇》:庐江何之元、沛国刘璠以所闻见,究其始末,合撰《梁典》三十篇,而经传之书未有其作。

《史通·题目篇》:何之元、刘璠曰典。

《史通·载文篇》:历选众作,求其秽累,王沈、鱼豢,是其甚焉;裴子野、何之元,抑其次也。

《隋书·经籍志》:《梁典》三十卷,陈始兴王谘议何之元撰。

《隋书经籍志考证》:《文选·宣德皇后令》注高祖起家齐巴陵。《王法曹百僚劝进今上表》注高祖本兰陵郡县中都里人也。《石阙铭》注齐明遗诏,授高祖雍州刺史。永元二年,高祖拥南康王宝融以主号令。三年,义旗发自襄阳以西,檄京师。此皆追述篇之语。《太平御览·人事部》引刘许与阮籍、李绪筑室钟阜之旁,共听内义,钻寻经典一事。《地部》、《宗亲部》、《乐部》亦引《梁典》四事,而脱去撰名,未知为刘为何。《文苑英华》载何之元《高祖事论》一篇,文近二千言,目录称为《高祖革命论》。《唐志》卷同。

刘璠《梁典》三十卷

《周书·刘璠传》:璠少好读书,善属文,著《梁典》三十卷。子祥字休徵,年十岁,能属文,十二通五经。初璠所撰《梁典》始就,未及刊定卒。临终谓休徵曰,能成我志,其此书乎。休徵治定缮写,勒成一家,行于世。

《北史》璠等传论:梁氏据有江东,五十余载,挟策纪事,盖亦多人。刘璠学思通博,有著述之誉。虽传信传疑,颇有详略,而属辞比事,为一家之言。

《隋书·经籍志》:《梁典》三十卷,刘璠撰。

《隋书经籍志考证》:《通典·边防门》注引刘璠《梁典》云,滑国姓,哌哒后裔,以姓名国号,转讹又谓之挹怛焉。《太平御览·兵部》引韦睿将兵仁爱,被服必于儒者。《人事部》周舍举徐擒为晋安王侍读。《宗亲部》张充少不尚细行,一朝易操,郁为名士。三事皆题刘璠《梁典》。《文选注》引二十八事。

《唐志》卷同。

阴僧仁《梁撮要》三十卷

《隋书·经籍志》:《梁撮要》三十卷,陈征南谘议阴僧仁撰。

姚最《梁后略》十卷

《周书·姚僧垣传》:长子察在江南。次子最,字士会,幼而聪敏。及长,博通经史,尤好著述。年十九,随僧垣入关,世宗盛聚学徒校书于麟趾殿。最亦预为学士。撰《梁后略》十卷,行于世。

《史通·题目篇》:鱼豢、姚察著魏、梁二史,巨细毕载,芜累甚多,而俱榜之以略(姚察当作姚最),考名责实,奚其爽欤!

《史通·外篇》:若姚最《梁昭后略》,此之谓偏记。

《史通·外篇》:姚最《梁后略》,称高祖曰:得既在我,失亦在予,不及子孙,知复何恨。夫变我称予,互文成句,求诸人语,理必不然。

《隋书·经籍志》:《梁后略》十卷,姚最撰。

《隋书经籍志考证》:《太平御览·兵部》陆纳袭巴陵乘水攻城,骠骑方食甘蔗,曾无惧色。又太宝元年,与西魏结盟,送质相约为弟兄之亲。又河东王誉御萧方等兵,方等溺于江中。又上自长沙寺移住天居寺,北兵射书城内。又褚罗率其下五百人乘大舰水战。《人事部》贺革因江革言梦湘东王必当璧,遂往荆州。共引《梁后略》七事。又《兵部》君子曰,普通之末,边疆告警,寇虏烽煽,击柝相间。皇上乃运筹帷中,迈曹王之远略,决胜千里,超光武之悬谋,故能师不疲劳,献捷相继。此乃姚最《论赞》。《唐志》作《梁昭后略》。

谢吴、姚察《梁书》二十四卷

《唐书·经籍志》:《梁书》三十四卷,谢吴、姚察撰。

佚名《梁帝纪》七卷

《隋书·经籍志》:《梁帝纪》七卷。

《隋书经籍志考证》:无撰名,案正史类有姚察《梁帝纪》七卷,此恐重出。

蔡允恭《后梁春秋》

《隋书·儒学传》:蔡允恭,贞观初除太子洗马,著《后梁春秋》。

殷峤《梁史》

《玉海》:殷峤有文学。武德中,为太子舍人。修《梁史》,未就而卒(案《唐书》作峤弟闻礼,今作峤恐误)。

孔绍安《梁史》

《阙里志》:三十三代孙绍安,大业末,为监察御史。唐高祖拜内史舍人。诏撰《梁史》,未成而卒。

(二)姚思廉《梁书》成后目

吴兢《梁史》十卷

按:见《唐书·艺文志》著录。

嘉祐《校雠梁书》

按:见上《宋书》引。

《玉海》:嘉祐六年,校梁、陈等书,镂板,七年冬始集。

治平《校雠梁书》

按:见上《齐书》引。

佚名《梁书策要》三卷

按:见《京师图书馆善本书目》著录,详《史记策要》。

以上唐宋时人

项笃寿《梁书论赞》二卷

按:见《四库存目》著录,详《史记论赞》条。

洪齮孙《补梁疆域志》四卷

按:见《八千卷楼书目》著录。注云:广雅局本。

丁谦《梁书夷貊传地理考证》一卷

按:见《浙江图书馆丛书目》著录。

汤洽《补梁书艺文志》一卷

按:见《书目答问补正》著录。注云:未见传本。

侯康《补梁书艺文志》一卷

按：见《书目答问补正》著录。注云：未见传本。

钱大昕《梁书考异》一卷

按：见《潜研堂全书目》著录，详《史记考异》条。

洪颐煊《梁书考异》一卷

按：见《八千卷楼目》著录，详《三国志考异》条。

以上明清时人

杨守敬《萧梁疆域图》

按：见《观海堂汇刻目》著录。

以上近人

《正史汇目》第十二　《陈书》部

(一)姚思廉《陈书》未成前目

刘师知、陈永定《起居注》八卷

《陈书·刘师知传》:初世祖敕师知撰《起居注》,自永宁(宁,南史作定)二年秋,至天嘉元年冬,为十卷。

《隋书·经籍志》:陈永定《起居注》八卷

庾持《陈史》

《陈书·文学传》:庾持光大元年,迁秘书监,知国史事。

顾野王《陈书》三卷

《陈书·顾野王传》:太建六年,除太子率更令,寻领大著作。掌《国史》,撰《国史纪》二百卷,未就而卒。

《唐书·艺文志》:顾野王《陈书》三卷

《史通·正史篇》:陈史,初有吴郡顾野王、北地傅绰各为撰史学士,其武、文二帝纪,即顾、傅所修。

傅绰《陈书》三卷

《陈书·傅绰传》:梁太清末,携母南奔,俄丁母忧,在兵乱之中,居丧礼哀毁骨立。世祖诏为撰史学士。

《唐书·艺文志》傅绰《陈书》三卷

陆琼《陈书》四十二卷

《陈书·陆琼传》:琼字伯玉,有至性。从祖襄叹曰,此儿必荷门基,所谓一不为少。领大著作,撰《国史》。

《隋书·经籍志》:《陈书》四十二卷,记宣帝。陈吏部尚书陆琼撰。

《史通·正史篇》:太建初,中书郎陆琼续撰诸篇,事伤烦杂。

姚察《陈史》

《陈书·姚察传》:察所撰梁、陈史虽未毕功,隋文皇开皇之时,遣内史舍人虞世基索本,且进上,今在内殿。梁、陈二史,本多是察之所撰。其中序论及纪传有所阙者,临亡之时,仍以体例诫约子思廉博访撰续。

《史通·正史篇》:陈史,姚察就加删改,粗有条贯。及江东不守,持以入关。隋文帝尝索梁、陈事迹,察具以所成每篇续奏,而依违荏苒,竟未绝笔。

(二)姚思廉《陈书》已成后目

吴兢《陈史》五卷

按:见《唐书·艺文志》著录。

景祐校理《陈书》

《玉海》:景祐六年八月庚申,诏三馆秘阁,校理《陈书》。

曾巩校雠《陈书》

曾巩《陈书·序》:其书自秘府所藏,往往脱误。嘉祐六年八月,始诏校雠,使可镂板,行之天下。而臣等言梁陈等书,缺独馆阁所藏,恐不足以定著,愿诏京师及州县藏书之家,使悉上之。先皇帝为下其事。七年冬,稍稍始集。臣等以相校,至八年七月,《陈书》三十六篇者,始校定,可传之学者。其疑者亦不敢损益,特各疏于篇末。其书旧无目,列传名氏多阙谬,因别为目录一篇,使览者得详焉。

佚名《陈书策要》二卷

按:见《京师图书馆善本书目》著录。余详《史记策要》条。

以上唐宋时人

项笃寿《陈书论赞》三卷

按:见《四库存目》著录,详《史记论赞》条。

汤洽补《陈书·艺文志》一卷

按:见《书目答问补正》著录。注云:未见传本。

侯康《补陈书艺文志》一卷

按:见《书目答问补正》著录。注云:未见传本。

钱大昕《陈书考异》一卷

按:见《潜研堂全书目》著录,详《史记考异》条。

洪颐煊《陈书考异》一卷

按:见《八千卷楼目》著录,详《三国志考异》条。

以上明清时人

杨守敬《陈疆域图》

按:见《观海堂汇刻目》著录。

以上近人

《正史汇目》第十三　《北魏书》部

(一)魏收《北魏书》未成前目

邓渊《北魏书》十卷

《北魏书·邓渊传》:渊字彦海,太祖定中原,擢为著作郎。诏渊撰国记。渊造十余卷,惟次年月起居行事而已,未有体例。

《史通·正史篇》:元魏史道武时始令邓渊著国记,惟为十卷,而条例未成。暨乎明元,废而不述。

崔浩等《北魏书》三十卷

《北魏书·崔浩传》:神䴥(太武帝号)二年,诏集诸文人撰录国书,及弟览、高谠、邓颖、晁继、范亨、黄辅等,共参著作,叙成国书三十卷。

《北魏书·邓渊传》:渊子颖,袭为太学生,稍迁中书侍郎。世宗诏太常崔浩集诸文学,撰述国书,颖与浩弟览等,俱参著作事。

《北魏书·高允传》:允性好文学,担笈负书,千里就业,博通经史。世祖诏允与司徒崔浩述成《国记》,以本官领著作郎。时著作令史闵湛、郄摽,性巧佞,为浩信待。见浩所注《诗》、《论语》、《尚书》、《易》,遂上疏言马、郑、王、贾虽注述六经,并多疏谬,不如浩之精微。乞收境内诸书,藏之秘府,班浩所注,命天下习业。并求敕浩注《礼传》,令后生得观正义。浩亦表荐湛有著述之才。既而劝浩刊所撰国史于石,用垂不朽,欲以彰浩直笔之迹。允闻之,谓著作郎宗钦曰,闵湛所营,分寸之间,恐为崔门万世之祸,吾徒无类矣。未几而难作。初,浩之被收也,允直中书省,恭宗使东宫侍郎吴延召允仍留宿宫内,翌日,恭宗入奏世祖,命允骖乘。至宫门,谓曰,入当见至尊,吾自导卿,脱至尊有问,但依吾语。允请曰,为何等事也。恭宗曰,入自知之。既入见帝，恭宗曰中书侍郎高允自在臣宫，同处累年，小心密慎，臣所委悉，虽与浩同事，然允微贱，制由于浩，请赦其命。世祖诏允谓曰，《国书》皆浩作不。允对曰，《太祖纪》，前著作郎邓渊所撰。《先帝纪》及《今纪》臣与浩同作。然浩综务处多，总裁而已。至于注疏，臣多于浩。世祖大怒曰，此甚于浩，安有生理。恭宗曰，天威严重，允是小臣，迷乱失次耳，臣向备问，皆云浩作。世祖问如东宫言不，允曰，臣以下才，谬参著作，犯逆天威，罪应灭族。今已分死，不敢虚妄。殿下以臣侍讲日久，哀臣乞命耳。实不问臣，臣无此言，臣以实对，不敢迷乱。世祖谓恭宗曰，直哉，此亦人情所难，而能临死不移，不亦难乎。且对君以实，贞臣也。如此言，宁失一有罪，宜宥之。允竟得免。于是诏浩前，使人诘浩，浩惶惑不能对。允事事申明，皆有条理，时世祖怒甚，敕允为诏：自浩以下，僮吏以上，百二十八人，皆夷五族。允迟疑不为，频诏催切。允乞更一见，然后为诏。诏引前，允曰，浩之所坐，若更有余衅，非臣敢知，直以犯触，罪不至死。世祖怒，命介士执允，恭宗拜请，世祖曰，无此人忿朕，当有数千口死矣。浩竟族灭，余皆身死。

《北魏书·段承根传》：承根好学，机辩有文思，崔浩见而奇之，以为才堪注述。言之世祖，请为著作郎。引与同事。浩诛，承根与宗钦等俱死。

《北史·崔浩传》：浩著作令史闵湛、郄标谄事浩，请立石铭，载国史以彰直笔，浩书国事，备而不典，而石铭显在衢路，北人忿毒，构浩于帝，帝怒诛浩。

《史通·正史篇》：神䴥二年，又诏集诸文士崔浩、浩弟览、高谠、邓颖、晁继、范亨、黄辅等撰国书，为三十卷。又特命浩总监史任，务从实录。复以中书郎高允、散骑侍郎张伟并参著作，续成前书，叙述国事，无隐所恶，而刊石写之，以示行路。浩坐此夷三族，同作死者百二十八人。自是遂废史官。

《史通·杂说篇中》：崔浩陷事狄君，曲为邪说，称拓跋之祖，本李陵之胄。当时众议抵斥，事遂不行。

李同轨《北魏书》

《北魏书·李顺传》：李同轨转著作郎，典仪注，修国史。

王慧龙《北魏书》

《北魏书·王慧龙传》：慧龙撰帝王制度十八篇，号曰国典。

王遵业等《后魏起居注》三百三十六卷

《北魏书·王遵业传》:遵业风仪清秀,涉历经史,位著作佐郎。与司徒左长史崔鸿,同撰起居注。诣代京采拾遗文,以补起居所阙。

《隋书·经籍志》:《后魏起居注》三百三十六卷。

《隋书经籍志考证》:《后魏书·高祖纪》,太和十四年二月戊寅,初诏定起居注。《王遵业传》,遵业与崔鸿同撰起居注。《李伯尚传》,伯尚撰《太和起居注》,《房景先传》,景先撰《世家起居注》。《周道和传》,道和修起居注。《北齐书·魏收传》,阳休之父固为北平太守,以贪虐为李平所弹,获罪,在《魏起居注》。《唐志》二百七十六卷。

房景先《北魏书》

《北魏书·房法寿传》:法寿族子景先,字光胄,幼孤贫无资从师,其母自授《毛诗》《曲礼》。昼则樵苏,夜诵经史,自是精勤,遂大通赡。太和中,举秀才,解褐太学博士。时太常刘芳、侍中崔光当世儒宗,叹其精博,遂奏兼著作佐郎,修国史。寻除司徒祭酒,员外郎。

高允、刘模《北魏书》

《北魏书·高允传》:初允所引刘模者,长乐信都人也。少时窃游河表,遂至河南。寻复潜归,颇涉经籍,微有注疏之用。允领秘书典著作,选为校书郎。允修国记,与俱缉著,常令模持管龠,每日同入史阁,接膝对筵,属述时事。允年已九十,目手稍衰,多遣模执笔,而指授裁断之。如此者五六岁,允所成篇卷,著论上下,模预有功焉。

《史通·正史篇》:至文成帝和平元年,始复其职,而以高允典著作,修国记。允年已九十,手目俱衰。时有校书郎刘模,长于缉缀,乃令执笔而口占授之。如是者五六岁。所成篇卷,模有力焉。

韩显宗《北魏书》

《北魏书·韩麒麟传》:子显宗字茂亲,亦有才学。太和初,举秀才,对策,甲科除著作郎。

韩子熙《北魏书》

《北魏书·韩麒麟传》:麒麟子兴宗,兴宗子子熙,为清河王怿常侍,及元义害怿。子熙忧悴,伏阙上书。灵太后义之,乃引子熙为中书舍人。赐乂死。寻修国史。

李彪等《北魏书》

《北魏书·李彪传》:高祖初为中书教学博士,迁秘书丞,参著作事。自成帝以来,至于太和,崔浩、高允著述国书,编年序录,为《春秋》之体。遗落时事,三无一存。彪与秘书令高祐始奏从迁固之体,创为纪传表志之目焉。

崔光《北魏书》

《北魏书·崔光传》:初光与李彪共撰国史,太和之末,彪解著作,专以史事任光。彪寻以罪废,世宗居谅闇,彪上表求成《魏书》,诏许之,彪遂以白衣于秘书省著述。光虽领史官,以彪意在专功,表解侍中著作,以让彪,世宗不许。彪在秘书岁余,史业竟未及就,然区分书体,皆彪之功。

《史通·正史篇》:元魏国记,自邓、崔以下,皆相承作编年体。至孝文太和十一年,诏秘书丞李彪、著作郎崔光始分为纪传异科。

崔鸿《北魏书》

《北魏书·崔光传》:光弟敬友子鸿,字彦鸾,少好读书,博综经史。正光元年,加前将军,修高祖世宗《起居注》。光撰《魏史》,徒有卷目,初未考证,阙略尤多。每云此史会非我世所成,但须记录时事,以待后人。临薨,言鸿于肃宗。五年正月,诏鸿以本官修缉国史,未有所就。

宇文忠之《北魏书》

《北魏书·宇文忠之传》:忠之博涉经史,颇有笔札。释褐太学博士。天平初,除中书侍郎,裴伯茂与之同省,常侮忽之。以忠之色黑,呼为黑宇。后敕修国史。

温子升《孝庄纪》

《魏书·文苑传》:温子升字鹏举,永熙中,散骑常侍,济阴王晖业尝云江左文人,有颜延之、谢灵运、沈约、任昉,我子升足以陵颜轹谢,含任吐沈。建义初,为南主客郎中,修起居注。

《史通·正史篇》:下讫孝明之世,温子升复修《孝庄纪》。

《史通·叙事篇》:史道陵夷,作者芜音累句,云蒸泉涌,其为文也,大抵编字不只,捶句皆双,修短取均,奇偶相配。故应以一言蔽之者,辄足为二言;应以三句成文者,必分为四句。弥漫重沓,不知所裁,是以处道受责于少期,子升取讥于君懋,非不幸也。

《史通·核才篇》:温子升尤工复语。

邢昕等《起居注》

《北魏书·邢昕传》:吏部尚书李神俊奏昕修起居注。

《北魏书·文苑传》:封肃字元邕,勃海人,位太学博士,修起居注。

《北魏书·文苑传》:裴伯茂,河东人。学涉群书,文藻富赡,迁散骑常侍,典起居注。

《史通·正史篇》:宣武时,命邢峦追撰《孝文起居注》。既而崔光、王遵业补续,下讫孝明之世。

江绍兴《北魏书》

《北魏书·艺术传》:江式父绍兴,高允奏为秘书郎掌国史。

元晖业《后魏辩宗录》四卷

《后魏书·元晖业传》:晖业撰魏藩王世家,号为《辩宗室录》四十卷。

《北齐书·元晖业传》:晖业涉子史,亦颇属文,居常闲暇,乃撰魏藩王家世,号为《辩宗录》四十卷,行于世。

《隋书·经籍志》:《后魏辩宗录》二卷,元晖业撰。

《隋书经籍志考证》:《唐志》二卷,此卷目隋唐二志与后魏北齐本传,过相悬殊,必有讹误。

(二)魏收《北魏书》已成后目

北齐后主更撰《魏书》

《北齐书·后主本纪》:武平四年五月景子,诏史官更撰《魏书》。

魏澹等《后魏书》一百卷

《北齐书·魏兰根传》:魏澹学识有词藻,武平初,殿中御史迁中书舍人,待诏文林馆。隋开皇中,太子舍人著作郎。撰《后魏书》九十二卷,甚得史体,时称其善云。

《北史·魏季景传》:季景子澹字彦深,仕齐殿中郎、中书舍人。入周迁著作郎。帝以魏收所撰《后魏书》,褒贬失实,诏澹别成《魏史》。义例与魏收多所不同。

《隋书·魏澹传》:澹字彦深,高祖以魏收所撰书褒贬失实,平绘为《中兴书》,事不伦序,诏澹别成《魏史》。澹自道武下及恭帝,为十二纪,七十八传,别为史论及例一卷,并目录合九十二卷。澹之义例,与魏收多所不同。其一曰讳,皇帝名书太子字。其二曰昭成、道武、献文三世称谥。其三曰太武、献明并皆非命,分明直书,不敢回避。其四曰诸国皆处华夏之地者,皆书曰卒。其五曰纪传之体,出自《尚书》,不学《春秋》。澹又以为邱明发扬圣旨,言君子曰者,无非甚泰其间寻常直书而已。今有撰史窃有慕焉,可为劝戒者,论其得失,其无损益者,所不论也。澹书甚简要,大矫收、绘之失。

《北魏书·序》:隋文帝以收书不实,平绘《中兴书》,叙事不伦。命魏澹、颜之推、辛德源,更撰《魏书》九十二卷,以西魏为正,东魏为伪,义例简要,大矫收、绘之失,文帝善之。

《史通·正史篇》:隋开皇敕著作郎魏澹与颜之推、辛德源更撰《魏书》,矫正收失。澹以西魏为真,东魏为伪,故文、恭列纪,孝靖称传。合纪、传、论例,总九十二篇。

《史通·本纪篇》:近代述者魏著作、李安平之徒,其撰魏、齐二史(旧注,魏彦深[“深”一作“渊”]撰《后魏书》,李百药撰《北齐书》。案:“渊”为唐讳,恐非原注,下同),于诸帝篇,或杂载臣下,或兼言他事,巨细必书,洪纤备录。全为传体,有异纪文,迷而不悟,毋乃太甚。

《史通·杂说篇下》:彦渊之改魏收也,以非易非,弥见其失矣。而撰隋史者,称澹大矫收失者,何哉。且以澹著书方于君懋,岂惟其间可容数人而已,史臣美澹而讥劭者,岂所谓通鉴乎。

《隋书·经籍志》:《后魏书》一百卷,著作郎魏彦深撰。

《崇文总目》:《后魏书纪》一卷,魏澹撰。初高祖以魏收书褒贬失实,平绘《中兴事》叙事不伦。诏澹别成《魏史》。澹断自道武,下迄恭帝为十二帝纪,七十八列传,史论及例目录一篇,合九十二篇。退东魏孝静帝称传,矫正收绘之失。收天子名则书,太子名则讳。澹讳皇帝名,书太子名,收讳太武、献文之弑,使同善终天年。澹显书之,以惩逆。收书敌国皆曰死。澹书曰卒。体裁简正,帝甚善之。然世以收书为主,故澹书之阙,今才纪一卷存。

魏澹《魏纪》十二卷

按:见《唐书·艺文志》著录。

杨素等《魏书》

《隋书·文学传》:炀帝即位,诏徽与著作佐郎陆从典,太常博士褚亮、欧阳询等,助越公杨素撰《魏书》,会素薨而止。

《北魏书·序》:炀帝以澹书尤未尽善,更敕杨素及潘徽、褚亮、欧阳询别修《魏书》,未成而素卒。

《史通·正史篇》:炀帝以澹书犹未能善,又敕左仆射杨素别撰,学士潘徽、褚亮、欧阳询等佐之。会素薨而止。

元澹《魏典》三十篇

《唐书·儒学·元行冲传》:元澹字行冲,景云中授太常少卿。行冲以系出拓跋,恨史无编年,乃撰《魏典》三十篇。事详文约,学者尚之。初,魏明帝时,河西柳谷出石,有牛继马之象,魏收以晋元帝乃牛氏子,冒司马姓,以著石符。行冲谓昭成皇帝名犍,继晋受命,独此可以当之。

魏克己《魏书十志》十五卷

《北魏书·序》:唐太宗初从秘书奏罢修《魏书》,止撰五代史。高宗时,魏澹孙固州刺史魏克己续十志十五卷,魏之本系附焉。

张大安《魏书》《说林》

《唐书·张公瑾传》:次子大安,终横州司马,子悱,仕玄宗时,为集贤院判官。诏以其家所著《魏书》、《说林》入院,缀修所阙。累擢知图书,括访异书使,进国子司业。

张大素《后魏书》一百卷

《旧唐书·张公瑾传》:子大素龙朔中历位东台舍人,兼修国史。撰《后魏书》一百卷。

《唐书·艺文志》:张大素《后魏书》一百卷。

《宋史·艺文志》:张太素《后魏书·天文志》二卷。注本百卷,今惟有此。

《崇文总目》:《后魏书·天文志》二卷,唐张大素撰。《魏书》凡百篇,今悉散亡,惟此二篇存焉。

元行冲《魏典》三十卷

《崇文总目》:《魏典》三十卷,唐太常少卿元行冲撰。起道武帝,终宇文革命,凡三十篇。孝武入关,则书东魏为东帝,并载两国事为凡例,微用编年之法。文约事详,学者宗之。行冲以族出于魏,刻意论著。引魏明帝时西柳谷瑞石有牛继马后之象。旧史谓元帝本出牛氏,行冲以为非。因言道武名犍,继晋受命,此其应也。特为论载于篇。

《直斋书录解题》:《后魏国典》三十卷,唐太常少卿元行冲撰。行冲以系出拓跋,乃撰《魏典》三十篇,文约事详,学者尚之。此本从莆田刘氏借录,卷帙多寡不同,岁月首尾不具,殆类钞节,似非全书。

裴安时《元魏书》三十卷

《唐书·艺文志》:裴安时《元魏书》三十卷(注:字适之,大中江陵少尹)。

梁祚《魏书国纪》十卷

《唐书·艺文志》:梁祚《魏书国纪》十卷。

卢彦卿《魏纪》三十三卷

《唐书·卢粲传》:从祖彦卿撰《后魏纪》二十卷行于时。

《唐书·经籍志》:《魏纪》三十三卷,卢彦卿撰。

嘉祐校《后魏书》

《玉海》:嘉祐六年八月庚申,诏三馆秘阁校《后魏书》。

刘恕校《后魏书》

《郡斋读书志》:《后魏书》一百三十卷,北齐魏收撰。皇朝命刘恕等校正。

佚名《六魏书策要》八卷

按:见《京师图书馆善本书目》著录。详《史论策要》条。

以上唐宋时人

项笃寿《魏书论赞》三卷

按:见《四库存目》著录,详《史记论赞》条。

戴義《魏书文钞》十八卷

按:见《抱经堂书目》著录。

胡虔《西魏书》

按:见《安徽通志·艺文志》著录。

谢启昆《西魏书》二十四卷

《八千卷楼书目》:《西魏书》二十四卷,国朝谢启昆撰(原刊本)。

《廿二史劄记》:魏澹作《魏书》,以西魏为正统,自是正论。惜其书不传,故西魏文帝等纪年纪事,反见于周文帝(即宇文泰)纪内。幸《北史》增文帝诸纪,名分始正。而《魏书》究不得为完书。近日谢蕴山方伯另撰《西魏书》,以次于《魏书》之后,诚得史裁之正也。其采掇亦甚详,可称良史。惟列传尚有遗漏,如八柱国少李弼、独孤信、赵贵侯、莫陈崇。十二大将军内,少侯莫、陈顺、宇文遵、达奚武、李远豆、卢宁、宇文贵、杨忠、王雄。皆西魏臣也。岂得无传。又苏绰在魏仿《周礼》定官制,与卢辨同事,今绰有传而辨无传,亦属挂漏。

《郑堂读书记》:《西魏书》二十四卷(树经堂刊本),国朝谢启昆撰(启昆字蕴山,南康人,乾隆二十五年进士,三十一年授编修,历官浙江布政使、广西巡抚)。苏潭以元魏东西对峙,而西魏后亡七八年,魏伯起之书,加孝武以出帝之称,而直斥西主之名。李延寿《北史》先西后东,差强人意,而列传犹承《周史》旧文,因斟酌义例,排次成编。为帝纪一,表三,考四,列传十二,载记一,凡二十一篇,二十四卷。卷帙不广,条目悉具。自正史传纪舆地金石之文,以及郡邑之志,流览者殆数千卷,其搜剔补缀之功,最为勤密。凡所增益改易处,皆有本原,虽所纪止四帝二十五年,然固已卓然为一家史矣。惜其以孝静为载记，直称其名，与萧詧同为一卷，较诸伯起出帝之纪，更为已甚，不知苏潭何恨于孝静，而以之续貂也（高欢骂孝静为狗脚朕，苏潭骂孝静为狗脚痴人）。平心而论，本为西魏作史，可不必及孝静，如必欲连类而及，将高欢、高澄当亦入传矣，可乎？不可也。前有自序及钱竹汀、姚姬传二序，翁覃溪、毕秋帆二书，后有凌次仲序，胡雒君跋。

《郘亭知见传本书目》：《西魏书》二十四卷，国朝谢启昆撰，乾隆己卯刊本。

张穆《延昌地形志》十三卷

按：见《书目答问补正》著录。注云：未见传本。此书为补正《魏书地形志》而作，全书未成，仅得十三卷。

温日鉴《魏书地形志校录》三卷

《适园藏书目》：《魏书地形志校录》三卷，温日鉴撰。日鉴字铁华，乌程人。《魏书地形志》，专据东魏版籍，此书校补之功，甚为详实。已刊入《适园丛书》第一集。

王先谦《魏书校勘记》一卷

按：见《八千卷楼书目》著录，注云：广雅局本。

卢文弨《魏书校补》

按：见《群书拾遗目》著录。

陈毅《魏书官氏志疏证》一卷

按：见《江南图书馆目》著录，注云：同治刊本。

钱大昕《魏书考异》三卷

按：见《潜研堂全书目》著录，详《史记考异》条。

洪颐煊《魏书考异》二卷

按：见《八千卷楼书目》著录。

侯康《补魏书艺文志》一卷

按：见《书目答问补正》著录。注云：未见传本。详《三国志考异》条。

丁谦《魏书外国传地理考证》一卷

按:见《浙江图书馆丛书目》著录。

丁谦《魏书外国传补地理考证》一卷

按:见《浙江图书馆丛书目》著录。

丁谦《魏书西域传地理考证》一卷

按:见《浙江图书馆丛书目》著录。

以上明清时人

杨守敬《魏书地形志图》

按:见《观海堂汇刻目》著录。

杨守敬《西魏疆域图》

按:见《观海堂汇刻目》著录。

以上近人

《正史汇目》第十四　《北齐书》部

（一）李百药《北齐书》未成前目

祖珽《黄初传天录》

《北齐书·祖珽传》：太后之被幽也，珽欲以陆媪为太后，撰《魏帝皇太后故事》，为太姬言之，谓人曰，太姬虽云妇人，实是雄杰，女娲以来无有也。太姬亦称珽为国师。由是拜尚书左仆射，监国史，加特进，入文林馆，总监撰书。

《史通·正史篇》：高齐史，天统初（后主纬元），太常少卿祖孝征（祖珽字也）述献武起居，名曰《黄初传天录》。

陆元规《皇帝实录》

《史通·正史篇》：中书侍郎陆元规常从文宣征讨，著《皇帝实录》。惟记行师，不载它事。

阳休之《北齐书》

《北齐书·阳休之传》：齐受禅，除散骑常侍，修起居注。天统初，征为光禄卿，监国史。魏收监史之日，立《高祖本纪》，取平四胡之岁为齐元。收在齐州，恐史官改夺其意，上表论之。武平中，收还朝，敕集朝贤议其事。休之立议，从天保为限断，魏收存日，犹两议未决。收死后，发诏从其议。

杜台卿《齐纪》二十卷

《北史·杜台卿传》：台卿少好学，博览书记。撰《齐纪》二十卷（《隋书》台卿传同）。

《史通·叙事篇》：齐邱之犊，彰于载谶（原注：杜台卿《齐纪》载谶云："首牛入西谷，逆犊上齐卯”也）。

《隋书经籍志考证》：《齐纪》二十卷，杜台卿撰，不著录。《唐志》编年类有《北齐纪》二十卷，无撰名，列于王劭志前，当即台卿之书，脱载其名。

崔子发《齐纪》三十卷

《史通·正史篇》：自武平后，史官阳休之、杜台卿、祖崇儒、崔子发等，相继注记。

《隋书·经籍志》：《齐纪》三十卷，纪后齐事，崔子发撰。

《隋书经籍志考证》：《文苑英华》萧颖士赠韦司业书曰，仆南迁，士族有梁支孙隋代山阴第十一第常侍君才标清俊，见崔子发《齐纪》。《通鉴》隋高祖曰，朕近览《齐书》。胡三省音注曰，是时李百药所撰《齐书》未出，帝所览者，乃崔子发《齐纪》也。

王劭《齐志》十卷

《隋书·王劭传》：劭初撰《齐志》，为编年体二十卷，后为《齐书》纪传一百卷。或文词鄙野，不轨不物，骇人视听，大为有识所嗤鄙。

《史通·题目篇》：王劭曰志。

《史通·论赞篇》：王劭志在简直，言兼鄙野，苟得其理，遂忘其文。观过知仁（“仁”一作“人”），斯之谓矣。

《史通·载文篇》：王劭撰齐、隋二史，其所取也，文皆诣（一作“谙”）实，理多可信，至于悠悠饰词，皆不之取。

《史通·补注篇》：亦有躬为史官（一作“臣”），手自刊补，虽志存该博，而才阙伦叙，除烦则意有所吝，毕载则言有所妨，遂乃定彼榛楛，列为子注。若萧大圜《淮海乱离志》，羊衒之《洛阳伽蓝记》，宋孝王《关东风俗传》，王劭《齐志》之类是也。……若萧、羊之琐杂，王、宋之鄙碎，言殊拣金，事比鸡肋，异体同病，焉可胜言。

《史通·言语篇》：惟王、宋著书，叙元、高时事，抗词正笔，务存直道，方言世语，由此毕彰。而今之学者，皆尤二子以言多滓秽，语伤浅俗。夫本质如此，而推过史臣，犹鉴者见嫫姆多媸，而归罪于明镜也。

《史通·叙事篇》：近有裴子野《宋略》，王劭《齐志》，此二家者，并长于叙事,无愧古人。而世人议者皆雷同,誉裴而共诋王氏。夫江左事雅,裴笔所以专工;中原迹秽,王文由其屡鄙。且几原(子野)务饰虚词,君懋(王劭)志存实录,此美恶所以为异也。

《史通·直书篇》:次有宋孝王《风俗传》、王劭《齐志》,其叙述当时,亦务在审实。案于时河朔(谓元魏)王公,箕裘未陨;邺城(谓高齐)将相,薪构仍存。而二子书其所讳,曾无惮色。刚亦不吐,其斯人欤?

《史通·曲笔篇》:如王劭之抗词不挠,可以方驾古人。

《史通·模拟篇》:如《左传》称叔辄闻日蚀而哭,昭子曰:子叔其将死乎?秋八月,叔辄卒。至王劭《齐志》称张伯德梦山上挂丝,占者曰:其为幽州乎?秋七月,拜为幽州刺史。以此而拟左氏,又所谓貌异而心同也。邱明叙晋败于邲,先济者赏,而云上军、下军争舟,舟中之指可掬。夫不言攀舟乱,以刃断指,而但曰舟指可掬,则读者自睹其事矣。至王劭《齐志》述高季式破敌于韩陵,追奔逐北,而云夜半方归,槊血满袖。夫不言奋槊深入,击刺甚多,而但称槊血满袖,则闻者亦知其义矣。以此而拟左氏,又所谓貌异而心同也。

《史通·正史篇》:隋秘书监王劭、内史令李德林并少仕邺中,多识故事。王乃凭述起居注,广以异闻,造编年书,号曰《齐志》,十有六卷(原注:其序云二十卷,今世间传者唯十六卷焉)。

《史通·杂说篇中》:王劭国史,至于论战争,述纷扰,贾其余勇,弥见所长。至如叙文宣逼孝靖以受魏禅,二王杀杨、燕以废乾明,虽左氏载季氏逐昭公,秦伯纳重耳,栾盈起于曲沃,楚灵败于乾谿,殆可连类也。又叙高祖破宇文于邙山,周武自晋阳而平邺,虽左氏书城濮之役、鄢陵之战、齐败于鞍、吴师入郢,亦不是过也。……或问曰:王劭《齐志》,多记当时鄙言,为是乎?为非乎?对曰:古往今来,名目各异。区分壤隔,称谓不同。……如今之所谓者,若中州名汉,关右称羌,易臣以奴,呼母云姊,主上有大家之号,师人致儿郎之说,凡如此例,其流甚多,必寻其本源,莫详所出。阅诸《齐志》,则了然可知,由斯而言,劭之所录,弘益多矣。

《史通·杂说篇下》:至如梁武之居江陵,齐宣之在晋阳,或文出荆州,假称宣德之令；或书成并部，虚云孝靖之敕。凡此文诰，本不施行，必也载之起居，编之国史，岂所谓撮其机要，剪截浮辞者哉？但二萧陈、隋诸史，通多此失，唯王劭所撰《齐志》，独无是焉。……如宋孝王、王劭之徒，其所记也，喜论人帷簿（"箔"通）不修，言貌鄙事，讦以为直，吾无取焉。

《史通·忤时篇》：王劭直书，见雠贵族（劭惟《史通》从邑他多从力）。

《隋书·经籍志》：《齐志》十卷，后齐事，王劭撰。

《隋书经籍志考证》：《北史·王劭传》：劭字君懋，撰《齐志》为编年体二十卷。《唐志》十七卷。《困学纪闻》谓王劭直书二语，据《唐文粹》劭当作诏。然以《曲笔篇》称劭为抗辞不挠，正与直书见雠相类，则亦不得作为劭者误。

王劭《齐书》一百卷

《隋书经籍志考证》：《齐书》一百卷，王劭撰。不著录。《隋书·王劭传》劭初撰《齐诘》，为编年体二十卷，复为《齐书》纪传一百卷。据此则劭所著纪传名《齐书》，编年名《齐诘》。《隋志》阙载其《齐书》，《唐志》则正史古史两类俱题《齐志》（无言旁），自是重出。

李德林《齐史》三十八篇

《隋书·李德林传》：字公辅，博陵安平人也。周武帝克齐，入邺，授内史上士。高祖登祚之日，授内史令。著《齐史》三十卷。

《史通·正史篇》：隋内史令李德林，少仕邺中，多识故事。李在齐预修国史，创纪传书二十七卷。至开皇初，奉诏续撰，增多齐史三十八篇，以上送官，藏之秘府。

《唐书·艺文志》：李德林北齐未修书二十四卷，《通志》云修未成书。

魏澹《北齐书》

《隋书·魏澹传》：澹专精好学，博涉经史，齐博陵王引为记室，除中书舍人，与李德林俱修国史。

许亨《齐书》五十一卷

《隋书·许善心传》：父亨仕梁，至给事黄门侍郎。在陈领大著作。善心述成父志，修续家书，其序传末述制作之意曰，先君昔在前代，早怀述作，撰

《齐书》,为五十一卷。

祖孝孙、魏徵《齐史》

《唐书·令狐德棻传》:武德初,德棻建言近代无正史,今不论次,各为一王,史则事无传焉。帝于是诏史部郎中祖孝孙、秘书丞魏徵,主《齐史》。

张大素《北齐书》二十卷

《唐书·艺文志》:张大素《北齐书》二十卷。

(二)李百药《北齐书》已成后目

魏徵《齐史总论》

《旧唐书·魏徵传》:贞观七年,李百药撰《齐史》,徵受诏总加撰定,多其损益,务存简正,梁、陈、齐各为总论,时称良史。

嘉祐校《北齐书》

《玉海》:嘉祐六年八月庚申,诏三馆秘阁校理《北齐书》,有不全者,访求之。

《郡斋读书志》:嘉祐中,以《北齐书》舛阙谬亡,始诏馆职校雠,政和中,始毕,颁之学官。

佚名《北齐史略》五卷

按:见《秘省书目》著录。

佚名《北齐书策要》二卷

按:见《京师图书馆善本书目》著录。详《史记策要》条。

以上唐宋时人

钱岱《北齐纂》三卷

按:见《中国书店目》著录。

项笃寿《北齐书论赞》二卷

按:见《四库存目》著录。详《史记论赞》条。

钱大昕《北齐书考异》一卷

按:见《潜研堂全书目》著录。详《史记考异》条。

洪颐煊《北齐书考异》一卷

按:见《八千卷楼目》著录。详《三国志考异》条。

侯康《北齐书·艺文志》一卷

按:见《书目答问补正》著录。注云:未见传本。

张森楷《北齐书校勘记》三卷

按:见《书目答问补正》著录。注云:未见传本。

以上明清时人

杨守敬《北齐疆域图》

按:见《观海堂汇刻目》著录。

以上近人

《正史汇目》第十五　《北周书》部

(一)令狐德棻《北周书》未成前目

李昶《北周书》

《北周书·李昶传》:昶虽处郎官,太祖恒欲以书记委之,于是以昶为丞相府记室参军、著作郎,修国史。

柳虬《北周书》

《北周书·柳虬传》:虬字仲蟠,不事容饰,冯翊王元季海征为行台郎中,掌文翰。因使见太祖,被留。虬上疏言古者立史官,非但记事,所以为监诫也。汉魏以还,密为记注,无益当时,纵能直笔,人莫之知。何止物兴横议,亦自异端互起。故班固致受金之名,陈寿有求米之论。伏请诸记事者,请皆当朝显言其状,然后付之史阁,庶令是非明著,得失无隐,事遂施行,秘书虽领著作,不参史事,自虬为丞,始令监掌焉。

《史通·正史篇》:宇文周史,大统年有秘书丞柳虬兼领著作,直辞正色,事有可称。

《史通·杂说篇中》:寻宇文初习华风,事由苏绰。至于军国词令,皆准《尚书》,太祖敕朝廷,他文悉准于此。盖史臣所记,皆禀其规。柳虬之徒,从风而靡。

牛弘《周史》十八卷

《隋书·牛弘传》:弘字里仁,安定鹑觚人也。在周起家中外府记室、内史上士。开皇初,迁散骑常侍、秘书监,后拜礼部尚书,著《周史》十八卷。

《史通·正史篇》:至隋开皇中,秘书监牛弘追撰《周纪》十有八篇,略叙纪纲,仍皆抵忤。

《史通·世家篇》:牛弘《周史》,南记萧督。

《史通·杂说篇中》:爰及牛弘,弥尚儒雅,即其旧事,因而勒成。务累清言,罕逢佳句。

《史通·浮词篇》:心挟爱憎,词多出没,若(一作"则")魏收、牛宏是也。

《史通·杂说篇下》:牛弘、王劭,并掌策书,其载齐言也,则浅俗如彼;其载周言也,则文雅若此。夫如是,何哉?非两邦有夷夏之殊,由二史有虚实之异故也。

《隋书·经籍志》:《周史》十八卷,未成,吏部尚书牛弘撰。

(二)令狐德棻《北周书》已成后目

魏徵《周史总论》

《唐书·魏徵传》:贞观七年,诏遣令狐德棻岑文本撰《周史》。徵受诏总加撰定,多所损益,务存简正。

吴兢《周史》十卷

按:见《唐书·艺文志》著录。

嘉祐校《北周书》

《玉海》:嘉祐六年八月庚申,诏三馆秘阁校理《周书》,有不全者,访求之。

《郡斋读书志》:《周书》五十卷,唐令狐德棻等撰。仁宗朝,出太清楼本,合史馆、秘阁本,又募天下书,而取夏竦、李巽家本,下馆阁是正其文字,其后林希、王安国上之。

李焘校《周书》

《李焘进周书表》:《周书》本纪八,列传四十二,合五十篇。唐令狐德棻请撰次,而诏德棻与陈叔达、庾俭成之。仁宗时出太清楼本,合史馆秘阁本。又募天下献书,而取夏竦李巽家本,下秘阁是正其文字。今既镂板,以传学官,而臣等始预其是正。又序其目录一篇,臣焘臣安国臣希昧死谨上。

佚名《北周书策要》二卷

按:见《京师图书馆善本书目》著录。详见《史记策要》条。

练恕《北周公卿表》一卷

按:见《多识录》著录。

以上唐宋时人

钱岱《北周纂》二卷

按:见《中国书店目》著录。

项笃寿《北周书论赞》二卷

按:见《四库存目》著录。详《史记论赞》条。

钱大昕《周书考异》一卷

按:见《潜研堂全书目》著录。详《史记考异》条。

侯康《补周书艺文志》一卷

按:见《书目答问补正》著录。注云:未见传本。

洪颐煊《周书考异》一卷

按:见《八千卷楼目》著录。详《三国志考异》条。

丁谦《周书异域传地理考证》一卷

按:见《浙江图书馆丛书目》著录。

以上明清时人

孙诒让《周书斠补》四卷

按:见《中国书店书目》著录。注云:瑞安人。

杨守敬《北周疆域图》

按:见《观海堂汇目》著录。

以上近人

《正史汇目》第十六　《隋书》部

(一)令狐德棻等《隋书》未成前目

杜台卿《隋书》

《隋书·杜台卿传》:开皇初,被征入朝。台卿患耳聋,不堪吏职,请修国史,上许之,拜著作郎。

柳䛒《晋王北伐记》十五卷

《隋书·柳䛒传》:炀帝嗣位,拜秘书监,撰《晋王北伐记》十五卷。

佚名《开业平陈记》二十卷

《隋书·经籍志》:《开业平陈记》二十卷。

《隋书经籍志考证》:《唐志》十二卷,入杂史类。《通鉴隋纪考异》引《平陈记》曰,张贵妃等八人夹坐,江总等十人预宴,先令八妇人襞采笺制五言诗。十客一时继和,稽缓则罚酒。

佚名《隋开皇起居注》六十卷

《隋书·经籍志》:《隋开皇起居注》六十卷。

《唐六典》注:汉献帝及西晋以后,诸帝皆有起居注,并史官所录。自隋置为职员,列为侍臣,专掌其事,每季为卷,送付史官。

诸葛颍《北伐记》七卷,《巡抚扬州记》七卷

《隋书·文学传》:颖字汉,建康人。炀帝即位,迁著作郎。帝尝赠颖诗曰:实录资平允,传芳导后昆。其见待遇如此。撰《銮驾北巡》、《幸江都道里》、《洛阳古今》等记。

《隋书·经籍志》:《北伐记》七卷,《巡抚扬州记》七卷,诸葛颖撰。

刘炫《隋书》

《隋书·儒林传》:炫与著作郎王劭同修国史,又与诸术者修《天文》、《律历》,兼于内史省考定群书,内史李德林甚礼之。炫尝曰,省官不如省事,省事不如省心,牛弘甚善其言。

王劭《隋书》六十卷

《隋书·王劭传》:高祖受禅,起为员外散骑侍郎,修起居注。劭在著作,将二十年,专典国史。撰《隋书》八十卷,多录口敕,又采迂怪不经之语,及委巷之言,以类相从。为其题目,辞义繁芜,无足称者。遂使隋代文武名臣列将善恶之迹,湮没无闻。

《隋书·辛德源传》:秘书监牛弘,以德源才学显著,奏与著作郎王劭同修国史。

《隋书·儒林传》:王孝绪,开皇中召入秘书,助王劭修国史。

《隋书·后序》:《隋书》自开皇仁寿时,王劭纂书八十卷,以类相从,定为编次。至于编年纪传,并阙其序(宋天圣二年校序)。

《史通·正史篇》:隋史,当开皇、仁寿时,王劭为书八十卷,以类相从,定其篇目。至于编年、纪传,并阙其体。

《史通·六家篇》:至隋秘书监太原王劭又录开皇、仁寿时事,编而次之,以类相从,各为其目,勒成《隋书》八十卷。寻其义例,皆准《尚书》。

《史通·六家篇》:君懋(王劭字)《隋书》,虽欲祖述商、周,宪章虞、夏,观其体制("体制"一作"所述"),乃似孔氏《家语》,临川《世说》,可谓画虎不成反类犬也。故其书受嗤当代,良有以焉。

《隋书·经籍志》:《隋书》六十卷,未成,秘书监王劭撰。

王胄《大业起居注》

《隋书·文学传》:王胄字承基,大业初,为著作佐郎。

《史通·正史篇》:炀帝时(一作"世"),惟有王胄等所修《大业起居注》(《唐书·艺文志》有《开皇起居注》,无《大业起居注》,散逸故也)。及江都之祸,仍多散逸。

封德彝、颜师古《隋书》

《旧唐书·颜籀传》:籀字师古,齐黄门侍郎之推孙也。少传家业,武德初,为秦王府记室,迁中书舍人。

《隋书·后序》:唐武德五年十二月,诏中书令封德彝、舍人颜师古,修《隋史》,绵历数载,不就而罢。

《隋书·儒学传》:敬播贞观初擢进士第,时颜师古、孔颖达撰次《隋史》,诏播诣秘书内省修纂。

敬播《隋略》二十卷

《旧唐书·敬播传》:迁著作郎,撰《隋略》二十卷。

王凝《隋书》

《唐书·王绩传》:初兄凝为隋著作郎,撰《隋书》未成死。绩续余功,亦不能成。

(二)令狐德棻等《隋书》已成后目

张大素《隋书》三十二卷,《隋后略》十卷

《新唐书·张公瑾传》:子大素,龙朔中,历位东台舍人,兼修国史,著书百余篇。

《唐书·艺文志》:张大素《隋书》三十二卷

《通志·艺文略》:大素著《北齐书》二十卷,《隋书》三十二卷,《敦煌张氏家传》二十卷。

《史通·言语篇》:近有敦煌张太素、中山郎余令,并称述者,自负史才。郎著《孝德传》,张著《隋后略》。凡所撰今语,皆依仿旧辞。若选言可以效古而书,其难类者,则忽而不取,料其所弃,可胜纪哉?

吴兢《隋史》二十卷

按:见《唐书·艺文志》著录。

邓世隆《东都记》三十卷

《旧唐书·邓世隆传》:采隋代旧事,撰为《东都记》三十卷。

吕才《隋记》二十卷

《旧唐书·吕才传》:才少好学,著《隋记》二十卷,行于世。

郎余令《隋书》

唐书《儒学传》:郎余令授霍王元轨府参军事,从父知年亦为王友,元轨每曰郎家二贤,皆入府,不意培塿而松柏为林,余令以梁元帝有《孝德传》,更撰《后传》数十篇,累转著作佐郎,撰《隋书》,未成,会病卒。时人甚痛惜之。

郑向《开皇记》三十卷

《宋史·郑向传》:五代乱亡,史册多漏失,向著《开皇记》三十卷,摭拾遗事,颇有补焉。

彭乘校《隋书》

《宋史·彭乘传》:天禧初,用寇准荐,为馆阁校勘,预校正《隋书》。

张观等校勘《隋书》

《隋书·后序》:天圣二年五月十一日上,御药供奉蓝元用奉传圣旨赍禁中《隋书》一部,付崇文院。至六月五日,敕差官校勘,仍内出版式雕造。时命臣绶、臣烨提点、右正言直史馆张观等校勘,观寻为度支判官,续命黄鉴代之。

南宫靖一《隋书断》

按:见《学海堂目》著录。

吕祖谦《隋书详节》二十卷

按:见《汇刻书目》著录。

佚名《隋书策要》三卷

按:见《京师图书馆善本书目》著录。详《史记策要》条。

以上唐宋时人

钱岱《北隋纂》三卷

按:见《中国书店目》著录。

项笃寿《隋书论赞》二卷

按:见《四库存目》著录。详《史记论赞》条。

齐召南《隋书律历·天文志考证》五卷

《台州经籍志》:《隋书律历·天文志考证》五卷,今存。齐召南撰。

章宗源《隋书经籍志考证》十二卷

《三十三种丛书目》:《隋书经籍志考证》十二卷,章宗源撰。湖北崇文局本。

钱泰吉序:此书钞自何梦华,惜仅有史部。三十年来,访求全书,无知之者。道光丁未冬,朱述之明府假钞一本,乃从述翁假《孙氏五松园文集》录张君传于册首。此书名与王氏《汉书·艺文志》同,而编次则异。然纂辑古书,实昉于王氏也。

钱大昕《隋书考异》二卷

按:见《潜研堂全书目》著录。详《史记考异》条。

洪颐煊《隋书考异》二卷

按:见《八千卷楼目》著录。详《三国志考异》条。

丁谦《隋书四夷传地理考证》一卷

按:见《浙江图书馆丛书目》著录。

柳达良《隋书经籍志考证》

按:见《书目答问补正》著录。注云:未刊。

以上明清时人

杨守敬《隋书地理志考证》九卷,《补遗》二卷

按:见《观海堂汇刻目》著录,又《中国书店书目》著录。注:宜都人。

杨守敬《隋书经籍补正》四卷

按:见《观海堂汇刻目》著录。未刊。

杨守敬《隋地理志图》

按:见《观海堂汇刻目》著录。

以上近人

《正史汇目》第十七　　南北史部

彭乘校正《南北史》

《宋史·彭乘传》:天禧初,用寇准荐为馆阁校勘,预校《南北史》。

天圣校《南北史》

《玉海》:天圣二年六月辛酉校《南北史》,四年十二月毕。

宋祁等覆校《南北史》

《玉海》:嘉祐元年四月丙辰,命宋祁等覆校《南北史》。

洪迈《南朝史精语》十卷

《宋史·艺文志》:《南史精语》六卷,洪迈撰。

《江西通志·艺文志》:《南朝史精语》十卷,洪迈撰。谨案《书录解题》作《南史精语》十卷,《宋史·艺文志》作六卷,今从《四库书目》。又考朱彝尊跋曰,从故家钞《南朝史精语》,《宋》四卷,《齐》三卷,《陈》三卷,《宋志》作二卷,盖一代合为一卷也。所云《南朝史》者,盖指沈约、萧子显、姚思廉所撰而言,非李延寿之《南史》。

《浙江采进遗书目》:《南朝史精语》十卷,写本,前人辑录沈约、萧子显、姚思廉所撰各史中语。体例与《史记法语》相仿。陈振孙谓法语诸书,皆所以备遗忘,多取句法,随手信笔抄录者。

《四库存目》:《南朝史精语》十卷(浙江汪启淑家藏本),宋洪迈撰。迈于诸书多有节本,其所纂辑,自经子至前汉,皆曰法语。自后汉至《唐书》,皆曰《精语》,此所摘宋齐梁陈四朝史中之语也。凡《宋书》四卷,《齐书》三卷,《梁书》二卷,《陈书》一卷,其去取多不可解。即以卷首《宋本纪》考之,如桓元与刘迈书有云,北府人情云何,近见刘云何所道,乃独摘北府人情云何句。宋顺帝反正诏曰,故顺声一唱,二溟卷波,英风振路,宸居清翳,乃独摘二溟卷波句。高祖北讨,加领征将军,司豫二州刺史,以世子为徐兖二州刺史,下书有云今当奉辞西旆,有事关中,弱嗣叨蒙,复忝今授。乃独摘复忝今授四字。又如加高祖九锡策文,骈辞丽句,叠出不穷,乃独摘出藩入辅,锋无对敌二句。盖南宋最重词科,士大夫多节录古书,以备遣用。其排比成编者,则有王应麟《玉海》,章俊卿《山堂考索》之流巾箱秘本,本非著书,不幸而为人所传者。则有如此类,后人以其名重存之,实非其志也。以流传已久,姑存其目,实则无可采录。惟其中所录《宋书》本纪第一,列传第二第三,志第四,志反在列传之后。考刘知几《史通》曰,旧史以表志之帙,分于纪传之间,降及蔚宗,肇加厘革,沈魏继作,相与因循。今北监版《魏书》志在列传后,是其显证,与《史通》适合。而《宋书》则移其次第列于纪传之间,观迈所序,犹从古本,知几之言不妄,是则可资考证之一端。十卷之中,惟此一节足取耳。

《郘亭知见传本书目》:《南朝史精语》十卷,宋洪迈撰。乾隆五十二年南城吴照刊。《四库存目》。

《郑堂读书记》:《南朝史精语》十卷(南城吴氏校刊本),宋洪迈编(迈字景卢,鄱阳人,绍兴十五年中,博学鸿词科,官至端明殿学士,谥文敏)。《四库全书存目》、《书录解题》、《通考》、《宋志》(类事类)俱载之,而无朝字。《宋志》又作六卷,皆字之脱误也。是书所摘,凡《宋书》四卷,《齐书》二卷,《梁书》二卷,《陈书》一卷,俱非李遐龄《南史》中次序,则知陈马两家无朝字者脱误也。考陈氏所载景庐之书,凡摘录经子《左传》、《史记》、《西汉》四书,谓之法语,今唯《史记》存(具《四库存目》)。摘录《后汉》、《三国》、《晋书》三书及是书,谓之精语,今唯是书存。皆随篇摘取一言半句以成书,割裂破碎,览之茫然莫得其绪,真不适于用者也。然则八书只存其二,盖亦不足惜耳! 前有乾隆丁未吴(照)序,后载朱竹垞跋,盖从《曝书亭集》录入也。

王涣《两晋南北奇谈》六卷

《四库存目》:《两晋南北奇谈》六卷(两江总督采进本),旧本题宋王涣撰。涣为仁宗庆历末睢阳五老之一。王辟之《渑水燕谈》称其官为太子宾客。祝穆《事文类聚》载钱明逸《五老会诗序》称为太原人。其事迹则未详。

然世仅传涣《五老会诗》一首，不闻其著此书。郑樵以下诸家书目，亦不著录。考《太学进士提名碑》，弘治丙辰科有王涣，象山人。《明史·艺文志》有涣所著《墨池手录》三卷，此本自称墨池，王涣与墨池之号相合，知此书为明王涣撰。其称太原，盖举郡望耳。其书摘录《晋书》以下八史琐语杂事。王世祯《居易录》称尝见书贾携《两晋奇谈》，不云谁作，疑即此书也。

吕祖谦《南史详节》二十五卷，《北史详节》二十八卷

按：见《汇刻书目》著录。详《史记详节》条。

钱端礼《南史提要》一卷，《北史提要》一卷

按：见《四库存目》著录。详《史记提要》条。

谢翱《南史补帝纪赞》一卷

按：见《倪补宋史艺文志》著录。

佚名《南史钞略》四本

按：见《传是楼书目》著录。

佚名《南史摘要》二十卷

按：见《宋史·艺文志》著录。

佚名《南史摭实韵句》三卷

按：见《宋史·艺文志》著录。

方岳《重修南北史》一百十卷

按：见《倪补宋史艺文志》著录。

孙玉汝《南北史练选》十八卷

按：见《宋史·艺文志》著录。

以上宋时人

蔡珪《南北史》三十卷

《金补辽金元艺文志》：蔡珪《南北史志》三十卷，合沈约、萧子显、魏收书作《南北史》。

《钱补元史艺文志》：蔡珪《南北史志》六十卷。

陈天麟《南北史缀节》

按：见《江南通志·艺文志》著录。

郝敬《北史琐琐》四卷，《南史琐琐》四卷

按：见《八千卷楼书目》著录。注云：山草堂集本。

钱岱《南北史合纂》四十卷

按：见《千顷堂书目》著录。

项笃寿《南史论赞》二卷，《北史论赞》三卷

按：见《四库存目》著录。详《史记论赞》条。

李清《南北史合注》一百五卷

《四库简目》：《南北史合注》一百五卷，明李清撰。以宋齐梁陈四史，参定《南史》，以魏齐周隋四史，参定《北史》，兼旁采诸书，考证异同，以为之注。用意颇为精密。惟于李延寿书多所改定，既不可云清之新撰，又不可以云延寿之原文，未免进退无据耳。

李维桢《南北史小识》十卷

按：见《明史·艺文志》著录。

陈朝璋《南北史藻》四卷

按：见《千顷堂书目》著录。

佚名《南北史南唐书合注》

按：见《江南通志·艺文志》著录。

郭□春《两晋南北史合纂》

按：见《传是楼书目》著录。

周诗雅《南北史钞》无卷数

《四库存目》：《南北史钞》无卷数（两江总督采进本），明周诗雅撰。诗雅字廷吹，武进人，万历乙未进士。是编摘录《南北史》新奇纤佻之事，以为谈助。然不及后来沈名荪、朱昆田书之有条理。

以上元明时人

陈维崧《两晋南北集珍》六卷

《四库存目》:《两晋南北集珍》六卷(浙江巡抚采进本),国朝陈维崧撰。维崧字其年,宜兴人。康熙己未,召试博学鸿词,授翰林院检讨。维崧以四六擅名,此书采南北朝故实,各加标目,盖即以备骈体采缀之用。前有《自序》,作于康熙丙辰,乃未举制科以前四年也。

沈名荪、朱昆田《南史识小录》八卷,《北史识小录》八卷

《四库简目》:《南史识小录》八卷,《北史识小录》八卷,国朝沈名荪、朱昆田同编。仿《两汉博闻》之例,取《南北史》字句鲜明,事迹新异者,摘录成编。不分门类,仍以原书卷目为次。

《四库总目》:《南史识小录》八卷,《北史识小录》八卷(浙江巡抚采进本),国朝沈名荪、朱昆田同编。名荪字涧芳,钱塘人。昆田字文盎,秀水人,彝尊之子也。是书仿《两汉博闻》之例,取南北二史,摘其字句之鲜华,事迹之新异者,摘录成编,不分门目。惟以原书次第胪列,而各著其篇名,亦不加训释。惟摘取数字标目,以原文载于其下,著是语之缘起而已。《文献通考》载陈正敏之言曰:李延寿作《南北史》,粗得作史之体,故《唐书本传》亦谓其删略秽词,过本书远甚。然好述妖异兆祥谣谶,特为繁猥。又引司马光之言,亦谓李延寿书,于机祥诙嘲小事无所不载,盖自沈约《宋书》以下,大抵竞标藻采,务摭异闻。词每涉乎俪裁,事或取诸小说。延寿因仍旧习,未尽湔除,宜为论者之所惜。然揆以史体,固曰稍乖,至于赋手取材,诗人隶事,则樵苏渔猎,捃拾靡穷,此譬如柟瘤为病,而制枕者反贵其文理也。名荪等撷其精华,以备选用,使遗文琐事,披卷灿然。其书虽作自近人,其所采录,则皆唐以前事,与《艺文类聚》诸书,约略相似。存以备考,愈于冗杂之类书多矣。

《郘亭知见传本书目》:《南史识小录》八卷,《北史识小录》八卷,国朝沈名荪、朱昆田同编。无刊本。此书不分门类,张仲甫取其原本,增益排比,尚未刊行。

附录:张应昌《南北史识小录补正》八本

按:见《江南图书馆目》著录。

徐文范《两晋南北朝舆地表》二十四卷

《适园藏书目》:《东晋南北朝舆地表》二十四卷,徐文范撰。文范字仲圃,好深沉之思,生钱辛楣、王西庄二先生之乡,见闻较博。留心于典午渡江以后,开皇平陈以前,瓜剖豆劈,盖三十国南北侨置千四百,故仲圃于三条四列,十道,九域,一一囊括于心胸。乃上溯太安,下讫大业,年经国纬,表而次之。先辨实土,附以侨治,其间分裂并合,参互错综。志有渗漏,则采纪传以证成之,可谓才大心细。前有钱王二序。

佚名《南史节钞》

按:见《涵芬楼书目》著录。注云:《锐庐读书丛录》本。

佚名《南史捃华》

按:见《环碧山房目》著录。

佚名《南史摘钞》

按:见《传是楼书目》著录。

佚名《南北史删》三十一卷

按:见《淡生堂书目》著录。

冯时可《南史伐山》

按:见《淡生堂书目》著录。

周嘉猷《南北史捃华》八卷

《郑堂读书记》:《南北史捃华》八卷(袖珍本),国朝周嘉猷编。两塍既作《南北史世系年表》,复仿《世说》之例,仍分三十四门排纂《南北史事》,以成是编。颜之曰捃华者,李遐龄上《书表》云兼采八史,除其冗长,捃其精华,故取以名之也。夫魏晋人风调者吐,自宋逮陈,相沿未沫,北土自迁洛以降,复雅有此风,临川之书,迄晋而止,以是编继之,殊胜何元朗所补多多矣。惜其不全本旧史,而自有更正之处也。前有胡书巢(德琳)序,后有自跋。

《郘亭知见传本书目》:《南北史捃华》八卷,国朝周嘉猷撰,刊本,分三十五目,略依《世说》。

周嘉猷《南北史表》七卷

《郑堂读书记》:《南北史表》五卷(原刊本),国朝周嘉猷撰(嘉猷号两塍,钱塘人,官山东知县)。两塍以南北分统之际,不列年为表,则无以知其时世之所值,以考其朝聘征伐之由。爰自魏登国元年丙戌,至隋皇泰二年己卯,凡二百三十四年,撰成是编。首为《南北史年表》一卷,以纪八代崖略;次为《南北史帝王世系表》一卷,又次为《南北史世系表》三卷,以纪臣工世系;则全似《唐书·宰相世系表》之例,旁行邪上,朗若列眉。乃《南北史》之纲领,正当附李氏书以行者也。前有乾隆癸卯桂林胡(德琳)序。

《丛书汇目》:钱塘周嘉猷《南北史表》《南北史年表》一卷,《南北史帝王世系表》一卷,《南北史世系表》四卷。

周两曜《补南北史表》四卷

按:见《八千卷楼目》著录。注云:原刊本。

汪士铎《补南北史志》十四卷

按:见《八千卷楼目》著录。注云:淮南局本。

《书目答问补正》:江宁汪士铎《南北史补志》十四卷,补天文、地理、五行、礼仪四志,江宁局本。原书凡三十卷,其舆服、乐律、刑法、职官、食货、氏族、释老、艺文八志未刊稿。

汪士铎《南北史补赞》

按:见《涵芬楼目》著录。

王懋竑《南北史志疑》二卷

按:见《八千卷楼目》著录。注云:钞本。

钱仪吉《南北朝会要》

按:见《书目答问补正》著录。注云:未成。

钱榖《南北史摭言》

按:见《千顷堂书目》著录。

洪亮吉《两晋南北史乐府》二卷

按:见《忏花盦丛书》(山阴宋泽元辑,光绪丁亥刊)目著录。

钱大昕《南北史隽》一卷

按:见《潜研堂全书目》著录。未刊。

钱大昕《南史考异》三卷,《北史考异》三卷

按:见《潜研堂全书目》著录。详《史记考异》条。

杜纲《北史演义》

按:见《涵芬楼书目》著录。注云:乾隆年间刊本。

左暄《南北史忠节传》八卷

按:见《安徽通志·艺文志》著录。

佚名《南北史摘要》

按:见《传是楼书目》著录。

梁玉绳《南北史摘略》二册

按:见《清吟阁书目》著录。

洪颐煊《南史考异》二卷,《北史考异》二卷

按:见《八千卷楼目》著录。详《三国志考异》条。

以上清时人

《正史汇目》第十八　两《唐书》部

(一)《旧唐书》未成前目

房玄龄监修《国史》

《唐书·房玄龄传》:太子即位,为中书令,进尚书左仆射,监修《国史》。

朱子奢监修《国史》

《唐书·儒学·朱子奢传》:贞观初,以散官直国子学,累转谏议大夫,弘文馆学士。帝尝诏起居纪录臧否,朕欲见之,以知得失,若何。子奢曰,陛下所举无过事,虽见无嫌,然以此开后世史官之祸,可惧也。史官全身畏死,则悠悠千载,尚有闻乎。

褚遂良监修《国史》

《唐书·褚遂良传》:博涉文史,工隶楷,迁谏议大夫,兼知起居事。帝曰,卿记起居,大抵人君得观之否?对曰,今之起居,古左右史也,善恶必记,戒人主不为非法,未闻天子自观史也。帝曰,朕有不善,卿必记邪?对曰,守道不如守官,臣职载笔,君举必书。刘洎曰,使遂良不记,天下之人亦记之矣。帝曰,朕行有三,一监前代成败,以为元龟;二进善人,共成政道;三斥远群小,不受谗言;朕守而勿失,亦欲史氏不能书吾恶也(《唐书·百官志》起居郎二人,从六品,上掌录天子起居法度,天子御正殿,则郎居左,舍人居右,有命俯陛以听,退而书之,季冬以授史官。贞观初,以给事中谏议大夫兼知起居注,或知起居事,每仗下议政,起居郎一人执笔记录于前,史官随之其后。复置起居舍人,分侍左右,秉笔随宰相入殿,若伏在紫宸内阁,则夹香案分立殿下,直第二螭首,知墨濡笔,皆即坳处,时称螭头。贞观三年,置起居郎,废舍人,史馆修撰四人掌修国史)。高宗即位,封河南县公,拜吏部尚书,同中书门下三品,兼修国史。

令狐德棻兼修《国史》

《唐书·令狐德棻传》:贞观三年,迁吏部侍郎,兼修国史。

许敬宗兼修《国史》

《唐书·许敬宗传》:贞观中,除著作郎,兼修国史。

敬播等《高祖太宗实录》四十卷

《唐书·儒学·敬播传》:始播与许敬宗撰《高祖实录》,兴创业,尽贞观十四年(《旧唐书·敬播传》播与给事中许敬宗撰高祖太宗实录,自创业至于贞观十四年),凡四十卷奏之,赐物五百段。

《旧唐书·房玄龄传》:以撰《高祖太宗实录》成,降玺书褒美,赐物一千五百段。

《旧唐书·孙处约传》:约以预修太宗实录成,赐物七百段,三迁中书侍郎。

《旧唐书·许敬宗传》:贞观十七年,修武德贞观实录成,封高阳县男,赐物八百段。

《唐书·艺文志》:《高祖实录》二十卷,敬播撰。房玄龄监修,许敬宗删改。《今上实录》二十卷,敬播、顾胤撰,房玄龄监修。

于志宁兼修《国史》

《唐书·于志宁传》:(晋王)为皇太子,复授左庶子,迁侍中,加光禄大夫,监修国史(案:晋王为皇太子事在贞观十七年,此十七年之后事也)。

李延寿兼修《国史》

《唐书·李延寿传》:贞观中学士,以修撰劳转御史台主簿,兼值国史,迁符玺郎,兼修国史。

李延寿《太宗政典》三十卷

《旧唐书·李延寿传》:贞观中,补太子典膳丞,崇贤馆学士,转御史台主簿,兼值国史,尝撰《太宗政典》三十卷,表上之。

高冯监修《国史》

《唐书·高冯传》:冯字季辅,迁中书令,兼检校吏部尚书,监修国史。

以上太宗时

张行成等监修《国史》

《唐书·张行成传》:高宗即位,封北平县公,监修国史。

《唐书·令狐德棻传》:永徽初,复为礼部侍郎,弘文馆学士,监修国史。

《唐书·许敬宗传》:高宗即位,拜侍中,监修国史。

《唐书·李义府传》:高宗立,迁中书舍人,兼修国史。

《唐书·文艺·刘延祐传》:伯父胤之,永徽初以著作郎、弘文馆学士与令狐德棻、阳仁卿等撰次国史。

李义府监修《国史》

《旧唐书·李义府传》:永徽二年,兼修国史,加弘文馆学士,寻擢拜中书侍郎,同中书门下三品,监修国史。

褚遂良《国史》

《唐书·褚遂良传》:高宗即位,封河南县公,进郡公,再岁拜吏部尚书,同中书门下三品,兼修国史。

崔敦礼监修《国史》

《唐书·崔敦礼传》:永徽四年,拜侍中,监修国史。

苏引兼修《国史》

《唐书·令狐德棻传》:苏引,苏州人,永徽中,累迁起居郎,兼修国史。

敬播等《太宗实录》二十卷

《旧唐书·敬播传》:永徽初,拜著作郎,后历谏议大夫给事中,并依旧监修国史。又撰《太宗实录》,从贞观十五年至二十三年,为二十卷,奏之,赐帛三百段。

长孙无忌等《武德贞观两朝史》

《旧唐书·长孙无忌传》:显庆元年,无忌与史官国子祭酒令狐德棻缀集武德贞观两朝史为八十卷，表上之，无忌以监领功，赐物两千段。

许圉师兼修《国史》

《旧唐书·许绍传》：绍少子圉师有器干，博涉艺文，举进士。显庆二年，累迁黄门侍郎，同中书门下三品，兼修国史。

张大素修《国史》

《唐书·张公瑾传》：子大素，龙朔中历东台舍人，修国史，著书百余篇。

郝处俊等监修《国史》

《旧唐书·高宗本纪》：调露元年八月丁巳，侍中郝处俊、左庶子高智周、黄门侍郎崔知温、给事中刘景先兼修国史。

《旧唐书·郝处俊传》：咸亨四年，监修国史。

刘仁轨等监修《国史》

《唐书·刘仁轨传》：拜太子左庶子，同中书门下三品，监修国史。

《旧唐书·高宗本纪》：上元二年八月庚子，太子左庶子同中书门下三品乐成侯刘仁轨为左仆射，依旧监修国史。中书门下四品大理卿张文瓘为侍中，中书侍郎同三品，甑山公郝处俊为中书令，监修国史如故。吏部侍郎检校太子左庶子监修国史李敬玄吏部尚书兼太子左庶子同中书门下三品，依前监修国史。

以上高宗时

武承嗣监修《国史》

《唐书·武后本纪》：垂拱二年二月，武承嗣同凤阁鸾台三品。

《唐书·武承嗣传》：垂拱初，以春官尚书同凤阁鸾台平章事，监修国史。

元万顷等兼修《国史》

《唐书·艺文·元万顷传》：垂拱中，历鸾台天官二侍郎，春官尚书同凤阁鸾台平章事，兼修国史。

《旧唐书·范履冰传》：垂拱中，迁春官尚书同凤阁鸾台平章，兼修国史。

路敬淳兼修《国史》

《唐书·儒学·路敬淳传》：天授中再迁太子司议郎，兼修国史。

刘知几兼修《国史》

《唐书·刘子玄传》:子元名知几,武后证圣初,子玄上书,后嘉其直,累迁凤阁舍人,兼修国史。

刘允济修《国史》

《唐书·文艺传》:允济为著作佐郎,修国史,常曰史官善恶必书,使骄主贼臣惧,此权顾轻哉。而班生受金,陈寿求米,仆视之如浮云耳。迁凤阁舍人。

崔融兼修《国史》

《唐书·崔融传》:长安二年,迁凤阁舍人,三年,兼修国史。

韦承庆兼修《国史》

《旧唐书·韦思谦传》:子承庆,长安初,入为司仆少卿,转天官侍郎,兼修国史。

武三思监修《国史》

《唐书·外戚·武三思传》:三思当天后时,累进春官尚书,监修国史。

刘之宏兼修《国史》

《旧唐书·刘伯庄传》:子之宏亦传父业,则天时,迁著作郎,兼修国史。

王琳监修《国史》

《唐书·王琳传》:武后时,以老乞身,改麟台,监修国史。

以上武后时

豆卢钦望等监修《国史》

《旧唐书·豆卢钦望传》:中宗即位,以钦望宫僚旧臣,拜尚书左仆射,知军国重事,兼检校安国相王府长史,兼中书令,知兵部事,监修国史。

《旧唐书·张柬之传》:中宗即位,迁中书令,监修国史。

《旧唐书·魏元忠传》:则天崩,中宗居谅闇,累封齐国公,监修国史。

《旧唐书·徐彦伯传》:神龙元年,迁太常少卿,兼修国史。

《旧唐书·祝钦明传》:中宗即位,拜国子祭酒,同中书门下三品,加青银光禄大夫,历刑部礼部两尚书,兼修国史。

崔融等《则天实录》二十卷

《旧唐书·崔融传》:长安二年,兼修国史。四年,拜国子司业,兼修国史。神龙二年,以预修《则天实录》成,封清河县子。

《旧唐书·徐彦伯传》:以预修《则天实录》成,封高平县子。

《旧唐书·韦思迁传》:神龙初,以修《则天实录》之功,赐爵扶阳县子。

《旧唐书·魏元忠传》:神龙二年,元忠与武三思、祝钦明、徐彦伯、柳冲、韦承庆、崔融、岑羲、徐坚等撰《则天皇后实录》二十卷,奏之,中宗称善,赐元忠物千段。

《旧唐书·刘子元传》:以修《则天实录》功,封巢县子。

李峤监修《国史》

《旧唐书·李峤传》:峤为中书令,加修文馆大学士,监修国史。

张锡兼修《国史》

《唐书·张锡传》:神龙中,累迁工部尚书,兼修国史。

唐璇兼修《国史》

《唐书·唐璇传》:景龙二年,致士,未几复起,为太子少师同中书门下三品,兼修国史。

柳冲修《国史》

《唐书·儒学·柳冲传》:中宗景龙中,迁左散骑常侍,修国史。

以上中宗时

魏知古等修《国史》

《唐书·魏知古传》:知古方直有雅才,擢进士第,以著作郎修国史。睿宗立,拜黄门侍郎,兼修国史。

《唐书·儒学·徐坚传》:睿宗即位,授太子左庶子,兼崇文馆学士,修国史。

张说等监修《国史》

《唐书·张说传》:睿宗即位,擢中书侍郎,兼雍州长史,逾年,进同中书门下平章事，监修国史。

《旧唐书·陆元方传》：子象先，景云元年冬同中书门下平章事，监修国史。

窦怀贞等监修《国史》

《旧唐书·睿宗本纪》：先天元年八月庚戌，窦怀贞为尚书左仆射同中书门下三品，仍兼御史大夫。刘幽求为尚书右仆射，依旧同中书门下三品。魏知古为侍中，崔湜为中书令，令并监修国史。

岑羲监修《中宗实录》

《唐书·岑文本传》：孙羲字伯华，初，节愍太子之难，冉祖雍诬帝及太平公主连谋，赖羲与萧至忠保护得免，羲监修《中宗实录》，自著其事，帝见之赏叹，赐物三百段，良马一匹，下诏褒美。

以上睿宗时

张说修《国史》

《唐书·张说传》：说既罢政事，在集贤院专修国史，虽致仕一岁，亦修史于家。

吴兢《唐书》一百卷

《唐书·吴兢传》：兢少厉志，贯知经史，方直寡谐比，惟与魏元忠、朱敬则游。二人者当路，荐兢才堪论撰，诏直史馆修国史，迁右拾遗内供奉。神龙中，改右辅阙，累迁起居郎，与刘子玄、徐坚等并职。玄宗初立，以母丧去官，服除，自陈修史有绪。睿宗崩，《实录》留东都，诏兢驰驿取进梓宫。始兢在长安、景龙间任史事，时武三思、张易之等监领，阿贵朋佞，酿泽浮辞，事多不实，兢不得志，私撰《唐书》、《唐春秋》，未就。至是丐官笔札，冀得成书，诏兢就集贤院论次。时张说罢宰相在家修史，大臣奏国史不容在外，诏兢等赴馆撰录，进封长垣县男。久之，坐书事不当，贬荆州司马，以史草自随。萧嵩领国史，奏遣使者就兢取书，得六十余篇。天宝初，入为恒王傅，虽年老衰偻甚，意犹愿还史职，李林甫嫌其衰不用，卒年八十。兢叙事简核，号良史。

《旧唐书·李元纮传》：左庶子吴兢旧任史官，撰《唐书》一百卷，《唐春秋》

三十卷，书未成以丁忧罢职。至是上疏请终其功，有诏特令就集贤院修成其书。及张说致仕，又令在家修史，元纮奏曰，国史者，记人君善恶，国政损益，一字褒贬，千载称之，前贤所难，事匪容易，令张说在家修史，吴兢又在集贤院撰录，遂令国之大典，散在数处。且太宗别置史馆，在于禁中，所以重其职，而秘其事也。望敕说等就史馆参详撰录，则典册有凭，旧章不坠矣。从之，乃诏说及吴兢并就史馆修撰。

吴兢《唐书备阙记》十卷

按：见《唐书·艺文志·杂史类》。《中兴书目》云，集高宗、武后、中宗、睿宗、元宗五朝故事，以备史官之阙。

苏颋修《国史》

《唐书·元宗本纪》：开元四年十二月己亥，苏颋同紫微黄门平章事。

《唐书·苏颋传》：开元四年，进同紫微黄门平章事，修国史。

萧嵩兼修《国史》

《旧唐书·萧嵩传》：开元十七年，加集贤殿学士，知院事，兼修国史。

尹愔兼修《国史》

《唐书·儒学·尹愔传》：初为道士，玄宗尚玄言，有荐愔者，召对喜甚，厚礼之，拜谏议大夫，集贤院学士，兼修国史，固辞不起。有诏以道士服视事，乃就职，颛领集贤、史馆图书。

杨国忠监修《国史》

《唐书·外戚传》：李林甫死，遂拜右相，兼吏部尚书，集贤院大学士，兼修国史。

刘悚修《国史》

《旧唐书·刘子玄传》：子玄子悚，右补阙、集贤殿学士，修国史，著《史例》三卷，《传记》三卷。

郑虔《国史》

《唐书·文艺传》：虔天宝初为协律郎，集缀当世事，著书八十余篇，有窥其稿者，上书告虔私撰国史，虔苍黄焚之。

苏冕《唐会要》四十卷

《旧唐书·苏弁传》:兄冕缵国朝政事,撰《会要》四十卷,行于世。

以上玄宗时

柳芳《国史》一百三十卷

《唐书·柳芳传》:开元末,擢进士第,由永宁尉直史馆,肃宗诏芳与韦述缀辑吴兢所次国史,会述死,芳续成之。兴高祖讫乾元凡百三十篇,叙天宝后事,弃取不伦,史官病之。

柳芳《唐历》四十卷

《唐书·柳芳传》:上元中,坐事徙黔中,后历左金吾卫骑曹参军,史馆修撰,然芳笃志论著,不少选忘厌,承寇乱,史籍沦缺,芳始谪时,高力士亦贬巫州,因从力士质开元天宝及禁中事,具识本末,时国史已送官,不可追刊,乃推衍义类,仿编年法为《唐历》四十篇,颇有异闻。然不立褒贬义例,为诸儒讥讪。

于休烈等修《国史》

《旧唐书·于休烈传》:肃宗践祚,迁太常少卿,知礼仪事,兼修国史。肃宗谓休烈曰,君举必书,良史也,朕有过失,卿书之否?对曰,禹、汤罪己,其兴也勃焉,有德之君,不忘规过,臣不胜大庆。时中原荡覆,典章殆尽,无史籍检寻,休烈奏曰,《国史》一百六卷,《开元实录》四十七卷,起居注并余书三千六百八十二卷,并在兴庆宫史馆,京城陷贼后,皆被焚烧。且《国史》、《实录》,圣朝大典,修撰多时,今并无本,伏望下御史台推勘史馆所由,令府县招访,有人别收得《国史》、《实录》,如送官司,重加购赏。若是史官收得,仍赦其罪,得一部超授官资,得一卷赏绢十匹。数月之内,惟得一两卷,前修史官工部侍郎韦述陷贼入东京,至是以其家藏《国史》一百一十三卷送于官。寻转工部侍郎,修国史。

杨绾兼修《国史》

《唐书·杨绾传》:肃宗即位,迁中书舍人,兼修国史。

令狐峘《元宗实录》一百卷,《代宗实录》四十卷

《旧唐书·令狐峘传》:峘博学,贯通群书,杨绾甚称之,及绾为礼部侍郎,修国史,乃引峘入史馆,自华原尉拜右拾遗,累迁起居舍人,皆兼史职。修《元宗实录》一百卷,《代宗实录》四十卷,著述虽勤,属大乱之后,起居注亡失,峘纂开元天宝事,虽得诸家文集,编其诏策,名臣传记,十无三四。后人以漏落处多,不称良史。元和三年,峘子太仆寺丞丕始献峘所撰《代宗实录》四十卷。初峘坐李泌贬监修国史,奏峘所撰实录一份,请于贬所毕功。

李揆修《国史》

《唐书·李揆传》:乾元二年,拜中书侍郎,同中书门下平章事,修国史。

萧华兼修《国史》

《旧唐书·肃宗本纪》:上元二年二月癸未,以前河中尹萧华为中书侍郎同平章事,集贤殿崇文馆大学士,兼修国史。

归崇敬《国史仪注》

《唐书·归崇敬传》:肃宗次灵武,迁起居郎,赞善大夫,史馆修撰,兼集贤殿校理,修《国史仪注》。

李翰《张巡传》

《唐书·文艺·李华传》:子翰擢进士第,天宝末,房琯、韦涉俱荐为史官,翰所善张巡死节睢阳,人媢其功,以为降贼,肃宗未及知,翰传巡功状表上之,帝繇是感悟,而巡大节白于世,义士多之。

以上肃宗时

关播修《国史》

《旧唐书·关播传》:建中三年十月,拜银青光禄大夫中书侍郎同中书门下平章事,集贤殿崇文馆大学士,修国史。

李泌修《国史》

《唐书·李泌传》:贞元三年,拜中书侍郎同中书门下平章事,累封邺县侯,俄加崇文馆大学士,修国史。

崔祐甫修《国史》

《旧唐书·崔祐甫传》:德宗时,转中书侍郎,修国史。

以上代宗时

韦处厚《德宗实录》五十卷

《旧唐书·韦处厚传》:元和初,授秘书省校书郎,迁右拾遗史职。《德宗实录》五十卷,时称信史。

裴垍监修《国史》

《唐书·裴垍传》:元和初,召入翰林院为学士,李吉甫罢,乃拜垍中书侍郎同中书门下平章事,加集贤殿大学士,监修国史(《唐书·百官志》史馆修撰四人,掌修国史。注:元和六年宰相裴垍建议登朝官领史职者为修撰,以官高一人判馆事,未登朝官皆为直馆)。

裴垍等《德宗实录》

《旧唐书·宪宗本纪》:元和五年十月庚辰,宰相裴垍进所撰《德宗实录》五十卷。

《旧唐书·蒋乂传》:受诏与独孤郁、韦处厚同修《德宗实录》,五年奏御。

李吉甫兼修《国史》

《旧唐书·宪宗本纪》:元和六年正月庚申,以淮南节度使中书侍郎同平章事赵国公李吉甫复知政事,集贤殿大学士,兼修国史。

韩愈等《顺宗实录》

《旧唐书·韩愈传》:时谓愈有史笔,及撰《顺宗实录》,繁简不当,叙事拙于取舍,颇为当代所非。

《旧唐书·宇文籍传》:以咸阳尉直史馆,与韩愈同修《顺宗实录》,迁监察御史。

以上德宗时

路随等《宪宗实录》

《旧唐书·穆宗本纪》:长庆二年闰十月己亥,敕翰林侍讲学士谏议大夫路随、中书舍人韦处厚，兼充史馆，修撰《宪宗实录》。

《旧唐书·路随传》：穆宗即位，与韦处厚同入翰林为侍讲学士，将修《宪宗实录》，复命兼充史职。

《唐书·韦处厚传》：处厚与路随共次《宪宗实录》，诏分日入直，创具凡例。未及成而终。

以上穆宗时

路随监修《国史》

《旧唐书·路随传》：太和二年，韦处厚薨，随代为相，拜中书侍郎，监修国史。初韩愈撰《顺宗实录》，说禁中事颇切直，内官恶之，往往于上前言其不实，累朝有诏改修，及随进《宪宗实录》后，文宗复令改正永贞时事。

蒋係等《宪宗实录》

《唐书·蒋乂传》：乂子係太和初直史馆，明年拜右拾遗，史馆修撰，与沈传师、郑澣、陈夷行、李汉参撰《宪宗实录》，转右补阙。

《旧唐书·沈传师传》：传师在史馆，预修《宪宗实录》，未成，廉察湖南，特诏赍一分史稿，成于理所。

贾悚监修《国史》

《唐书·贾悚传》：太和九年，拜中书侍郎同中书门下平章事，俄为集贤殿大学士，监修国史。

郑肃监修《国史》

《旧唐书·郑肃传》：开成五年，以本官同平章事，加中书门下二侍郎，监修国史。

以上文宗时

李绅等重修《宪宗实录》

《旧唐书·武宗本纪》：会昌三年十月，宰相监修国史李绅，兵部郎中、史馆修撰判馆事郑亚进重修《宪宗实录》四十卷，颁赐有差。

以上武宗时

周墀监修《国史》

《旧唐书·周墀传》:墀有史才,大中初,迁银青光禄大夫,中书侍郎,监修国史。

崔铉等《续会要》

《旧唐书·宣宗本纪》:大中七年十月,弘文馆大学士崔铉进《续会要》四十卷,修撰官杨绍复、崔瑑、薛逢、郑言等赐物有差。

魏謩等《文宗实录》

《旧唐书·宣宗本纪》:大中八年,魏謩修成《文宗实录》四十卷,修史官给事中卢耽、太常少卿蒋偕、司勋员外郎王沨、右补阙卢吉,颁赐银器锦彩有差。

郑朗等兼修《国史》

《旧唐书·宣宗本纪》:大中十一年二月,以集贤殿大学士上柱国赐紫金鱼袋郑朗,可监修国史,十月以宰相崔慎由兼修国史。

以上宣宗时

蒋伸监修《国史》

《唐书·蒋乂传》:子伸,懿宗即位,兼刑部尚书,监修国史。

蒋偕等《文宗实录》

《旧唐书·蒋乂传》:子偕有史才,咸通中,与同职卢耽、牛丛受诏修《文宗实录》。

刘崇翌监修《国史》

《旧唐书·刘崇翌传》:咸通十二年,兼左仆射。监修国史。

以上懿宗时

萧观监修《国史》

《旧唐书·萧观传》:中和元年,兼吏部尚书,监修国史。

柳玭修《国史》

《唐书·柳玭传》:文德元年,以吏部侍郎,修国史。

以上僖宗时

陆扆监修《国史》

《旧唐书·陆扆传》:光化三年,转门下侍郎,监修国史。

以上昭宗时

张文蔚等监修《国史》

《旧唐书·哀帝本纪》:天祐二年三月甲子,以张文蔚为中书侍郎同平章事,监修国史。五月丁亥以翰林学士尚书职方郎中张策兼充史馆修撰,修国史。

以上哀帝时

贾纬《唐年补录》六十五卷

《五代史·贾纬传》:贾纬长于史学,唐自武宗以后,无实录。史官之职废。纬采次传闻为《唐年补录》六十五卷。当唐之末,王室微弱,诸侯强盛,天下多事,故纬所论次多所阙损,而丧乱之际,事迹粗存,亦有补于史氏。

贾纬《唐书》

《五代史·贾纬传》:贾纬,晋天福中为太常博士,非其好也。数求为史职,改起居郎、史馆修撰,与修唐书。

程匡柔《大唐补记》三卷

《直斋书录解题》:《大唐补记》三卷,南唐程匡柔撰。序言懿宗朝有焦璐者,撰《年代纪》,述神尧,止宣宗。匡柔袭三百年历,补足十九朝。起咸通戊子,止癸巳,附璐书中。乾符以后,备存《补记》。末有后论一篇,文辞虽拙,论议亦正。

(二)《旧唐书》已成后目

王溥《唐会要》百卷

《宋史·王溥传》:溥尝集苏冕《会要》及崔铉《续会要》补其阙漏为百卷,曰《唐会要》。

《玉海》:建隆二年正月丁未,司空平章监修国史。王溥等上新编《唐会要》一百卷,文简理备。太祖嘉之,诏藏史馆,赐物有差。

《四库简目》:《唐会要》一百卷,宋王溥撰。唐苏冕尝次高祖至德宗之事,为《会要》四十卷,杨绍复等又采德宗至宣宗之事,续为四十卷,溥因二家原本补辑宣宗至唐末之事,以成此书。凡分目五百十卷,旧本残缺,佚其四卷,别本有补亡四卷,不知谁作,今并录以备参考,而各注补字于标目之下,使不相淆焉。

《四库总目》:《唐会要》一百卷(浙江汪启淑家藏本),宋王溥撰。溥字齐物,并州祁人,汉乾祐中登进士第一,周广顺初拜端明殿学士,恭帝嗣位,官右仆射,入宋仍故官,进司空同平章事,监修国史,加太子太师,封祁国公,卒谥康定,事迹具《宋史》本传。初,唐苏冕尝次高祖至德宗九朝之事,为《会要》四十卷。宣宗大中七年,又诏杨绍复等次德宗以来事,为《续会要》四十卷。惟宣宗以后,记载尚阙,溥因复采宣宗至唐末事续之,为新编《唐会要》一百卷。建隆二年正月奏御,诏藏史馆。凡分目五百十有四,于唐代沿革损益之制,极其详核。官号内有识量忠谏,举贤委任,崇奖诸条,亦颇载事迹,其琐细典故不能概以定目者,则别为杂录,附于各条之后。又间载苏冕驳议,义例该备,有裨考证。今仅传抄本,脱误颇多。八卷题曰郊仪,而所载乃南唐事,九卷题曰杂郊仪,而所载乃唐初奏疏,皆与目录不相应,七卷十卷亦多错入他文,盖原书残缺,而后人妄摭窜入,以盈卷帙。又一别本所阙四卷,亦同,而有补亡四卷,采缀诸书所载唐事,依原目编类,虽未必合溥之旧本,而宏纲细目,约略初具,犹可以见其大凡。今据以录入,仍各注补字于标目之下,以示区别焉。

《书目答问》:《唐会要》一百卷,宋王溥撰。聚珍本、福本。《补正》:广州局重刻聚珍本,苏州局本。

毕士安校《唐书》

《宋史·毕士安传》:咸平初,拜礼部侍郎,复翰林学士,诏选校勘《三国志》、晋、唐书。

《玉海》:咸平三年十月校《唐书》。

宋祁等重修《唐书》

《玉海》:庆历五年五月四日己未,诏王尧臣、张方平、宋祁等刊修《唐书》,久而未就。皇祐三年三月乙卯,宋祁就亳州修《唐书》,至和元年八月戊申,乃命欧阳修撰《唐书》纪表志,宋祁撰列传,范镇、王畴、宋敏求、吕夏卿、刘羲叟等同编修,凡十有七年而成。嘉祐三年十月庚子,命参政曾公亮提点编修《唐书》,至嘉祐五年而成,七月戊戌提点曾公亮上之(一本云六月二十四日进呈)。记十、志五十、表十五、列传百五十,凡废旧传六十一,增新传三百三十一,又增三志、四表,凡二百二十五卷,录一卷,修等进秩。

张九成《唐鲙》五十卷

《郡斋读书附志》:《唐鲙》五十卷,张文忠公九成所著也。公尝谓纪、志出于欧阳公,列传出于宋公,天文、律历、五行志则刘羲叟为之,方镇、百官表则梅尧臣为之,礼仪、兵制初出于王景彝,未竟而卒。每患首尾不相贯属,遂总其条纲,稽其同异,类聚而区别之。

王曙《唐书备问》三卷

《宋史·王曙传》:曙字梅叔,河南人,赠太保中书令,谥文康,著《唐书备问》三卷。

陈彭年《唐纪》四十卷

《宋史·陈彭年传》:彭年字永年,抚州南城人,卒赠右仆射,谥文僖,著《唐纪》四十卷。

《文献通考》:《唐纪》四十卷,巽岩李氏曰,故参知政事陈彭年撰。彭年在真宗时,以博学称,凡朝廷大制作,大议论,多出其手。彭年所撰《唐纪》,盖用编年法,次刘明远新书,最号疏略,故三百年治乱善恶之迹,彭年亦多所脱遗,其后欧阳修、宋祁别修纪志表传,及司马光编辑《资治通鉴》行于世,则彭年此纪,空无足现,然彭年之用意亦勤矣,犹可与袁干、裴元等备一家言。

宋敏求《唐实录》百四十八卷

《宋史·宋绶传》:绶子敏求,字次道,进士及第,为馆阁校勘,会王尧臣修《唐书》,以敏求习唐事,奏为编修官,持祖母丧,诏令居家修书,补唐武宗以下六世实录,百四十八卷。

吕夏卿《唐书直笔》四卷

《郡斋读书志》:《唐书直笔》四卷,皇朝吕夏卿撰。夏卿强记绝人,预修新史。其在书局时所建明,欧、宋间有取焉。如增入高祖字叔德之类是也。

《直斋书录解题》:《唐书直笔新例》四卷,修书官温陵吕夏卿撰。纪、传、志各一卷,摘旧史繁阙。又为《新例须知》附于后,略举名数,如目录之类。

《浙江采进遗书目》:《唐书直笔》四卷(知不足斋写本),宋晋江吕夏卿撰。夏卿曾预修《新唐书》,此编皆言《新书》书法,欧、宋两公,间有采同,亦不能尽从也。后附新例若干则。

《郡斋读书志》:《唐书新例须知》一卷,记《新书》比旧增减志传及其总类。

《四库简目》:《唐书直笔》四卷,宋吕夏卿撰。夏卿尝预修《唐书》,此其预局时所作,前二卷论纪传志,三卷论旧史繁文阙误,四卷为新例须知,即所拟发凡也。宋祁、欧阳修不尽用其说,然《宋史》称其于《新唐书》最有功,世系诸表,皆出其手。

《四库总目》:《唐书直笔》四卷(浙江巡抚采进本),宋吕夏卿撰。案曾公亮进《唐书表》所列预纂修者七人,夏卿居其第六,本传亦称夏卿学长于史,贯穿唐事,博采传记、杂说数百家,折衷整比。又通谱学,创为世系诸表,于《新唐书》最有功,是其位虽出欧阳修、宋祁下,而编摩之力,实不在修、祁下也。据晁公武《读书志》,是书乃其在书局时所建明,前二卷论纪传志,第三卷论旧史繁文阙误,第四卷为新例须知,即所拟发凡也。惟晁氏作《唐书直笔》四卷,《新例须知》一卷,而此本共为四卷,或后来合并欤。晁氏称夏卿此书,欧、宋间有取焉。所有未符,乃欧、宋所未取者,然是丹者非素,论甘者忘辛,著述之家,各行所见,其取者未必皆是,其不取者未必皆非。

《郑堂读书记》:《唐书直笔新例》四卷(嘉定王氏藏书,旧抄本)宋吕夏卿撰(夏卿字缙叔,泉州晋江人,举进士官至直秘阁同知礼院知颍州)。《四库全书》著录,无新例二字。《书录解题》有之。《读书志》则分《直笔》四卷,《新例须知》一卷。陈氏云纪传志各一卷,末一卷为旧史繁阙,又为《新例须知》

附于后，略举名数，如目录之类云云。与今本合，或后来合并欤。缙叔与欧、宋等同修《新唐书》，而此书所述体例，与《新书》多不合，如书母，书内禅，书立皇太子，书立皇后，书命将征伐诸条，按之本纪，无一同者。又谓仆故怀恩不当立传，宜见于《铁勒传》。李白、杜甫因列传不入文苑，李适之当附《恒山王传》，今本皆不录。是缙叔虽建议如此，而欧、宋不用其言也。观其条例棼烦，正是宋人气习，去唐初诸家远矣。是本首尾两页，俱有王西沚(鸣盛)私印二，知为其家藏本云。

《适园藏书志》:《唐书直笔新例》五卷(影宋抄本)，宋吕夏卿撰。此影宋写本，卷一帝纪，卷二列传，卷三眷摘繁文缺误，卷五新例须知。聚珍本作四卷，卷一二帝纪，卷三列传志，摘旧史繁文缺误，卷四新例须知，全然不合，又涂改夷狄等字，几至文理茫昧，馆臣无论旧刻名钞，随手删节涂改，不依本书次第，原书间本存者，犹可考见当日武断气象，此书亦其一也。

《郘亭知见传本书目》:《唐书直笔》四卷，宋吕夏卿撰。聚珍本闽覆本，桐华馆刻。

吕夏卿《唐书兵制》三卷

《郡斋读书志》:《兵制》三卷，皇朝吕夏卿撰。公武得之于宇文时中，季蒙题其后云，夏卿修唐史，别著《兵制》三篇(一作“卷”)，自秘之，戒其子弟勿妄传。鲍钦止吏部好藏书，苦求得之。其子无为太守恭孙偶言及，因恳借钞录于吴兴之山斋。

《四库总目》:晁氏别载夏卿《兵志》三卷，称得于宇文虚中，季蒙题其后曰，夏卿修唐史，别著《兵志》三篇，自秘之，戒其子弟勿妄传。鲍钦止吏部好藏书，苦求得之。其子无为太守恭孙偶言及，因恳借钞录于吴兴之山斋云云。然则夏卿之于《唐书》，盖别有所见，而志不得行者，特其器识较深，不肯如吴缜之显攻耳。今《兵志》已不可见。

孙甫《唐史记》七十五卷

《宋史·孙甫传》:著《唐史记》七十五卷，每言唐君臣行事，以推见当时治乱，若身历其间，而听者晓然，如目见云。时人言终日读史，不如一日听孙论也。唐史藏秘阁。

孙甫《唐史论断》三卷

《郡斋读书志》:《唐史要论》十卷,皇朝孙甫之翰撰。欧阳永叔、司马温、公苏子瞻称其书议论精核,以为旧史所不及。

《直斋书录解题》:《唐史论断》三卷,天章阁待制阳翟孙甫之翰撰。甫以《唐书》烦冗遗略,多失体法,乃修为《唐史》,用编年体。自康定元年逮嘉祐元年,成七十五卷,为论九十二首。甫没,朝廷取其书留禁中,其从子察录以遗温公,而世亦罕见。闻蜀有刻本,偶未得之,今惟诸论存焉。

《郡斋读书附志》:《唐史论断》二卷,朝散大夫、尚书刑部郎中、充天章阁待制兼侍读孙甫之翰所撰也。甫,阳翟人,国史有传。

《浙江采进遗书目》:《唐史论断》三卷(写本),天章阁待制许州孙甫撰。朱彝尊跋曰,甫以刘昫《唐书》繁冗失体,改用编年法,著《唐纪》七十五卷,没后诏求其书,留之禁中,此则其论断也。庐陵欧阳氏、涑水司马氏、眉山苏氏、南丰曾氏交叹美之。

《四库简目》:《唐史论断》三卷,宋孙甫撰。甫尝改刘昫《唐书》为编年,中系论断九十二篇,后《唐史》散佚,惟论断以有别本得存。朱子尝谓其议论胜《唐鉴》,今观二书,亦互有利钝也。

《四库总目》:《唐史论断》三卷(浙江鲍士泰家藏本),宋孙甫撰。甫字之翰,阳翟人,举进士,历官右正言,迁天章阁待制,河北转运使,兼侍读,事迹具《宋史》本传。陈振孙《书录解题》称甫以刘昫《唐书》烦冗遗略多失体法,乃改用编年体,创始于康定元年,蒇事于嘉祐元年,勒成《唐纪》七十五卷,其间善恶分明,可为龟鉴者,各系以论,凡九十二篇。甫没后,《唐纪》宣取留禁中,其从子察尝录副本遗司马光,世亦罕见,惟论断独传。绍兴二十七年,尝锓版于剑州,后蜀版不存,端平乙未,黄准复刻于东阳。《宋史·艺文志》作二卷,《文献通考》作十卷,此本仅三卷,盖本从《唐纪》钞出别行,非其旧帙,故卷数多寡,随意分合,实无二本也。前为自序一篇,末附司马光跋,曾巩、欧阳修所作墓志行状,苏辙答李荐书,张敦颐《后序》,皆推重是书,甚至朱子亦称其议论胜《唐鉴》云。

《郘亭知见传本书目》:《唐史论断》三卷,宋孙甫撰。学海本、艺海珠尘本、函海本、学津讨原本。

王居中《唐论》二卷

《郡斋读书附志》:《唐论》二卷,宣教郎、前太平州州学教授王居中撰。程公许、韩祥、韩补皆序之。

窦苹《唐书音训》四卷

《郡斋读书志》:《唐书音训》四卷,皇朝窦苹撰。《新书》多奇字,观者必资训释。苹学问精博,发挥良多,而其书时有攻苹者,不知何人附益之也。苹,元丰中为详断官,相州狱起,坐议法不一,下吏。蔡確笞掠之,诬服,遂废死。

《直斋书录解题》:《唐书音训》四卷,宣义郎汶上窦苹叔野撰。

佚名《唐书音义》三十卷

《郡斋读书志》:《唐书音义》三十卷,未详撰人。比窦氏书大略同而稍异,乃析为三十卷。

范祖禹《唐鉴》二十四卷

《郡斋读书志》:《唐鉴》二十卷,皇朝范祖禹醇夫撰。醇夫为温公通鉴局编修官十五年,分掌唐史,以其所自得者,著成此书;取武后临朝二十一年,系之中宗,其言曰:此《春秋》"公在乾侯"之义也。虽得罪于君子,亦所不辞。观此,则知醇夫之从公,决非苟同者。凡三百六篇。

《直斋书录解题》:《唐鉴》十二卷,翰林学士成都范祖禹醇夫撰。祖禹与修《通鉴》,分主唐史。元祐初上此书,考其治乱兴废之由,为三百六篇。

《四库简目》:《唐鉴》二十四卷,宋范祖禹撰,原本十二卷,吕祖谦注之,乃卷析为二。其书摘唐事,标题系以论断,敷陈剀切,于法戒多所申明。

《四库总目》:《唐鉴》二十四卷(副都御史黄登贤家藏本),宋范祖禹撰。吕祖谦注。祖禹字醇夫,华阳人,嘉祐八年进士,历官龙图阁学士,出知陕州,事迹附见《宋史·范镇传》中。初,治平中,司马光奉诏修《通鉴》,祖禹为编修官,分掌唐史,以其所自得者著成此书,上自高祖,下迄昭宣,撮取大纲,系以论断,为卷十二,元祐初表上于朝。后谦为作注,乃分为二十四卷。蔡绦《铁围山丛谈》曰，祖禹子温游相国寺，诸贵珰见之，皆指目曰，此《唐鉴》之子，盖不知祖禹为谁，独习闻有《唐鉴》也。则是书为当世所重可知矣。张端义《贵耳集》亦记高宗与讲官言，读《资治通鉴》知司马光有宰相度量，读《唐鉴》知范祖禹有台谏手段，惟《朱子语录》谓其议论弱，又谓有不相应处。然《通鉴》以武后纪年，祖禹独用沈既济之说，取武后临朝二十一年系之中宗，自谓比《春秋》公在乾侯之义，且曰虽得罪君子，亦所不辞，后朱子作《通鉴纲目》，书帝在房州，实仍其例。王懋竑《白田杂著》，亦曰范醇夫《唐鉴》言有治人无治法，朱子尝鄙其论，以为苟简，而晚年作《社仓记》，则亟称之，以为不易之论，而自述前言之误。盖其经历既多，故前后所言有不同者，读者宜详考焉。未可执一说以为定也。然则《朱子语录》之所载，亦未可据以断此书矣。

《郘亭知见传本书目》:《唐鉴》二十四卷，宋范祖禹撰，明吕镗刊本，弘治十年白昂刻本，宋版小字本。

吴缜《新唐书纠谬》二十卷

《郡斋读书志》:《唐书辨证》二十卷，皇朝吴缜撰。缜，字廷珍，成都人，仕至郡守。数《新书》初修之时，其失有八类，其舛误二十门，凡四百余事。缜不能属文，多误有诋诃，如《新书·张九龄传》云:武惠妃陷太子瑛，遣宫奴告之曰:废必有兴，公为援，宰相可常处。九龄奏之，故卒九龄相而太子无患。缜以为时九龄已相而太子竟以废死，以为《新书》似实而虚。按史之文谓终九龄在相位日，太子得不废也，岂谓卒以九龄为相，太子终无患乎。初名《纠谬》，其后改云《辨证》，实一书也。

《直斋书录解题》:《唐书纠谬》二十卷，朝请大夫知蜀州成都吴缜廷珍撰。其父师孟，显于熙、丰。序言修书之时，其失有八，而纠摘其缪误，为二十门。侍读胡宗愈言于朝，绍圣元年上之。世传缜父以不得预修书，故为此。

《浙江采进遗书目》:《新唐书纠谬》二十卷(刊本)，宋朝请郡成都吴缜撰。凡二十门，一曰以无为有，二曰似实而虚，三曰书事失实，四曰自相违舛，五曰年月时世差互，六曰官爵姓名谬误，七曰世系乡里无法，八曰尊敬君亲不严，九曰纪志表传不相符合，十曰一事两见而异同不完，十一曰载述脱误，十二曰事状丛复，十三曰宜削而反存，十四曰当书而反阙，十五曰义例不明，十六曰先后失序，十七曰编次未当，十八曰予夺不常，十九曰事有可疑，二十曰字书非是。盖颇欲为欧、宋之诤友也。

《四库简目》：《新唐书纠谬》二十卷，宋吴缜撰。分二十门，所驳凡四百余事，虽未免有意吹求，然亦多中其失。世所行本，多佚脱倒乱，今以南宋椠本校补著录焉。

《四库总目》：《新唐书纠谬》二十卷（两淮盐政采进本），宋吴缜撰。缜字廷珍，成都人。尝以朝散郎知蜀州，后历典数郡，皆有惠政。其著此书，专以驳正《新唐书》之讹误，凡二十门，四百余事。初名《纠谬》，后改为《辨证》，而绍兴间长乐吴元美刊行于湖州，仍题曰纠谬，故至今尚沿其旧名。王明清《挥麈录》称欧阳修重修《唐书》，时缜尝因范镇请预官属之末，修以年少轻佻拒之。缜鞅鞅而去。及《新唐书》成，乃指摘瑕疵为此书。晁公武尝引张九龄为相事，谓其误有诋诃，今观其书，实不免有意掊击。如第二十门《字书非是》一条至历指偏旁点画之讹，以讥切修等，大都近于吹毛索瘢。然欧宋之作新书，意主文章而疏于考证，抵牾踳驳，本自不少，缜自序中所举八失，原亦深中其病，不可谓无裨史学也。今世所行刊本，第二十卷《柳宗元传》，至《苏定方传》，凡六条，皆全脱，而错入第六卷郭潜曜，姓不同以下四条之文，重复舛误，已非完书。独两淮所进本，尚属南宋旧椠。其《柳宗元传》六条，原文具在，谨据以订正焉。

《郑堂读书记》：《新唐书纠谬》二十卷（知不足斋丛书本），宋吴缜撰（缜字廷珍，成都人，官朝议大夫朝散郎）。《四库全书》著录，《读书志》（史评类）、《书录解题》、《通考》（史评类）、《宋志》俱载之。惟晁马两家俱作《唐书辨证》，云初名《纠谬》也。其书为辨正《新唐书》而作，凡分二十门，四百余事。前有元祐四年自序，称《新书》讹文谬事，历历具存，愚方从宦巴峡，僻陋寡闻，无他异书，可以考证，止以本书自相质正，已见其然，若广以他书校之，则其穿穴破碎，不止此而已。余谓只就一部书中搜求，自言寡闻，固矣，然并《旧唐书》亦绝不一参对，为太省事耳。其指摘却亦有精当处，诚后代作史者所当鉴也。中间纠正书事不实，体例不当处，固难为欧、宋两家解，然亦有率意掊击，不细审其前后语意而误纠者，亦有因一字笔误过于辞费者。顾其论之正者，则固未可没也。王氏（明清）《挥麈录》载嘉祐中宋景文欧阳文忠诸公重修《唐书》，时吴缜初登第，因范景仁而请于文忠，愿预官属之末，文忠以年少轻佻拒之。缜恚甚而去。迨《新唐书》成，乃指摘瑕疵，为《纠谬》一书。而《书录解题》又谓缜父以不得预修书，故为此。夫文章天下之公器，本难防人之诋疵。其后廷珍于《新书》反复参究，正属好学深思之士，而乃为修怨起见，一则谓其复父仇，一则谓其报宿怨，说已两歧，恐非实录。前并有绍圣元年进表，后有绍兴戊午长乐吴（元善）序。此本为钱竹汀所校，间有校语，附注各条之下，并为之跋。又附《挥麈录》一则，晁陈书目二则，顾涧蘋（千里）手札一道，陶氏《说郛》载有一卷，则俱是书之标题也。

《郘亭知见传本书目》：《新唐书纠谬》二十卷，宋吴缜撰。知不足斋本。绍兴长乐吴元美刊于湖州。海虞赵开美校刊本。

章学诚《唐书纠谬书后》：吴缜《唐书纠谬》凡二十卷。一曰以无为有，二曰似实而虚，三曰书事失实，四曰自相违舛，五曰年月时日差互，六曰官爵姓名谬误，七曰世系乡里无法，八曰尊敬君亲不严，九曰纪表志传不相符合，十曰一事两见而异同不完，十一曰载述脱误，十二曰事状丛复，十三曰宜削而反存，十四曰当书而反阙，十五曰义例不明，十六曰先后失序，十七曰编次未当，十八曰予夺不常，十九曰事有可疑，二十曰字书非是。观其贯穿全书，用心精密，诚有功于研唐事者，前人比之箴膏肓，起废疾，殆将过之，无不及也。

附录：卢文弨《新唐书纠谬校补》

按：见《群书拾补目》著录。

樊先生《注唐纪》十卷

《郡斋读书志》：《注唐纪》十卷，题曰樊先生而不详其名，近代人所注《新书纪》也。

适适先生《唐史评》三卷

《郡斋读书志》：《唐史评》三卷，题曰适适先生，不详何人。门人谯孝宁为编次。

王沿《唐志》二十一卷

《宋史·王沿传》:字圣源,历龙图直学士,有《唐志》二十一卷。

李及之《君臣龟鉴》八十卷

《宋史·李迪传》:迪子及之尝撰次《唐史》有益治体者,为《君臣龟鉴》八十卷,王尧臣上其书,并表其学行。

李绘《补注唐书》二百二十五卷

按:见《宋史·艺文志》著录。

董氏《唐书释音》二十五卷

按:见《通志·艺文志》著录。《浙江图书馆目》:《唐书释音》二卷,宋董衡撰(浙江局本)。

佚名《史系》二十卷

《通志·艺文志》:《史系》二十卷,自会昌至光启时事,有《礼乐》《刑法》《食货》《五行》《地理志》《孝行》《忠节》《儒林》《隐逸》传。

叶学士《唐史抄》十卷

按:见《宋史·艺文志》著录。注云:不知作者。

陈惇修《唐史断》二十卷

按:见《宋史·艺文志》著录。

佚名《唐书精语》一卷

按:见《宋史·艺文志》著录,不著撰人名氏。

王谏《唐史名贤论断》十一卷

按:见《宋史·艺文志》著录。

汪应辰《唐书列传辨证》二十卷

《直斋书录解题》:《唐书列传辨证》二十卷,端明殿学士玉山汪应辰圣锡撰。专攻列传,不及纪、志,以元祐名贤谓列传纪事,毁于镌削,暗于藻绘,故随事辨证之。

佚名《唐书策要》二十卷

按:见《京师图书馆善本书目》著录,详《史记策要》条。

吕祖谦《新唐书略》三十五卷

《直斋书录解题》:《新唐书略》三十五卷,吕祖谦授徒,患新史难阅,摘要抹出,而门人抄之。盖节本之有伦理者也。

刘朔《唐书注》

按:见《福建通志·艺文志》著录。注云:刘朔,绍熙三十年进士。

真德秀《唐书考疑》

按:见《福建通志·艺文志》著录。注云:真德秀,庆元五年进士。

赵善应《唐书遗录》

按:见《江西通志·艺文志》著录。注云:赵善应,朱子撰墓志,字彦远,余干人。

王十朋《唐书详节》

按:见《文渊阁书目》著录。

桂绩《节唐书》五十卷

按:见《江西通志·艺文志》著录。

金龙光《广唐书》三十卷

按:见《安徽通志·艺文志》著录。注云:金龙光,婺源人。

徐次铎《徐氏唐书》三百篇

按:见《浙江通志·艺文志》著录。

徐次铎《唐书释纠辨谬》十卷

按:见《浙江通志·艺文志》著录。

唐仲友《唐史义》十五卷

按:见《宋史·艺文志》著录。

唐仲友《续唐史精义》十卷

按:见《宋史·艺文志》著录。

程鹏《唐史属辞》

按:见《宋史·艺文志》著录。

韩子中《新唐史辨惑》六十卷

按:见《宋史·艺文志》著录。

吕祖谦《唐书详节》六十卷

按:见《汇刻书目》著录。详《史记详节》条。

钱端礼《新唐书提要》三卷

按:见《四库存目》著录,详《史记提要》条。

佚名《唐书叙例目录》一卷

按:见《宋史·艺文志》著录。

佚名《唐书总纪帝系》三卷

按:见《宋史·艺文志》著录。

张唐英《唐史发潜》六卷

按:见《宋史·艺文志》著录。

以上宋时人

张翼子《唐史卮书》三十卷

按:见《钱补元史艺文志》著录。

郝敬《旧唐书琐琐》四卷

按:见《八千卷楼书目》著录。

项笃寿《唐书论赞》七卷

按:见《四库存目》著录。详《史记论赞》条。

李东阳《新旧唐书杂论》一卷

《四库存目》:《新旧唐书杂论》一卷(两淮马裕家藏本),明李东阳撰。是编摘《唐史》事迹,辨其是非,所论太宗明皇之事为多,持论亦皆平允。然东阳依违避祸,固位取容,其论宋璟不与反正之功,无害宰相之体,实阴以自解。其论狄仁杰、褚遂良优劣，谓二人易地，仁杰必能强谏于武后初立之时，遂良必不能成功于武后既篡之后。及论德宗猜忌，元载凶嫉，李泌能周旋其间，亦隐然自以调停为功。其驳胡寅论高力士一条，及论姚崇任谄用诈一条，亦欲以持论之正，自盖其所为也。

《郑堂读书记》：《新旧唐书杂论》一卷（借月山房汇抄本），明李东阳撰（东阳字宾之，号西涯，茶陵人。天顺甲申进士，官至谨身殿大学士，谥文正）。《四库全书》存目。是书皆摘论唐事，凡三十则，而论太宗明皇为多。论虽平允，而实阴以自解。所论宋璟、狄仁杰、褚遂良、姚崇诸条，究不免借以文其过也。然就通体观之，其垂戒人主，至为深切，殊胜于范氏《唐鉴》诸论矣。

丁禹《唐书纪粹》八十卷

按：见《秘省书目》著录。注云：阙。

佚名《唐国史纂异》

按：见《遂初堂书目》著录，不著撰人名氏。

佚名《读唐偶订》二卷

按：见《遂初堂书目》著录，不著撰人名氏。

袁祥《新旧唐书折书》二十四卷

按：见《浙江通志·艺文志》著录。

以上元明时人

齐召南《旧唐书律历天文考证》二卷

按：见《台州经籍志》著录。注云：今存，见《大清一统志》，《天台耆旧传》。

钱大昕《唐学士年表》一卷

按：见《书目答问》著录。注云：德清徐氏刻本。

沈炳震《新旧唐书合钞》三百七十二卷

《浙江图书馆目》：《新旧唐书合钞》三百七十二卷，沈炳震撰。附丁子复补正六卷，同治辛未武林吴氏清来堂重校补刊本，此书与《史钞》名同实异，故张氏《书目答问》列于《新唐书纠谬》后，不与《南北史识小录》等为伍。

《郑堂读书记》：《唐书》二百六十卷附《补正》六卷（海昌查氏刊本），国朝沈炳震撰（炳震字寅驭，一字东甫，归安人，乾隆丙辰荐举博学鸿词）。一名《新旧唐书合钞》，或省新旧二字。新旧《唐书》瑕瑜互见，其有待于后人之讨论也久矣。东甫以《新书》简严，而《旧书》详备，故本纪列传，一以《旧书》作大文，而《新书》分注。惟《旧书》诸志，多有阙略，其阙者故当从《新书》增入，他如《天文》《五行》《地理》诸志，转以《新书》作大文，而《旧书》分注。各注从《新书》本，则注从《新书》，增以别之。其列传亦同斯例。凡序次先后，略为更定，自有所见，则加案焉。至《宰相》、《宗室》二表，皆从《新书》增。《新书》方镇表，但书地书官，而不书人，最为阙典。东甫则按年谱入，可以考一时用人之得失。《宰相世系表》本非正史所宜有，因别为订讹，不列于全书。是皆斟酌于两书间，精思博考，以成一代之书，洵为后来者居上矣。前有雍正癸丑柯石庵（煜）序，及《钞例》，并原书撰人姓名，及曾（可亮）《进表》。其书未刊，旋殁，钱香树（陈群）得其遗稿，时值开馆，校刊诸史，遂以进呈，奉旨交史馆采用。故《两唐书考证》中，多引其说。查蟾余（世倓）购得抄本，属嘉兴丁小鹤（子复）校正开雕，复采原案所未及者，著《补正》六卷，并识其首，亦可谓沈氏之功臣矣。后有嘉庆癸酉蟾余跋。

赵绍祖《新旧唐书互证》二十卷

按：见《八千卷楼书目》著录，注云：广雅局本。

沈炳震《唐书宰相世系表订讹》

按：见《涵芬楼书目》著录。

《郑堂读书记》：《唐书宰相世系表订讹》十二卷（海昌查氏刊本），国朝沈炳震撰。东甫以表所列官爵谥号，或书或否，或丞尉而不遗，或卿贰而反阙，或误书其兄弟之官，或备载其褒赠之职，更或其生平所偶历及未尝居是官者，庞杂淆乱，不可究诘。因取经史所载，可为援据者，详为校正，眉列于下，别为一册，不列入《唐书合钞》中。其所订讹之处，固足以针欧公之膏肓矣。然唐人文集碑刻可资考证者甚多，东甫亦未尝津逮也。钱竹汀《潜研堂文集》(二十八)有是书跋,亦深不满之。且谓豆卢氏有后魏太保襄城公鲁元一人,东甫据《魏书》谓鲁元自姓卢氏,与豆卢绝不相蒙,其说似是。今考《鲁元传》,曾祖副鸠仕慕容垂为尚书令临泽公,而表亦以尚书令临泽敬侯制为鲁元曾祖。制与副字形相似,官与封号又同,唯公侯字小异,则明是一人表,但脱去鸠字耳。《周书·豆卢宁传》称昌黎徒何人,《鲁元传》亦称昌黎徒何人,而慕容实出徒何,则鲁元为慕容之裔审矣。魏初改慕容为豆卢氏,犹之改秃发为源氏,其单称卢者,必是孝文改代北复姓时,去豆存卢,故魏收史因之。宇文泰据关中,悉复代北氏族之旧,故《周书》豆卢宁改从本氏。犹乙之为乙弗,尉之为尉迟也。东甫勤于考史,而未悟及此,乃知好学而能深思者之难云云。可谓切中其病矣。总之,东甫既为两书合钞,而以此表置之全书之外,殊属武断。若以此表舛讹特甚,故不敢承讹袭谬,列于全书,贻误后贤,不知两书纪传,以唐人文集碑刻证之,其舛讹亦何减是表,宜竹汀诋为好学而未能深思也。

丁小鹤《新旧唐书合钞补正》

按:见《书目答问》著录,注云:有刊本,未见。《补正》:丁氏《补正》六卷,海宁查世倓刻本,即附新旧唐书合钞后。

陈黄中《新唐书刊误》三卷

按:见《书目答问》著录,注云:未刊。

罗士琳等《旧唐书校勘记》六十六卷

按:见《书目答问》著录,注云:罗士琳、陈立、刘文淇、刘毓崧同校。

岑建功《旧唐书逸文》十二卷

按:见《书目答问》著录,注云:扬州岑氏附《旧唐书》刻本。《补正》:官版今归江宁局。

沈维贤《唐书西域传注》

按:见《涵芬楼书目》著录。

吴建燮《唐方镇年表考证》二册

按:见《赵氏藏书目》著录。注云:铅印本。

张大龄《唐藩镇指掌》二册

按：见《赵氏藏书目》著录。注云：峭帆楼本。

闻人诠《旧唐书本》

《涵芬楼书目》：重刊闻人诠本《旧唐书》，定远方氏仿惧盈斋。

钱大昕《唐书考异》十六卷，《旧唐书考异》四卷

按：见《潜研堂全书目》著录。详见《史记考异》条。

张道《旧唐书疑义》四卷

《书目答问补正》：钱塘张道《旧唐书疑义》四卷，武昌局刻，正览楼丛书本。

武亿《新唐书注》

按：见《书目答问补正》著录，注云：未刊。

唐景崇《两唐书校注》

按：见《书目答问补正》著录，注云：未刊。

华湛恩《唐藩镇表》

按：见《书目答问补正》著录，注云：未见传本。

丁谦《新唐书突厥传地理考证》一卷

按：见《浙江图书馆丛书目》著录。

丁谦《新唐书北藩传地理考证》一卷

按：见《浙江图书馆丛书目》著录。

丁谦《新唐书回纥等国传地理考证》一卷

按：见《浙江图书馆丛书目》著录。

丁谦《新唐书沙陀传地理考证》一卷

按：见《浙江图书馆丛书目》著录。

丁谦《新唐书北狄传地理考证》一卷

按：见《浙江图书馆丛书目》著录。

丁谦《新唐书东夷传地理考证》一卷

按:见《浙江图书馆丛书目》著录。

丁谦《新唐书南蛮传地理考证》一卷

按:见《浙江图书馆丛书目》著录。

丁谦《新唐书西域传地理考证》一卷

按:见《浙江图书馆丛书目》著录。

杨守敬《唐地理志图》

按:见《观海堂汇刻目》著录。

蔡巴针《读旧唐书随笔》一卷

按:见陶辑《豫章丛书》(光绪十六年刊)目著录。

李赓芸《唐学士年表》

按:见嘉定《李氏遗书目》著录。

李赓芸《续唐学士年表》

按:见嘉定《李氏遗书目》著录。

董沛《唐书方镇表考证》二十卷

按:见《书目答问补正》著录,注云:未刊。

张宗泰《新唐书天文志疏证》

按:见《书目答问补正》著录,注云:未刊。

以上清人

罗振玉《补唐书张义潮传》

按:见《涵芬楼书目》著录。注云:雪堂丛书本。

以上今人

《正史汇目》第十九　两《五代史》部

(一)《旧五代史》未成前目

张昭等《唐懿祖纪年录》一卷,《献祖纪年录》一卷,《太祖纪年录》二十卷,《庄宗实录》二十卷

《宋史·张昭传》:后唐天成三年,以武皇庄宗实录未修,诏正国军节度卢质,西川节度副使何瓒,秘书监韩彦辉缵录事迹,瓒上言昭有史材,尝私撰《同光实录》十二卷,又闻其欲撰《三祖志》,并藏昭宗朝赐武皇制诰诏九十余篇,请以昭所撰送史馆。拜昭为左补阙、史馆修撰,委之撰录。昭以懿祖献祖太祖并不践帝位,仍补为《纪年录》二十卷,又撰《庄宗实录》三十卷,上之。

《补五代史艺文志》:《唐懿祖纪年录》一卷,《献祖纪年录》一卷,《太祖纪年录》一卷,《太祖纪年录》二十卷,《庄宗实录》三十卷,并张昭远等撰。天成三年十二月,左补阙张昭远状"尝读国书,伏见懿皇帝自元和之初,献祖文皇帝于太和之际,立功王室,陈力国朝,武皇帝自咸通后来,勤王戮力,剪平多难,预立大功,三换节旄,再安京邑,庄宗皇帝终平大憝,奄有中原,傥阙编修,遂成湮坠。请与当馆修撰,参序条纲,撰太祖庄宗实录"。四年七月,监修赵凤奏,"伏以凡关纂述,务合品题,承乾御宇之君,行事方云实录,这尊册号亡帝,约文柢为纪年,请自庄宗一朝,名为实录,其太祖以上,并目为纪年"。从之。

张昭《梁列传》十五卷

按:见《补五代史艺文志》著录。

张昭《后唐列传》三十卷

按:见《补五代史·艺文志》著录。

张昭《梁末帝实录》十卷

按:见《补五代史艺文志》著录。

张昭《唐愍帝实录》三卷,《唐废帝实录》十七卷

《补五代史艺文志》:《唐愍帝实录》三卷,《唐废帝实录》十七卷,并张昭远撰。显德四年正月,兵部尚书张昭上言奉诏编修《太祖实录》及梁唐二末主实录,窃以梁末帝之上有郢王友珪,篡弑居位,未有实录,请依《宋书》刘劭例书为元凶友珪,其末主请依古义书曰《后梁实录》。又唐末帝之前有应顺帝在位四月,出奔于卫,亦未编纪,请修《闵帝实录》,其《泰清帝实录》,请为《废帝实录》。从之。

姚颉等《唐明宗实录》三十卷

《补五代史艺文志》:《唐明宗实录》三十卷,姚颉、张昭远、李祥、吴承范、杨昭俭等撰。

贾纬等《晋高祖实录》三十卷,《少帝实录》二十卷

《五代史·贾纬传》:纬服除,知制诰,迁中书舍人,谏议大夫,给事中,复为修撰。汉隐帝时,诏与王伸、窦俨等同修晋高祖出帝汉高祖实录,广顺元年,实录成。

《补五代史艺文志》:《晋高祖实录》三十卷,《少帝实录》二十卷,并窦贞固、质纬、窦俨、王伸等撰。

张兖等《梁太祖实录》二十卷

按:见《补五代史艺文志》著录。

苏逢吉等《汉高祖实录》十卷

按:见《补五代史艺文志》著录。

张昭远等《汉隐帝实录》十五卷

《补五代史艺文志》:《汉隐帝实录》十五卷,并张昭远、尹拙、刘温叟等撰。

张昭等《周太祖实录》三十卷

按:见《补五代史艺文志》著录。

王溥《周世宗实录》四十卷

按:见《补五代史艺文志》著录。

陈濬《杨吴氏本纪》六卷

按:见《补五代史艺文志》著录。

徐铉等《吴录》二十卷

按:见《补五代史艺文志》著录。

佚名《吴书实录》三卷

按:见《补五代史艺文志》著录。

高远《南唐烈祖实录》二十卷,《元宗实录》十卷

按:见《补五代史艺文志》著录。

佚名《吴将佐录》一卷

按:见《补五代史艺文志》著录。不著撰人名氏。

徐铉等《江南录》十卷

按:见《补五代史艺文志》著录。

王颜《南唐开基志》十卷

按:见《补五代史艺文志》著录。

许载《帝唐书》十五卷

按:见《补五代史艺文志》著录。

许载《吴唐拾遗录》十卷

按:见《补五代史艺文志》著录。

李昊《蜀书》二十卷

按:见《补五代史艺文志》著录。

李昊《后蜀高祖实录》三十卷

按:见《补五代史艺文志》著录。

李昊《后主实录》四十卷

按:见《补五代史艺文志》著录。

李昊《蜀祖经纬略》一百卷

按:见《补五代史艺文志》著录。

李昊《前蜀书》四十卷

按:见《补五代史艺文志》著录。

佚名《高氏四家》十卷

按:见《补五代史艺文志》著录。不著作者。

曾颜《渤海行年记》十八卷

按:见《补五代史艺文志》著录。

曹衍《湖湘马氏故事》二十卷

按:见《补五代史艺文志》著录。

陶□《剬湘近事》十卷

按:见《补五代史艺文志》著录。

李璋《太原事迹杂记》十三卷

按:见《补五代史艺文志》著录。

敬翔《朱梁兴创造遗编》二十卷

按:见《补五代史艺文志》著录。

高君拙《后史补》三卷

按:见《补五代史艺文志》著录。

程匡《大唐补记》三卷

按:见《补五代史艺文志》著录。

陈岳《大唐实录撰圣记》一百二十卷

按:见《补五代史艺文志》著录。

欧阳觊《五代史初要》十卷

按:见《补五代史艺文志》著录。

郭昭庆《唐春秋》三十卷

按:见《补五代史艺文志》著录。

范质《五代通录》六十五卷

《宋史·范质传》：质述朱梁至周五代为通录，六十五卷，行于世。

《郡斋读书志》：《五代通录》六十五卷，皇朝范质撰。五代《实录》共三百六十卷，质删其繁文，摭其要言，以成是书。自乾化壬申至梁亡十二年间，简牍散亡，亦采当时制敕、碑碣，以补其阙。

《玉海》：乾德五年三月戊申范旻上范质所撰《五代通录》六十五卷，以五代实录共三百六十卷为繁，遂总为一部，命曰《通录》。肇自梁开平迄于周显德，凡五十三年，未及上，其子旻上之。

王溥《五代会要》三十卷

《宋史·王溥传》：溥采朱梁至周为三十卷，曰《五代会要》。

《浙江采进遗书目》：《五代史会要》三十卷（写本），宋王溥撰。朱彝尊跋曰，五代干戈俶扰，未暇修其礼乐政刑，然当日累朝咸有实录可采。而欧阳子作史，仅成《司天》、《职方》二考，其余概置之，微是书，典章制度，无征矣。

《四库简目》：《五代会要》三十卷，宋王溥撰。五代俶扰，百度论亡，其法度典章，仅见于各朝实录。溥因检寻旧籍，条分件系，以成是编。后欧阳修作《五代史》，惟务刻画春秋，钩摹《史记》，于累朝掌故，摈弃荡然，幸此编尚存。其崖略也。

《四库总目》：《五代会要》三十卷（两江总督采进本），宋王溥撰。五代干戈俶扰，百度陵夷，故府遗规，多未暇修举，然五十年间法制典章，尚略具于累朝实录。溥因检寻旧史，条分件系，类辑成编，于建隆二年，与《唐会要》并进，诏藏史馆。后欧阳修作《五代史》，仅列《司天》、《职方》二考，其他均未之及，如晋段颙、刘昫等之议庙制，周主朴之议乐，皆学关巨典，亦略而不详。又如经籍镂版，昉自长兴，千古官书，肇端于是，崇文善政，岂宜削而不书，乃一概刊除，尤为漏略。赖溥是编，得以收放失之旧闻，厥功甚伟。至于租税类中，载周世宗读《长庆集》，见元微之所上《均田表》，因令制素成图，颁赐诸道，而欧史乃云世宗见元微之《均田图》，是直以图为元微之作，乖舛尤甚，微溥是编，亦无由订欧史之谬也。盖欧史务谈褒贬，为《春秋》之遗法，是编务核典章，为周官之旧例。各明一义，相辅而行，读《五代史》者，又何可无此一书哉。

龙兖《江南野史》十卷

《郡斋读书志》:《江南野史》二十卷,皇朝龙兖撰。凡八十四传。

《四库简目》:《江南野史》十卷,宋龙兖撰。其书记南唐事,用纪传之体,而不立纪传之名。原本二十卷,今缺十卷,故诸臣之传,存者仅三十篇。

《四库总目》:《江南野史》十卷(江苏巡抚采进本),宋龙兖撰。兖爵里未详。其书皆记南唐事,用纪传之体,而不立纪传之名,如陈寿之志吴蜀。第一卷,为先主升,第二卷为嗣主璟,第三卷为后主煜,而附以宜春王从谦及小周后,第四卷以下载宋齐邱以下仅三十人,陈陶、孟宾于诸人有传,而查文徽、韩熙载诸人乃悉不载。考郑樵《通志略》载此书原二十卷,此本阙十卷,晁公武《读书志》载此书凡八十四传,而此本阙五十传,殆辗转传写,佚脱其半。钱曾《读书敏求记》亦作十卷,则明以来已无完本,不自今始也。曾称其行文赡雅,今观诸传,皆叙次冗杂,颇乖史体。陈振孙《书录解题》载无名氏《江南余载》序,排诋此书颇甚,是当时已讥其疏。黄朝英《靖康缃素杂记》摘其叙江为世系,与史不符。又摘其记伶人李家明《苑中咏牛》及《皖公山》两诗,与杨亿《谈苑》所记王感化对嗣主李璟事,姓名时代互异,又摘其记家明对嗣主雨惧抽税事,与《南唐近事》以为申渐高事者,亦复抵牾,王楙《野客丛书》摘其记陈陶仙去,而曹松、方干皆有哭陶诗,是传闻异词,亦所不免。然其中如孙晟、林文肇诸传,与《五代史》颇有异同,可资考证。马陆二书,亦多采之,流传既久,固亦未可废焉。

《郘亭知见传本书目》:《江南野史》十卷,宋龙兖撰。四库依抄本,淡生堂余苑本。

《书目答问》:《江南野史》十卷,宋龙兖撰。续百川本,又函海本。《补正》:仁和胡珽琳访秘室活字本,新昌胡思敬刻《豫章丛书》本。

陈彭年《江南别录》一卷

《郡斋读书志》:《江南别录》四卷,皇朝陈彭年撰。伪吴、伪唐四主传也。

《四库简目》:《江南别录》一卷,宋陈彭年撰。记南唐义祖、烈祖、元宗、后主四代时事,徐铉、汤傥方奉诏撰《江南录》,此书乃彭年私纂,故以别录为名。《宋史·艺文志》作四卷，疑本以一篇一卷，后人合并为一也。

《四库总目》：《江南别录》一卷（安徽巡抚采进本），宋陈彭年撰。彭年字永年，抚州南城人，太平兴国中进士，官至兵部侍郎、参知政事，事迹具《宋史》本传。此书所纪为南唐义祖、烈祖、元宗、后主四代事实，时汤悦、徐铉等奉诏撰《江南录》，彭年是编，盖私相纂述，以补所未备，故以别录为名。《宋史·艺文志》、晁公武《读书志》俱作四卷，当以一代为一卷，此本一卷，疑后人所合并也。其书颇好语怪，如徐知诲妻吕氏为祟，陈仁杲神助战，赵希操闻鬼语诸条，皆体近稗官。又元宗初名景通，即位后改名璟，既称臣于周，避周讳又改名景，而此书乃谓初名景，与史不合。又烈祖迁吴让皇于润州一年而殂，又一年，始迁其族于泰州，而此书并叙于烈祖受禅之初，端绪亦未分明。然其他可取者多，盖彭年年十三，即著《皇纲论》万余言，为江左名辈所赏，李后主尝召入宫中，令与其子仲宣游处，故于李氏有国时事，见闻最详。又《册府元龟》亦彭年所预辑，其《僭伪部》中李升一条，称升自云永王璘之裔，未免附会。此书但言唐之宗室，亦深得传疑之义。以《资治通鉴》相参校，其为司马光所采用者甚夥，固异乎传闻影响之说也。

《郑堂读书记》：《江南别录》一卷（墨海金壶本），宋陈彭年撰。《四库全书》著录，《读书志》、《书录解题》、《通考》、《宋志》俱作四卷，盖以一代为一卷也。然篇幅寥寥，合之为是。其书叙述南唐义祖、烈祖、元宗、后主四代事迹，颇涉语怪，有类稗官，然其他可取者多。故司马氏修《通鉴》，亦多所采用。时徐铉等方奉诏撰《江南录》，因此称《别录》，以补其未备。今《江南录》已佚，而此书独存。盖有幸有不幸欤。《说海》、《历代小史》均收入之。

《郘亭知见传本书目》：《江南别录》一卷，宋陈彭年撰。历代小史本，古今说海本，学海类编本，墨海金壶本。

徐铉《江南录》十卷

《郡斋读书志》：《江南录》十卷，皇朝徐铉等撰。铉等自江南归朝，奉诏撰集李氏时事，王介甫尝谓：铉书至亡国之际，不言其君之过，但以历数存亡论之，其于《春秋》、箕子之义为得也。虽然，潘佑以直见杀，而铉书佑死以妖妄，殆与佑争名。且耻其善不及佑，故匿其忠，污之以罪耳。若然，岂惟厚诬忠臣,其欺吾君,不亦甚乎。世多以介甫之言为然。独刘道原得佑子华所上其父事迹,略与《江南录》所书同,乃知铉等非欺诬也。

《直斋书录解题》:《江南录》十卷,给事中广陵徐铉鼎臣、光禄卿池阳汤悦德川撰。二人皆唐旧臣,故太宗命之撰次。悦即殷崇义,避宣祖讳及太宗旧名,并姓改焉。

郑文宝《江表志》三卷

《直斋书录解题》:《江表志》三卷,郑文宝撰。序言徐铉、汤悦所录,事多遗落,无年可编。然前录固为简略,而犹以年月纪事。今此书亦止杂记,如事实之类尔。《近事》称太平兴国二年丁丑,今称庚戌者,大中祥符三年也。

《四库简目》:《江表志》三卷,宋郑文宝撰,以徐铉等所撰《江南录》多所漏缺,因作此以补其遗。烈祖、元宗、后主各为一卷,然简略亦甚,当为残缺之本也。

《四库总目》:《江表志》二卷(福建巡抚采进本),宋郑文宝撰。文宝字仲贤,宁化人,南唐镇海节度使彦华之子,初仕为校书郎,入宋举太平兴国八年进士,历官至陕西转运使,兵部员外郎,《东都事略》载入《艺文传》中。始徐铉、汤悦奉诏集李氏事作《江南录》,多所遗落,文宝因为此编。上卷纪烈祖事,中卷纪元宗事,下卷纪后主事,不编年月,于诸王大臣并标其名,亦无事实,记载甚简。又独全录韩熙载《归国状》,张佖《谏疏》各一首,去取亦颇不可解。然文宝为南唐旧臣,《砚北杂志》载其归宋后,常披蓑荷笠,作渔者以见李煜,深加宽譬,煜甚忠之。《铁围山丛谈》又载其初受业于徐铉,及为陕西转运使,时铉方谪居,仍叩谒执弟子礼,铉亦坐受其拜,盖惓惓笃故旧之谊者。故其纪后主亡国,亦只以果于自信,越人始谋为言,与徐铉墓碑相类,其意尚有足取。其记李煜时贡献赋敛一条,王巩《随手杂录》全取之,且注其下曰《江表志》,郑文宝撰,则亦颇重其书。又如江南江北旧家乡一诗,文宝以为吴让皇杨溥所作,而马令《南唐书》则直以为后主作,然文宝亲事后主,所见当得其真,是亦可以订马书之误也。晁氏《读书志》植文宝有序,题庚戌,乃大中祥符三年,此本无之。今从《学海类编》补录,成完帙焉(案:晁氏《读书志》著录)。

《郑堂读书记》:《江表志》三卷(墨海金壶本),宋郑文宝撰(文宝字仲贤)。《四库全书》著录,《书录解题》、《通考》、《宋志》俱载之。《宋志》作二卷,盖脱去一书也。仲贤以徐铉等所撰《江南录》事多遗落,无年可编,笔削之余,不无高下,因以耳目所及,纂成是书。上卷为烈祖事,中卷为元宗事,下卷为后主事。但仲贤嫌前录为略,而尤以无年月记事,今此书亦止杂记如事实之类耳。《自序》谓方国志则不足,比通历则有余,窃恐其未必然。《说郛》只节录为一卷,则又失作者之旨矣。

《郘亭知见传本书目》:《江表志》三卷,宋郑文宝撰。艺圃搜奇本,学海类编本,墨海金壶本。

佚名《江南余载》二卷

《直斋书录解题》:《江南余载》二卷,不著姓名。序言徐铉始奉诏为《江南录》,其后王举、路振、陈彭年、杨亿皆有书。大概六家皆不足以史称,而龙究为尤甚。熙宁八年,得郑君所述于楚州,其事迹有六家所遗或小异者,删落是正,取百九十五段,以类相从。郑君者,莫知何人,岂即文宝也耶。

《四库简目》:《江南余载》二卷,不著撰人名氏,原本久佚。今从《永乐大典》录出。据《书录解题》所载自序,盖于记江南事者六家,皆所不满,独有取于郑文宝书,因掇取六家所遗者,以成此编。

《四库总目》:《江南余载》二卷(《永乐大典》本),不著撰人名氏,《宋史·艺文志》载之《霸史类》中,亦不云谁作。马端临《文献通考》戚光《南唐书音释》并作《江南馆载》,字之讹也。陈氏《书录解题》载是书原序,谓郑君者,莫知何人。考郑文宝有《南唐近事》二卷,作于太平兴国二年丁丑,又《江表志》三卷,作于大中祥符三年庚戌,不在此序所列六家之内,则所称得于楚州者,当即文宝之书。检此书所录杂事,亦与文宝《江表志》所载之相出入,然则所谓删落是正者,宝据《江表志》为稿本矣。今世所行《江表志》,名为之卷,实止二十四页,盖残阙掇拾,已非完书。此书所谓一百九十五段者,今虽不可全见,而《永乐大典》内所引尚夥,多有《江表志》所不载者,则《江表志》虽存而实佚,此书虽佚,尚有大半之存也。《宋志》载此书二卷,《书录解题》及诸家书目并同,今采辑其文,仍为二卷,以补《江表志》之阙焉。

《郑堂读书记》:《江南余载》二卷(知不足斋丛书本),不著撰人名氏。《四库全书》著录,《书录解题》、《通考》、《宋志》俱载之。《通考》作《江南馆载》,字之误也。是书条举南唐杂事,琐屑猥杂,全类小说家言,求其有稗史事者,殊属无几。大旨与郑仲贤《江表志》互相出入,据陈氏所载《自序》核之。本一百九十五段,以类相从,原本久佚,今馆臣从《永乐大典》录出。仅得九十,则尚可与郑氏书相辅而行,鲍渌饮即取之以刊入丛书。涵海中收入之。

《郘亭知见传本书目》:《江南余载》二卷,不著撰人。知不足斋本,涵海本,龙威秘书本。

周羽翀《三楚新录》三卷

《直斋书录解题》:《三楚新录》三卷,知贵州修仁县周羽翀(一作"冲")撰。上卷为湖南马殷,中卷为武陵周行逢,下卷为荆南高季兴。

《四库简目》:《三楚新录》三卷,宋周羽翀撰。其称三楚者,以长沙马殷,武陵周行逢,江陵高季兴,皆据楚地称王也。其书以一国为一卷,各述其兴废始末,与《五代史》颇有异同。

《四库总目》:《三楚新录》三卷(浙江吴玉墀家藏本),宋周羽翀撰。羽翀里贯未详,自署称儒林郎、试秘书省校书郎、前桂州修仁令,盖宋初人也。其称三楚者,以长沙马殷,武陵周行逢,江陵高季兴,皆据楚地称王。故论次其兴废本末,以一国为一卷,其中与史抵牾不合者甚多。如马殷本为武安节度使刘建锋先锋指挥使,佐之夺湖南,及建锋为陈赡所杀,军中迎殷为留后,亦未尝为邵州刺史。今羽翀乃称殷随渠帅何氏南侵,何命为邵州刺史,何氏卒,众军迎殷为主,其说皆凿空无据。又谓马希范入觐,桑维翰旅游楚泗,求货不得,拂衣而去,及希范立,维翰已为宰相,奏削去其半仗云云。今考希范嗣立,在唐明宗长兴三年,时晋未立国,安得有维翰为宰相之事,亦为诬罔。又如王逵为潘叔嗣所袭,与战败没,而羽翀以为败于南越,仅以身免,竟死于路,与诸书所纪,并有异同。盖羽翀未睹国史,仅据故老所传述,纂录成书,故不能尽归精审。然其所闻轶事,为史所不载者,亦多可采。稗官野记,古所不废,固不妨录存其书,备读五代史者参考焉。

《郑堂读书记》:《三楚新录》三卷(墨海金壶本),宋周羽翀撰(羽翀里贯未详,官桂州修仁令,盖宋初人也),《四库全书》著录,《书录解题》、《通考》、《宋志》俱载之。上卷记湖南马殷事,中卷记武陵周行逢事,下卷记荆南高季兴事。三家皆据有楚地,故称《三楚新录》。所述兴废始末,与《新五代史》颇有异同,然其旧闻轶事,足以补欧史之阙。故吴志尹撰《十国春秋》,多采摭之。《说郛》、《历代小史》所收,俱并为一卷,《说海》所收,仍分三卷云。

《郘亭知见传本书目》:《三楚新录》三卷,宋周翀冲儣。□□代□本,古今说海类编本,续百川学海本,墨海金壶本。

句延庆《锦里耆旧传》四卷(附续传十卷)

《直斋书录解题》:《锦里耆旧传》八卷,续传十卷,前应灵县令平阳句延庆昌裔撰。开宝三年,秘书丞刘蔚知荣州,得此传;其词芜秽,请延庆修之,改曰《成都理乱记》。天成之后,别加编次,起咸通九载,迄乾德四年,百余年蜀事,大略具矣。《续传》蜀人张绪所撰,起乾德乙丑,迄祥符已酉。自平蜀之后,朝廷命令、官僚姓名及政事因革,以至李顺、王均、刘旴作乱之迹,皆略载之。知新繁县太常博士张约为之序。

《四库简目》:《锦里耆旧传》四卷,宋句延庆撰。一名《成都理乱记》,记王氏孟氏据蜀时事。陈振孙《书录解题》载此书作八卷,述成书始末甚详,然谓此书起唐懿宗咸通九年,此书实起僖宗中和五年;又谓所记下迄祥符已酉,此书实开宝中作,不应预见祥符,或所见别一续补之本欤。

《四库总目》:《锦里耆旧传》四卷(两江总督采进本),一名《成都理乱记》,宋句延庆撰。延庆字昌裔,自称前荣州应灵县令,并见于书中,惟不著其里贯。其书乃纪王氏孟氏据蜀时事。《宋史·艺文志》作八卷,陈振孙《书录解题》谓开宝三年秘书丞刘蔚知荣州得此传,请延庆修之,起咸通九载,迄乾德乙丑。按今本止四卷,起僖宗中和五年,无懿宗咸通间事。振孙又称自平蜀后迄祥符已酉,朝廷命令,政事因革,以至李顺等作乱之迹,皆略载之,张约为之序。延庆在开宝时,去祥符尚远,似不能续记至是,而平蜀后事,及《张约序》,此本亦无之。疑振孙所见,即《宋志》八卷之本,出于后人所增益,此本四卷,或犹延庆之旧也(案振孙系指张绪续传)。书虽以耆旧传为名,而不以人系事，其体实近编年，所录两蜀兴废之迹，亦颇简略，惟于诏敕章表书檄之文载之独详。中间如前蜀咸康元年，唐兵至成都，王宗弼劫迁王衍于西宫，《通鉴》在十一月甲辰，而此书作乙巳。又宋太祖赐后蜀主孟昶诏一首，其文多与《宋史》不同。如此之类，亦皆可以备参考也。陈振孙称为平阳句延庆，案书中于后蜀主多所称美，疑出蜀人之词。孟昶时有校书郎华阳句中正者，后入宋为屯田郎中，延庆疑即其族，则平阳或华阳之误欤。

《郑堂读书记》：残本《锦里耆旧传》四卷（读书斋丛书本），宋句延庆撰。《四库全书》著录，《崇文目》、《书录解题》（传记类）、《通考》（传记类）俱作八卷，此佚其前四卷，惟后四卷存，皆记前后蜀王氏孟氏事，起唐中和五年，迄宋乾德四年，按年记载，当属两国霸史，俱耆旧之名，殊不相符。故一名《成都理乱记》。其叙述亦颇简略，惟详于诏敕章表书檄之类，仅可以供全蜀艺文志所取资耳。

《郘亭知见传本书目》：《锦里耆旧传》四卷，宋句延庆撰。读书斋丛书本。

佚名《五国故事》二卷

《直斋书录解题》：《五国故事》二卷，不著作者，记吴蜀间汉诸国事。

《四库简目》：《五国故事》二卷，不著撰人名氏，据书中所述，盖宋初人也。其书记吴杨氏、南唐李氏、蜀王氏孟氏、南汉刘氏、闽王氏之事，以其地而论，当云四国，以其人而论，当云六国，称曰五国，未详其例。

《四库总目》：《五国故事》二卷（浙江鲍士恭家藏本），不著撰人名氏，南汉条下称刘晟本二名，上一字犯宣祖讳去之，则北宋人。又南唐条下称尝以其事质于江南一朝士，则犹在宋初，得见李氏旧臣也。中于南汉称彭城氏，于留从效姓称娄，钱塘厉鹗跋以为吴越国人入宋所作，避武肃王讳，然闽王延翰条下，称其妻为博陵氏，则又何为而讳崔乎，年代绵邈，盖不可考矣。其书记吴杨氏、南唐李氏、蜀王氏孟氏、南汉刘氏、闽王氏之事，称曰五国，然以其地而论，当为四国，若以其人而论，当为六国，未审其杨李并为一，抑孟王并为一也。郑樵《通志略》列之霸史类中，实则小说之体，纪录颇为繁碎，如徐知诰斥进黄袍诸事，为史所不载；又李煜为李璟第六子，而此云璟之次子，与史亦小有异同。然考古在于博征，固未可以琐杂废也。前有万历中太常寺少卿余寅题词，讥其四国俱加伪字，于蜀独否。今考书中明书伪蜀王建，又言孟知祥以长兴五年遂僭大号，何尝不著其伪。卷有总纲，既以前蜀后蜀为分，再加伪字，则或曰前伪蜀，后伪蜀；或曰伪前蜀，伪后蜀，词句皆嫌于赘，是以省之，《公羊传》所谓避不成文是也。谓不伪蜀，殊失其旨。至南汉条不称伪汉先主名严，后名俊，又名龚，龚之字曰俨，本无此字，龚欲自大，乃以龙天合成其字，以其不典，故不书之。寅援《唐史》书武后名曌以驳之，则其说当矣。

《郑堂读书记》：《五国故事》二卷（知不足斋丛书本），不著撰人名氏。据书中所述，盖宋初人也。《四库全书》著录，《书录解题》、《通志》、《通考》俱载之。上卷记吴杨氏，南唐李氏，前蜀王氏，后蜀孟氏事。下卷记南汉彭城氏，闽王氏事。闽则附以宗属王延棠、王延郴事，又附记朱文进、卓俨明、李儒赟、娄从效、张汉思、陈洪进事。其曰五国者，当以王孟建国，俱称曰蜀，故合为一也。所记颇属猥杂，体近小说，而籍此以考偏隅故实，亦可存备一种。其以留从效为娄从效，考之袁氏《枫窗小牍》云钱武肃辟罗昭谏书曰，仲宣远托娄荆州，以娄代刘，避武肃嫌名也。则此书盖吴越间人所著，故于诸国皆书姓，而汉独称彭城氏。与林埛等撰《吴越备史》同例，又其证也。鲍渌饮得明剑光阁旧抄本，刊入丛书，附以订误十条。及仁和吴（长元）跋《说郛》、《函海》均收入之。但《说郛》仅节录为一卷，非全书矣。

《郘亭知见传本书目》：《五国故事》二卷，不著撰人，艺圃搜奇本，淡生堂余苑本，学海类编本，龙威秘书本，函海本，知不足斋本。

路振《九国志》十二卷

《郡斋读书志》：《九国志》五十一卷，皇朝路振子发撰。杂记吴、越、唐、前蜀、后蜀、东汉、南汉、闽、楚，凡九国。

《直斋书录解题》：《九国志》五十一卷，右正言知制诰祁阳路振子发撰。九国者，谓吴、唐、二蜀、东南二汉、闽、楚、吴越，各为世家、列传，凡四十九卷。末二卷为北楚，书高季兴事，张唐英所补撰也。

《郑堂读书记》：《九国志》十二卷（写本），宋路振撰（振字子发）。《读书志》、《书录解题》、《通考》、《宋志》俱作五十一卷。陈氏云，九国者，谓吴、唐、二蜀、东南二汉、闽、楚、吴越各为世家列传，凡四十九卷；末二卷为北楚高季兴事，张唐英所补撰也。按其书十国已备，而不改厥称，盖仍路氏之旧。向无刊本，惟散见《永乐大典》中，邵云（昌涵）据以录出，周有香（梦棠）得其底本，重为编次。其各国世家俱无一篇存者。所存诸传，尚首尾完善。共得二百二十六篇，厘为十二卷。较之原集仅存十之二三。然残阙之余，尚具子发笔削余意，读之殊胜吴氏《十国春秋》也。盖出北宋人手，宜其有此高洁矣。有香又为之补世家目于卷首，目下略注始末，以使检阅。并为之跋，识于总目之后云。

《四库未收书目》：《九国志》十二卷，宋路振撰。案《宋史》本传振字子发，永州初阳人，淳化中登甲科，真宗时知制诰，尝采五代僭伪吴、南唐、吴、越、前后蜀、东南汉、闽、楚九国君臣行事，作世家列传，未成而卒。王应麟书云，凡四十九卷，其孙编增入荆南高氏，于治平中上之，诏付史馆，实十国也。《书录解题》则云末二卷为北楚，张唐英补撰，合五十一卷。《文献通考》、《宋史·艺文志》总题为路振《九国志》五十一卷，俱不及纶，盖纶虽经增辑，而当世所传播者则唐英所补也。此书世久失传，惟曲阜孔氏尚有旧抄残帙，用以重录，得列传百三十六篇，编为十二卷，而世家之文，已不复见，卷帙丛残，阙佚过半，然籍此以补《五代史》之漏，略已不少矣。

《郘亭知见传本书目》：《九国志》十二卷，四库未收，宋路振撰，仪征阮氏得曲阜孔氏旧抄残页，凡列传一百三十六篇，编为十二卷，曾以进呈守山阁刻本，多拾遗一卷。

《书目答问》：《九国志》十二卷，附拾遗，宋路振撰。守山阁辑本，又粤雅堂本，海山仙馆本，龙氏活字本。

张唐英《蜀梼杌》二卷

《郡斋读书志》：《外史梼杌》十卷，皇朝张唐英次公撰。序称：王建、孟知祥父子四世八十年，比之公孙述辈，最为久远，其间善恶，有可为世戒者，路振之书未备。治平中，成此书，以补其遗。凡《五代史》及皇朝日历所书皆略之。温公修《通鉴》，搜罗小说殆遍，未尝取此书，盖多差舛，如光天至二年之类是也。

《直斋书录解题》:《蜀梼杌》十卷,殿中侍御史里行新建张唐英次功撰。唐英自号黄松子,商英天觉之兄也。

《四库简目》:《蜀梼杌》二卷,宋张唐英撰。据《前蜀开国记》、《后蜀实录》二书,仿荀悦《汉纪》之体,编年排次。于王氏孟氏事迹,颇为详备。《新五代史》于《二蜀世家》,删削太略,此亦可补其遗也。

《四库总目》:《蜀梼杌》二卷(浙江吴云墀家藏本),一名《外史梼杌》,宋张唐英撰。唐英字次功,自号黄松子,蜀州新津人。丞相商英之兄,熙宁中,官至殿中侍御史,事迹附载《宋史·张商英传》。其书本《前蜀开国记》、《后蜀实录》,仿荀悦《汉纪》体,编年排次。于王建、孟知祥据蜀事迹,颇为详备。欧阳修《二蜀世家》,删削太略,得此可补其所遗。今世官署戒石所刻,"尔俸尔禄,民膏民脂,下民易虐,上苍难欺"四语,自宋代以黄庭坚书颁行州县者,实摘录孟昶广政四年所制官箴中语,其文全载于此书。凡此之类,皆足资考证。唐英尝撰《嘉祐名臣传》及此书,今《名臣传》已佚,惟此书存。然考楼钥《攻愧集》引《外史梼杌》王建四年书张琳始末,有大顺初憘实为黔南节度使辟为判官一条,今本无之,则亦非完帙矣。

《郘亭知见传本书目》:《蜀梼杌》二卷,宋张唐英撰。历代小史本,艺圃搜奇本,续百川学海本,学海类编本,艺海尘珠本,函海本。

《郑堂读书记》:《蜀梼杌》二卷(函海本),宋张唐英撰(唐英字次功,自号黄松子)。一名《外史梼杌》,《四库全书》著录,《读书志》、《书录解题》、《通考》、《宋志》俱作十卷。今案是书只三十七页,不知诸书作"十"为"一"为讹也。次功以王建、孟知祥父子四世七八十年,比之公孙述辈最为久远。其间善恶有可为世戒者。路振之书,尚有未备,因成此书,以补其遗。上卷为王氏事,下卷为孟氏事,皆编年叙述。系以总论,其间事实未显。如髯须、肥遗、远望、绩长、禹粮、蒲骚之类,各为解其失误。凡《新五代史》及《皇朝日历》所载者,皆略而不书。名曰《蜀梼杌》,盖取楚史之名,以为记恶之戒。司马氏修《通鉴》,以此书事多差舛,未尝采及。然所载颇为详备,可以补欧阳《二蜀世家》之阙云。前有《自序》,末有治平丁未陆(昭迴)《后叙》,《艺海珠尘》亦收入之。

钱俨《吴越备史》十五卷

《直斋书录解题》:《吴越备史》九卷,吴越掌书记范坰、巡官林禹撰。按《中兴书目》,其初十二卷,尽开宝三年,后又增三卷,至雍熙四年。今书止石晋开运,比初本尚阙三卷。

《直斋书录解题》:《吴越备史遗事》五卷,全州观察使钱俨撰。俶之弟也。其序言《备史》亦其所作,托名林、范,而遗名坠迹,殊闻异见,阙漏未尽者,复为是编。

《四库简目》:《吴越备史》四卷,补遗一卷,宋钱俨撰。或题范林者,俨托名也。其补遗一卷,则不知为谁作,所记钱氏旧事,《备史》迄太祖开宝戊辰,《补遗》迄太宗雍熙四年丁亥,《书录解题》谓旧本缺前三卷,伪起于石晋开运,今本亦同。

《四库总目》:《吴越备史》四卷,补遗一卷(浙江汪汝瑮家藏本),旧本题宋武胜军节度使掌书记范坰、巡官林禹撰。载钱镠以下累世事迹,据旧目卷首列年号世系图,诸王子弟官爵封谥表,十三州图,十三州考,今惟存十三州考一篇,其图表俱佚,后附《补遗》一卷,则不载作者名氏。考陈振孙《书录解题》载,钱俶之弟俨著《吴越遗事》,有开宝五年序,又谓《备史》亦俨所作,托名林范。今是书四卷之末有跋二首,一题嘉祐元年四代孙中孚,一题绍兴二年七代孙休涣,如据书中所记而言,则当从钱镠起算,不当从钱俶起算,所称四代七代,显据作书者而言,则振孙以《备史》为俨撰,似得其实。钱曾《敏求记》云,今本为镠十七世孙德洪(案《吴越世家疑辨》作十九世孙,未详孰是)嘉靖间刊本,序称补遗为其门人马莀臣所续,序次紊乱,如衣锦城建金箓醮,及迎释迦等事,皆失载。今是书于此数事咸备无阙,则非德洪重刊之本,其以补遗为马莀臣所续,亦别无证据。莀臣曾撰《吴越世家疑辨》,《自序》谓曾作《备史》图表,亦不云又续其书。考此《补遗》之首有序一篇,不题名氏年月,序中有家王故事之语,当即中孚等所题,亦云不知作自何人,则不出于莀臣审矣。《备史》所记讫太祖戊辰,《补遗》所记讫太宗丁亥,与《中兴书目》所载前十二卷尽开宝元年,后增三卷尽雍熙四年者正合,特并十二卷为四,并三卷为一耳。陈振孙谓今书起石晋开运，前阙三卷，勘验此本，所佚亦同，则是书自宋季以来，已非完帙。今无从校补，亦姑仍其旧焉。

《读书敏求记》：今本《吴越备史》，武肃十九世孙德洪所刊。序称忠懿事止于戊辰，因命门人马莀臣续第六卷为补遗。予暇日以家藏旧本校阅之，知其刻之非也。是书为范坰林禹所撰，称忠懿为今元帅吴越国王。自乾德四年后，序次紊乱，脱误弘多。翻以开宝二年后事为补遗。其字句纰缪处，又不知几何也。盖德洪当日所见，乃零断残本，实非完书。以《家王故事》，急付剞劂，未遑细心参考耳。

《郘亭知见传本书目》：《吴越备史》四卷，附《补遗》一卷，宋钱俨撰。嘉靖中钱德洪刻本六卷。学津讨原本，扫叶山房本，昭文张氏有精校本。乾隆六十年刘时钰校补书六卷。

《书目答问》：《吴越备史》四卷，宋钱俨撰，《补遗》一卷，阙名。学津本，扫叶山房本，四卷。《补正》：光绪间钱塘丁丙刻《武林掌故丛编》本附《杂考》一卷。

附：钱时钰增订《吴越备史》五卷，《补遗》一卷

按：见《书目答问》著录。注云：乾隆六十年刻本。

任大椿《吴越备史注》三十卷

按：见《书目答问》著录。注云：未见传本。

（二）《旧五代史》已成后目

刘恕《十国纪年》四十二卷

《郡斋读书志》：《十国纪年》四十二卷，皇朝刘恕道原撰。温公序云，涣之子也。博学强记，同修《通鉴》，史事之纷错难治者，以诿恕。宋次道知亳州，家多书，恕往借观之，目为之瞀。性刚介。初与王安石善，及改新法，言其非，遂与之绝。卒年四十九。所谓十国者，一王蜀，二孟蜀，三吴，四唐，五吴越，六闽，七楚，八南汉，九荆南，十北汉。温公又题其后云，世称路氏《九国志》在五代史之中最佳，此书又过之。以余考之，长于考异同，而拙于属文。其书国朝事皆曰宋，而无所隐讳，意者各以其国为主耳。

《直斋书录解题》:《十国纪年》四十卷(一作四十八卷),刘恕撰。十国者,即前九国之外,益以荆南,张唐英所谓北楚也。

阎自若《唐末泛闻录》一卷

《郡斋读书志》:《唐末泛闻录》一卷,皇朝阎自若纂。乾德中,王普《五代史》成,自若之父观之,谓自若曰,唐末之事,皆吾耳目所及,与史册异者多矣。因话见闻故事,命自若志之。

王禹偁《五代史阙文》一卷

《郡斋读书志》:《五代史阙文》一卷,皇朝王禹偁撰。录五代史笔避嫌漏略者,以备阙文。凡一十七事。

《直斋书录解题》:《五代史阙文》一卷,翰林学士钜野王禹偁元之撰。

《浙江采进遗书目》:《五代史阙文》一卷(写本),宋翰林学士钜野王禹偁撰。晁公武曰,录《五代史》笔避嫌漏略者,以备阙文。凡一十七事。

《四库简目》:《五代史阙文》一卷,宋王禹偁撰。掇拾五代轶事,以补史缺,凡十七事。王士祯《香祖笔记》称其辨正精严,足正史官之谬。

《四库总目》:《五代史阙文》一卷(浙江巡抚采进本),宋王禹偁撰。禹偁字元之,钜野人,太平兴国八年进士,官至知黄州,事迹具《宋史》本传。是书前有《自序》,不著年月,考书中周世宗遣使谕王峻一条,自注云使即故商州团练使罗守素也,尝与臣言以下事迹,是在由左司谏谪商州团练副使以后,其结衔称翰林学士,则作于真宗之初,是时薛居正等《五代史》已成,疑作此以补其阙。然居正等书凡一百五十卷,而序称臣读《五代史》总三百六十卷,则似非指居正等所修也。晁公武《读书志》曰凡十七事,此本梁史三事,后唐史七事,晋史一事,汉史二事,周史四事,与晁氏所记合,盖摘旧本。王士祯《香祖笔记》曰,"王元之《五代史阙文》仅一卷,而辨正精严,足正史官之谬。如辨司空图清真大节一段尤万古公论,所系非眇小也。如叙庄宗三矢告庙一段,文字淋漓慷慨,足为武皇父子写生,欧阳《五代史伶官传》全用之,遂成绝调。惟以张全义为乱世贼臣,深合《春秋》之义,而欧阳不取,于全义传,略无贬词,盖即旧史以成文耳,终当以元之为定论也"云云。其推挹颇深。今考《五代史》于朱全昱、张承业、王淑妃、许王从益、周世宗、符皇后诸条,亦多采此书，而《新唐书·司空图传》，即全据禹偁之说，则虽篇帙寥寥，当时固以信史视之矣。

《郑堂读书记》：《五代史阙文》一卷（汲古阁刊本），宋王禹偁撰（禹偁字元之，钜野人，太平兴国八年进士，历官翰林学士出知黄州）。《四库全书》著录，《读书志》（杂史类）、《书录解题》（杂史类）、《通志》（传记类）俱载之。《宋志》作二卷。考是书仅十页。元之《自序》已云集为一卷，《宋志》误也。盖以薛氏《五代史》或有避嫌漏略者，因为补一十七事，凡《梁史》三篇，《唐史》七篇，《晋史》一篇，《汉史》二篇，《周史》四篇。王渔洋《香祖笔记》称其辨正精严，足正史官之谬云。

《适园藏书志》：《五代史阙文》一卷（旧抄本），宋王禹偁撰。晁氏《读书志》载此书凡十七事。今书列梁三事，后唐七事，晋一事，汉二事，周四事，与晁氏记合。禹偁撰时薛居正《五代史》已成，以作以补其阙者。

《郘亭知见传本书目》：《五代史阙文》一卷，宋王禹偁撰。明余寅刊本，汲古阁本，嘉靖年间秦汴序刻本。

陶岳《五代史补》五卷

《郡斋读书志》：《五代史补录》五卷（原作《五代补录》，误。陶岳自序称《五代史补》），皇朝陶岳撰。祥符壬子，岳以五季史书阙略，因书所闻，得一百七事。

《直斋书录解题》：《五代史补录》五卷（原作《五代补录》，误。陶岳自序称《五代史补》），浔阳陶岳撰。每代为一卷，凡一百七条。岳，雍熙二年进士。

《四库简目》：《五代史补》五卷，宋陶岳撰，大致与王禹偁书同意，而稍近小说家言。晁公武《读书志》称所记一百七事，此本少三事，殆传写佚矣。

《四库总目》：《五代史补》五卷（浙江朱彝尊家曝书亭藏本），宋陶岳撰。岳字介立，浔阳人。宋初薛居正等《五代史》成，岳嫌其尚多阙略，因取诸国窃据、累朝创业事迹，编次成书，以补所未及。《自序》云，时皇宋祀汾阴之后，岁在壬子，盖真宗之祥符五年也。晁公武《读书志》载此书作《五代补录》，然考岳《自序》，实称《五代史补》，则公武所记为误。公武又云共一百七事，今是书所载，梁二十一事，后唐二十事，晋二十事，汉二十事，周二十三事，共一百四事，较公武所记少三事。考王明清《挥麈录》载毌邱俭贫贱时，借《文选》于交游，间有难色，发奋异日若贵，当版镂之遗学者，后仕蜀为宰相，遂践其言刊之，印行书籍，创见于此，事载陶岳《五代史补》云云，今本无此条，殆传写有遗漏矣。此书虽颇近小说，然叙事首尾详具，率得其实，故欧阳修《新五代史》、司马光《通鉴》多采用之。其中如庄宗猎中牟，为县令所谏一条云，忘其姓名，据《通鉴》则县令乃何泽。又杨行密诈盲一条云，首尾仅三年，考行密诈盲至杀朱三郎，实不及三年之久。又王氏据福建一条云，王审知卒，弟延钧嗣，据薛《史》、《通鉴》，延钧乃审知之子。又梁震裨赞一条云，庄宗令高季兴归，行已浃旬，庄宗易虑，遽以诏命襄州节度刘训伺便囚之，季兴行至襄州，心动，遂弃辎车南走，至凤林关已昏黑，于是斩关而去，是夜三更向之急递果至。《通鉴考异》辨庄宗当时并无诏命遣急递之事，岳所据乃传闻之误。凡此之类，虽亦不免疏失，然当薛史既出之后，能网罗散失，裨益阙遗，于史学要不为无助也。

《郑堂读书记》:《五代史补》五卷(汲古阁刊本)，宋陶岳撰(岳字介立，浔阳人)。《四库全书》著录，《读书志》(杂史类)、《书录解题》(杂史类)、《通考》(传记类)、《宋志》(别史类)俱载之。惟晁陈马三家，俱作《五代补录》，晁氏谓祥符壬子，岳以《五季史》阙略，因书所闻，得一百七事。陈氏亦谓每代为一卷，凡一百七条。案是书所载，凡梁二十一条，唐晋汉各二十条，周二十三条，较晁陈所云少三条。然介立《自序》，命曰《五代史补》，而晁陈尚改其称，恐所云一百七事，亦误记也。所叙事迹，本末具详，虽同小说，不为虚假。故馆臣辑《旧五代史》，此书俱收入夹注中云。

《适园藏书志》:《五代史补》五卷(旧抄本)，宋陶岳撰。所载梁二十一事，后唐二十事，晋二十事，汉二十事，周二十三事，共一百四事，较之晁氏《读书志》所记尚少三事，殆传写者遗脱欤。前有皇宋祀汾隆之后，岁在壬子，自序，实真宗祥符五年，乃补薛氏之旧史。

《郘亭知见传本书目》:《五代史补》五卷，宋陶岳撰。明余寅刻本，淡生堂余苑本，汲古阁本。

欧阳修《新五代史记》七十五卷

《郡斋读书志》:《五代史记》(案《经籍考》卷十九"五代史记"上有"新"字)七十五卷,皇朝欧阳修永叔以薛居正史繁猥失实,重加修定,藏于家。永叔没后,朝廷闻之,取以付国子监刊行。《国史》称其可以继班固、刘向,人不以为过。

《宋史·神宗本纪》:熙宁五年八月丁亥,诏求欧阳修《五代史》。

徐无党《注新五代史记》七十四卷

按:见《宋史·艺文志》著录。

吴缜《五代史纂误》五卷

《宋史·艺文志》:吴缜《五代史纂误》三卷。

《郡斋读书志》:《五代史纂误》五卷,皇朝吴缜撰。凡二百余事,皆欧阳永叔《新五代史》抵牾舛讹也。按《通鉴考异》证欧阳史差误,如庄宗还三矢之类甚众。今此书皆不及之,特证其事之脱错而已。又善本未必皆然。

《直斋书录解题》:《五代史纂误》五卷,杂录一卷,吴缜撰。宇文时中守吴兴,以郡庠有二史板,遂取二书刻之,后皆取入国子监。初,郡人思溪王氏刻《藏经》有余板,以刊二史寘郡庠。中兴,监书多阙,遂取其板以往,今监本是也。

《四库简目》:《五代史记纂误》三卷,宋吴缜撰。原本久佚,今从《永乐大典》录出。晁公武《读书志》称所列二百余事,今所存虽一百一十二事,然已见其大概矣。

《四库总目》:《五代史记纂误》三卷(《永乐大典》本),宋吴缜撰。晁公武《读书志》、陈振孙《书录解题》载此书五卷,《宋史·艺文志》载此书三卷,虽卷数小异,然均题缜作。是书南渡后尝与《新唐书纠谬》合刻于吴兴,附《唐书》、《五代史》末,今《纠谬》尚有椠本流传,而是书久佚,惟《永乐大典》颇载其文,采掇裒集,犹能得其次序。晁公武称所列二百余事,今检验仅一百十二事,约存原书十之五六,然梗概已略具矣。欧阳修《五代史》义存褒贬而考证则往往疏舛。缜一一抉其阙误,无不疏通剖析,切中症结,故宋代颇推重之。谨依《宋史》目次,厘为三卷,其间有与薛史同异者,并略加附识于下,以备考证焉。

《郑堂读书记》:《五代史纂误》三卷(知不足斋丛书本),宋吴缜撰。《四库全书》著录,《读书志》(史评类)、《书录解题》、《通考》(史评类)、《宋志》俱载之。晁陈马三家俱作五卷,陈氏又有《杂录》一卷,盖廷珍之原书久佚,今馆臣从《永乐大典》录出,厘为三卷,以符《宋志》之数。晁氏称凡二百余事,今仅存一百十四事,约存原书十之五六,则其亡失者为可惜也。晁氏谓《通鉴考异》证欧阳史差误,如庄宗还三矢事之类甚众,今此书皆不及之,特证其字之脱误而已,又善本未必皆然。按晁氏所云,诚不足以概是书,永叔详于义例,而略于考证,徐无党寥寥数言,无补大义,是书参考纪传,而得其抵牾舛误之处,已有二百余事,不得谓善本未必皆然,特未能如其《唐书纠谬》,分门列目,以纠之耳。故章俊卿《群书考索》极推重之。惟是一人之精力有限,焉能举一书之差误而尽列之,兼之阙佚者又十之四五,不能无待于后人之补也。此本就武英殿聚珍版本付梓,前列《提要》一篇,较详于沈刊提要本,正当取此以补正之也。

《郘亭知见传本书目》:《五代史记纂误》三卷,宋吴缜撰。聚珍本,闽复本,知不足斋本附吴兰庭补四卷。

吴兰庭《五代史纂误补》四卷

《郑堂读书记》:《五代史纂误补》四卷(知不足斋丛书本),国朝吴兰庭撰(兰庭字胥石,归安人,乾隆甲午举人)。胥石以吴氏《五代史纂误》今止存十之五六,因为补其未备,其薛氏旧史及新旧《唐书》有及五代时事,而语或歧出者,别为《考异》之书,不在此数。凡已见殿本欧薛二史《考证》,及司马氏《通鉴考异》者,概不复著。若夫十国四夷,欧史本多不备,且有《辽史》、《宋史》及吴志伊《十国春秋》在,兹亦间为标举,不欲绳所本无也。自有此补,而廷珍之书,不全而自全。执是二书以读欧史,昭昭然白黑分矣。惜其《考异》四卷,未有刊本,为可惜也。前有《自序》,后有其弟(兰史)跋。

附录:董丰恒《补五代史纂误》一卷

按:见乌程《董氏所著书目》著录。

马令《南唐书》三十卷

《直斋书录解题》:《南唐书》三十卷,阳羡马令撰。序言其祖太博元康世家金陵,多知南唐故事,未及撰次,今缵(一作"纂")先志而成之,实崇宁乙酉。其书略备纪传体,而亦言徐铉、汤悦之疏略云。

《四库简目》:《南唐书》三十卷,宋马令撰。书成于崇宁乙酉。首为《先主书》,次为《嗣主书》,次为《后主书》,盖用陈寿《蜀志》之例,诸传各以类从,分十八目,而终以《建国谱》、《世系谱》,所采诗话小说,颇为芜杂。然不以正统予南唐,较陆游书为得体。今仿新旧《唐书》之例,与陆游书并存焉。

《四库总目》:《南唐书》三十卷(兵部侍郎纪昀家藏本),宋马令撰。令,宜兴人,陈振孙《书录解题》载令《自序》,称其祖太慱元康,世家金陵,多知南唐故事,未及撰次,今缵先志而成之,实崇宁乙酉云云。则令乃北宋末人。此本不载令《自序》,盖偶佚也。元赵世延所作《陆游重修南唐书序》,称马元康、胡恢等迭有所述,今复罕见,竟以为令祖元康所作,殆当时未睹其本,故传闻致误欤。其书首为《先主书》一卷,《嗣主书》三卷,《后主书》一卷,盖用《蜀志》称主之例。次《女宪传》一卷,列后妃公主,而附录烈女二人。次《宗室传》一卷,列楚王景迁等十二人,而从度、从信二人有录无书。次《义养传》一卷,列徐温及其子六人,附录二人。次为《列传》四卷,次《儒者传》二卷,次《隐者传》一卷,次《义死传》二卷,次《廉隅传》,次《苛政传》,共二卷。次《诛死传》一卷,次《党与传》二卷,次《归明传》二卷,次《方术传》一卷,《谈谐传》一卷,皆优人也,而附以迂儒彭利用。次《浮屠传》,次《妖贼传》,共一卷。次《叛臣传》一卷,次《灭国传》二卷,闽王氏楚马氏也。次《建国谱》,次《世系谱》,共一卷。《建国谱》者,即《地理志》;《世系谱》者,叙李氏所自出也。每序赞之首,必以呜呼发端,盖欲规仿《五代史记》,颇类效颦。于诗话小说,不能割爱,亦不免芜杂琐碎,自秽其书。又如《建国谱》之叙地理,仅有军州而无县,则省不当省。《世系谱》不过出自唐吴王恪,于《先王书》首一句可毕,而复述于《唐书》以前,尤繁不当繁,亦乖史体,均不及陆游重修之本。然椎轮之始,令亦有功,且书法亦谨严不苟,故今从新旧《唐书》之例,并收录焉。

《郘亭知见传本书目》:《南唐书》三十卷,宋马令撰。陈仁锡刻,蒋国祥马陆合刊。淡生堂余苑本，唐宋丛书本，墨海金壶本。昭文张氏有元刻本，又茶梦室主人手抄本。平津馆有明刻本，每页二十二行二十字，多《自序》一篇。

《书目答问》：马令《南唐书》三十卷，蒋氏马、陆二书合刻原本，唐宋丛书本，江西缙本恶。《补正》：蒋板今归南城蔡氏，金壶本，翠琅轩馆合刻马、陆二书本；古冈刘晚荣合刻马、陆二书本，在述古丛钞内，刻于广州。

《郑堂读书记》：《南唐书》三十卷（明嘉靖庚戌上海顾氏刊本），宋马令撰（令，宜兴人）。《四库全书》著录，《书录解题》、《通考》及倪氏《宋志补》俱载之。马氏以徐铉等所撰《江南录》忘远取近，率皆疏略。其祖（元康）世家金陵，多知南唐故事，未及撰次，因纂先志而成之，列为三十卷。首《先主书》，次《嗣主书》，次《女宪传》，次《宗室传》，次《义养传》，次《列传》，次《儒者传》，次《隐者传》，次《义死传》，次《廉隅传》，次《苛政传》，次《诛死传》，次《党与传》，次《归明传》，次《方术传》，次《谈谐传》，次《浮屠传》，次《妖贼传》，次《叛臣传》，次《灭国传》，次《建国谱》，次《世系谱》，诸凡二十余目，门类极为繁碎，不成史体。其称先主嗣主后主盖本《蜀志》之例，然未曾本之以称传，而改称书，殊属杜撰。所作序论，学欧阳《五代史》体，以呜呼二字发端，而不知欧史本非通例，且南唐本属小朝廷，事迹实少，辄取诗话小说，勉缀成传，是则可已而不已也。然以备后人重修之取材，虽繁而不害其繁，以视陆氏之书，其犹薛氏之于欧阳乎。前有崇宁乙酉《自序》，又有《自序》，亦以呜呼发端，恐即其后序，顾（汝达）误升作大字序耳。末有明嘉靖庚戌姚（昭）跋。

陆游《南唐书》十八卷，《音释》一卷

《直斋书录解题》：《新修南唐书》十五卷，宝谟阁待制山阴陆游务观撰。采获诸书，颇有史法。

《读书敏求记》：务观《南唐书》评核有法。卷例俱遵史汉体，首行书其纪某传，卷第几而注南唐书于其下。今流俗抄本，竟称《南唐书》本纪卷第一卷二三列传亦如之。开卷便见其谬，可一哂也。是本后附戚光《音释》甚佳。光尝辑《金陵志》，搜访文献，大有考证，为当时所称许。

《四库简目》：《南唐书》十八卷，《音释》一卷，宋陆游撰。元戚光音释。

其书以南唐三主列为本纪，引《史记》秦庄襄、项羽为证，不知已久为《史通》所驳。又以后妃诸王列群臣传后，以杂艺、方士列《忠义传》前，皆乖体例，若其序次之简洁，则述南唐事者，莫能或之先矣。

《四库总目》：《南唐书》十八卷，《音释》一卷（内府藏本），宋陆游撰。宋初撰录南唐事者，凡六家，大抵简略，其后撰南唐事者三家，胡恢、马令、陆游也。恢书传本甚稀，王世祯《池北偶谈》记明御史李应升之叔有之，今未之见。惟马令书与游书盛传，而游书尤简核有法。元天历初，金陵戚光为之音释，而博士程塾等校刊之，赵世延为序。钱曾《读书敏求记》称旧本遵史汉体，首行书某纪某传，卷第几，而注《南唐书》于下。王世祯《古夫子亭杂录》又称其门人大名成文昭寄以宋椠本，凡十五卷，与今刻十八卷编次小异。今其本均不可见，所行者惟毛晋汲古阁本，刻附《渭南集》后者，已改其体例，析其卷数矣。南唐元宗于周显德五年即去帝号，称江南国主，胡恢从《晋书》之例，题曰载记，不为无理。游乃于烈祖、元宗、后主皆称本纪，且于烈祖论中行苏颂之言，以《史记》秦庄襄王、项羽本纪为例，深斥胡恢之非。考刘知几《史通·本纪篇》尝谓姬自后稷至于西伯，嬴自伯翳至于庄襄，爵乃诸侯，而名隶本纪。又称项羽僭盗而死，未得成君，假使羽窃帝名，正可抑同群盗，况其名曰西楚，号止霸王。诸侯而称本纪，循名责实，再三乖谬。则司马迁之失，前人已深排之，游乃引以藉口，谬矣。得非以南渡偏安，事势相近，有所左祖于其间乎。他如后妃诸王传置之群臣之后，杂艺、方士传列于忠义之前，揆以体例，亦为未允。读其书者取其叙述之简洁可也。

《郘亭知见传本书目》：《南唐书》十八卷，《音释》一卷，宋陆游撰。明沈士龙刻，蒋国祥合刻汲古阁刻元刻小字本。明人撰《唐余纪传》全袭此书，不过增删数字耳。秘册汇编本无《音释》，王士祯有其门人成名昭寄以宋椠四册，凡十五卷，与今本十八卷编次小异。

《郑堂读书记》：《南唐书》十八卷《音释》一卷（陆放翁全集本）宋陆游撰。《四库全书》著录，《书录解题》、《通考》及倪氏《宋志补》俱载之。《解题》、《通考》俱作十五卷，《宋志》载《南唐书》十五卷，不知作者，当即放翁书也。倪氏作十八卷者，盖据毛氏（晋）所刊本。放翁以《南唐书》虽有马令、胡恢两家，俱未尽善,因重加排纂。成本纪三卷,列传十五卷,叙述简洁,颇有史裁,惜其不明于史家义例,其列三主于本纪,犹曰援《史记》秦襄项羽之类例,而退后妃诸王于《诸臣传》后,列《节义传》于《杂艺》、《方士传》后,此又何例可援乎?致叙浮屠、契丹、高丽三则,不成传体,乃强蒙以传名,此又效《五代史·契丹附录》而失之者也。因是知词章家操史笔,不患措词之未善,而患体例之失当焉。然自胡氏之书不传,传者唯马氏及放翁两家,亦犹五代之有欧薛二史,皆读史者所不能偏废也欤。《音释》一卷,为元戚(光)撰,倪氏钱氏补《元志》俱载之,于事实亦能发明,可以为读是书之一助云。前有元天历戊辰赵(世延)序,后有毛(晋)跋。跋称尚有胡沈两公跋语,是本所阙佚也。

周在浚《南唐书注》十八卷

按:见《书目答问补正》著录。注云:民国四年,刘氏嘉业堂刊本,注:陆书。

《郑堂读书记》:《南唐书笺注》十八卷(祥符周氏稿本),国朝周在浚撰,高醇补校(在浚字雪客,号耐龛,祥符人。亮工之子。醇字汉舒,海盐人)。按《南唐书》旧有胡恢、马令、陆游三家,恢书不传,惟马陆二书传于世,雪客以陆书发凡起例,详略可观,足继迁固。三主名纪,俨然以正统归之,其识见较马令远甚。因仿裴世期注《三国》意,依其本文,为之笺注。凡群书之有关于南唐者,悉为采入,不遗一字,其征引之富,以视裴注《三国》为过之。其凡例称笔削之权,请俟之大手笔,非予所敢僭也。但注史宁详毋略,正不必加以刊削,雪客意存谦抑,未必真欲如此也。所以汉舒尚嫌其漏落,又复逐篇补注,详加校正,并杂艺方士二门,随类收入,亦犹前人志也。从此南唐一代人物,尽归纪载,而马令之书,亦毕收卷帙之内,考信于南唐者,更无须于他求矣。其注始于康熙庚申,阅十六年而成。前有凡例十五条,并载元赵(世延)原序,明沈(士龙)、胡震亨两家题辞于首,后载元戚(光)《音释》,并附马令《南唐书·建国谱》,吴山宾《三唐传国编年图》,杨(维桢)《正统辨》,李(清)《南唐书年世总释前论》,邱(钟仁)《南唐承唐统论》。又有乾隆戊戌陈(焯)、庚子吴(骞)二跋。至汉舒补校,尚在戊申己酉间,别为《凡例》十条,附《原例》之后云。

刘承幹《南唐书补注》十八卷

按:见《书目答问补正》著录。注云:附周书后,民国四年,刘氏嘉业堂刊。注:陆书。

汤运泰《南唐书注》十八卷

按:见《书目答问补正》著录。注云:青浦汤运泰《南唐书注》十八卷,《唐年世总释》一卷,《州军总音释》一卷,道光二年绿签山房刻本。注:陆书。

《郑堂读书记》:《南唐书注》十八卷《音释补》一卷(绿签山房刊本),国朝汤运泰撰(运泰字虞尊,青浦人)。陆氏《南唐书》,祥符周雪客(在浚)始为笺注,未及付刊,至乾隆季年,海盐高汉舒(醇)得其原稿,为之补校,益臻美备,而仍未有刊本,故虞尊不之见,因为创注。亦视裴世期《三国志注》例,专引时事及故实之关系南唐君臣者,自国典朝章嘉言懿行,以至诙谐杂沓,神鬼荒唐,有逸必搜,无奇不录,历六载而书成。凡采摭诸书,参校同异,并夹注纪传中。其纪传不载者,诸主则附载逐年之后,诸臣则附载各传之后,即事涉琐碎,亦载全文。唯事辞重复,前后间隔,或与南唐无涉,仍从删割。或一人始终本末,本传偶略,而杂见记载,必为补辑。即其人初仕南唐,继仕北宋,又或传末附载子孙,苟《宋史》有传,亦并附入。其《音释》则仍元戚(光)之旧。虞尊旧有《音释补》,并与戚注散附纪传下,以省检阅。至《唐年世总释》、《州军总音释》,并将疏证总附于后。大抵征引繁富,考证精确,以视雪客、汉舒之书,诚可以并驾齐驱者也。顾其据钱氏《读书敏求记》,王氏《古夫于亭杂录》二书所云,竟以毛氏汲古阁本体例卷数,已改其旧,而谓诸前后为抄本之讹,因移后妃诸王传置诸臣之前,杂艺方士传列节义之后。位置虽属妥帖,究非原书之旧。此则蹈刘之遴《汉书古本》之故辙。今人不当如是也。唯是周氏笺注,既未刊行,即此一编,足以作陆氏之功臣,而备南唐之掌故,固不可以一眚掩其大德矣。前有元赵(世延)原序,及嘉庆庚辰自序凡例,并其门人陈以谦、其子(显干)二序。《音释补》前亦有嘉庆丙辰自序。

李清《南唐书合订》二十五卷

《四库简目》:《南唐书合订》二十五卷,明李清撰。以陆游书为主,马令书及诸家所录参之,多所补正。大旨以南唐绍长安正统,由陆游之谬说,殊为乖舛。其考证之详核,则与《南北史合注》可兼称焉(案:《四库总目》无此条)。

虞允文《五代史注》

《宋史·虞允文传》:允文字彬甫,隆州仁寿人,绍兴二十三年进士,隆兴八年特进左丞相。尝注《五代史》,藏于家。

王子融《唐余录》六十卷

《宋史·王子融传》:子融尝为《礼阁新编》上之,以其书藏太常。又集五代史事为《唐余录》六十卷以献。

《郡斋读书志》:《唐余录》六十卷,皇朝王皞奉诏撰。皞芟《五代旧史》繁杂之文,采诸家之说,仿裴松之体附注之。以本朝当承汉唐之盛,五代,则闰也,故名之曰《唐余录》。宝元二年上之。温公修《通鉴》,间亦采之。

《直斋书录解题》:《唐余录史》三十卷,直集贤院益都王皞子融撰。宝元二年上。是时惟有薛居正《五代旧史》,欧阳修书未出。此书有纪有志有传,又博采诸家小说,仿裴松之《三国志注》,附其下方,盖五代别史也。其书列韩通于《忠义传》,且表出本朝褒赠之典,新旧史皆不及此。《馆阁书目》以入杂传类,非是。皞,曾之弟,后以元昊反,乞以字为名,仕至集贤院学士。

李焘《五代将帅年表》

《宋史·李焘传》:焘字仁甫,眉州丹稜人,绍兴八年进士。淳熙十一年除敷文阁学士致仕。有《五代将帅年表》。

胡旦《五代史略》

《宋史·儒林传》:胡旦字周文,滨州渤海人,举进士第一。咸平中以秘书省少监致仕,著《五代史略》。

刘羲仲《五代史记纠谬》

《却扫编》:刘羲仲字壮舆,道厚之子也。道厚以史学自名,羲仲世其家学,尝摘欧阳公《五代史》之讹误,为纠谬。以示东坡。东坡曰,往者欧阳公著此书初成,王荆公谓余曰,欧阳公修《五代史》而不修《三国志》,非也,子盍为之乎?余固辞不敢当。夫为史者,网罗数十百年之事,以成一书,其间岂能无小得失耶。余所以不敢当荆公之托者，正畏如公之徒，掇拾其后耳。

吕祖谦《五代史详节》十卷

按：见《汇刻书目》著录。详《史记详节》条。

钱端礼《五代史提要》一卷

按：见《四库存目》著录，详《史记提要》条。

洪偃《五代史述论》八卷

按：见《江南通志·艺文志》著录，注云，洪偃昆陵人。

以上宋时人

萧韩家奴《五代史译解》

《辽史·文学·萧韩家奴传》：重熙十五年，诏译诸书，萧韩家奴欲知古今成败，译《通历》、《贞观政要》、《五代史》。

刘辉请改正欧阳修《五代史》

《辽史·文学·刘辉传》：寿隆二年上书曰，宋欧阳修编《五代史》附我朝于四夷，妄加贬訾。且宋人赖我朝宽大，许通和好，得尽兄弟之礼，今反令臣下妄意作史，恬不经意。臣请以赵氏初起事迹，详附国史。上嘉其言。

陈霆《唐余纪传》二十四卷

《四库存目》：《唐余纪传》二十四卷（浙江巡抚采进本），明陈霆撰。霆字声伯，德诸人，弘治壬戌进士，官至山西提学佥事。是书凡《图纪》三卷，《列传》十卷，《家人传》一卷，《忠节传》一卷，《义行传》一卷，《隐逸传》一卷，《藩附传》一卷，《烈女传》一卷，《方技传》一卷，《伶人传》一卷，《别传》一卷，《志略》一卷，《附录》一卷。大抵以南唐承唐之正统，盖与姚士粦《后梁春秋》均欲窃取《通鉴纲目》帝蜀之意，而不知其似是而非者。考陆游《南唐书》谓唐宪宗第八子建王恪生超，超生志，仕为徐州判司，志生荣，荣生升，而欧阳修《五代史》则云家世微贱，与游说迥殊，则其系大唐后与否，宋代已多异议。且自李璟已附于周，李煜又始终奉宋正朔，当时已以藩臣自居，后世忽以正统归之，尤为乖剌。其体例多学步《新五代史》，如唐庄宗亡于伶人，事关兴废，故欧阳修别传伶官，至申渐高等四人，其事微矣，乃亦别立传，将修《唐书》者，必为黄幡绰等立传乎。唐六臣，《新五代史》别传，以其卖国也，乃亦摭徐铉、殷崇义、张洎、张佖、周惟简、查元方以足六臣之数，不知其随主而降，与许善心一例也。如此之类，皆有效颦之失。况既以南唐继唐，自应正其为帝，而升曰先主，璟曰中主，煜曰后主，复仿陈寿《蜀志》之例，尤进退无据。至于杂采稗官，浸无刊削，又其小失矣。胡恢之书虽佚，马令、陆游二书具在，何必作此屋下屋也。

项笃寿《五代史论赞》五卷

按：见《四库存目》著录。详《史记论赞》条。

马荩臣《吴越世家疑辨》一卷

《四库存目》：《吴越世家疑辨》一卷（编修汪如藻家藏本），明马荩臣撰。荩臣始末未详。欧阳修《五代史》于《吴越世家》，极言其汰侈暴敛之事，说者或以为修有憾于钱惟演，故以此言毁之，并非实录，荩臣之师钱德洪为钱镠十九世孙，因令荩臣历考《通鉴纲目》及他书所载钱氏爱民政绩，逐条胪列，以证《吴越世家》之妄，其书虽题荩臣名，实则德洪意也。其间援引虽富，类多以空言争论，至如吴越改元之事，尚有石刻可据，昭然难掩，乃亦必喋喋而为之辨。且谓其本中国纪元而史失之允，尤可谓凿空妄说矣。

茅申许《五代史钞》二十五卷

按：见《培林堂书目》著录。

练恕《五代史地理考》一卷

按：见《多识录》著录。

朱朗齐《五代史纪事》一卷

按：见《书吟阁书目》著录。

以上元明时人

赵云均校《五代史补》五卷

按：见《稽瑞楼书目》著录。

徐一夔《欧史十国年谱备证》《台州外书》《天台新志》

一夔字大章，官杭州教授，是书仅一篇载集中，王士祯称其立说有据，足资考证,不但其文之工也。

吴任臣《十国春秋》一百十四卷

《浙江采进遗书目》:《十国春秋》一百十四卷(刊本),国朝撰讨仁和吴任臣撰。以补欧史《十国世家》所未备。为纪二十,世家二十二,列传一千二百八十二。又为《纪元》、《世系》、《地理》、《藩镇》、《百官》五表。五季遗文遗事,惟此及朱彝尊《五代史注》,搜采最详。此已刊而未注稿,终于未就,惜哉。

《四库简目》:《十国春秋》一百十四卷,国朝吴任臣撰。以欧阳修《五代史》虽主书法,不核事实,于《十国世家》脱漏尤甚,乃蒐辑此书,以补其缺,并自为之注。纠王诞谬,多所辨证,其五表考订不详。

《四库总目》:《十国春秋》一百十四卷(浙江孙仰曾家藏本),国朝吴任臣撰。任臣字志伊,仁和人,康熙己未召试博学鸿词,授翰林院检讨。任臣以欧阳修作《五代史》于《十国》仿《晋书》例为载记,每略而不详。乃采诸霸史杂史以及小说家言,并证以正史,汇成是书。凡吴十四卷,南唐二十卷,前蜀十三卷,后蜀十卷,南汉九卷,楚十卷,吴越十三卷,闽十卷,荆南四卷,北汉五卷,《十国纪元世系表》合一卷,《地理志》二卷,《藩镇表》一卷,《百官表》一卷。其诸传本文之下,自为之注,载别史之可存者,盖用萧大圜《淮海离乱志》、杨衒之《洛阳伽蓝记》、宋孝王《关东风俗传》、王劭《齐纪》之例,刘知几《史通·补注篇》所谓躬为史臣,手自刊削,除繁则意有所恡,毕载则言有所妨,遂乃定彼榛楛,列为子注者也。其间于旧说虚诬,多所辨证。如田頵擒、孙儒年月,则从吴录而不从薛史;吕师周奔湖南年月,则从《通鉴》而不从《九国志》;南唐烈祖世家,则从刘恕《十国纪年》及欧史,而不从《江南野史》、《吴越备史》,皆确有所见。其他类是者甚多。五表考订尤精,可称淹贯。惟无传之人,仅记名字,列诸卷末,虽用陈寿《蜀志》附载无传诸人之例,然寿因杨戏有《季汉辅臣赞》,故系之戏传之末,非自列其名字于中虚存标目也,是则貌同心异,不免于自我作古矣。

《郑堂读书记》:《十国春秋》一百十四卷(汇贤斋刊本),国朝吴任臣撰(任臣字志伊,仁和人,康熙己未召试博学鸿词,授翰林院检讨)。《四库全书》著录，朱氏《经义考》(拟经门)作十卷，误也。欧阳氏《五代史》附《十国世家》于末，中间叙事称雅洁，然颇多遗漏，立传者独孙晟、刘仁瞻数人而已。又于十国事时有未核，读史者或不足焉。志伊因取十国人物事实而章著之，网罗典籍，勒成是编。为本纪二十四，世家二十二，列传千二百八十二。人以国分，事以类属。又为《纪元》、《世系》、《地理》、《藩镇》、《百官》五表。总一百十四卷，名曰《十国春秋》。以魏崔鸿有《十六国春秋》，故此十国亦称春秋，以上配之也。所采古今书籍，无虑数百余种，即石刻亦所不遗，故无臆说杜撰。其折中异说，俱夹注于各条之下，以示有征。偶获琐事谶语，亦复登载。大都采择详博，而精于考核，为文更明健有法，具有班马遗意，是诚足补欧薛二史之阙，殊非屠项两家之书之得以正俦矣。所可议者，如吴十二十四列传两卷，所列俱方技列女之类，自宜相次，乃以田頵、安仁义、朱延寿、张颢、徐温父子一卷，间于其中，此编次之失也。若以此卷退居于后，却好接下《南唐烈祖本纪》，岂非天然联络乎。而闽十列传载僧二十四人，全如《高僧传》、《传灯录》之流，亦难免于猥杂之讥矣。然此乃小德之出入，其大德固无伤也。前有《自序》、《凡例》，及魏叔子(禧)序，其弟(农祥)题辞。

《郘亭知见传本书目》：《十国春秋》一百十四卷，国朝吴任臣撰。康熙十七年汇贤斋刻，有翻本。

周昂《十国春秋拾遗》一卷，《备考》一卷

按：见《书目答问》著录。注云：周氏乾隆重刻本，原刻无末二卷。

毛光舒《南唐拾遗记》一卷

《四库存目》：《南唐拾遗记》(江苏巡抚采进本)，国朝毛光舒撰。是编前有《自序》，称略采宋江南遗事诸不见正史者，附于马陆二书、郑文宝《近事》、陈彭年《别录》、陈霆《唐余纪传》之后，然实皆习见之事，无一异闻。又后主却登高文全篇，载于陆书从善传中，而讹为《登高赋》，惟存二句，乌在其为拾遗也。紫竹评后主词一条，见龙辅女红余志，不详所出，其人之真伪未可知，且紫竹之语，何与南唐遗事，以此条为例，则词话诗话连篇不尽矣。师子国王一条，鬼魅现形，乃小说荒唐之语，岂可以补正史。将《太平广记》载秦庄襄王就僧乞食，亦可补《史记·秦本纪》耶。李煜杀谏臣，溺浮屠，荒于酒色，阙失非一，光舒序中以为守文令辟，亦非笃论也。

张笃庆《五代史昉截》四卷

《四库存目》：《五代史昉截》四卷（编修励行谦家藏本），国朝张笃庆撰。是书摘取欧史之文，间附己意，为论断，与《班范昉截》体例略同，而持论尤多无谓。如论朱全忠、张全义赐名事，则曰可谓忠不忠，而义不义矣，亦何须复道。又论昭宗椒兰殿何后积善宫事，曰椒兰不以延嗣，积善不以流庆，置其本事而旁论宫殿之名，不几时文之掉弄笔墨乎。至论冯道兔园册事曰，此册流传至今遂广，不特翰苑诸公，奉为秘书，而帖括家亦以为金科玉律矣。案兔园册三卷，《通考》著录，注曰虞世南撰，今其书久佚，笃庆乃云流传遂广，亦徒为高论。实不知其为何书也。

杨陆荣《五代史志疑》四卷

《浙江采进遗书目》：《五代史志疑》四卷（刊本），国朝青浦杨陆荣辑。因读欧阳史，细核其字句脱衍，及有可斟酌处，随条志之，曰疑者，不敢自信耳。

《郑堂读书记》：《五代史志疑》四卷（原刊本），国朝杨陆荣撰（陆荣字采南，青浦人）。《四库全书》存目。欧阳氏《五代史》，出于一手所撰定，其偏驳复错之处，犹或未免。当时吴廷珍曾作《纂误》一书以正之。其书不传，今馆臣从《永乐大典》录出。采南在康熙时尚未见有此书，因以己意析疑摘谬，以成是编。凡三百条，则并其文句一一指摘之，如《史通·点烦篇》之例。此则吴氏所未及纠者也。即来后吴胥石《纂误补》亦未及此，此亦足以并传矣。前有康熙庚子《自序》及恒山梁(穆)序。

徐炯《五代史补考》三十四卷

《适园藏书志》：《五代史补考》三十四卷，徐炯撰。炯字章何，昆山人，徐健庵之子，官有一疑道，曾与兄树谷同注庾子山《哀江南赋》，学宁才瞻，有乌衣子弟之目。因欧史止《司天》《职方》两考，逐采各书补之，曰《五行》，曰《百官》，曰《选举》，曰《食货》，曰《赋役》，曰《征榷》，曰《礼乐》，曰《刑法》，曰《军旅》，曰《艺文》，凡十类。欧氏《司天》二卷，《职方》一卷，故以《五行》为第三，取会要及各书，采取有识，编纂得法，尚与《五代史补注》并传。

彭元瑞等《五代史记补注》七十四卷

《丁氏藏书目》:《五代史记补注》七十四卷,彭元瑞辑,刘凤诰采次。

周嘉猷《五代纪年表》一卷

按:见《涵芬楼书目》著录。注云:广雅局本。

邵晋涵《五代史考异》二卷

按:见《八千卷楼目》著录。注云:刊本,抄本。

附录:熊罗宿《影印五代史注》

《书目答问补正》:民国十二年,南昌熊罗宿以内府原抄有注本付影印,远非殿本及其他刻本所及也。

汪泰征《五代史叹》

按:见《安徽通志·艺文志》著录。注云:汪泰征,歙县人。

顾櫰三《补五代史艺文志》一卷

按:见《书目答问补正》著录。注云:光绪间,江宁传傅春官刻,金陵丛刻本,会稽赵之谦刻本,广州局本,蒋国榜排印金陵丛书本。

刘光贲《五代史校勘记》七十四卷

按:见《甘肃省立图书馆目》著录。

何焯《读五代史》一卷

按:见《义门读书记目》著录。

邵晋涵《五代史注》一百五十卷(《二十二史考异》后)

《书目答问补正》:《旧五代史》元明来传本久绝,清乾隆四十年,四库馆目邵晋涵从《永乐大典》录出,旁摭他书所引,始辑成今本,并逐条详注出处。具见存佚章句,不没其真,立意甚善。及交武英殿雕版,当事者乃点窜连缀,尽削所注,薛氏原书何状,致不复可寻。后殿本行而原辑有注云本,但有传抄本,颇为世所重。民国间,吴兴刘承幹始择其有注者,刊行之。

刘应麟《南汉春秋》十三卷

《郑堂读书记》:《南汉春秋》十三卷(含章书屋刊本),国朝刘应麟撰(应麟字玉书,番禺人)。玉书以欧阳《五代史》附《十国世家》于末,其间叙事,颇多遗漏,仁和吴任臣补之,于是人物列传,遂瞭然可睹。至古迹事迹,只叙一二,仍不全载,因取南汉人物事实古迹而辑之,网罗典籍,爰成是编。凡世家二,本纪四,列传首后妃,次诸王公主,次文职武职,以宦官女子方外终篇。大都抄取吴氏书以成书,而尽去其夹注,颇为简洁。而每传标目,皆以历官全衔,冠于名氏之上,后来尚属创见,此则可以已而不已也。惟《纪元》、《地理》二篇,尚可以备参考。若艺文古迹事迹,更为丛杂不伦,后来梁章冉《南汉书》于纪传之外,别为二书,正所以救刘氏之失也。至职官沿革,不别为一卷,厥病与梁氏同,不得独归咎于刘氏矣。前有《自叙》、《凡例》,暨程乡李绣子(黼平)叙。

钱大昕《五代学士年表》一卷

按:见《潜研堂全书目》著录。

钱大昕《五代史考异》六卷

按:见《潜研堂全书目》著录。详见《史记考异》条。

华湛思《五代春秋志疑》一卷

按:见《昭代丛书目》著录。

周嘉猷《五代纪年表》一卷

按:见《书目答问补正》著录。注云:武昌局刻,正觉楼丛书本,广州局本。

佚名《五代纪年表》合刻

按:见《涵芬楼书目》著录。注云,不著撰人,光绪六年重刻本。

叶嘉棆《五代八国表》

按:见《温州经籍志》著录。注云:宝香山馆集十七。

陈鳣《续唐书》七十卷

《郘亭知见传本书目》:《续唐书》七十卷,国朝陈鳣撰。是书以南唐为正统,盖本之陈霆《唐余纪传》而为之者。用兰常、郝经等《续后汉书》之例。

《书目答问》:《续唐书》七十卷,陈鳣撰。道光十七年刻。《补正》:广州局重刻本。

吴兰庭《五代史记纂误补》四卷

《郘亭知见传本书目》:《五代史记纂误补》四卷,国朝归安吴兰庭撰。乾隆四十二年校刊。

李赓芸《五代学士年表》

按:见嘉定《李氏遗书目》著录。

梁廷枏《南汉书》十八卷,《丛录》二卷,《南汉文字》四卷

按:见《郘亭知见传本书目》著录。注云:道光己丑刻。

《郑堂读书记》:《南汉书》十八卷附《考异》十八卷(原刊本),国朝梁廷枏撰(廷枏字章冉,顺德人)。南汉六十年间事迹,薛欧二史,粗具崖略。惟路子发《九国志》、吴志伊《十国春秋》所载较详,而尚未有专书。如南唐吴越也。章冉因根据正史通鉴舆地诸书,旁及说部金石,编撰本纪六卷,列传十二卷。其折中异说最详,故不能如吴氏书夹注于各条之下,则别为卷,分附于纪传之后,卷如其数,而义理附焉。大抵事同则采其古,事异则采其详,说有不可通,则旁推曲引,务求必当,至单词片语,散存群籍,苟于史例无害,亦并缀补靡遗,其捃拾网罗,绝少挂漏,足以资考证而广异闻。其分传自后妃以迄外传,止有八目,亦较马陆诸家为有体裁。视近人《南汉春秋》止录吴氏旧闻者,则有上下床之别矣。前有道光己丑自记。

梁廷枏《南汉书考异》十八卷

按:见《书目答问补正》著录。注云:与《南汉书丛录》、《南汉文字》合刻。

吴修兰《南汉纪》五卷

按:见《书目答问补正》著录。注云:岭南遗书本。

周寿昌《五代史记纂误补续》无卷数

按:见《南通图书馆目》著录。注云:思益堂本。

丁谦《新五代史四夷附录地理考证》一卷

按:见《浙江图书馆丛书目》著录。

杨守敬《后梁并十国图》

按:见《观海堂汇目》著录。

杨守敬《后唐并七国图》

按:见《观海堂汇目》著录。

杨守敬《后晋并七国图》

按:见《观海堂汇目》著录。

杨守敬《后汉并六国图》

按:见《观海堂汇目》著录。

杨守敬《后周并七国图》

按:见《观海堂汇目》著录。

以上清时人

《正史汇目》第二十　《宋史》部

（一）《宋史》未成前目

王溥监修《国史》

《宋史·宰辅表》：建隆元年二月乙亥，王溥自尚书右仆射兼门下侍郎同中书门下平章事，监修国史。

赵普监修《国史》

《宋史·宰辅表》：乾德二年正月庚寅，赵普自枢密使加门下侍郎同平章事，集贤殿大学士。壬寅，加监修国史（本传同）。

薛居正兼修《国史》

《宋史·宰辅表》：开宝六年九月己巳，薛居正自吏部侍郎参知政事，加门下侍郎同平章事，兼修国史（本传作监修）。

以上太祖时

李昉等《太祖实录》

《宋史·太宗本纪》：太平兴国三年春正月己酉，命修《太祖实录》。

《宋史·李昉传》：太宗即位，受诏与扈蒙、李赐、郭宝、宋白同修《太祖实录》。

李昉监修《国史》

《宋史·宰辅表》：雍熙元年甲申，李昉加监修国史。淳化二年九月己亥，李昉自守尚书右仆射兼中书侍郎同平章事，兼修国史（本传作监修）。

胡旦请修《太祖纪表志传》

《玉海》：雍熙四年九月，直史馆胡旦请修《太祖纪表志传》，诏以史馆西廊置修史院。

张洎等呈《修太祖纪》十卷

《玉海》:淳化五年十月丙午,翰林学士张洎等上重修《太祖纪》十卷,以朱墨杂书,凡躬承圣问及史官采摭之事,即朱以别之。

宋湜兼修《国史》

《宋史·宋湜传》:至道元年,为翰林学士,兼修国史。

以上太宗时

吕端监修《国史》

《宋史·宰辅表》:至道三年,真宗三月癸巳即位,四月癸卯吕端自户部侍郎同平章事,加监修国史。

《宋史·吕端传》:真宗即位,加右仆射,监修国史。

钱若水修《太宗实录》

《宋史·真宗本纪》:至道三年十一月己巳,诏工部侍郎钱若水修《太宗实录》。

《宋史·钱若水传》:真宗即位,加工部侍郎充集贤院学士,诏修《太宗实录》。若水引柴成务、宗度、吴淑、杨亿同修成八十卷。真宗览书流涕,赐赉有差。

毕士安监修《国史》

《宋史·宰辅表》:景德元年八月己未,毕士安自行尚书吏部侍郎参知政事加同中书门下平章事,监修国史。

杨亿同修《国史》

《宋史·杨亿传》:景德三年召杨亿为翰林学士,同修国史。变例多出亿手。

王旦《两朝国史》一百二十卷

《宋史·真宗本纪》:景德四年八月丁巳诏王旦、杨亿等修太祖太宗史。九月辛卯,赐监修国史王旦宴。大中祥符九年二月丁亥,王旦等上《两朝国史》。修史官以下进秩赐物有差。

《宋史·宰辅表》:景德四年八月丁巳,王旦自工部尚书平章事加监修国史。大中祥符二年二月戊子,工部侍郎平章事王旦以《两朝国史》成,加司徒。

《宋史·王旦传》:景德三年拜工部尚书同中书门下平章事集贤殿大学士,监修《两朝国史》。祥符七年,拜司空。《国史》成,拜司徒。

《玉海》:景德四年八月丁巳,诏修太祖太宗正史,命宰臣王旦监修国史,以知枢密院王钦若、陈尧叟,参政赵安仁并修国史。翰林晁迥、杨亿同修,直史馆路振、崔遵度为编修官。九月辛卯赐宴修史院。先是三年二月辛巳,诏知制诰朱巽、直史馆张复同编排,两朝日历、时政记、起居注行状、诸国文字委钦若总领。初成纪一卷,帝取观录记中二十余条付史官改正。自此每一二卷皆先进草本,多所改易。祥符九年二月十二日丁亥国史成,王旦率史官诣崇政殿以献。凡百二十卷,目录一卷,帝纪六,志五十五,列传五十九,优诏答之。戊子加旦守司徒,修史官赵安仁、晁迥、陈彭年、夏竦、崔尊度并进秩赐物。王钦若、陈尧叟、杨亿尝预修,亦赐之(案《玉海》:大中祥符四年以夏竦为国史编修官。《宋史·宰辅表》:大中祥符五年九月戊子王钦若自行吏部尚书知枢密院事监修国史)。

向敏中监修《国史》

《宋史·宰辅表》:天禧元年八月壬申,向敏中自刑部尚书同平章事,加监修国史。

《宋史·向敏中传》:天禧初,进右仆射兼门下侍郎,监修国史。

丁谓监修《国史》

《宋史·宰辅表》:天禧四年七月庚午,丁谓自枢密使吏部尚书检校太尉加同平章事,昭文馆大学士,监修国史。

《宋史·丁谓传》:拜同中书门下平章事,昭文馆大学士,监修国史。

以上真宗时

王钦若监修《国史》

《宋史·宰辅表》:天圣元年九月丙寅,王钦若自太子太保加司空同中书门下平章事，昭文馆大学士，监修国史。

《宋史·王钦若传》：仁宗即位，拜司空门下侍郎同平章事，昭文馆大学士，监修国史。帝初临政，钦若谓平时百官叙进皆有常法，为《迁叙图》以献。

王钦若等《真宗实录》

《宋史·仁宗本纪》：天圣二年三月癸卯，王钦若上《真宗实录》。

王曾监修《国史》

《宋史·宰辅表》：天圣三年十二月癸丑，王曾自中书侍郎兼礼部尚书同中书门下平章事，加昭文馆大学士，监修国史。

吕夷简等《三朝国史》一百五十卷

《宋史·仁宗本纪》：天圣五年二月癸酉，命吕夷简、夏竦修先朝国史。王曾提举。天圣八年六月癸巳，吕夷简上新修国史。

《宋史·吕夷简传》：礼部侍郎修国史，进户部，拜同中书门下平章事，集贤殿大学士，进吏部拜昭文馆大学士，监修国史。史成辞进官。天圣末，加中书侍郎。

《玉海》：天圣五年二月癸酉，仁宗诏曰：先朝正史，久而未修，年祀寖远，事成沦坠。宜令参政吕夷简、副枢密夏竦修国史。宋绶、刘筠、陈尧佐同修。仍命宰臣王曾监修。又命馆阁王举正、李淑、黄鉴、谢绛为编修，复命冯元同修。初于宣徽院编纂，后移中书，命三司检讨食货事件，三馆供借书籍，择司天官编缀天文律例志，帝纪赞论，吕夷简奉诏撰纪，即夷简、夏竦修撰，余皆同编修，分功撰录。六年八月，诏别修志传，委宋绶看详。其帝纪专委吕夷简、夏竦。天圣七年七月己卯，泰州泰兴簿胡讷上所著《孝行录》二卷，《贤惠录》二卷，《民表录》三卷，以备国史。天圣八年六月十一日癸巳，吕夷简等诣崇政殿，上进赐宴，迁官赐衣带器币。先是太祖太宗纪六，志五十五，传五十九，目录一，凡百二十卷。至是修真宗史成，增纪为十，志为六十，传为八十，总百五十卷。此所谓《三朝国史》也。甲午，夏竦等迁官，各赐袭衣金犀带器币有差。监修而下，进帙，而夷简辞之。

《郡斋读书志》：《三朝国史》一百五十卷。《皇朝国史》纪十卷，志六十卷，列传八十卷，吕夷简等撰。初，景德中，诏王旦、先文元公、杨亿等九人撰太祖、太宗两朝史，至天圣五年，诏夷简、宋绶、刘筠、陈尧佐、王举正、李淑、黄鉴、谢绛、冯元，加入真宗朝史，王曾监修。曾罢，夷简代。八年书成，计七百余传。比之三朝实录，增者大半。事核文赡，褒贬得宜，百世之所考信云。

《直斋书录解题》:《三朝国史》一百五十卷，景德四年诏王钦若、陈尧佐、赵安仁、晁迥、杨亿等修太祖、太宗正史，王旦监修。祥符九年书成，凡为纪六，志五十五，列传五十九，目录一，共一百一十卷。天圣四年，吕夷简、夏竦、陈尧佐修真宗正史。王曾提举，八年上之。增纪为十，志为六十，传为八十。

张士逊等监修《国史》

《宋史·宰辅表》:明道二年四月己未，张士逊加门下侍郎，昭文馆大学士，监修国史。十月戊午，吕夷简加兼吏部尚书同平章事，昭文馆大学士，监修国史。

王随等监修《国史》

《宋史·宰辅表》:景佑四年四月甲子，王随加门下侍郎同中书门下平章事，昭文馆大学士，监修国史。

章得象监修《国史》

《宋史·宰辅表》:庆历三年九月戊辰，章得象加监修国史。

宋绶等《国朝会要》一百五十卷

《玉海》:《国朝会要》，明道二年十二月癸巳，命参政宋绶看详纂修。景佑四年六月甲申，命史馆检讨王洙编修。

《麟台故事》:天圣末，国史成，始于修史院续纂会要。明道二年，命参知政事宋绶看详修纂，至庆历四年四月监修国史章得象上新修《国朝会要》一百五十卷。

贾昌朝监修《国史》

《宋史·宰辅表》:庆历五年正月丙戌，贾昌朝加昭文馆大学士，监修国史，兼译经润文使(案:昌朝列传作三年疑误)。

陈执中监修《国史》

《宋史·宰辅表》:庆历七年陈执中加昭文馆大学士，监修国史。

庞籍监修《国史》

《宋史·宰辅表》:皇祐三年十月庚子,庞籍加同平章事,昭文馆大学士,监修国史。

陈执中监修《国史》

《宋史·宰辅表》:皇祐五年七月壬申,陈执中加行吏部尚书同平章事,昭文馆大学士,监修国史。

刘沆监修《国史》

《宋史·仁宗本纪》:至和二年六月戊戌,昭文馆大学士刘沆监修国史。

《宋史·刘沆传》:拜同中书门下平章事、集贤殿大学士,文彦博、富弼复入为相,彦博为昭文馆大学士,弼监修国史。沆迁兵部侍郎,位在弼下,论者以为非故事,由学士杨察之误,乃帖麻改沆监修国史,弼为集贤殿大学士。

文彦博监修《国史》

《宋史·宰辅表》:嘉祐元年十二月壬戌,文彦博自礼部尚书同平章事,加监修国史。

富弼监修《国史》

《宋史·宰辅表》:嘉祐三年,富弼加礼部侍郎、昭文馆大学士,监修国史。

韩琦监修《国史》

《宋史·宰辅表》:嘉祐六年闰八月庚子,韩琦自工部尚书同平章事,加昭文馆大学士,监修国史。

苏辙《古史》六十卷

《郑堂读书记》:《古史》六十卷(宋刊本),宋苏辙撰(辙字子由,眉州人,嘉祐二年进士,官至门下侍郎,谥文定)。《四库全书》著录,《读书志附志》《书录解题》、《通考》、《宋志》俱载之。子由以太史公记尧舜三代之事,皆不得圣人之意,或采世俗相传之语,以易古文旧说,故因《史记》之旧,上观《诗》、《书》,下考《春秋》,及秦汉杂录,记伏羲神农讫秦始皇帝为七本纪,十六世家,三十七列传,谓之《古史》。追录圣贤之遗意,以明示来世。至于得失成败之际,亦备论其故。其《自序》诋子长浅近而不学,疏略而轻信,朱文公称为最中马迁之失，吕伯恭不以为然，吕氏是也。史至于迁，乃历代史家之祖，子由所订，不过删去汉以后事而稍增益之，亦无大相违异，惟诸论于史迁论赞之外，自摅己见，畅所欲言。然此乃文士之习气，非史家之正轨，何可轻议《史记》。读《史记》者，正可取是书以参考之，则思过半矣。其所作诸论，只作文章读之可也，不必论其是非，并不必以史例绳之。书中多有附注，叶大庆《考古质疑》谓其子逊之所作，于是书亦颇有裨益云。

以上仁宗时

宋敏求等《仁宗实录》

《宋史·宋敏求传》：治平中，召为《仁宗实录》检讨官同修起居注，贬秩知绛州，王珪、范镇乞留之，使成实录。

《宋史·陈绎传》：英宗临政渊嘿，献五箴，帝称其文学，以为实录检讨官。

以上英宗时

曾巩《隆平集》二十卷

《郡斋读书志》：《隆平集》二十卷，皇朝曾巩撰。记五朝君臣事迹。其间记事多误，如以《太平御览》与《总类》为两书之类。或疑非巩书。

《四库简目》：《隆平集》二十卷，旧本题宋曾巩撰。晁公武疑其依托。今考巩《行状》、《神道碑》列所著述无此名，公武之言当信也。所记太祖至英宗五朝之事，凡分目二十有六略，似会要之体。又列传八十有四，体例琐屑，颇乖古法，然尚出于九守人午，存之亦可备参稽。

《四库总目》：《隆平集》二十卷（两江总督采进本），旧本题宋曾巩撰。巩字子固，南丰人，嘉祐二年进士，调太平州司法参军，召为集贤校理，出知福明诸州。神宗时，官至中书舍人，事迹具《宋史》本传。是书纪太祖至英宗五朝之事，凡分目二十有六，体似会要，又立传二百八十四，各以其官为类。前有绍兴十二年赵伯卫序，其记载简略琐碎，颇不合史法。晁公武《读书志》摘其记《太平御览》与《总类》为两书之误，疑其非巩所作。今考巩本传，不载此集，曾肇作巩行状及韩维撰巩神道碑，胪述所著书甚备，亦无此集。据《玉海》元丰四年七月，巩充史馆修撰，十一月，巩上《太祖总论》，不称上意，遂罢修《五朝史》。巩在史馆，首尾仅五月，不容遽撰此本以进，其出于依托，殆无疑义。然自北宋之末，已行于世，李焘作《续通鉴长编》，如李至拜罢等事，间取其说，则当时固存而不废。至元修《宋史》，袁桷作搜访遗书条例，亦列及此书，以为可资援证。盖虽不出于巩，要为宋人之旧笈，故今亦过而存之，备一说焉。

《书目答问》：《隆平集》二十卷，旧题宋曾巩撰。康熙四十年彭期校刻本。

《郑堂读书记》：《隆平集》二十卷（南丰彭氏刊本），旧题宋曾巩撰（巩字子固，南丰人，嘉定二年进士，官至中书舍人）。《四库全书》著录，《读书志》、《通考》俱载之。晁氏云记五朝君臣事迹，其间记事多误，如以《太平御览》与《总类》两书之类，或疑非巩书。按《宋史》志传及子固《行状》、《神道碑》诸文，俱不载有是书，殆出于依托也。是书自太宗至于英宗五朝君臣事迹，更张治具之体。文武废置军政大小之务，郡县户口风俗贡赋之由，柴燎祠祀学校科选之设，宰相百官降王外夷之事，分门列传，凡一百六年，亦差具备。虽非正史，亦草创注记之流也。前有宋绍兴壬戌淄国赵（伯卫）原序，并国朝康熙辛巳南丰彭（期）校刻序，后有康熙戊寅南丰曾（鸿麟）跋，字画俗劣，妄加圈点，钱竹汀（大昕）跋所谓尤为可憎者也。

曾公亮等《英宗实录》三十卷

《宋史·神宗本纪》：熙宁二年二月庚子命翰林学士吕公著修《英宗实录》，七月己丑，曾公亮上《英宗实录》。

《宋史·宰辅表》：熙宁二年十月丙申，曾公亮自集贤殿大学士加昭文馆大学士，监修国史。

王安石监修《国史》

《宋史·宰辅表》：熙宁三年十二月丁卯，王安石加礼部侍郎同平章事，监修国史。

韩绛监修《国史》

《宋史·宰辅表》：熙宁七年四月丙戌，韩绛加同中书门下平章事，监修国史。

王珪等《仁宗英宗两朝史》一百二十卷

《宋史·神宗本纪》:熙宁十年五月戊午,诏修仁宗英宗史。元丰五年六月甲寅,王珪上两朝史。

《玉海》:熙宁十年丁巳五月戊午,诏修仁宗英宗两朝正史,以宰臣吴充提举,龙图阁直学士史馆修撰宋敏求编,集贤院学士苏颂同集贤校理王存、黄履、林希同为编修官。七月辛未率官属以二帝纪草二册进呈,上御资政殿内侍进案,充与敏求进读,上立而览之,顾问反复,至读毕始坐。充等降阶以谢,又命坐赐茶。元丰五年六月甲寅,两朝正史修成一百二十卷,纪五卷,志四十五卷,比之实录事迹颇多,但非寇准而是丁谓,托之神宗诏旨。上御垂拱殿,引监修国史王珪、修史官蒲宗孟、李清臣、王存、赵彦若、曾肇进读纪,赐珪、宗孟银绢对衣金带,清臣等迁官,及与修史官苏颂、黄履、林希、蔡卞、刘奉世以他职罢去,各赐银绢有差。七月丁未,以史成宴垂拱殿。

《郡斋读书志》:《两朝国史》一百二十卷,皇朝仁宗、英宗两朝国史也,王珪等撰,元丰五年六月甲寅奏御。监修王珪、史官蒲宗孟、李清臣、王存、赵彦若、曾肇赐银绢有差,苏颂、黄履、林希、蔡卞、刘奉世以他职罢去,吴充、宋敏求前死,皆有赐赉。纪五卷,志四十五卷。比之《实录》,事迹颇多,但非寇准而是丁谓,托之神宗诏旨。

《直斋书录解题》:《两朝国史》一百二十卷,熙宁十年,诏修仁宗、英宗正史,宋敏求、苏颂、王存、黄履等编修,吴充提举。元丰五年,王珪、李清臣等上之。

司马光《百官公卿表》十卷,《宗室世表》三卷

《宋史·神宗本纪》:元丰三年八月辛巳,司马光、赵彦若等上所修《百官公卿表》十卷,《宗室世表》三卷。

王珪监修《国史》

《宋史·宰辅表》:元丰三年九月丙戌,王珪自同中书门下平章事,加监修国史。

曾巩修《国史》

《宋史·神宗本纪》:元丰四年十月辛巳,史馆修撰曾巩乞收宋名臣高士

事迹遗文,诏从之。

《宋史·曾巩传》:神宗召见,劳问甚宠,帝以三朝两朝国史各自为书,将合而为一,加巩史馆修撰,专典之,不以大臣监总,既而不克成,会官制行,拜中书舍人。

《玉海》:元丰四年七月二十四日己酉,诏直龙图门曾巩素以史学见称士类,见修《两朝国史》将毕,当与三朝史通修成书,宜以巩充史馆修撰,专典史事。十一月,巩上《太祖总论》,不称上意。

王珪续修《国朝会要》

《玉海》:熙宁三年九月十六日,翰林学士王珪请续修《国朝会要》,起庆历四年以后,止熙宁三年。珪以旧书尚有遗事,所载颇多吏文,因略加增损。元丰四年九月己亥续修《国朝会要》成,宰臣王珪上之。起庆历四年,止熙宁十年,通旧增损,成三百卷,总二十一类,别为八百五十五门,文简事详,纪载有法,后莫能及。二十一类,《帝系》《后妃》《礼乐》《舆服》《仪制》《崇儒》《运历》《瑞异》《职官》《选举》《道释》《食货》《刑法》《兵》《方域》《蕃夷》,弗克成。

以上神宗时

吕大防等《神宗实录》

《宋史·哲宗本纪》:元祐六年三月,吕大防上《神宗实录》。

《宋史·吕大防传》:元祐三年拜尚书左仆射兼门下侍郎,提举修《神宗实录》,后贬秘书监,分司南京,居郢州,言者又以修《神宗实录》直书其事为诬诋,徙安州。

蔡卞等重修《神宗实录》

《宋史·哲宗本纪》:绍圣元年四月戊辰,同修国史蔡卞请重修《神宗实录》。闰四月丙申,命左仆射章惇提举修《神宗国史》。五月己酉,修国史曾布请以王安石《日录》载之《神宗实录》。

《宋史·蔡卞传》:绍圣元年,复为中书舍人,上疏言先帝圣德大业卓然出千古之上,发扬休光,正在史策,而实录所纪类多疑似不根,乞验索审订,重行刊定,使后世考观,无所迷惑。诏从之,以卞兼国史修撰。

章惇等《神宗本纪》

《宋史·哲宗本纪》:绍圣元年闰四月丙申,命左仆射章惇提举修神宗国史。元符元年四月丙戌,章惇等进《神宗帝纪》。

以上哲宗时

邓洵武《神宗正史》一百二十卷

《宋史·邓洵武传》:绍圣中,哲宗召对,为秘书省正字、校书郎、国史院编修官,撰《神宗史》,议论专右蔡卞,诬诋宣仁后尤切,史祸之作,其力居多。徽宗初,改秘书少监,既而用蔡京荐复史职。御史陈次升、陈师锡言洵武父绾在熙宁时以曲媚王安石,神宗数其邪僻奸回,今置洵武太史,岂能公心直笔,发扬神考之盛德,而不掩其父之恶乎。且其人材凡近,学问荒谬,不足以污此选,不听,遂迁起居郎。

徐绩《神宗正史》

《宋史·徽宗本纪》:元符三年九月丁丑,诏修《神宗史》。

《宋史·徐勣传》:徽宗立,迁中书舍人,修《神宗史》,迁给事中,翰林学士。勣言《神宗正史》今更五闰矣,未能成书,盖由元祐绍圣史臣好恶不同,范祖禹等专主司马光家藏记事,蔡京兄弟纯用王安石《日录》,各为之说,故议论纷然,当时辅相之家家藏记录,何得无之。臣谓宜尽取用,参订是非,勒成大典。帝然之,命勣草诏戒史官,俾尽心去取,毋使失实。

《玉海》:崇宁三年《神宗正史》成,八月三日进。

何执中等《哲宗史》二百十卷

《宋史·徽宗本纪》:大观四年夏四月丁酉,诏修《哲宗史》。

《宋史·何执中传》:政和二年,用提举修《哲宗史纪》恩,加少保,入晏太清楼,赐白玉带。

《玉海》:大观四年四月二十九日,命郑久中等修《哲宗正史》。六月二十九日,命左右司仿前制修书,十一月右仆射张商英请编熙宁政事。政和二年四月三日,《哲宗帝纪》成,政和四年五月二十二日进《哲宗正史》,帝纪表志传目录,总计二百十卷。

政和中续修《国朝会要》三类一百十一卷

《玉海》:政和八年十二月丁未,有司以续修《国朝会要》独上《帝纪》、《后妃》、《吉礼》三类,凡一百一十一卷。其书通章得象王珪所编,稍益以熙宁后事。

王铚《七朝国史》

《玉海》:绍兴九年正月丙申,王铚上《七朝国史》,迁一秩。铚以建隆至元符信史屡更,书多重复,乃以《七朝国史》自纪志传外,益以《宰执》、《宗室世表》、《公卿百官年表》,然所修不克成。

陈康纳等《三朝国史》

《玉海》:绍兴三十一年提举《三朝国史》陈康纳奏乞呈《帝纪》三十卷。

以上高宗时

钱端礼监修《国史》

《宋史·职官志》:隆兴二年,参政钱端礼权监修国史。

虞允文提举《国史》

《宋史·职官志》:乾道元年,参政虞允文权提举国史。

蒋芾等《钦宗实录》

《宋史·孝宗本纪》:乾道二年十二月辛巳,诏免进呈《钦宗日历》,送国史院修纂实录。乾道四年夏四月甲寅,蒋芾等上《钦宗帝纪》、《实录》。

《宋史·职官志》:乾道二年置实录院,修《钦宗实录》,其修撰、检讨官以国史院官兼领。乾道四年,实录告成。

洪迈等《四朝国史》二百五十卷

《宋史·洪迈传》:乾道十二年,兼侍讲同修国史。初入史馆,预修《四朝帝纪》,十三年拜翰林学士,遂上《四朝史》一祖八宗百七十八年为一书。

《容斋随笔》:《四朝国史本纪》皆迈为编修官日所作,至于淳熙乙巳丙午,又成列传百三十五卷,惟志二百卷,多出李焘之手。其汇次整理,殊为有功,然亦时有失点检处。盖文书广博,于理固然。

《玉海》:淳熙五年四月,礼部侍郎同修史李焘言合修《四朝国史》开院已十七年,乞降睿旨责以近限,庶几大典早获备具,诏限一年。

《直斋书录解题》:《四朝国史》三百五十卷(《文献通考》作二百五十卷),绍兴二十八年置修国史院,修《三朝正史》,三十一年提举陈康伯奏纪成,乞选日进呈。至乾道二年闰九月,始与《太上圣政》同上。淳熙五年,同修史李焘言修《四朝正史》,开院已十七年,乞责以近限。七年十月,修史王希吕奏志成,十二月进呈。至十三年,修史洪迈奏昨得旨,限一年内修成列传,今已成书,十一月,与《会要》同进。盖首尾三十年,所历史官,不知其几矣。

《中兴艺文志》:绍兴末,始修神、哲、徽《三朝正史》,越三年纪成。乾德初进,时洪迈已出,李焘未入馆,史官迁易无常,莫知谁笔。后又进《钦宗本纪》,诏通为《四朝国史》,乃修诸志,未进而焘去国。淳熙初志成,焘之力为多。召修列传,垂成而焘卒。上命洪迈专典之,初迈以孙觌熟宣靖事,乃奏令撰蔡京、王黼、童贯、蔡攸、梁师成、谭稹、朱勔、神师道、何㮚、刘延庆、聂昌、谭世勣等列传,觌颇狥爱憎,迈多采之。迈又奏四朝诸臣有虽显贵而无事迹可书者,用迁固史刘舍、薛泽、许昌例,不为立传。逾年书成。为列传八百七十。迈又尝欲合九朝三史为一书,而不及成。

《玉海》:乾德十三年八月十九日,洪迈又请通修《九朝正史》,上许之。复言制作之事,已经先正名臣之手,是非褒贬,皆有据依。乞命史官无或删改,书未就而迈去国。

《容斋随笔》:本朝国史凡三书,太祖、太宗、真宗曰三朝,仁宗、英宗曰两朝,神宗、哲宗、徽宗、钦宗曰四朝,虽各自纪事,至于诸志若天文、地理、五行之类,不免烦复。元丰中,三朝已就,两朝且成,神宗专以付曾巩使合之,巩奏言:五朝旧史,皆累世公卿道德文学朝廷宗工所共准裁,既已勒成大典,岂宜辄议损益。诏不许,始谋纂定,会以忧去,不克成。其后神哲各自为一史,绍兴初,以其是非褒贬皆失实,废不用。淳熙乙巳,迈承乏修史,丙午之冬成书,进御,遂请合九朝为一。寿皇即以见属,尝奏云:臣所为区区有请者,盖以二百年间,典章文物之盛,分见三书,仓卒讨究,不相贯属,及累代臣僚,名声相继,当如前史以子系父之体,类聚归一。若夫制作之事,则已经先正名臣之手,是非褒贬,皆有据依,不容妄加笔削,乞以此奏下史院,俾后来史官,知所以编缵之意,无或辄将成书擅行删改。上曰:如有未稳处,改削无害。迈既奉诏开院,亦修成三十余卷矣,而有永思攒宫才役,才归即去国。尤袤以《高宗皇帝实录》为辞,请权罢史院,于是遂已。祥符中,王旦亦曾修撰两朝史,今不传。

张从祖等《四朝史志传》

《宋史·孝宗本纪》:淳熙七年十二月庚寅,赵雄等上神宗、哲宗、徽宗、钦宗《四朝国史志》。十三年十一月甲子,王淮上神宗、哲宗、徽宗、钦宗《四朝国史列传》。

《玉海》:淳熙七年十月九日,秘书少监赵汝愚言《国朝会要》、《续会要》、《中兴会要》、《今上会要》分为四书,去取不同,详略各异,请合而为一,俾辞简事备,势顺文贯。从之。命著作少监张从祖类辑会要,自国初至孝庙为一书,凡二百二十三册,五百八十八卷。十二月十二日,国史院上《四朝正史志》一百八十卷。

王偁《东都事略》一百三十卷

《玉海》:淳熙十三年八月二十六日,知龙州王偁上《东都事略》百十三卷。十四年春三月,除王偁直秘阁,其所上《东都事略》书特掇取五朝史传及四朝实录附传,而微以野史附益之。

《直斋书录解题》:《东都事略》一百五十卷,承议郎知龙州眉山王偁季平撰。其书纪、传、附录略具体,但无志耳。附录用《五代史》例也。淳熙中,上其书,得直秘阁。其所纪太简略,未得为全善。

《四库简目》:《东都事略》一百三十卷,宋王偁撰,述北宋九朝之事,凡本纪十二,世家五,列传一百五,附录八,叙事简核,论断亦皆持平,多可以正托克托等《宋史》之谬。宋代私史,惟偁与李焘、李心传书,可称赅洽,其他著述,皆第二流也。

《四库总目》:《东都事略》一百三十卷(浙江孙仰曾家藏本),宋王偁撰。偁字季平,眉州人。父赏,绍兴中为实录修撰,偁承其家学,旁搜九朝事迹,采辑成编。洪迈修《四朝国史》,奏进其书,以承议郎知龙州,特授直秘阁。

其书为本纪十二,世家五,列传一百五,附录八,叙事约而该,议论亦皆持平。如康保裔不列于忠义,张方平、王拱辰不讳其瑕疵,皆具史识。熙宁之启衅,元符之绍述,尤三致意焉。朱勔传后附载僧祖秀《艮岳记》,盖仿《三国志·诸葛亮传》后附载《文集目录》,及陈寿进表之例。虽非史法,亦足资考证。而南宋诸人,乃多不满其书,盖偁闭门著述,不入讲学之宗派,党同伐异,势所必然,未可据为定论也。近时汪琬复谓元修《宋史》,实据此书为稿本。以今考之,惟《文艺传》为《宋史》所资取,故所载北宋为多,南宋文人,廖廖无几,其余事迹异同,如符彦卿二女为周室后,而《宋史》阙其一。刘美本姓龚,冒附于外戚,《事略》直书其事,《宋史》采其家传,转为之讳。赵普先阅章奏,田锡极论其非,而《宋史》误以为群臣章奏,必先白锡。杨守一以涓人补右班殿直,迁翰林副使,而《宋史》误作翰林学士。新法初行,坐仓粜米,吴申等言其不便,《宋史》误以为司马光之言。至地名谥法,《宋史》尤多舛谬,元人修史,盖未尝考证此书。琬之言,未得其实也。其中如张齐贤以雍熙三年忤旨出外,而误作自请行边,以副使王履楚辞误属之李若水。又不载王履于《忠义传》,虽不免间有抵牾,然宋人私史卓然可传者,唯偁与李焘、李心传之书而三,固宜为考《宋史》者所宝贵矣。

《书目答问》:《东都事略》一百三十卷,宋王称撰。五松室仿宋本,扫叶山房本。《补正》:苏州宝华堂仿宋本,即五松室版。振鹭堂本。江宁局本。

《郑堂读书记》:《东都事略》一百三十卷(眉山程氏刊本),宋王偁撰(偁字季平,眉州人,淳熙中以承议郎知龙州特授直秘阁)。《四库全书》著录,《读书附志》、《书录解题》、《通考》传记类俱载之。陈马两家,俱作一百五十卷,字之误也。其书凡本纪十二,世家五,列传一百五,附录八。世家所载,俱帝后皇子,用《史记》例,附录所载俱外国,则用《新五代史》例也。自太祖至于钦宗,上下九朝,俱本当时国史而成。其非国史所载而得之于旁搜者居十之一,皆信而有证,可以据依。元修宋史,疑其未见是书,故记北宋事较此颇多舛误,皆当以是书正之。惜所记太简略,未得为全善也。前有洪景庐(迈)《进书札子》及《季平谢表》。

附录:钱绮《东都事略校勘记》一卷

按:见《书目答问补正》著录。注云:吴兴张钧衡《适园丛书》本。

附录:缪荃孙《东都事略校勘记》一卷

按:见《书目答问补正》著录。注云:吴兴张钧衡《适园丛书》本。

附录:汪琬《东都事略跋》三卷

按:见《书目答问补正》著录。注云:钝翁外稿本。

附:汪琬《东都事略跋》三卷

《郑堂读书记》:《东都事略跋》三卷(钝翁外稿本),国朝汪琬撰(仕履见礼类二)。钝翁欲修《宋史》,不果,仅校定是书,并记忆平生所得,略疏于纪传之后,凡本纪八则,世家一则,列传八十五则,因而录为一帙,名之曰跋。其书于王同老之诉,不专主文富洛蜀之相攻击,不专主伊川道君之禅位及姚平仲之劫砦,不专主吴敏与李忠定。又谓神宗时陈世儒夫妇之狱,则欲借以诬吕申公;徽宗时赵谂之狱,则借以排曾子宣;王寀之狱,则欲借以倾刘昞;此皆当国者深文罗织,不足为据。至如李重进之死事,欧阳文忠之辟佛,皆有异论,盖往往取诸小说,显然与正史相反,然观其引用诸书,多至九十种,皆属宋人所撰,不引及元以下,其矜慎又如此,所谓信传信疑传疑也。盖深有得于裴世期注《三国》之遗意矣。读王氏书者,其当参考于斯。前有《自序》二则及引用诸书一则。

以上孝宗时

京镗等《太上会要》一百卷

《玉海》:庆元六年二月戊寅,上《太上会要》一百卷,京镗等上自淳熙己酉二月,迄绍熙甲寅七月,总二十三类,三百六十四门,礼乐兵财之大原,儒术刑法之要指,取贤敛才之品式,设官分职之制度,九州之别合,四夷之叛服,概见于斯。

嘉泰《孝宗会要》二百卷

《玉海》:嘉泰元年七月十一日,《孝宗会要》成,上之。凡二百卷,盖比而同之者六百九十二条,删而正者二千八十有七条,润色初绪,凡三千八百十八条。别门析类,傅合者九,芟烦者四,增多四十有六,事详文省,纪纲制度,粲然有章。

以上宁宗时

李心传等《十三朝会要》

《宋史·儒林·李心传传》:迁著作佐郎,兼四川制置司参议官,诏无入议幕,许群官置局,踵修《十三朝会要》,端平三年成书,召赴阙为工部侍郎。

李心传《四朝国史实录》

《宋史·理宗本纪》:嘉熙二年三月壬子,以李心传为秘书少监、史馆修撰,修高宗孝宗光宗宁宗四朝国史、实录。

《宋史·儒林·李心传传》:闭户著书,因崔与之、许奕、魏了翁二十三人之荐,自制置司敦遣至阙下,为史馆校勘,赐进士出身。专修中兴四朝帝纪,甫成其三,因言者罢。

吕中《大事记讲义》二十三卷

《四库简目》:《大事记讲义》二十三卷,宋吕中撰。胪列北宋九朝事迹,而推论其治乱得失之由。皆反复开陈,最为详明。

《四库总目》:《大事记讲义》二十三卷(浙江鲍士恭家藏本),宋吕中撰。中字时可,泉州晋江人,淳祐中进士,迁国子监丞,兼崇政殿说书,徙肇庆教授。其书卷一论三篇,卷二纪宋太祖事,卷三至卷五纪太宗事,卷六至卷七纪真宗事,卷八至卷十二纪仁宗事,卷十三纪英宗事,卷十四至十七纪神宗事,卷十八至二十纪哲宗事,卷二十一至二十二纪徽宗事,卷二十三纪钦宗事。事以类叙,间加论断,凡政事制度及百官贤否,具载于编,论中所议选举资格及茶盐政制诸条,颇切宋时稗政,又所载诠选之罢常参,任子之多裁汰。三司之有二司,税茶之易刍粮,皆《宋史》各志及马端临《文献通考》所未备者。又所载朋党诸人事实,及议新法诸人辨论,皆与《宋史》列传多有异同,亦足资史学之参证。前有兴国军教授刘实甫序,谓水心以其师讲贯之素,发明我朝圣君贤相之心,则是书乃中平日讲论稿本,叶适等为之编次云。

《郑堂读书记》:《类编皇朝大事记讲义》二十三卷,附《中兴讲义》一卷(文珍楼钞藏本),宋吕中撰,缪烈、蔡柄同编(中,字时可,泉州晋江人,淳祐中进士,迁国子监丞兼崇政殿说书,徙肇庆教授。烈,三山人。柄,皋兰人。

卷首总作省元国学前进士)。《四库全书》著录,无“类编皇朝”四字,又无《中兴讲义》一卷。《书录解题》、《通考》、《宋志》俱不载。倪氏《宋志补》始载之,作《皇朝大事记》九卷,《中兴大事记》六卷。注云:“一本二十三卷。”所谓一本者,即指《提要》所据浙江鲍氏本。是本凡《治体论》、《制度论》、《国势论》一卷,《太祖》一卷,《太宗》三卷,《真宗》二卷,《仁宗》五卷,《英宗》一卷,《神宗》四卷,《哲宗》三卷,《徽宗》二卷,《钦宗》一卷,俱与鲍氏本合。知是本亦从鲍氏传钞者,而未有《中兴讲义》一卷,则又与鲍本不合。所纪止有高宗初年事,凡二十三条,皆不具年月,与前二十三卷,体例迥异,岂为后人所附益,故鲍氏经进之本,自以己意删去不录欤?是书所载北宋九朝事迹,皆随朝分类,随事通释,而考求其源委,大抵论朝廷必归之君心,论官僚必归之宰辅,论良法必归于美意,论敌国外患必归于自治,其间反复开陈,最为明畅,以较吕东莱《大事记》、《通释解题》,但为论古而设者,尤为言近而指远也。前有淳祐丁未刘(实甫)序,虽称书肆请以刻梓,当属吕氏原本,后为缪烈所编校,始失原本之旧。故目录前有小引,亦称旧板漫灭,有妨披览,是用重加整顿,正其差舛,补其疏略,命工绣梓,整然一新,视原本大有迳庭云云,其明证矣。惟倪氏所称九卷、六卷之本,或属原本卷次,何以九卷多至十四卷,六卷止存二十三条,疑不能明,姑阙之以俟知者。

史嵩之《四朝国史要略》

《宋史·理宗本纪》:淳祐二年春正月戊戌,右丞相史嵩之进中兴四朝国史。

《宋史·史嵩之传》:淳祐二年进高、孝、光、宁四朝帝纪。

《宋史·高斯得传》:淳祐二年,《四朝帝纪》书成,上之。嵩之妄加毁誉,改斯得所草宁宗纪末卷,斯得与史官杜范、王遂辨之。范报书亦有奸人劖入邪说之语。然书已登进矣,心传藏斯得所草,题其末曰前史官高某撰而已。

楼昉《中兴小传》《宋十朝纲鉴》

《宋史·理宗本纪》:淳祐十一年八月庚戌,诏以故直龙图阁楼昉所著《中兴小传》百篇《宋十朝纲目》并《撮要》二书付史馆誊写,昉追赠龙图阁待制。

王抃《四朝史舆服制》四卷

《玉海》:淳祐十一年,命史官分撰《四朝史志传》,编修官王抃撰《舆服制》四卷。

程元凤《四朝志传》

《宋史·理宗本纪》:宝祐五年闰四月己丑,程元凤等上《中兴四朝志传》。

《宋史·程元凤传》:宝祐三年,拜右丞相,兼枢密使,高、孝、光、宁《四朝国史》未就,奏转任尤焴领其事,纂修成之。

以上理宗时

附:佚名《宋史全文》三十六卷

《四库简目》:《宋史全文》三十六卷,不著撰人名氏,其书自建隆迄咸淳编年排纂,大抵北宋删掇李焘《长编》,高孝两朝,删掇留正《中兴圣政草》,光宁以后,则不知其蓝本于何书矣。叙述颇有条理,所采宋人议论,尤为赅博。

《四库总目》:《宋史全文》三十六卷(内府藏本),不著撰人名氏,原本题曰《续通鉴长编》,而以李焘进《长编表》冠之于前,是直以为焘之长编矣。

按:焘成书在孝宗时,所录止及北宋,此本实载南宋一代之事,其非出焘手明甚。检勘此书,每卷标题皆有"宋史全文"四字,而《永乐大典》宋字韵内亦多载《宋史全文》,与《长编》截然二书。又此本目录,前有坊间原题称本堂得《宋鉴》善本,乃名公所编,前宋已盛行,再付诸梓云云。盖本元人所编,而坊贾假托焘名,诡称前宋盛行耳。惟《永乐大典》所收之书,皆载入《文渊阁书目》,乃《宋鉴》多至六部,独不见《宋史全文》之名,或亦杨士奇等编辑时,因标题而致误欤。又别本之末有商邱宋荦跋曰宋李焘有《通鉴长编》百六十八卷,《续长编集要》六十八卷,《续宋编年》十八卷,今世藏书家往往求之甚渴,此三十六卷,是元人所刊,卷首割去著书人姓名,卷末割去大元字,其为元胡宏《续通鉴长编》无疑云云。则又臆断之语,未见其有确证也。其书自建隆以迄咸淳,用编年之体,以次排纂,其靖康以前亦本于焘之《长编》,而颇加删节,高孝二代,则取诸留正之《中兴圣政草》,今以《永乐大典》所载《圣政草》相与参校,其文大同小异。留正等所附案语亦援引甚多。至光宁以后,则别无蓝本可据，为编书者所自缀辑，故《永乐大典》于光宁二宗下，亦全收此书之文，勘对并合。其于诸家议论，采录尤富，如吕中《讲义》、何俌《龟鉴》、李沆《太祖实录》、《论定国》、《谕富弼》等释吕源等，增释陈瓘《论大事记》诸书，虽其立说不尽精醇，而原书世多失传，亦足以资参考也。惟原本三十六卷内，度宗少帝及益王广事迹，俱有录无书，《永乐大典》亦未采，今姑仍其阙焉。

《郘亭知见传本书目》：《宋史全文》三十六卷，不著撰人。语小洲有元刊本题云《续通鉴长编》，张氏有元刊末附荣《李朝事实》二卷，纪度宗、少宗、益广二王事迹。此书又名《宋鉴》，许周生集有跋。元有邦城游氏刊本，又有元刊本。题诸儒集议续《资治通鉴》。游明刊本，题《宋史全文》续《资治通鉴》，板心题曰《宋鉴》。半页十六行，行二十六字。其附入讲义低一格，半页二十四行，行二十五字。昭文张氏《宋史全文》元本卷首题丰城游明大升校正，盖刊书者姓名也。《史记》亦有游氏刊本。集解索隐，或以为明初人。

(二)《宋史》已成后目

佚名《续宋书》

按：见《补元史艺文志》著录。

同才《宋史略》十六卷

按：见《补元史艺文志》著录。

危素《宋史稿》五十卷

按：见《补元史艺文志》著录。

朱震亨《宋论》一卷

按：见《补元史艺文志》著录。

解观《宋史》一千卷

按：见《江西通志·艺文志》著录。

佚名《宋史·岳飞传》

按：见《京师图书馆善本书目》著录。注云：清内阁书，元僧可观编，元刊本。

以上元时人

方孝孺《宋史要言》

按：见《续文献通考》著录。

黄学元《宋史私议》

按：见《江西通志·艺文志》著录。

刘定之《宋论》三卷

《四库存目》：《宋论》三卷（浙江范懋柱家天一阁藏本），明刘定之撰。此书取《宋史》自太祖迄卫王事迹，每条节文提要，各为论于其后。凡二十八篇，持论颇正，故郑瑗《井观琐言》以为胜于《宋史笔断》。然亦取太宗弑夺之说，至谓尼玛哈（尼玛哈原作粘罕，今改正）为太祖复生，委巷鄙言，何可训也。

程敏政《宋纪受终考》三卷

《四库存目》：《宋纪受终考》三卷（编修汪如藻家藏本），明程敏政撰。其《篁墩集》中有《宋太祖太宗授受辨》一篇，专辨僧文莹《湘山野录》诬太宗烛影斧声之事，末自注云，犹恐考核未精，故别成是书。然观文莹所言，实无所确指，徒以李焘《长编》误解文莹之言，遂成疑案耳。宋濂、黄溍始首辨其诬。敏政是书，又博采诸书同异，一一为之辨证，然仍宋黄二家之绪论也。

许浩《宋史阐幽》一卷

《四库存目》：《宋史阐幽》一卷（江苏巡抚采进本），明许浩撰。浩字复斋，余姚人。弘治中，以贡生官桐城县教谕，与作《通鉴纲目前编》之许浩同姓名，又同时，实各一人也。是编因与邱浚《读宋史》而作，其是非皆不谬于圣贤。然特举古来论定之说，敷衍成篇，如司马光诸人为君子，蔡京诸人为小人，亦何待于浩于始知之乎。

佚名《宋史笔断》十二卷

《四库存目》：《宋史笔断》十二卷（浙江鲍士恭家藏本），旧本题正谊斋编集，不著撰人名氏。所论始于太祖建隆元年，至卫王溺海之事，论皆近迂阔。

王洙《宋史质》一百卷

《四库存目》:《宋史质》一百卷(衍圣公孔昭焕家藏本),明王洙撰。洙字一江,临海人,正德辛巳进士,其仕履未详。是编因《宋史》而重修之,自以臆见别创义例,大旨欲以明继宋,非惟辽金两朝皆列于外国,即元一代年号,亦尽削之。而于宋益王之末,即以明太祖之高祖追称德祖元皇帝者,承宋统大德三年,以太祖之曾祖追称懿祖恒皇帝者继之。延祐四年,以太祖之祖追称熙祖裕皇帝继之,后至元五年,以太祖之父追称仁祖淳皇帝者继之,至正十一年,即以为明之元年。且于瀛国公降元以后岁岁书帝在某地,云云,仿《春秋》书公在乾侯,《纲目》书帝在房州之例。荒唐悖谬,缕指难穷,自有史籍以来,未有病狂丧心如此人者。其书可焚,其版可斧,其目本不宜存,然自明以来,印本已多,恐其或存于世,荧无识者之听,为世道人心之害,故辞而辟之。俾人人知此书为狂吠,庶邪说不至于诬民焉。

柯维骐《宋史新编》二百卷

《浙江采进遗书目》:《宋史新编》二百卷(刊本),明主事莆田柯维骐撰。会宋辽金三史为一,以宋为正统,辽金附焉。

《千顷堂书目》:柯维骐《宋史新编》二百卷,合宋辽金三史为一,以宋为正统,辽金列于《外国传》,瀛国公二王升于帝纪,正亡国诣叛国之名,以存宋统。以胡伦升《道学》于《循吏》之前,以重道,厘复补漏,考异订讹,阅二十寒暑始成,其后祥符王维俭、吉水刘日升皆以删定《宋史》,咸未行世。

《四库存目》:《宋史新编》二百卷(浙江孙仰曾家藏本),明柯维骐撰。维骐字奇纯,莆田人,嘉靖癸未进士。授南京户部主事,未任事而归。事迹具《明史·文苑传》。史称其家居三十载,乃成是书。沈德符《敝帚轩剩语》称其作是书时,至于发奋自宫,以专思虑,可谓精勤之至。凡成本纪十四卷,志四十卷,表四卷,列传一百四十二卷。纠谬补遗,亦颇有所考订。照托克托等作《宋史》,其最无理者,莫过于《道学》、《儒林》之分传,其最有理者,莫过于本纪终瀛国公而不录二王,及辽金两朝各自为史,而不用岛夷索虏互相附录之例。盖古之圣贤,亦不过儒者而已,无所谓道家者也。如以为儒者有悖于道,则悖道之人何必为之立传,如以为儒者虽不悖道而儒之名不足以尽道,则孔子之诏子夏，其误示以取法乎下耶，妄生分别，徒滋门户。且《太平御览》五百十卷中尝引《道学传》二条，一为乐钜，一为孔总，乃清净栖逸之士，袭其旧目，亦属未安。此必宜改者也。而维骐仍之。至于元破临安，宋统已绝，二王崎岖海岛，建号于断樯坏橹之间，偷息于鱼鳖鼋鼍之窟，此而以帝统归之，则淳维远遁以后，武庚构乱之初，彼独非夏商嫡冢，神明之胄乎，何以三代以来序正统者不及也。他如辽起滑盐，金兴肃慎，并受天明命，跨有中原，必似元经帝魏，尽黜南朝，固属一偏，若夫南北分史，则李延寿之例，虽朱子生于南宋，其作《通鉴纲目》，亦沿其旧轨，未以为非。元人三史并修，诚定论也，而维骐强援蜀汉，增以景炎、祥兴，又以辽金二朝置之外国，与西夏高丽同列，又岂公论乎。大纲之谬如是，则区区补苴之功，其亦不足道也已。

《郑堂读书记》：《宋史新编》二百卷（长水胡氏敦仁堂家藏明本），明柯维骐撰（维骐字奇纯，莆田人，嘉靖癸未进士，官南京户部主事）。《四库全书》存目，《明史·艺文志》亦载之。是编会通宋辽金三史，以宋为正，删其繁猥，厘其错乱，复参诸家纪载可传信者，补其阙遗，名曰新编，示不沿旧也。本纪则正大纲而详诏令，志表则略细务而举要领，列传则崇勋德而诛乱贼。而论赞之文，并非因袭，简而详，赡而精，严而不刻，直而有体，骎骎乎有两汉风格焉。惜其囿于明人习气，而不专就《宋史》以自成一家，如李延寿之南北分编，乃竟以辽金刊入外国，最为纰缪。又景炎祥兴二主原书附录瀛国公纪末，本属平允，乃奇纯竟分为二纪，亦殊乖剌。又道学儒林之分传，为原书之最无理者，南唐西蜀诸国，原书标其目曰世家，而仍列入传中，此亦原书之极可笑者。然细心参核，究瑜多而瑕少，较之曾氏《隆平集》，王氏《东都事略》，钱氏《南宋书》诸种之不完备者，固远出其上矣。前有《凡例》《目录》及黄（佐）序，后有康（大和）序，郑（应旗）颂。

陈黄中《宋史稿》二百十九卷

按：见《书目答问》著录。注云：未刊。删繁就简。

向笃寿《宋史论赞》六卷

按：见《四库存目》著录。详《史记论赞》条。

陈桓《宋史辨》一卷

按:见《澹生堂书目》著录。

陈士元《新宋史》

按:见《归云外集》(明应城陈士元心叔著)目著录。未刊。

管祜之《宋史断》

按:见《浙江通志·艺文志》著录。注云:见《弘治绍兴齐志》。

许天琦《续宋史断》

按:见《福建通志·艺文志》著录。

赵瑶《宋史集要》

按:见《福建通志·艺文志》著录。注云:赵瑶,成化丙戌进士。

冯琦《宋史纪事本末》二十八卷

按:见《千顷堂书目》著录。详下文。

陈邦瞻《宋史纪事本末》二十六卷

《四库简目》:《宋史纪事本末》二十六卷,明陈邦瞻撰。初冯琦类次宋事,以续袁枢之书,未成而没。是书因琦遗稿者十之三,自补葺者十之七,凡一百九篇。诸史之中,《宋史》最为芜秽,不似《资治通鉴》端绪易寻。邦瞻排比梦丝,俾就条理,其书虽并于袁枢,其难则较枢十倍矣。

《四库总目》:《宋史纪事本末》二十六卷(两淮盐政采进本),明陈邦瞻撰。邦瞻,字德远,高安人,万历戊戌进士,官至兵部左侍郎,事迹具《明史》本传。初礼部侍郎临朐冯琦欲仿《通鉴纪事本末》例,论次宋事,分类相比,以续袁枢之书,未就而没。御史南昌刘曰梧得其遗稿,因属邦瞻增订成编,大抵本于琦者十之三,出于邦瞻者十之七,自太祖代周,迄文谢之死,凡分一百九目。于一代兴废治乱之迹,梗概略具。袁枢义例,最为赅博,其熔铸贯串,亦极精密。邦瞻能墨守不变,故铨叙颇有条理。诸史之中,《宋史》最为芜秽,不似《资治通鉴》,本有脉络可寻。此书部列区分,使一一就绪,其书虽稍亚于枢,其寻绎之功,乃视枢为倍矣。惟是书中纪事,既兼及辽金两朝,当时南北分疆,未能统一,自当称《宋辽金三史纪事》,方于体例无乖,乃专用

《宋史》标名，殊涉偏见。至《元史纪事本末》，邦瞻已别有成书，此内如《蒙古诸帝之立》、《蒙古立国之制》诸篇，皆专纪元初事实，即应析归《元纪》之中，使其首尾相接，乃以临安未破，一概列在宋编，尤失于限断。此外因仍《宋史》之旧，舛讹疏漏，未及订正者，亦所不免。然于纪载冗杂之内，实有披榛得路之功，读《通鉴》者，不可无袁枢之书，读《宋史》者，亦不可无此一编也。

《郘亭知见传本书目》：《宋史纪事本末》二十六卷，明陈邦瞻撰。通行本，《明史·艺文志》载冯陈二书合三十卷，又载张溥《宋史纪事本末》一百九卷，《元史纪事本末》三十一卷，盖以一篇为一卷也。

《郑堂读书记》：《宋史纪事本末》一百九卷（明太仓张氏论正本），明陈邦瞻撰（邦瞻字德远，高安人，万历戊戌进士，官至兵部左侍郎）。《四库全书》著录，作二十六卷。《明史·艺文志》载冯琦《宋史纪事本末》二十八卷，张溥《宋史纪事本末》一百九卷。按临朐冯氏（琦）尝仿袁氏书例，类次宋事，未就而没，德远因其遗稿，增订成编，大抵本于冯氏者十之三，出于德远者十之七，故《明史》独题冯氏之名。张西铭（溥）重刊是书，亦题冯氏原编，而无德远名氏。今遵《题要》改题，而卷数则仍其旧焉。又西铭以一篇为一卷，故《明史》即以一百九卷之书，属之西铭所撰也。其书自《太祖代周》，迄《文谢之死》，凡一百九篇，俱删取《宋史》以成篇，间采及辽金元三史。《宋史》最为繁芜，端绪难寻，而能排比棼丝，俾就条理，较之袁氏，更为其难，则即以之续《通鉴纪事》，又何愧焉。又按是书专记宋事者八十九篇，兼及辽金元事者十二篇，凡一百一篇，皆《宋史》所有之事，并记辽金事者一篇，专记金事者一篇，兼记金元事者三篇，专记元事者三篇，凡八篇，则皆辽金元史所有之事也。德远取其多者论之，故专题曰《宋史纪事本末》云。至西铭评论，与《通鉴纪事》所载同，惟议论间涉偏驳，此《鲁论》所谓不知所以裁之也。卷首并有西铭《总序》。

钱士升《南宋书》六十卷

《浙江采进遗书目》：《南宋书》六十卷（浙江足斋写本），明大学士嘉善钱士升辑。亦以《宋史》失之繁杂，故取南渡后各朝事，重为更定。

《四库存目》：《南宋书》六十卷（浙江鲍士恭家藏本），明钱士升撰。是编以《宋史》繁冗,故为删薙,然所刊削者,不过奏疏及所历官阶而已,别无事增文省之处,亦不见剪裁熔铸之功。又去奸臣叛臣之例,仍列于众人之中。案《隋书》以前,奸臣叛臣,本不别传,《新唐书》始另列之,后来作者,多仍其例,亦足见彰瘅之公,今并而一之,殊失示戒之意,未足以言复古。至所增郑思肖数人列传,亦疏略不详。惟遵循古例,不以《道学》、《儒林》分传,能扫除门户之见,为短中之一长耳。

《郘亭知见传本书目》:《南宋书》六十八卷,明钱士升撰,扫叶山房刊本,四库存目。

《郑堂读书记》:《南宋书》六十八卷(南沙席氏扫叶山房刊本),明钱士升撰(士升字抑之,嘉善人,万历丙辰赐进士第一,官至大学士)。《四库全书》存目。抑之以《宋史》失之冗长,故取南渡以后事迹,删繁就简,别成一书,以配王氏之《东都事略》。凡帝纪六卷,后妃纪一卷,列传六十一卷。其于官阶之复沓,奏疏之汗漫,刊落甚多。而列传之分合,亦多所移置,有者或增之,无者或补之。虽取之稗官野史,而事无关系,言不雅驯者,概不叙人。每卷皆有论,断制尚属平允,其赞为吴县许(重熙)撰,亦详略得中,盖许氏亦尝助抑之共成是书者也。然抑之不规仿王氏书,而自出机轴,成此一编,故不曰《南都事略》,是其所短,而其书亦遂不及王氏远矣。前有嘉庆丁巳南沙席(世臣)序。

项梦原《宋史偶识》三卷

《四库存目》:《宋史偶识》三卷(浙江巡抚采进本),明项梦原撰。原字希宪,秀水人,万历己未进士,官至刑部郎中。其书乃读《宋史》时随笔摘录,又他书所见,可以参考者附之,间加评断,亦甚寥寥,盖当时强授梨枣以充书帕之本,非有意于著述也。

王思义《宋史纂要》二十卷

《四库存目》:《宋史纂要》二十卷(江苏巡抚采进本),明王思义撰。思义字允明,松江人。《宋史》极为烦冗,是书仅删存二十卷,可谓约矣。然班、范皆号谨严,而两《汉书》卷帙犹富,宋之历年,几于匹汉,而缩为寥寥数卷,谓事增文省,殆必不然。至以辽金史附宋之后,等诸《晋书》之载记刘、石,尤南北史臣互相诟厉之见。非公论也。

文德翼《宋史存》二卷

《四库存目》:《宋史存》二卷(浙江鲍士恭家藏本),明文德翼撰。翼字用昭,德化人,崇祯甲戌进士,官嘉兴府推官。是编采掇《宋史》列传,而删润其文,始于宗泽,终于文天祥,盖福王时所作,故独寓意于绍兴以后云。

梁寅《宋史略》四卷

按:见《焦竑经籍志》著录。

高昌古《宋史辨》

按:见《顾氏明朝四十家小说目》著录。

王昂《宋史补》五卷

按:见《千顷堂书目》著录。

刘日升《宋史删》

按:见《江西通志·艺文志》著录。

朱谏《宋史辨疑》

按:见《浙江通志·艺文志》著录。注云:《万历温州府志》。

吴孟坚《宋史编年断略》

按:见《江西通志·艺文志》著录。

佚名《宋元史发微》二册

按:见《天一阁书目》著录。

佚名《宋史长编》十册

按:见《万卷楼艺文记》著录。

佚名《宋英宗辨》

按:见《绛云楼书目》著录。不著撰人名氏。

佚名《编续宋史辨》

按:见《绛云楼书目》著录。不著撰人名氏。

王维俭《宋史纪凡例》一卷

按:见《赵氏藏书目》著录。注云:明祥符王维俭,字损仲,苦《宋史》繁芜,重编《宋史记》二百五十卷。未刻,此即其凡例也。壬戌太仓王氏刻本。

王维俭《宋史记》

按:见《八千卷楼书目》著录。注云:振藻堂钞本。

以上明时人

佚名《宋史详节》

按:见《江西图书馆目》著录。

佚名《宋史记》十册

按:见《江西图书馆目》著录。注云:汪氏振绮堂藏。

佚名《宋史录》四十二本

按:见《传是楼书目》著录。

朱文藻《宋史·艺文志》十四册

按:见《清吟阁书目》著录。

佚名《宋史长编》十册

按:见《清吟阁书目》著录。

茅瑞征《宋史抄》

按:见《浙江通志·艺文志》著录。注云:见《归安县志》。

许重熙《宋史增订新编》

按:见《江南通志·艺文志》著录。注云:许重熙,常熟人。

成文友《宋史纂》

按:见《江南通志·艺文志》著录。注云:成文友,通州人。

夏清纲《宋史提纲》四十卷

按:见《浙江通志·艺文志》著录。注云:见《括苍汇纪》。

彭而述《宋史断略》四卷

按:见《传是楼书目》著录。

陆心源《宋史翼》四十卷

按:见《南通图书馆目》著录。注云:归安陆氏十万卷楼本。

钱大昕《宋中兴学士年表》一卷

按:见《潜研堂全书目》著录。

钱大昕《宋史考异》十六卷

按:见《潜研堂全书目》著录。详《史记考异》条。

齐召南《宋史目录》一卷

按:见《台州经籍志》著录。

李赓芸《宋学士年表》

按:见《嘉定李氏遗书目》著录。

李赓芸《续宋学士年表》

按:见《嘉定李氏遗书目》著录。

李赓芸《宋中兴学士年表》

按:见《嘉定李氏遗书目》著录。

倪灿《宋史艺文志补》一卷

《书目答问补正》:倪灿《宋史艺文志补》一卷,傅氏金陵丛刻本,广州局本,亦在《群书拾补》及《八史经籍志》内。

卢文弨《补宋史艺文志》一卷

按:见《群书拾遗目》著录,绍兴《先正遗书》本,《八史经籍志》本。

王荣兰《宋史艺文志补遗》四卷

按:见《湖南通志·艺文志》著录。

朱文藻《宋史艺文志》

按:见《清吟阁书目》著录。

卢文弨《宋史孝宗纪补脱》

按:见《群书拾遗目》著录。

丁谦《宋史外国传地理考证》一卷

按:见《浙江图书馆丛书目》著录。

杨守敬《宋地理志图》

按:见《观海堂汇目》著录。

杨守敬《宋南渡疆域图》

按:见《观海堂汇目》著录。

王国维《宋史忠义传》

按:见《涵芬楼书目》著录。注云:学术丛编本。

吴广成《西夏书事》四十二卷

《书目答问》:《西夏书事》□卷,国朝人原刻本。《补正》:《西夏书事》四十二卷,青浦吴广成撰。

洪亮吉《西夏国志》十六卷

《书目答问》:洪亮吉《西夏国志》十六卷,未见刻本。《补正》:洪书末刻。

周春《西夏书》十五卷

按:见《书目答问补正》著录。注云:未刊。

戴锡章《西夏记》二十八卷

按:见《书目答问补正》著录。注云:东方学会排印本。

张鉴《西夏纪事本末》三十六卷

按:见《书目答问补正》著录。注云:苏州局本,杭州局半厂丛书本,九种纪事本末本,排印本。

以上清人

《正史汇目》第二十一 《辽史》部

(一)《辽史》未成前目

耶律鲁不古监修《国史》

《辽史·耶律鲁不古传》:太祖制契丹国字,鲁不古以赞成功,授林牙,监修国史。

辽太宗诏编《始祖事迹》

《辽史·太宗本纪》:会同四年二月丁巳,诏有司编始祖奇首可汗事迹。

以上太祖时

室昉监修《国史》

《辽史·室昉传》:拜枢密使,兼北府宰相加同政事门下平章事,乾亨初,监修国史。

以上景宗时

邢抱朴等修《实录》

《辽史·邢抱朴传》:统和四年,加户部尚书,迁翰林学士承旨,与室昉同修《实录》。

《辽史·室昉传》:昉请致政,表进所撰《实录》二十卷,手诏褒之,加政事令,赐帛六百匹。

以上圣宗时

耶律玦修《国史》

《辽史·耶律玦传》:重熙初,召修国史,补符宝郎。

萧韩家奴兼修《国史》

《辽史·文学·萧韩家奴传》:重熙四年,擢翰林都林牙,兼修国史。仍诏谕之曰“文章之职,国之光华,非才不用,以卿文学,为时大儒,是以授卿以翰林之职,朕之起居,悉以实录”。自是日见亲信。会有司奏猎秋山,熊虎死伤数十人,韩家奴书于册,帝见,命去之。韩家奴既出,复书。他日帝见之曰,史笔当如是。诏与耶律庶成录遥辇可汗至重熙以来事迹,为二十卷进之。以其老不任朝谒,拜归德军节度使,兼修国史。

耶律庶成等修《实录》

《辽史·兴宗本纪》:重熙十三年六月丙申,诏前南院大王耶律谷欲、翰林都林牙耶律庶成等,编集国朝上世以来事迹。

《辽史·耶律庶成传》:重熙初,补牌印郎君,累迁枢密直学士,偕林牙萧韩家奴等撰《实录》。

《辽史·文学·耶律谷欲传》:谷欲奉诏与林牙耶律庶成、萧韩家奴编辽国上世事迹诸帝实录,未成而卒。

耶律良修《起居注》

《辽史·耶律良传》:良生于乾州,读书医巫闾山,学既博,入南山肄业,数年而归。重熙中,补寝殿小底,迁修《起居注》。

以上兴宗时

耶律孟简等编《辽上世事迹》及《诸帝实录》

《辽史·文学·耶律孟简传》:太康中,诣阙上表曰,本朝之兴,几二百年,宜有国史,以垂后世。乃编耶律曷鲁、屋质、休哥三人行事以进,上命置局编修,孟简谓余官曰,史笔天下之大信,一言当否,百世从之,苟无明识,好恶徇情,则祸不测,故左氏、司马迁、班固、范晔俱罹殃祸,可不慎欤。

佚名《七帝实录》

《辽史·道宗本纪》:大安元年冬十一月辛亥,史臣进太祖以下《七帝实录》。

王师儒监修《国史》

《辽史·道宗本纪》:寿隆六年冬十月壬寅,以枢密副使王师儒监修国史。

窦景庸修《国史》

《辽史·窦景庸传》:迁南院枢密副使,监修国史。

耶律阿思监修《国史》

《辽史·耶律阿思传》:寿隆元年,以耶律阿思为北院枢密使,监修国史。

以上道宗时

耶律俨纂修《诸帝实录》

《辽史·天祚帝本纪》:乾统三年十一月乙巳,召监修国史耶律俨纂诸帝《实录》。

《辽史·耶律俨传》:俨迁知枢密院事,赐经邦佐运功臣,封越国公。修《皇朝实录》七十卷。

以上天祚帝时

附:叶隆礼《契丹国志》二十七卷

《读书敏求记》:隆礼书法谨严,笔力详赡,洵有良史之风。具载两国誓书及南北通使礼物,盖深有慨于海上之盟,使读者寻其意于言外耳。

《浙江采进遗书目》:《契丹国志》三十七卷(知不足斋本),宋秘书丞嘉兴叶隆礼撰。述契丹自阿保机初兴,迄于天祚,凡二百余载之事。

《四库简目》:《契丹国志》二十七卷,宋叶隆礼撰。乃奉诏所编,凡帝纪二卷,列传七卷,杂记旧事者八卷,大抵采掇传闻,不能有所考证,诞妄疏漏,皆所不免。然之史未成以前,记辽事者,惟此书仅存,固不能不以少见珍。惟书中忽内宋外辽,忽内辽外宋,茫无体例,又所引胡安国诸说,尤多纰缪。今重为订正。

《四库总目》:《契丹国志》二十七卷(浙江鲍士恭家藏本),宋叶隆礼撰。隆礼号渔林,嘉兴人,淳祐七年进士,由建康府通判历官秘书丞,奉诏撰次辽事为此书。凡帝纪十二卷,列传七卷,晋降表,宋辽誓书议书一卷,南北朝及诸国馈贡礼物数一卷,杂载地理及典章制度二卷,行程录及诸杂记四卷。钱曾《读书敏求记》称其书法谨严，笔力详赡，有良史风，而苏天爵《三史质疑》则谓隆礼不及见《国史》，其说多得于传闻，讥其失实甚多。今观其书，大抵取前人纪载原文，分条采摘，排比成编。穆宗以前纪传，则本之《资治通鉴》，穆宗以后纪传，及诸杂记，则本之李焘《长编》等书，其《胡峤陷北记》，则本之欧史《四夷附录》，《诸番记》及达锡伊都等传，则本之洪皓《松漠记闻》，《杂记》则本之武圭《燕北杂记》（案：上书今不传，其言略见曾慥《类说》），皆全袭其词，无所更改。间有节录，亦多失当。如《通鉴》载太祖始立为王事，止云恃强不受代，故下云七部求如约，今此书删去不受代之文，则所谓如约者，果何事乎。又《长编》载圣宗南侵事云，天雄军闻契丹至，阖城惶遽，契丹潜师城南，设伏狄相庙，遂南攻德清，王钦若遣将追击，伏起，天雄兵不能进退，其情事甚明，今此书于阖城惶遽下，即接伏起云云，而尽删其潜师设伏之文，则所伏者果谁之兵乎。又《松漠记闻》载"黄头女真"，金人每当出战，皆全前驱，盖洪皓所亲见其为金人事甚明，今此书径改金人为契丹，采入辽志，则益为颠倒事实矣。又帝纪中凡日食星变诸事，皆取《长编》所记，按年胪载，然辽宋历法不齐，朔闰往往互异，如圣宗开泰九年辽二月置闰，宋十二月置闰，宋之七月，在辽当为八月，而此书仍依宋法书七月朔日食，此类亦俱失考。盖隆礼生南渡后，距辽亡已久，北土载籍，江左亦罕流传，仅据宋人所修史传及诸说部抄撮而成，故本末不能悉具。苏天爵所论，深中其失，钱曾盖未之详核也。特诸家目录所载若《辽庭须知》、《使辽图钞》、《北辽遗事》、《契丹疆宇图》、《契丹事迹》诸书，隆礼时尚未尽佚，故所录亦颇有可据。如道宗寿隆纪年，此书作寿昌，与辽史所遗碑刻之文并合，可以证辽史之误。又《天祚纪》所载与金攻战及兵马渔猎诸事，较《辽史》记志为详，存之亦可备参考。惟其体例参差，书法颠舛，忽而内宋则或称辽帝，或称国主，忽而内辽，则以宋帝年号，分注辽帝年号之下，既自相矛盾。至杨丞勋劫父叛君，蔑伦伤教，而取胡安国之谬说，以为变不失正，尤为无所别裁。

《郘亭知见传本书目》：《契丹国志》十七卷，宋叶隆礼撰。扫叶山房刊本，元刊本藏昭文张氏。

《书目答问》：《契丹国志》十七卷，宋叶隆礼撰。扫叶山房本。《古今逸史》《说海中》《辽志》即此书摘本。《补正》：二十七卷，乾隆间承恩堂刻本。

《郑堂读书记》：《契丹国志》二十七卷（写本），宋叶隆礼奉敕撰（隆礼号渔林，嘉兴人，淳祐七年进士，官至秘书丞）。《四库全书》著录，倪氏《补辽金元志》亦载之。是编记辽一代二百余年君臣事迹，凡帝纪十二卷，列传七卷，晋降表、宋辽澶渊关南誓书议割地界书一卷，南北馈献礼物、外国贡进礼物、契丹回赐物件一卷，地理一卷，制度一卷，王沂公富郑公两行程录、余尚书刁奉使两北语诗一卷，张舜民《使北记》、胡峤《陷北记》一卷，《诸番国杂记》一卷，《岁时杂记》一卷，大抵取司马《通鉴》、李氏《长编》、欧阳史《四夷附录》，洪皓《松漠纪闻》，武圭《燕北杂记》诸书，排纂成书，无所改易。间有删节，颇多失当。然王沂公、富郑公之书，《通考》虽载其目，而其书已亡，得此为不坠于地。胡峤《陷北记》，《五代史》、《辽史》间一称引之，此独载其全文，为可宝也。惟书中忽内宋外辽，忽内辽外宋，茫无体例。且奉诏撰著，而称王曾、富弼、余靖、刁约之谥与官，所引胡安国说，亦称其谥。其说尤多纰缪。武英殿刊本已遵高宗纯皇帝谕旨改正，今扫叶山房本悉从殿本付梓，此犹当日原本。前有契丹国初兴本末，契丹国九主年谱并淳熙七年《渔林进表》、《说海》及《历代小史》，均取是书节录一卷，题曰《辽志》，尤无取焉。

萧永祺《辽史》七十五卷

《金史·文艺·萧永祺传》：广宁尹耶律固奉诏译书，辟置门下，因尽传其业，固作《辽史》未成，永祺继之，作纪三十卷，志五卷，传四十卷上之。

《钱补元史艺文志》：萧永祺《辽史》七十五卷，纪三十卷，志五卷，传四十卷，太常丞皇统八年四月成。

陈大任《辽史》

《金史·章宗本纪》：泰和六年秋七月，敕翰林直学士陈大任专修《辽史》。

《金史·党怀英传》：怀英致仕后，章宗诏直学士陈大任继成《辽史》。

《钱补元史艺文志》：陈大任《辽史》，泰和中，翰林直学士。

以上金时

(二)《辽史》成后目

苏天爵《辽金纪年》

《元史·苏天爵传》:所著《辽金纪年》未及脱稿。

项笃寿《辽史论赞》四卷

按:见《四库存目》著录。详《史记论赞》条。

以上元明时

厉鹗《辽史拾遗》二十四卷

《浙江采进遗书目》:《辽史拾遗》二十四卷(振绮堂写本),国朝举人钱塘厉鹗撰。依《辽史》篇次,自本纪志表列传外纪国语,采诸轶事徵文,补其未备。

《四库简目》:《辽史拾遗》二十四卷,国朝厉鹗撰。因《辽史》太略,摭拾以弥其阙,有注有补,均摘史文为纲,而参引他书列于下。

《四库总目》:《辽史拾遗》二十四卷(浙江巡抚采进本),国朝厉鹗撰。鹗字太鸿,钱塘人,康熙庚子举人。是书拾《辽史》之遗,有注有补,均摘录旧文为纲,而参考他书,条列于下。凡有异同,悉分析考证,缀以案语。《国语解》先后次第与目录有不合者,亦悉为厘正。又补辑辽境四至及风俗物产诸条于后,其中如刘守光自为节度使,《唐书》及《五代史》列传载之最详,乃独取《资治通鉴》一条;李嗣源之救幽州,不引《契丹国志》,亦仅引《通鉴》;王都破唐兵,《五代史》与诸书互有异同,而不加考辨;金克中京,《大金国志》叙次最悉,乃独取《松漠纪闻》数言;保大以后辽事,载于《宋史》纪传者最多,皆略而不取;似此之类,皆颇有所遗。又兰亭石刻之类,蔓延铺叙,与史事毫无所关,亦未免嗜博爱奇,伤于泛滥。然元修三史,莫繁冗于宋,莫疏略于辽,又辽时书禁最严,不得传布于境外,故一朝国籍,澌灭无征。鹗采摭群书,至三百余种,以旁见侧出之文,参考而求其端绪,年月事迹,一一钩稽,其补唐中和诸人之传及《礼志》之补幡胜,《乐志》之补聒帐,《舆服志》之补金冠窄袍,《食货志》之补赋税名目,皆采辑散佚,足备考证。鹗《樊榭诗集》中自称所注

《辽史》比于裴松之之《三国志注》,亦不诬也。至于卷末《国语解》,对音舛误,名义多乖,由作史者昧于翻译,故因仍故牍,致失其真。鹗虽厘正其次第,而索伦旧语,既非所知,故旧文驳文未能考正。

《郘亭知见传本书目》:《辽史拾遗》二十四卷,国朝厉鹗撰。汪氏刊本,附《拾遗补》五卷。

《郑堂读书记》:《辽史拾遗》(无卷数,写本),国朝厉鹗撰(鹗字太鸿,号樊榭,钱塘人,康熙庚子举人)。《四库全书》著录,作二十四卷。按《宋》、《辽》、《金》三史,虽同修于元至正间,而《宋史》失之繁,《辽史》失之简,惟《金史》繁简得中。《宋史》之繁,有明诸家为之改修,迄未尽善,而《辽史》之简,阅四百余年,尚无有为之增益者。樊榭因仿裴世期注《三国志》,刘宣卿注《续汉书》之例,撰成是编。凡分本纪三十篇,志二十四篇,表七篇,列传二十一篇,外纪一篇,国语解二篇,总八十五篇。不分卷数,亦不就书为注,只摘史文为纲,历引群书为注,而间作案语以断之。盖以所注者非尽各传有注,注者少而不注者多,故不并合史文为一书。大都本纪最详,几居全书十之五六,志表稍略,列传更略,盖无群书可据,亦不得不略之也。且以《宋》、《金》二史,当时与《辽史》并修,故不捃摭及之,其例独为谨严。于辽一代二百年事迹,既拾其遗,兼补其阙,大有裨于考证。惟卷末拾补《国语解》,则索伦旧语,非樊榭所能通晓。现有《钦定辽史国语解》十卷,在此书所引各条,实无当于国语,仅可取助谈资而已。前有《自序》及全谢山序。又《目录》于列传第三至列传第十四,俱作宗室第几,殊误,此十二处,俱当改为专传第几也。

杨复吉《辽史拾遗补》三卷

按:见《八千卷楼书目》著录。注云:何梦华抄本。

杨循吉《辽小史》一卷

按:见《千顷堂书目》著录。

乾隆敕撰《辽史语解》十卷

按:见《浙江图书馆目》著录。

《郑堂读书记》:《钦定辽金元三史国语解》四十六卷(写本),乾隆四十六年奉敕撰。谨案辽金元三史,卷末俱附有国语解,颠舛支离,如出一辙。我高宗纯皇帝，特命馆臣，详加厘定，以索伦语正《辽史》，凡十卷，分为七门。以满洲语正《金史》，凡十二卷，分为六门。以蒙古语正《元史》，凡二十四卷，分为七门。各解内但释解义，概不复注索伦、满洲、蒙古语，其中姓氏地名官名人名无解义者，各以今地名八旗姓氏通谱官名改字面订之。大都言究其义，字谐其音，类聚群分，了如指掌，从此据读辽、金、元史，无患其不谙国语矣。此本即从文渊阁本写出，首冠以提要一篇。

钱大昕《辽史考异》一卷

按：见《潜研堂全书目》著录。详《史记考异》条。

李有棠《辽史纪事本末》四十卷

按：见《浙江图书馆目》著录。注云：慎记书庄本。

李慎儒《辽史地理志考》五卷

按：见《南通图书馆目》著录。注云：丹徒李氏本。

丁谦《辽史各外国传地理考证》一卷

按：见《浙江图书馆丛目》著录。

杨守敬《辽地理志图》

按：见《观海堂汇目》著录。

以上清人

《正史汇目》第二十二　《金史》部

(一)《金史》未成前目

太宗诏访《祖宗遗事》

《金史》始祖以下诸子勖传：勖字勉道，穆宗第五子，好学问，国人呼为秀才。天会六年，诏书求访祖宗遗事，以备国史，命勖与耶律迪越掌之。勖等采摭遗言旧事，自始祖以下十帝综为三卷，凡部族既曰某部，复曰某水之某，又曰某乡某村，以别识之。凡与契丹往来及征伐诸部，其间诈谋诡计，一无所隐，事有详有略，咸得其实。

韩昉等编修《国史》

《金史·文艺·韩昉传》：迁翰林学士，兼太常卿，修国史。

以上太宗时

左丞勖《先朝实录》三卷(一名《祖宗实录》)

《金史·熙宗本纪》：皇统元年十二月癸巳，左丞勖进《先朝实录》三卷，上焚香立受之。

《金史》始祖以下诸子勖传：皇统元年所撰《祖宗实录》成，凡三卷，进入，上焚香立受之，赏赉有差。俄同监修国史。

《钱补元史艺文志》：《金先朝实录》三卷，皇统元年左丞勖撰。

宗弼等修《太祖实录》二十卷

《金史·熙宗本纪》：皇统八年戊戌，宗弼进《太祖实录》，上焚香立受之。

《金史》始祖以下诸子勖传：皇统八年，奏上《太祖实录》二十卷，赐黄金八十两，银百两，重彩五十端，绢百匹，通犀玉钩带各一。

《钱补元史艺文志》:《太祖实录》二十卷,皇统八年宗弼进。

以上熙宗时

萧永祺等修《国史》

《金史·文艺·萧永祺传》:天德初,擢左谏议大夫,迁翰林侍讲学士,同修国史。

《金史·文艺·王竞传》:天德初,迁翰林侍讲学士,改太常卿,同修国史。擢礼部尚书,同修国史如故。

完颜京兼修《国史》

《金史·宗望传》:宗望子京,天德二年除翰林学士承旨,兼修国史。

宗叙修《起居注》

《金史·宗叙传》:天德三年,迁翰林待制,兼修《起居注》。

佚名《熙宗实录》

《金史·思敬传》:上谓思敬曰,朕欲修《熙宗实录》,卿尝为侍从,必能记其事迹。对曰,熙宗时内外皆得人,风雨时,年谷丰,盗贼息,百姓安,此其大概也。何必余事。上大悦。

以上废帝时

移剌子敬等修《国史》

《金史·移剌子敬传》:大定二年,以侍制同修国史。

《金史·文艺·王竞传》:大定二年,兼翰林学士承旨,修国史。

纥石烈良弼等《太宗实录》

《金史·世宗本纪》:大定七年八月癸丑,尚书右丞相监修国史纥石烈良弼进《太宗实录》,上立受之。

《金史·曹望之传》:《太宗实录》成,监修国史纥石烈良弼赐金带一,重彩二十端,同修国史张景仁、刘仲渊、望之皆赐银币有差。

《钱补元史艺文志》:《太宗实录》,太定七年右丞相监修国史纥石烈良弼进。

郑子聃修《海陵实录》

《金史·世宗本纪》:大定八年十月乙未,上谓宰臣曰,海陵时修《起居注》不任直臣,故所书多不实,可访求得实详而录之。参政孟浩进曰,良史直笔,君举必书,自古帝主,不自观史,意正在此。

《金史·孟浩传》:浩知政事,上谓宰臣曰,宋前废帝呼其叔湘东王为猪王,食之以牢,纳之泥中,以为戏笑,书于史策,所以劝善而惩恶也。海陵以近习记注,记不明当时行事,实录不载,众人共知之者,访求书之。浩对曰,良史直笔,君举必书,帝王不自观史,记注之臣,乃得尽其直笔。

《金史·文艺·郑子聃传》:改吏部侍郎同修国史直学士如故,迁侍讲兼修国史,上曰,修《海陵实录》,知其详无如子聃者,盖以史事专责之也。

纥石烈良弼等修《睿宗实录》

《金史·世宗本纪》:大定十一年十月丙辰,尚书左丞相纥石烈良弼进《睿宗实录》。

《金史·纥石烈良弼传》:进《睿宗实录》,赐通犀带、重彩二十端。

《钱补元史艺文志》:《睿宗实录》,太宗十一年左丞相纥石烈良弼进。

石琚修《起居注》

《金史·石琚传》:大定十七年,平章政事,封莘国公。明年,拜右丞相,修《起居注》,移剌杰上书,言朝奏屏人议事,史官亦不与闻,无由纪录。上以问宰相琚与右丞唐括安礼,对曰,古者史官,天子言动必书,以儆戒人君,庶几有畏也。周成王剪桐叶为圭戏封叔虞,史佚曰,天子不可戏言,言则史书之。以此知人君言动,史官皆得记录,不可避也。上曰,朕观《贞观政要》,唐太宗与臣下议论,始议如何,后竟如何,此政史臣在侧,记而书之耳,若恐漏泄几事,则择慎密者任之。朝奏屏人议事,记注官不避自此始。

杨邦基修《起居注》

《金史·杨邦基传》:大定年,再迁秘书监兼左谏议大夫,修《起居注》。

夹谷衡修《起居注》

《金史·夹谷衡传》:世宗尝谓宰臣曰,女直进士中才杰之士,盖不难得,如徒单镒、夹谷衡、尼庞、古鉴皆有用材也。迁修《起居注》。

以上世宗时

徒单镒兼修《国史》

《金史·徒单镒传》:明昌元年为御史中丞,无何拜参知政事,兼修国史。

韩玉《勋臣传》

《金史·韩玉传》:明昌五年,经义辞赋两科进士,入翰林为应奉,应制一日百篇,文不加点,又作《元勋传》,称旨。章宗叹曰,勋臣何幸得此家作传耶。

内族襄监修《国史》

《金史·章宗本纪》:承安三年十一月丁酉,枢密使兼平章政事襄至自军,癸卯,以为尚书左丞相,监修国史。

完颜匡《世宗实录》

《金史·完颜匡传》:承安三年,入奏边事,居五日还军,寻入守尚书左丞,兼修国史。进《世宗实录》。

章宗诏集《四朝圣训》

《金史·章宗本纪》:承安四年十二月辛酉,右补阙杨庭秀请类集太祖太宗世宗三朝圣训,以时观览,从之。仍诏增熙宗为四朝。

张行简修《国史》

《金史·张行简传》:承安五年,迁侍讲学士,同修国史。泰和六年,召为礼部尚书,兼侍讲,同修国史。

以上章宗时

高汝砺监修《国史》

《金史·高汝砺传》:兴定四年三月辛亥,拜平章政事,俄而进拜汝砺为尚书右丞相,监修国史。

张行信《章宗实录》

《金史·张行信传》:兴定元年,史馆修《章宗实录》,尚书省奏旧制凡修史宰相执政皆预焉，然女直汉人各一员，崇庆中既以参知政事梁瑭兼之，复命翰林承旨张行简同事，盖行简家学相传，多所考据，今修《章宗实录》，左丞汝砺已充兼修，宜令参知政事行信同修，如行简例，制可。

《钱补元史艺文志》：《章宗实录》兴定四年高汝砺、张行简进（案《金史·贾益谦传》兴定五年正月尚书省奏《章宗实录》）。

赵秉文等修《国史》

《金史·赵秉文传》：兴定元年，转侍读学士，拜礼部尚书，兼侍读学士，同修国史。

《金史·杨云异传》：兴定元年六月，迁翰林侍讲学士，兼修国史。

李复亨兼修《国史》

《金史·李复亨传》：兴定四年三月，拜参知政事，兼修国史。

贾益谦《卫王事迹》

《金史·贾益谦传》：益谦拜尚书左丞，致仕居郑州，兴定五年正月，尚书省奏《章宗实录》已进呈，《卫王事迹》亦宜依《海陵庶人实录》纂集成书，以示后世。制可。

《钱补元史艺文志》：《卫王事迹》，苏天爵谓《卫王实录》竟不及为。

赤盏尉忻兼修《国史》

《金史·赤盏尉忻传》：元光二年三月，拜参知政事，兼修国史。

以上宣宗时

王若虚《章宗宣宗实录》

《金史·文艺·王若虚传》：为国史院编修官，正大初，《章宗宣宗实录》成，迁平淳府判官。

《钱补元史艺文志》：《宣宗实录》，正大五年进。

以上哀宗时

刘祁《归潜志》

《金史·文艺传》：刘从益子祁，字京叔，为太学生，甚有文名。值金末丧乱,作《归潜志》,以纪金事。修《金史》多采用焉。

《读书敏求记》:《归潜志》十四卷,金浑源刘祁京叔著。京叔以布衣遨游士大间,文章惊暴一时,为遗山诸公所推挹。筑堂曰归潜,因以其名其书,所记多金源逸事,后之修史者,足征焉。周雪客、黄命邵《征刻书目》曰八卷,殆未见全书欤。

元好问《中州集》《壬辰杂编》

《金史·文艺传》:元德明子好问,晚年尤以著作自任,以金源氏有天下,典章法度几及汉唐,国亡史作,己所当任。时金国实录在顺天张万户家,乃言于张,愿为撰述,既而为乐夔所沮而止。好问曰:不可令一代之迹,泯而不传。乃构亭于家,著述其上,因名曰"野史"。凡金源君臣遗言往行,采摭所闻,有所得辄以寸纸细字为记录,至百余万言。今所传者有《中州集》及《壬辰杂编》若干卷。年六十八卒。纂修《金史》,多本其所著云。

张玮《大金集礼》四十卷

《读书敏求记》:《大金集礼》四十卷,首列太祖太宗即位仪注,凡朝家大典舆服制度礼文,莫不班班可考。所书诸家目录,俱不载,藏书家亦无有畜之者,尚是金人抄本。

《四库简目》:《大金集礼》四十卷,金明昌六年礼部尚书张玮(案:《金史》本传作"张暐")等奏进,其书分类排纂,条理秩然,《金史》诸志,皆以此书为蓝本,而托克托等援引潦草,往往失其本意,存此一书,足以见金源一代之掌数,并可订史志之讹。

《四库总目》:《大金集礼》四十卷(两淮马裕家藏本),不著撰人名氏,亦不著成书年月,据黄虞稷《千顷堂书目》,盖明昌六年礼部尚书张玮(案:《金史》本传作"张暐")等所进。今考书中纪事,断至大定,知为章宗时书,虞稷所载,当不误也。其书分类排纂,具有条理,自尊号册谥以及祠祀、朝会、燕飨诸仪,粲然悉备,以《金史》诸志相校,其蓝本全出于此,而志文援引舛漏,失其本意者颇多,若祭方丘仪,是书有前祭二日太尉告庙之仪,而《金史》遗落不载。又《金史》云设馔幕于内壝东门之外道北,南向;考之此书,则陈设馔幕,乃有东门西门二处,盖坛上及神州,东方南方之馔,陈于东门外,西方北方之馔,陈于西门外,《金史》独载设于东门外者,于礼为舛。如斯之类,不一而足,非得此书,无以知史志之疏谬也。则数金源之掌故者,此为总汇矣。惟第十卷载夏至日祭方丘仪,而圜丘郊天仪独阙,考《金史》自天德以后,并祀南北郊,大定明昌,其制渐备,编书者既载北郊仪注,不应反遗南郊,盖传写脱佚,非原书有所不备也。

《郘亭知见传本书目》:《大金集礼》四十卷,四库依抄本录,钱遵王有金人抄本,云诸家书目俱不载,后归何义门,见□文张氏书志,近广东刻本。

佚名《大金吊伐录》四卷

《四库简目》:《大金吊伐录》四卷,不著撰人名氏,原本久佚,今从《永乐大典》录出,所记皆金太祖太宗克宋之事。称天辅六年以前旧牍不存,仅略载起事梗概。天辅七年以后,至康王南渡,则国书誓诰册表文状指挥牒檄之类,皆排比年月,丝牵绳贯,亦采故府案牍之所为也。

《四库总目》:《大金吊伐录》四卷(永乐大典本)不著撰人名氏,其书纪金太祖太宗用兵克宋之事,故以吊伐命名,盖荟萃故府之案籍,编次成帙者也。金宋自海上之盟,已通聘问,以天辅六年以前,旧牍不存,故仅于卷首一条,略存起事梗概。自天辅七年,交割燕云,及天会三年四月再举伐宋,五年废宋立楚,所有国书、誓诏、册表、文状、指挥牒檄之类,皆排比年月,具录原文,迄康王南渡而止,首尾最为该贯。后复附以降封昏德公重昏侯海滨诏书,及所上各表,而终于刘豫建国之始末,所录与徐梦莘《三朝北盟会编》详略互见,不识梦莘何以得之。考张端义《贵耳集》曰:道君北狩,凡有小小吉凶丧祭节序,金主必有赐赉,一赐必要一谢表,集成一帙,刊在榷场中博易四五十年,士大夫皆有之,余曾见一本云云。此书殆亦是类欤?然梦莘意存忌讳,未免多所刊削,独此书全据旧文,不加增损,可以互校阙讹,补正史之所不逮,亦考古者之所当参证也。《永乐大典》所载,未分篇目,不知原本凡几卷,今详加厘订,析为四卷,著于录。

《郘亭知见传本书目》:《大金吊伐录》四卷,不著撰人。墨海金壶本,守山阁本。

佚名《大金国志》四十卷

《读书敏求记》:宇文懋昭,于端平元年表上所辑《大金国志》。懋昭窃禄金朝，为淮西归正人，宋改授承事郎工部架阁，其所载誓书下，直书差康王出质，且详别北迁宗族等于献俘。

《浙江采进遗书目》：《大金国志》四十卷，宋宇文懋昭撰，其书于端平元年表上，所志起金太祖至宣宗，凡一百七十五年事。

《四库简目》：《大金国志》四十卷，旧本题宋宇文懋昭撰，今核检其书，实依托也。凡纪二十六卷，传三卷，杂录三卷，杂载制度七卷，行程录一卷，体例词格，与《契丹国志》略同，或即一手所作，分署二人之名欤。

《四库总目》：《大金国志》四十卷（两江总督采进本），旧本题宋宇文懋昭撰，前有端平元年进书表一通，自署淮西归正人，改授承事郎工部架阁，而不详其里贯，表中有偷生淮浦，少读父书等语，亦不知其父何人也。书中取金太祖至哀宗九主一百十七年事迹，裒集汇次，凡纪二十六卷，开国功臣传一卷，文学翰苑传二卷，杂录三卷，杂载制度七卷，许亢宗《奉使行程录》一卷，似是杂采诸书排比而成。所称义宗即哀宗，《金史》谓息州行省所上谥，而此则云金遗臣所上，与史颇不合。又懋昭既降宋，即当以宋为内词，乃书中分注宋年，又直书康王出质，及列北迁宗族于献俘，殊为失体。故钱曾《读书敏求记》尝称为无礼于君之甚者。然其可疑之处，尚不止此，详悉检勘，纰漏甚多。如《进书表》题端平元年正月十五日，而金亡即在是月十日，相距仅五日，岂遽能成书进献。又纪录蔡州破事，如是之详，于情理颇不可信。又端平正当理宗时，而此书大书宋宁宗太子不得立，立其侄为理宗，于济邸废立，略无忌讳。又生而称谥，舛谬显然。又懋昭以金人归宋，乃于两国俱直斥其号，而独称元兵为大军，又称元为大朝，转似出自元人之辞，尤不可解。又开国功臣传，仅寥寥数语，而文学翰苑传，多至三十二人，验其文皆全录元好问《中州集》中小传，而略加删削。考好问撰此书时，在金亡之后，原序甚明，懋昭更不应豫袭其文。凡此皆疑窦之极大者，其他如爱王作乱等事，亦多轻信伪书，冗杂失次，恐已经后人窜乱，非复懋昭原本，故抵牾若此。然其首尾完具，间有与《金史》异同之处，皆足资订证。所列制度服色，亦能与《金史》各志相参考，故旧本流传不废，今亦著其伪，而仍录其书焉。

《郑堂读书记》：《大金国志》四十卷（写本），旧题宋宇文懋昭撰（懋昭里贯未详，据端平元年进书表自署淮西归正人，改授承事郎工部架阁）。《四库全书》著录，倪氏《补辽金元志》亦载之。是编记金一代一百十七年君臣事迹，凡纪二十六卷，传三卷，杂录三卷，制度四卷，宋金往来誓书一卷，京府州军一卷，风俗冠婚饮食一卷，许亢宗《奉使行程录》一卷。前亦有金国初兴本末一篇，金国九主年谱一篇，体例颇与叶氏《契丹国志》相同。观其称元为大朝，曰大军，曰天使，而于宋事无所隐讳。又《文学》、《翰苑传》俱袭元遗山《中州集》小传之文，盖元初人所撰，其表则后之好事者为之，而嫁名于懋昭者也。钱遵王《读书敏求记》举其直书差康王出质，详列北迁宗族，以为无礼于其君，而讥端平君臣漫置不省。今考是书所载指斥之词，尚有甚于此者，即其以大金为称，亦可知非当时经进之本矣。且铺叙亦无史例，书太祖创基与《金史》异，仪卫道里诸篇，直是钞撮《北盟会编》而成，则其成书，亦不难也。此本抄写，毫无体例，现有扫叶山房刊本流传。当取以校定之。《说海》及《历代小史》均取是书节录一卷，题曰《金志》，亦无取焉。

《郘亭知见传本书目》：《大金国志》四十卷，宋宇樊昭撰。扫叶山房本。

《书目答问》：《大金国志》四十卷，旧题金宇文懋昭撰。扫叶山房本，《古今逸史》，《说海》中《金志》即此书摘本。

（二）《金史》已成后目

项笃寿《金史论赞》四卷

按：见《四库存目》著录。详《史记论赞》条。

以上明人

杨循吉《金小史》八卷

按：见《千顷堂书目》著录。

佚名《金史论赞》十六册

按：见《万卷楼艺文记》著录。

杭世骏《金史补》一卷

按：见《八千卷楼书目》著录。注云：钞本。

《书目答问》:杭世骏《补金史》二百四卷,未刊。《补正》:杭书未成,瞿氏旧有抄稿九册。

施国祁《金史板详》十卷

按:见《八千卷楼书目》著录。注云:章氏刊本,广雅局本。

施国祁《金源札记》三卷

《郘亭知见传本书目》:《金源札记》三卷,国朝施国祁撰。刊本。

《郑堂读书记》:《金源札记》二卷,《金源又札》一卷(原刊本),国朝施国祁撰(国祁字非熊号北砚,乌程人)。北砚取明南北监《金史》本及诸本,为之辨体裁,考事实,订字句,得其讹谬衍脱颠倒诸处,抄出二百余条,为札记二卷。大致似钱竹汀《廿二史考异》,而较《金史考异》加详。盖竹汀遍及群史,而此则专考一史,故能详且倍之,兼能订正其误。并揭总裁失检七条,纂修纰漏六条,写刊错误七条,各细目于例言中以见梗概。后续得七十余条,别为《又札》一卷,附其后,亦如正编之例。又就全谢山《鲒埼亭集》中与杭堇浦论《金史》五帖,各为之答,凡五篇,附于末,以其可与前三卷相发明也。考金源为地名,因而建国,号曰金,称金源不如直称《金史》之为得也。至《又札》之称,亦不及称又记或续记之为得也。北砚有心立异,而不顾义理之安,此则独学无友之害也。则其考证《金史》,恐亦未能尽善矣。前有《自序》,称成书十卷,而是编并《又札》论答在内,不过四卷,何开卷即涉误耶。

钱大昕《金史考异》二卷

按:见《潜研堂全书目》著录。详《史记考异》条。

李有棠《金史纪事本末》四十卷

按:见《浙江图书馆目》著录。注云:慎记书庄本。

郑文焯《补金史艺文志》

按:见《书目答问补正》著录。注云:未见传本。

卢文弨《金史补脱》

按:见《群书拾遗目》著录。

丁谦《金史外国传地理考证》一卷

按:见《浙江图书馆丛书目》著录。

杨守敬《金地理志图》

按:见《观海堂汇目》著录。

以上清人

《正史汇目》第二十三　《元史》部

(一)明修《元史》未成前目

王鹗等监修《国史》

《元史·世祖本纪》:中统三年八月戊申,敕王鹗集庭臣商榷史事,鹗等乞以先朝事迹,录付史馆。

《元史·孟攀鳞传》:中统三年,授翰林侍制,同修国史。

贾居贞等修《国史》

《元史·贾居贞传》:至元五年,同丞相史天泽等,同修国史。

归旸等修《国史》

《元史·归旸传》:至元九年,迁翰林直学士,纂修国史。

耶律铸等监修《国史》

《元史·耶律楚材传》:子铸,至元十年,迁平章军国重事,十三年,诏监修国史。

至元诏撰《平金平宋录》及《诸国臣服传记》

《元史·世祖本纪》:至元十三年六月戊寅,诏作《平金平宋录》及《诸国臣服传记》。

畅师文《平宋事迹》

《元史·畅师文传》:至元十二年,伯颜攻宋,选为掾属,从定江南。十三年编《平宋事迹》,上之。

撒里蛮等进读《祖宗实录》

《元史·世祖本纪》:至元二十三年十二月,翰林承旨撒里蛮言国史院纂修太祖累朝实录,请以畏吾字缙译,俟奏读然后纂定,从之。至元二十五年二月庚申,司徒撒里蛮等进读《祖宗实录》。帝曰,太宗事则然,睿宗少有可易者,定宗固日不暇给,宪宗汝独不能忆之耶?犹当询诸知者。

撒里蛮等进《太宗定宗实录》

《元史·世祖本纪》:至元二十七年十一月壬戌,大司徒撒里蛮翰林学士承旨兀鲁带进《太宗实录》。

《补元史艺文志》:至元二十七年,大司徒撒里蛮翰林学士承旨兀鲁带进《太宗定宗实录》。

以上世祖时

李孟访采《先朝圣政记》

《元史·李孟传》:成宗立,首命采访先朝圣政,以备史官之纪述,陕西省使孟讨论编次,乘驿以进。

王约等修《国史》

《元史·王约传》:至元二十四年,拜监察御史,授承务郎,首请建储及修史事。三十一年,迁中书右司员外郎,四月,成宗即位,请行赠谥之典,以旌忠勋,付时政记于史馆,以备纂录。拜翰林直学士,知制诰,同修国史。

《元史·董俊传》:子文用,成宗即位,诏修先帝实录,升资德大夫,知制诰,兼修国史。

姚燧等修《世祖实录》

《元史·姚燧传》:元贞元年,以翰林学士召修《世祖实录》。

《元史·赵孟频传》:至元二十九年,出同知济南路总管府事,因修《世祖实录》,召孟频还京师。延祐三年有上书国史所载,不宜使孟频与闻者,帝乃曰赵子昂,世祖皇帝所简拔,朕特优以礼貌,置于馆阁,典司述作,传之后世,此属呶呶何也。俄赐钞五百锭,谓侍臣曰,中书每称国用不足,必持而不与,其以普庆寺别贮钞给之。

《元史·孛术鲁翀传》:修《世皇实录》,姚燧首以翀荐。

兀都带等进译《太宗宪宗世祖实录》

《元史·成宗本纪》:元贞二年十一月己巳,兀都带等进所译《太宗宪宗世祖实录》。帝曰,忽都鲁迷失非昭睿顺圣太后所生,何为亦曰公主?顺圣太后崩时,裕宗已还自军中,所纪月日前后差错,又别马里思丹炮手亦思马因泉府司皆小事,何足书也。

唐仁祖修《国史》

《元史·唐仁祖传》:大德五年,再授翰林学士承旨,资善大夫,知制诰兼修国史。

撒里蛮进金书《世祖实录节文》及汉字《实录》

《元史·成宗本纪》:大德八年二月甲辰,翰林学士承旨撒里蛮进金书《世祖实录节文》一册,汉字《实录》八十册。

畅师文修《国史》

《元史·畅师文传》:大德十年转翰林侍读学士,知制诰,同修国史。

塔剌海监修《国史》

《元史·成宗本纪》:大德十一年七月丁丑,以中书左丞相塔剌海为中书右丞相监修国史。

以上成宗时

塔思不花监修《国史》

《元史·武宗本纪》:至大元年五月丙子,授右丞相塔思不花上柱国,监修国史。

邓文原等修《成宗实录》

《元史·邓文原传》:文原年十五,通《春秋》,至大元年,复为修撰,预修《成宗实录》。

《元史·畅师文传》:至大元年,修《成宗实录》,赐钞一百锭,不受。

《元史·程钜夫传》:至大元年,修《成宗实录》。

元明善等修《顺宗实录》

《元史·武宗本纪》:至大元年三月己卯,命翰林国史院纂修《顺宗成宗实录》。

脱虎脱等监修《国史》

《元史·武宗本纪》:至大二年十一月丁酉,太尉尚书右丞相脱虎脱监修国史(案脱虎脱或作脱脱者非)。

《元史·耶律希亮传》:至大二年,武宗访求先朝旧臣,授翰林学士承旨,知制诰兼修国史。希亮以职在史官,乃类次世祖嘉言善行以进,英宗取其书置禁中。

以上武宗时

仁宗命修《先朝实录》及《累朝皇后功臣列传》

《元史·仁宗本纪》:至大四年三月,即皇帝位,五月丙子,命翰林国史院纂修先帝实录及累朝皇后功臣列传,俾百司悉上事迹。

程钜夫等修《武宗实录》

《元史·程钜夫传》:皇庆元年,修《武宗实录》。

《元史·元明善传》:奉旨出赈山东、河南饥还,修《武宗实录》。

《元史·杨载传》:载以布衣召为翰林国史院编修官,与修《武宗实录》。

李孟等修《国史》

《元史·李孟传》:皇庆元年正月,授翰林学士承旨,知制诰兼修国史。

畅师文监修《国史》

《元史·仁宗本纪》:皇庆二年四月甲申,诏遴选贤士纂修国史。

《元史·畅师文传》:皇庆二年,复诏为翰林侍读学士中奉大夫知制诰同修国史。

合散等监修《国史》

《元史·仁宗本纪》:延祐元年二月壬午,以合散为中书右丞相,监修国史。四月己酉,以铁木迭儿录军国重事监修国史。

以上仁宗时

曹元用等修《仁宗实录》

《元史·曹元用传》:拜中奉大夫翰林侍讲学士,兼经筵官,预修《仁宗实录》。

《元史·元明善传》:升翰林学士,修《仁宗实录》。

《元史·拜住传》:至治三年春二月,将进《仁宗实录》,先一日诣翰林国史院听读,首卷书大德十一年事,不书左丞相哈剌孙定策功,惟书越王秃剌勇决,从容谓史官曰,无左丞相,虽百越王何益,录鹰犬之劳,而略发踪指示之人,可乎?立命书之,其他笔削未尽善者,一一正之,人皆服其识见。

李之绍修《国史》

《元史·李之绍传》:至治二年,升翰林侍讲学士,同修国史。

以上英宗时

吴澄等修《英宗实录》

《元史·吴澄传》:泰定元年,澄有去志,会修《英宗实录》,命总其事,居数月,实录成,未上,即移疾不出。中书左丞许师敬奉旨赐宴国史院,仍致朝廷勉留之意,宴罢即出城登舟去。中书闻之,遣官驿追,不及而还。

《补元史艺文志》:《英宗实录》四十卷,事目八卷,制诰录二卷,至顺元年五月进,翰林学士吴澄、侍讲学士曹光甲、马祖常、谢端撰。

张珪修《国史》

《元史·张珪传》:泰定三年,拜翰林学士承旨,知制诰,兼修国史。

以上泰定时

苏天爵修《武宗实录》

《新元史·苏天爵传》:至顺元年,预修《武宗实录》。

苏天爵《国朝名臣事略》十五卷

《新元史·苏天爵传》:天爵为学博而知要,长于纪载,有《国朝名臣事略》十五卷,《国朝文类》七十卷,奏议五卷,文集三十七卷。

《四库简目》:《元朝名臣事略》十五卷,元苏天爵撰。所记元代名臣事迹,始穆呼哩终刘因,凡四十七人,所载碑记行状,家藏为多。大致似杜大珪《名臣碑传琬琰集》,但大珪录全篇,此有所节删耳。

《四库总目》:《元朝名臣事略》十五卷(大学士于敏中家藏本),元苏天爵撰。天爵字伯修，真定人，由国子学生试第一，释褐授从仕郎，苏州判官，终浙江行省参知政事。事迹具《元史》本传。此书记元代名臣事实，始穆呼哩，终刘因，凡四十七人。大抵据诸家文集所载墓碑、墓志、行状、家传为多，其杂书可征信者，亦采掇焉。一一注其所出，以示有征，盖仿朱子《名臣言行录》例，而始末较详。又兼仿杜大珪《名臣碑传琬琰集》例，但有所弃取，不尽录全篇耳。后苏霖作有《官龟鉴》，于当代事迹，皆采是书，《元史》列传亦皆与是书相出入，足知其不失为信史矣。

虞集等增修《太祖以来事迹》

《元史·文宗本纪》：至顺二年戊辰，奎章阁以纂修《经世大典》，请从翰林国史院取《脱卜赤颜》一书，以纪太祖以来事迹，诏以命翰林学士承旨押不花、塔失海牙。押不花言："《脱卜赤颜》事关秘禁，非可令外人传写，臣等不敢奉诏。"从之。

《元史·虞集传》：以累朝故事有未备者，请以翰林国史院修祖宗实录时百司所具事迹参定，翰林院臣言于帝曰，实录法不可传于外，则事迹亦不当示人，又请以国书《脱卜赤颜》增修太祖以来事迹，承旨塔失海牙曰，《脱卜赤颜》非可令外人传者，遂皆已。赵世延、虞集专领其事，再阅岁书乃成。

以上文宗时

伯颜监修《国史》

《元史·顺帝本纪》：至顺四年六月，即皇帝位于上都。辛未，命伯颜为太师中书右丞相上柱国，监修国史。

王结等修《四朝实录》

《元史·王结传》：元统元年，拜翰林学士资善大夫知制诰同修国史，与张起岩、欧阳玄修泰定天历两朝实录。

《元史·欧阳玄传》：元统元年，拜翰林直学士，编修《四朝实录》。

《元史·苏天爵传》：元统元年，复拜监察御史，明年，预修《文宗实录》，迁翰林待制。

谢端等修《三朝实录》

《元史·谢端传》：以选为国子监司业，遂为翰林直学士阶太中大夫，预修

《三朝实录》。

《元史·成遵传》:授翰林国史院编修官,预修泰定明宗文宗三朝实录。

拜住监修《国史》

《元史·拜住传》:至元二年十月进右丞相,监修国史。

阿鲁图监修《国史》

《元史·阿鲁图传》:至正四年五月,诏拜中书右丞相,监修国史。

黄溍等修《后妃功臣传》

《元史·顺帝本纪》:至正八年春正月辛亥,诏翰林国史院纂修《后妃功臣列传》,学士承旨张起岩、学士杨宗瑞、侍讲学士黄溍为总裁官,左丞相太平左丞吕思诚领其事。

《元史·吕思诚传》:再任左丞知经筵事,提调国子监兼翰林学士承旨,知制诰,兼修国史。加荣禄大夫总裁《后妃功臣传》。

伯撒里监修《国史》

《元史·顺帝本纪》:至正二十五年九月壬午,诏以伯撒里为太师中书右丞相监修国史。

帖里帖木儿修《国史》

《元史·顺帝本纪》:至正二十七年十一月丁酉,命帖里帖木儿同监修国史。

以上顺帝时

《元秘史》十卷,《续秘史》三卷

《四库未收书目》:《元秘史》十五卷,不著撰人名氏,其纪年以鼠儿兔儿羊儿等,不以天干,盖即国人所录。明黄虞稷《千顷堂书目》著录十二卷。明《文渊阁书目》字字号云,《元秘史》一部五册,又一部同。又云《秘史续稿》一部一册,又一部同并阙佚之本,此依旧钞影写,国语旁释记元太祖太宗两朝事迹,最为详备。案明初宋濂等修撰《元史》急于蒇事,载籍虽存,不暇寻求。如是编所载元初世系事迹兔儿之前,尚有一十一世,《太祖本纪》述其先世乃从□□□儿始。诸如此类,并足补正史之纰漏。虽词语鄙俚,未经修饰,然苟资参证,亦读史者所不废也。

《书目答问》:《元朝秘史》十五卷,阙名,连筠簃本。《补正》:又湘潭叶德辉《观古堂影元抄本》十卷,续二卷。此书一称《元秘史》,元初人撰。叙元先世及太祖太宗两朝,最得其真。

附录:李文田《元朝秘史注》十五卷

按:见《书目答问补正》著录。光绪二十三年桐庐袁昶刻《渐西村舍丛书》本,上海文端楼石印巾箱本。

附录:高宝铨《元秘史李注补正》十五卷

按:见《书目答问补正》著录。注云:原刻本。

附录:施世杰《元秘史山川地名考》十二卷

按:见《书目答问补正》著录。注云:光绪间"许郑学庐"刻本,上海文瑞楼石印巾箱本。

附录:丁谦《元秘史地理考证》十五卷

按:见《浙江图书馆丛书目》著录。

佚名《皇元征缅录》

《四库未收书目》:《皇元征缅录》一卷,不著撰人名氏。卷首撮举大纲,有臣作政典云云,盖即撰《元朝政典章》者。《政典》中称英宗为今上皇帝,是编似亦成于至治之初。体例谨严,若非政典之漫无端绪,不足以资考证。所载征缅事多与《元史·缅国传》相同,自大德二年以下,更足补正史所未备。盖明时修史,即用此为蓝本,录而存之,以备参考焉。

佚名《皇元圣武亲征录》一卷

《四库存目》:《皇元圣武亲征录》一卷(两淮盐政采进本),不著撰人名氏。首载元太祖初起及太宗时事,自金章宗泰和三年壬戌始纪甲子,迄于辛丑,凡四十年。史载元世祖中统四年参知政事修国史王鹗请延访太祖事迹付史馆,此卷疑即当时人所撰上者。其书序述无法,词颇蹇拙,又译语讹异,往往失真,遂有不可尽解者。然以《元史》较之,所纪元初诸事实,大概本此书也。史言太祖灭国四十而其名不具,是书亦不能悉载,知太祖时事,世祖时已不能详,非尽宋濂、王祎之挂漏矣。

《书目答问补正》:元阙名《皇元圣武亲征录》一卷,即《元秘史》译本之异者。袁氏《渐西村舍丛书》刻本,何秋涛校本。

附录:丁谦《元圣武亲征录地理考证》一卷

按:见《浙江图书馆丛书目》著录。

附录:王国维《圣武亲征录》校注一卷

按:见《书目答问补正》著录。注云:民国十五年,北京清华学校研究院排印本,《蒙古史料》四种本。

(二)《元史》已成后目

解缙重修《元史》

《明史稿·解缙传》:(缙)又尝为王国用草谏书,言韩国事,为詹徽所疾,欲中以危法,竟致排诬,累迹深文,皆与律令不合。伏蒙圣恩,数对便殿,申之慰谕,重以镪赐,令以十年著述,冠带来廷。《元史》舛误,承命改修。及踵成《宋书》,删定《礼经》,凡例皆已。留中奉亲之暇,杜门纂述,渐有次第。

梁寅《元史节要》

《明史稿·梁寅传》:寅字孟敬,著有《宋元史节要》,行于世。

危素《元史稿》五十卷(据《千顷堂书目》)

《明史稿·危素传》:素,元末居房山者四年,明师将抵燕,淮王帖木儿不花监国,起为承旨如故,素甫至而师入,乃趋所居报国寺入井,寺僧大梓力挽起之曰:国史非公莫知,公死,是死国史也。素遂止。兵迫史库,往告镇抚吴勉辇而出之,《元实录》得无失。

《明史稿·张以宁传》:元故官来京者,(危)素及以宁名尤重。素长于史,以宁长于经。素宋元史稿俱失传,而以宁《春秋》学遂行。

谢铎《元史本末》

按:见王圻《续文献通考》著录。

陈济《元史举要》

按:见《续文献通考》著录。

张九韶《元史节要》十四卷

《四库存目》:《元史节要》十四卷(两淮盐政采进本),明张九韶撰。九韶字美和,清江人。洪武十年,以荐为国子助教,升翰林院编修。是编因当时所修《元史》版藏内府,人间多不得见,于是仿曾先之《十八史略》例,节其要为一书,其编年系事,则仍用《通鉴》之体。前有洪武甲子《自序》一篇,然纪载多不具首尾,未为该备。且此书成于洪武间,而《顺帝纪》内多有称明太祖高皇帝者,疑其经后人所改窜,非九韶原本也。

胡粹中《元史续编》十六卷(《明史·艺文志》作七十七卷)

《浙江采进遗书目》:《元史续编》十六卷(写本),明楚府右长史山阴胡粹中撰。踵《朱子纲目》例为之,有永乐元年《自序》。

《四库简目》:《元史续编》十六卷,明胡粹中撰。粹中以《元史》多详始祖以前攻战之事,而略成宗以后治平之迹,顺帝一朝,尤为阙失,乃作此以补之。大书分注,仿《通鉴纲目》,有所论断,亦随事附见焉。

《四库总目》:《元史续编》十六卷(浙江汪汝瑮家藏本),明胡粹中撰。粹中名由,以字行,山阴人。永乐中,官楚府长史。此书大旨以明初所修《元史》,详于世祖以前攻战之事,而略于成宗以下治平之迹,顺帝时事,亦多阙漏,因作此以综其要。起世祖至元十三年,终顺帝至正二十八年,编年系月,大书分注,有所论断,亦随事缀载,全仿《通鉴纲目》之例。然《纲目》讫五代,与此书不能相接。其曰《续编》,盖又续陈桱书也。黄虞稷《千顷堂书目》载有此书十六卷又别出《元史评》,而不著卷数,疑当时或析其评语别为一本以行,如《后汉书赞》之例欤。其中书法,如文宗之初,知存泰定太子天顺年号,而于明宗元年转削而不纪,仍书文宗所改之天历二年,进退未免无据。又英宗南坡之变,书及其丞相云云,盖欲仿《春秋》之文。而忘其当为内辞,亦刘知几所谓貌同心异者。其他议论,虽尺尺寸寸学步宋儒,未免优孟衣冠过于刻画然,如谓张世杰夺舟断港,未能决性命于义利之间;谓吴直方劝托克托大义灭亲,为不知春秋之义,持论亦未尝不正。至于文宗阴谋害兄,更能据故老之传闻,揭史家未发之隐,尤为有关于惩戒。商辂等修《续纲目》,全取此书为蓝本,并其评语亦颇采之。至明太祖起兵称王以后,《续纲目》即分注元年,斥其国号,而粹中独大书至正,直至二十八年八月而止,内外之辞,未尝少紊。其持论之公,非辂等之所及。又宋末二王,不予以统,亦协其平,郑瑗《井观琐言》乃曰胡粹中《元史续编》又下于陈柽《续编》,德佑北迁,闽广继立宋之统绪,犹未绝也。乃遽抑景炎、祥兴之年于分书,非《纲目》书蜀汉东晋之例云云,何其偏欤。

《郘亭知见传本书目》:《元史续编》十六卷,明胡粹中撰。天一阁书目有刊本,席刊似邵氏《类编》也。

胡粹中《元史评》

按:见《千顷堂书目》著录,附见上文。

陈士元《新元史》

按:见《归云外集目》著录。未刊。

朱右《元史补遗》十二卷

按:见《千顷堂书目》著录。

佚名《元史外闻》十卷

按:见焦竑《经籍志》著录。不著撰人名氏。

项笃寿《元史论赞》四卷

按:见《四库存目》著录。详《史记论赞》条。

许浩《元史阐幽》一卷

《四库存目》:《元史阐幽》一卷(浙江鲍士恭家藏本),明许浩撰。大抵皆取《续纲目》所书而论断之。凡五十二条,持论虽正而亦不免于偏驳。

陈邦瞻《元史纪事本末》四卷

《明史·艺文志》:陈邦瞻《元史纪事本末》六卷。

《四库简目》:《元史纪事本末》四卷,明陈邦瞻撰。凡二十七篇,其律令一篇,则臧懋修所补也。所据惟《元史》及商辂《续纲目》,故不及《宋史纪事本末》之赅博。又元明间事,皆以为宜入国史,并顺帝北行关一代之兴亡者,亦删不录，殊多漏略。然于一代典制，则条析颇详。

《四库总目》:《元史纪事本末》四卷（江苏巡抚采进本），明陈邦瞻撰。凡列目二十有七，其律令之定一条，下注一补字，则归安臧懋修所增也。明修《元史》，仅八月而成书，潦草殊甚，后商辂等撰《续纲目》，不能旁征博采，于元事亦多不详。此书采掇，不出二书之外，故未能及《宋史纪事》之赅博。又于元明间事，皆以为应入明国史，遂于徐达破大都，顺帝驻应昌诸事，皆略而不书。夫元初草创之迹，邦瞻既列于宋编，又以燕京不守，元帝北徂，为当入明史，是一代兴废之大纲，皆没而不著。揆以史例，未见其然。至至正二十六年韩林儿之死，乃廖永忠沉之瓜步。洪武中，宁王权作《通鉴博论》，已明著其事，不过以太祖尝奉其年号，嫌于项羽义帝之事，归其狱于永忠耳。邦瞻更讳之书卒，尤为曲笔。库库特穆尔自顺帝北迁之后，尚为元尽力，屡用兵以图兴复，故太祖称王保保真男子，以为胜常遇春。后秦王樉妃，即纳其女。邦瞻乃以为不知所终，亦不免于失实。特是元代推步之法，科举学校之制，以及漕运河渠诸大政，措置极详，邦瞻于此数端，纪载颇为明晰，其他治乱之迹，亦尚能撮举大概，揽其指要，固未尝不可以资考镜也。

《郘亭知见传本书目》:《元史纪事本末》四卷，明陈邦瞻撰，通行本，张溥校出本。

《郑堂读书记》:《元史纪事本末》二十七卷（明太仓张氏论正本），明陈邦瞻撰。《四库全书》著录作四卷，《明史·艺文志》作六卷，又别出张溥《元史纪事本末》二十七卷。按四卷作六卷，当由所见本异，至西铭重刊是书，以一篇为一卷，加以评论，故《明史》即以二十七卷之书属之西铭所撰，犹西铭之《宋史纪事本末》也。自《江南群盗之平》，以迄《诸帅之争》，凡二十七篇。内有《律令之定》一篇，为归安臧氏（懋修）所补也。其书止就《元史》及商氏（辂）《续纲目》二书中，区别门目，以类排纂，故不及《宋史纪事》之赅博。且元初事实，已见《宋史纪事》，元末事实，德远以为宜见国史，故卷帙益属寥寥，非特年代之促，事迹之少也。至西铭评论，与《通鉴》、《宋史》两纪事所载同，而议论益加谬悠，不脱明人气习。

王光鲁《元史备忘录》一卷

《书目答问》:《元史备忘录》一卷。注云：明王光鲁撰。借月山房本。

《补正》:琅琊山馆丛书本。

《郑堂读书记》:《元史备忘录》一卷(借月山房汇钞本)。

佚名《宋元史臆见》二十卷

按:见《世善堂书目》著录。

佚名《元史节要》二卷

按:见《湖北通志·艺文志》著录。

郑棠《元史评》

按:见《浙江通志·艺文志》著录。注云:见《金华先民传》。

周复俊《元史弼违》

按:见《千顷堂书目》著录。

以上明时人

孙承泽《元朝典故编年考》十卷

《四库简目》:《元朝典故编年考》十卷,国朝孙承泽撰。是书取元代事迹,分年编次,正史以外,杂取文集说部附益之,足补托克托等记载之疏。后二卷,一为《元朝秘史》,一为《辽金遗事》,则附录也。

《四库总目》:《元朝典故编年考》十卷(内府藏本),国朝孙承泽撰。承泽有《尚书集解》,已著录。原本不著名氏,今知为承泽作者,《大兴志》载承泽所著有《元朝典故编年考》,与此本合也。其书取元代朝廷事实,分代编辑,正史以外,更采元人文集以附益之,共为八卷。《元史》冗复漏略,殊乏体裁,此虽不能详悉厘正,而削繁增简,具有首尾,差易省览。其第九卷为《元朝秘史》,第十卷附《辽金遗事》。小序谓元有《秘史》十卷,《续秘史》二卷,前卷载沙漠始起之事,续卷载下燕京灭金之事,盖其国人所编记。书藏禁中不传,偶从故家见之。录续卷末,以补史所不载云云。考其所引,并载《永乐大典》元字韵中,互相检勘,一一相同,疑本元时秘册,明初修书者,或尝录副以出,流传在外,故承泽得而见之耳。所记大都琐屑细事,且间涉荒诞,盖亦传闻之辞,辗转失真,未足尽以为据。然究属元代旧文,世所罕睹,自《永乐大典》以外,惟见于此书,与正史颇有异同,存之亦足以资参订也。

邵远平《元史类编》四十二卷

《郑堂读书记》:《元史类编》四十二卷(南沙席氏扫叶山房本),国朝邵远平撰(远平字吕璜,号戒山,仁和人,康熙甲辰进士,己未召试博学宏词官至少詹事)。戒山之高祖(经邦),当明嘉靖时,尝取唐宋诸史,删为《宏简录》,于元未遑及也。戒山乃循其例而续成之。凡世纪一卷,天文九卷,宰辅六卷,功臣四卷,侍从二卷,台谏二卷,直谏一卷,庶官三卷,皇后公主一卷,系属一卷,儒学四卷,文翰二卷,旌德四卷,杂行一卷,附载一卷。而于功臣又分开国、归降、平宋、平诸域四目;庶官又分文臣、循吏、武职三目;旌德又分忠节、孝义、烈女三目。《元史》本无论赞,此亦因之,而惟加以四言述赞,易其称曰册。冠以《朔漠图考》,《海运图考》各一篇。按《元史》刻期告竣,故多抵牾复沓,戒山芟其繁芜,理其棼乱,而增补之。入制诰于帝纪,采著作于儒林,补以熊、禾等十八人传,而于文苑悉加甄录,忠臣义士,广益良多。惟十三志不存,然分载于纪传,阙者以补,晦者以明,以续《宏简》之录,可无添已。前有康熙己卯戒山《进表》及《凡例》,又有乾隆乙卯南沙席(世臣)序。

《耳食录》:《元史类编》,国朝邵远平辑,四十二卷,江南席世合《东都事略》《南宋书》《契丹国志》锓于扫叶山房颜申《宋辽金元别史》。

《元史学》:邵远平(戒)《元史类编》四十二卷,成于清初,康熙帝南巡远平迎谒,献此书。远平曾有志改修《元史》,未果。此书其权舆也。其父邵经邦于明末曾著有《宏简录》,凡二百五十四卷,意在续郑樵《通志》。远平更著此书,意在续《宏简录》。其意搜讨,未能美备。魏源评之曰,邵远平《元史类编》袭郑樵《通志》之重儓,以天王宰辅庶官分题,已大偭史法,且有纪传无表志,于一代经制,阙略未详,故钦定《四库全书》,置之别史(案:今本《四库总目·别史类》存目无此书名)。则此书之缺失可知矣。

《郘亭知见传本书目》:《元史类编》四十二卷,国朝邵远平撰。一名《续宏简录》,以续乃翁书。有刊本,又扫叶山房刊刻此书,《四库存目》入别史。

《书目答问》:《元史类编》四十二卷,邵远平撰。通行本。此书意在续《宏简录》。《补正》:扫叶山房本。

钱大昕《补元史氏族表》三卷,《补元史艺文志》四卷

《郑堂读书记》:《元史氏族表》三卷(黄钟校刊本),国朝钱大昕撰。竹汀

以元之氏族,有似异而实同者,有似同而实异者,陶九成《辍耕录》所载蒙古七十二种,色目三十一种,其见于史者,仅十之三四,而译字无正音,纪载互异。因仿《唐书·宰相世系》之例,取其谱系可考者,列为表。上卷蒙古,中卷色目,下卷部族。无考者,于正史杂史之外,兼取碑刻文集题名录等书,考其得失,审其异同,一一表而出之,而后昭然如白黑分矣。据其门人黄(钟)跋,盖竹汀尝欲刊正《元史》,特补《艺文志》及此表。后《元史》未成,学者读此二编,可以窥见崖略矣。

《元史学》:钱大昕有《补元史艺文志》四卷,《补氏族表》三卷,而《补氏族表》尤为其精力集中所成。盖据陶宗仪《辍耕录》所载蒙古七十二种色目三十一种而列表晰之。其成此表,盖于前代史料,广搜博采,正史杂史之外,兼及碑刻文集题名录等书,考其得失,审其异同。据其弟子题跋云,先生属稿,始于乾隆癸酉七月,成于庚子五月,几及三十年,其用力可谓勤矣。盖元史学之有钱大昕,固其首出庶物之一人耳。

《郘亭知见传本书目》:《补元史艺文志》四卷,《氏族表》三卷,国朝钱大昕撰。《潜研堂丛书》本。

《书目答问》:《补元史艺文志》四卷,钱大昕撰。潜研堂本。《补正》:苏州局本,广州局本,亦《八史经籍志》及邵阳魏源《新元史》内。

《书目答问》:《元史氏族表》三卷,钱大昕撰。潜研堂本。《补正》:苏州局本,广州局本。

钱大昕《宋辽金元四史朔闰考》二卷

《书目答问》:《宋辽金元四史朔闰考》二卷,钱大昕撰。钱侗续成。文选楼本,粤雅堂本。

钱大昕《辽金元三史拾遗》五卷

《书目答问》:《辽金元三史拾遗》五卷,钱大昕撰。潜研堂全书本。《补正》:广州局本。

钱大昕《元史稿》一百卷

《书目答问》:钱大昕别有《元史稿》一百卷,未刊。

钱大昕《元史考异》十五卷

按:见《潜研堂全书目》著录。详《史记考异》条。

倪璠《补辽金元三史艺文志》一卷

《书目答问》:《补辽金元三史艺文志》一卷,倪璠撰。《补正》:单刻本一卷,广州局本,亦在镇海张寿荣刻《八史经籍志》内,此上元倪灿撰,非倪璠也。

金门诏《补辽金元三史艺文志》一卷

《书目答问补正》:江都金门诏《补辽金元三史艺文志》一卷,金东山集本,昭代丛书庚集本,广州局本,亦在《八史经籍志》内。

张锦云《元史艺文志》

按:见《书目答问补正》著录。注云:无刻本。

卢文弨补《辽金元三史艺文志》一卷

《书目答问补正》:卢文弨《辽金元三史艺文志》,复采海宁张锦云《元史艺文志》补之。

毛岳生《元后妃公主列传》一卷

按:见《常熟图书馆目》著录。注云:浙学庐石印本。

汪辉祖《元史证误》二十三卷

按:见《绍兴先正遗书目》著录。

汪辉祖《元史本证》五十卷

按:见《郘亭知见传本书目》著录。注云:嘉庆壬戌汪氏刊本。

《书目答问补正》:《元史本证》五十卷,光绪间徐友兰编刻。《绍兴先贤遗书》本,广州局本。

《郑堂读书记》:《元史本证》五十卷(嘉庆壬戌刊本),国朝汪辉祖撰。后十四卷,其子继培所补也(辉祖字焕曾,号龙庄,萧山人,乾隆乙未进士,官湖南宁远县知县。继培字因可,号原叔,嘉庆乙丑进士,官吏部主事)。龙庄阅《元史》数周,病其事迹舛阙,音读歧异,因勘以原书,疏证别纸,后汇为一编,区以三类:一曰证误,为卷二十三;二曰证遗,为卷十三;三曰证名,为卷十四。凡此数端,或举先以明后,或引后以定前,无证见则弗与指摘。非本有则不及推详。爰取陈季立《毛诗古音考》之例,名之曰本证。皆自摅新得,实事求是,不欲驰骋笔墨,蹈前人轻薄褊躁之弊。此所以有大醇而无小疵也。其证名一门,并令原叔增补,有及证误证遗者亦录之,犹范氏注《穀梁录》及邵泰、雍凯之说云尔。又于时贤之订《元史》者,独取钱竹汀《考异》,凡以本书互证为是编所未及者,悉采案词,分隶各卷,以臻美备。是不特读《元史》者当奉为指南。即二十三史,皆可推类以求之矣。书成于嘉庆壬戌,自为之序。又属竹汀为之序。

乾隆《钦定辽金元三史国语解》四十六卷

《四库总目》:《钦定辽金元三史国语解》四十六卷,乾隆四十六年奉敕撰。考译语对音,自古已然。至宋人武备不修,邻敌交侮,力不能报。乃区区修隙于文字之间,又不通译语,竟以中国之言,求外邦之义。如赵元昊自称兀卒,转为吾祖,遂谓吾祖,为我翁;萧鷓巴本属蕃名,乃以与曾淳甫作对;以鷓巴鶉脯为恶谑,积习相沿,不一而足。元托克托等修宋辽金三史,多袭旧文,不加刊正,考其编辑成书,已当元末,是时如台哈布哈号为文士,今所传纳新(案:纳新原本误作迺贤,今改正)《金台集》,首有所题篆字,亦自署曰泰不华,居然讹异,盖旧俗已漓,并色目诸人,亦不甚通其国语,宜诸史之讹谬百出矣。迨及明初,宋濂等纂修《元史》,以八月告成,事迹挂漏,尚难殚数,前代译语,更非所谙,三史所附国语解,颠舛支离,如出一辙,固其宜也。特命馆臣详加厘定,务得其真。以索伦语正《辽史》,凡十卷,首君名,附以后妃皇子公主;次宫卫,附以军名;次部族,附以属国;次地理,次职官,次人名,次名物,共七门。以满洲正《金史》,凡十二卷,首君名,附以后妃皇子;次部族,次地理,次职官,附以军名;次姓氏,次人名,附以名物,共六门。以蒙古语正《元史》,凡二十四卷,首帝名,附以后妃皇子公主;次宫卫,附以军名;次部族,附以国名;次地理,次职官,次人名,次名物,共七门。各一一著其名义,详其字音,字音为汉文所无者,则两合三合以取之,分析微茫,穷极要窅,即不谙翻译之人,绎训释之明,悟语声之转,亦觉厘然有当于心,而恍然于旧史之误也。

《元史学》:辽金元三史,在吾国史籍中,以国语不同之故,研究者既多所扞格,而一切谲音译名,彼此歧出,尤为谬误之原因。魏源所撰《元史新编》,以语解冠首,然亦仅略述谲音之方法,终嫌简略,清人满洲文字,与辽金元国语颇相近似。此书凡四十六卷,为乾隆间敕修,足供研究之助。

乾隆敕译《蒙古源流》八卷

《四库简目》:《蒙古源流》八卷,蒙古小彻辰萨囊台吉撰,乾隆四十二年奉敕译进,大旨以佛教为纲,而蒙古之世系始末,兴衰治乱,即并见于其间。与《永乐大典》所载《元朝秘史》约略相同,而原始要终,叙述尤为详备。

《四库总目》:钦定《蒙古源流》八卷,乾隆四十二年奉敕译进,其书本蒙古人所撰,末有自序,称库图克彻辰鸿台吉之裔小彻辰萨囊台吉原知一切,因取各汗等源流,约略叙述。……译以汉文,润色排比,纂成八卷,其第一卷内言风坛水坛土坛初定各种生灵降世因由,及六噶拉卜乘除算量运数,而归于释迦牟尼佛教之所自兴,是为全书缘起。次纪额纳特珂克国汗世系,首载星哈哈奴汗之曾孙萨尔斡阿尔塔实迪汗之子丹巴多克噶尔成佛事,而自乌迪雅纳汗以下,崇信佛教诸大汗,及七赞达七巴拉四锡纳等汗,则俱详著其名号,与藏经内之释迦谱,约略相仿。次纪土伯特汗世系,始于尼雅特赞博汗在善布山为众所立,终于扎实德汗,大致亦颇与西番嘉喇卜经合。其中载特勒德苏隆赞娶唐太宗女文成公主,特勒丹租克丹汗娶唐中宗弟景德王女金城公主,核之《唐书》,太宗贞观十五年以宗女文成公主,妻吐蕃赞普叶宗弄赞;中宗景龙初,以雍王守礼女为金城公主,妻吐蕃赞普叶隶蹜赞,其事迹多属相符,是土伯特即吐蕃国号,而《唐书》所称叶宗弄赞乃特勒德苏隆赞之讹。其汗世以赞博为名,与《唐书》所称赞普亦音相近也。其第三卷以后,则皆纪蒙古世系,谓土伯特色尔特赞博汗之季子布尔特齐诺避难至必塔地方,其众尊为君长,数传至勃端察尔,母曰阿隆郭斡哈屯,感异梦而生;又九传至元太祖,与《元本纪》多相合,而间有异同;其称元太祖为索多博克达青吉斯汗,元世祖为呼必赍彻辰汗,元顺帝为托欢特穆尔乌哈噶图汗。自顺帝北奔后,世传汗号至林丹库克图汗,而为我朝所克,中间传世次序,名号生卒年岁，厘然具载，诠叙极为详悉。明代帝系，亦附著其略，其最踳驳者，如以库色勒汗为元明宗弟，在位二十日，史无其事。又以明太祖为朱葛，仕元至左省长官，谗杀托克托噶太师，遂举兵迫逐顺帝，亦为凿空失实。其他纪年前后，亦往往与史乖迕。盖内地之事，作书者仅据传闻录之，故不能尽归确核。至于塞外立国传授源流，以逮人地诸名，语言音韵，皆其所亲知灼见，自不同历代史官摭拾影响附会之词，妄加纂载，以致鲁鱼谬戾，不可复凭。得此以定正舛讹，实为有裨史学。

《元史学》：《蒙古源流》八卷，为蒙古人撒囊撒辰台吉同纪其种族之著作，书中于元朝先世及成吉斯汗之事迹，多所记载，可以持与《元秘史》、《亲征录》等书对照，勘其异同。此书乾隆九年敕译为汉文，关于研究清代所译蒙古人自作之史料，此书其唯一之物也。

张穆《蒙古游牧记》

《元史学》：张穆（石洲）生于清道光间，与何秋涛同时，亦西北史地学之大家也。其《蒙古游牧记》于蒙古地理形势，与各部落之历史，及各旗盟之概况，纪述极为详尽。自来研究蒙古史迹者，皆注意于成吉思汗以来之武功政略，至于元亡明兴以来，当明蒙古部落窜归沙漠后之迁变蜕化，以成今日蒙古之局，则鲜为人所注意。及张穆出，而后刻意于研究此中古时代蒙古与近代蒙古间一切蜕化变更之陈迹，质言之，即成吉思汗所创造之帝国消灭以后，其民族别用何种方法以自存，近代蒙古一切盟旗一切部分之分别，实根于如何之历史以造成，其地理上之分划及彼此之关系，为如何。要之，张氏此书之鹄的，一言以蔽之，曰由古代蒙古之历史，以考察现蒙古之成因而已。其研究实较趋于实际一途，而为研究现代蒙古地理人种改制风俗者之先河。

何秋涛《朔方备乘》八十卷

《元史学》：《朔方备乘》八十卷，于俄属西伯利亚及中亚东欧之地，俱有考证。于历代北徼用兵，清初中俄交涉，俱有纪述。其关于元史者有《辽金元北徼诸国传》、《元代北徼诸王传》，考订《元代北方疆域考》等篇皆精覈有据。

魏源《元史新编》九十五卷

《元史学》:清代《元史》之学,以钱大昕为第一代之专门名家,而魏源则其第二代也。魏源生于嘉庆间,与龚自珍齐名,而于《元史》之学,则有《元史新编》九十五卷,凡本纪十四卷,列传四十二卷,表七卷,志三十二卷。盖自宋濂、王祎草创《元史》以后,虽有志重修者,不乏其人,而皆仅成零编短著,无关全局,至元著此书成,而后第一次全体改造之规模具焉。其书有凡例与语解冠其首,凡例历举旧《元史》中盖漏缺失之点,与本书改善补正之点。语解则解释命名之原义,繙音之方法,其进呈此书表中,自叙其工作之方法云:爰发愤重修,采《四库全书》中元代各家著述百余种,并旁搜《元秘史》、《元典章》、《元文类》各书,参订旧史,成《元史》本纪列传表志凡如干卷云云,足见其搜讨之勤,与布置之苦。魏光焘序之曰,开国启宇,远轶汉唐,西北所亘,沿革当章,立太祖《王朝平服各国传》。中叶正朔,不逾金山萧墙内阋盛衰攸关,立《东北叛藩传》。凡此皆足表见此书之优点。当时作者固自比于《新唐书》、《新五代史》之伦,然吾人观源所取材,仍不外《四库全书》及《元秘史》、《元典章》、《元文类》,虽征考繁博,纪载正确,远胜旧《元史》,终以囿于见闻之故,仍未能详尽博洽,使吾人满意。但观其所纪西域诸国之简略不详,因知时代所限,闻见未广,诚无可奈何之事,而源之能发愤致力,全部改造,固不失为近代《元史》之下辂推轮也。以源书较旧《元史》,可谓事增于前,文省于旧。特所增者,自今日观之,仍不免疏略,而所省者,或亦不免挂漏,然源固有文士才,独文笔雅洁,则远胜旧《元史》耳。

《书目答问补正》:魏源《元史新编》九十五卷,胜邵氏书,光绪三十一年邵阳魏氏刻本。

曾廉《元书》一百二卷

《元史学》:曾廉为湖南邵阳人,曾著《元书》一百零二卷,以纪元代之事,邵阳为魏源乡里,曾廉之书,特就魏氏之《元史新编》为蓝本,更新增少许事实,然搜罗不广,囿于见闻,无甚可取。

洪钧《元史译文证补》三十卷

《元史学》:洪钧(文卿)吴人,其于元史学之贡献,盖空前矣。原来中国学者之治元史，其取材不过中国旧籍，钱大昕以推许《秘史》，何秋涛以校勘《亲征录》，并为元史学之两大纪念。彼《元秘史》与《亲征录》不过中国旧籍之未彰者而已，而何钱两氏之贡献已如此。若洪钧者，其取材乃别出新途，首先于中国旧籍之史料外，更采取西方史籍，以证中国所未确，补中国所未闻，使中国域中之元史学，扩大范围，而为世界之元史学。其所驱役之史料，除中国所固有者外，乃及于波斯、阿拉伯、俄罗斯、法兰西、英吉利、德意志、土尔基诸国。盖自中西交通以后，用西方之资料以证中国之事实，本为吾人生于今日之职志，而洪氏实首开此例之一人也。彼生于欧亚大通之时代，遭际运会，身为公使，乃得遍征地方史料，以为参证。彼所取得之材料，为中国向来未有之材料，彼之地位，实为中国元史学上之一骄子，而又能济之以勤劬搜索之才能，故元史学之有洪氏而其参证乃富，规模乃宏，吾人治元史学者，所当奉为先导也。《元史译文证补》凡三十卷，所谓证者，证中国所未确也。所谓补者，补中国所未闻也。全书精绝，所补诸篇，其后柯邵忞修《新元史》时，几完全照录，柯书之总集大成，固自有其价值所在，然其取材洪书，亦为优点之一。所惜洪氏全功未竟，其中有篇目而未补就者甚多。盖因搜讨未毕，遂已殂谢，故仅存虚目，如目录中之《察哈台诸王补传》、《旭烈兀补传》、《不赛因补传》、《帖木儿补传》、《图克鲁帖木儿补传》、《速不台传注》、《曷思麦里传注》、《郭宝玉郭德海传注》、《克烈郭补传》、《蒙古部族考》等，皆有虚目，而仍付阙如，徒以洪氏享年不永，搜索未竟，此书遂成中止。至其已成功者，除诸补传外，若《太祖训言补辑》、《太祖年书考异》、《西域古地考》、《元史各教名考》、《旧唐书大食传考证》等，皆精美绝伦。洪氏所据之西方史料甚多，而其著述，颇能博引而折衷断之。盖波斯人拉施特、蒙古人阿卜而嘎锅、西域人志贾尼为西方元史学之三大源家，而法人多桑、德国籍之土尔基人哈木耳、英吉利人霍握儿特、俄罗斯人贝勒津，实为欧洲继起之蒙古史家。洪氏于此，皆曾博搜约取，加以断制，故其著作颇精美可观。然洪氏有时亦不免专断之处，如英人霍握儿特之《蒙古史》，荟萃群言，体裁甚伟，而洪氏谓其说不可遵信。实则霍氏之书，悉有来历，取材既多，自然异说纷起，妄加断制，肆意弃掷，似有不可。要之洪氏所用方法，不外采西方之新说，以证中国之旧说，此其为古人所推崇也。

《书目答问补正》：吴县洪钧《元史译文证补》三十卷，光绪二十三年元和陆润庠刻本，上海文瑞楼缩印本，广州局本。

屠寄《蒙兀儿史记》

《元史学》：洪李而后，《元史学》之继起者有屠寄氏（敬山）。屠氏知蒙古史迹之范围扩大，彼中国历代史家之所谓元朝者，仅足涵盖忽必烈入中国后之事迹，至未入中国时之太祖太宗定宗宪宗四朝故事，与西方察哈台汗、奇卜察克汗、伊儿汗之故事，皆不得称曰元史，故别著一史曰《蒙兀儿史记》，专详于太祖初起时所平诸部落，与西域诸汗国之事实，所以不曰元史者，以此等史迹，本非元朝史迹，亦非"元史"二字所能包容耳。其书中篇目之重要者，有《宗室世系表》，有西北《三宗藩地通释》，有《成吉思汗诸弟列传》。至其列传中，颇有为旧史所忽略失纪者，而本书皆为立专传，如太祖初起时所荡平之乃蛮、客烈亦、扎木合，泰亦赤兀诸部之事实，其酋长如汪罕、太阳罕等之兴亡，皆有详细之列传载之。其书于人名译音颇与魏源、洪钧立异，如阿阔台译作斡歌歹，库裕译作由余克，蒙哥译作蒙格，皆与向日诸家之译名有别。其《漠北三大汗诸子列传》则于西域汗国之盛衰沿革记述颇详，以视魏源之简略，殆不可同年而语，要之屠氏所为《蒙兀儿史》，盖洪钧参考西籍以后，柯邵忞未集大成以前，别树一帜之著作，其身殁而稿尚有未定未刊者，可谓谨勤矣。

《书目答问补正》：武进屠寄《蒙兀儿史记》十册，但具入主以前史迹，全书未成。自撰自注，抉择甚审。宣统间结一宧刻本。

李文田《元史地理考》

按：见《李氏著述目》著录。

丁谦《元史外夷传地理考证》一卷

按：见《浙江图书馆丛书目》著录。

杨守敬《元地理志图》

按:见《观海堂汇目》著录。

以上清人

王国维《蒙古史料校注》四种本

按:见《书目答问补正》著录。注云:王国维《蒙鞑备录笺证》一卷,《黑鞑事略笺证》一卷,附《鞑靼考》、《辽金时蒙古考》。民国十五年,北京清华学校研究院排印本。

柯劭忞《新元史》二百五十七卷

《元史学》:柯劭忞(凤孙)山东胶州人,其最近出版之生平伟著《新元史》,凡二百五十七卷,其中本纪二十六卷,表七卷,志七十卷,列传一百五十四卷,外附目录一卷,诚巨制也。其中所收材料,有得之于钱大昕、魏源者,有得之于何秋涛、李文田者,有得之于洪钧、屠寄者,其列传中,凡洪钧有传者,悉照录全文。案近代使用西方史料者,莫若洪钧、屠寄二氏,然洪书与屠书,固非全璧也。其中有目无篇者,殊不为少。此等漏隙颇费补缀之工夫,而柯氏全书,详博周备,固能补缀得当,取舍有法。故日本帝国大学博士论文审查会评之曰:著者柯君,承袭诸家之后,参考诸家之著述,修改《元史》表面似易于成功,实际则等于群雄割据迭兴之后,而成统一之功。其为难处,正自不少也。斯论最为切当。其《世族表》分蒙古民族为黑、白、野三种,鞑靼,盖本于波斯史家拉施特所述蒙古支派如此,直将钱大昕氏根据《秘史》《辍耕录》而成之《世族表》完全推翻,指出其舛讹重复之点。其中篇目仍旧而新加材料者,有《兵志》、《百官志》、《刑法志》等;其旧所未有而新加篇目者,有《行省宰相年表》及《蛮夷传》等;其旧有篇目而此书省略不存者,有《艺文志》、《奸臣逆臣叛臣传》、《后妃公主传》等。其于西北三宗藩之后裔如奇卜察克汗之分裂为金帐白帐蓝帐三汗,繁琐纷纭,不易清理;如伊儿汗自不赛因以后,子孙式微,宗族争夺,其间事迹,皆极繁琐难考,向来中国史料,决无记载,即洪钧、屠寄二氏之书,亦未详纪。柯书独能参考西籍,将其分合衍变之迹,胪列清疏,以是征其用力之勤劬矣。其《释老传》中所纪,如喇嘛教之八思巴，如道教之丘处机，皆元代宗教名人，其余列有专传者，皆不外喇嘛教僧及道士。而独于西域汗国之回教名人，及中国之耶教神父皆无纪载，吾人熟知若勃莱奴喀皮尼，若鲁卜里克，若孟德高奴维皆西方耶教名人，身临中国，亲接大汗，传纪可考，而柯书并不著一字。此盖吾所最不满之一点也。然屈指以计中国既往之史元学家，不能不以柯氏集其大成。中国元史学之有柯邵忞，正如集百川之流以成大海，集泉土之积垒以成高峰，盖斯学自康乾以来，如果树放花，初作蓓，道咸之间，则嫩芽渐吐，新萼已成，至同光之间，千红万紫，烂熳盈目，及柯邵忞氏之著作成而后繁花刊落，果实满枝矣。柯氏之著此书，费时四十余年，曾耗半生之精力以从事，其书以中华民国十一年出版，政府明令刊入正史之中，盖明清两代凡六百余年之一切学者士大夫所耗竭心力而未完成者，柯氏以半生之力，集其大成，可谓伟矣。

《书目答问补正》：胶县柯邵忞《新元史》二百五十七卷，晚出尤胜。民国十一年天津徐世昌退耕堂刻本。坊间排印本。

张相文《成吉斯汗陵寝发见辨论书》

《元史学》：关于成吉思汗陵寝问题，曾与屠寄氏反复辨论，张氏据地理及近代传说，主张在河套，屠氏据古史旁证，主张在外蒙古。反复究诘，洋洋各数万言，实近代元史学上最有价值之讨论。

陈垣《也里可温考》

《元史学》：《也里可温考》于耶教在元代之传布状况考证精博，且于也里可温之译名语源，亦能精当解释。盖国人旧日之研究元史者，于也里可温每苦无从解释，而认为回教之一支派，其谬误实甚，即柯邵忞氏生于近日耶教盛行东方之时代，尤复拘于成见，其《新元史·释老传》中亦仅列道教之丘处机，与喇嘛教之八思巴等人，而遗遗耶教任其漏略，不知元代耶教盛行，聂思脱里教派势力极盛，其后即多米尼教派、佛朗西斯教派亦皆传布，及元亡明兴而后耶教中衰，此等耶教宗派蒙古人皆以也里可温呼之，欲睹其实况，则陈氏之《也里可温考》实最能考证博洽者也。

陈垣《元西域华化考》

《元史学》：蒙古盛时，人种同化一问题，为吾人最注意之一点。其研究当为汉人胡化、胡人汉化之两方面，陈氏之《元西域华化考》，即胡人汉化一方面，将一切回回畏吾儿、波斯、印度之回教徒、耶教徒、摩尼教徒从中国之儒学佛老美术文艺礼俗各方面，考出其同化于中国之状况，吾人于此足以觇知元代种族同化程度之强烈焉。其后并附有《总论元文化》、《元人眼中之西域人华化》、《元西域人汉文著述表》三篇，尤为可宝。

以上今人

《正史汇目》第二十四　《明史》部

(一)《明史》未成前目

陶安兼修《国史》

《明史稿·陶安传》:洪武元年,命知制诰兼修国史。

宋濂兼修《国史》

《明史稿·宋濂传》:洪武二年,召充《元史》总裁官,除翰林院学士知制诰兼修国史。

孔希学修《起居注》

《明外史·孔希学传》:洪武三年,授起居注。

詹同等编《大明日历》一百卷

《明史稿·詹同传》:洪武六年,为学士承旨,兼吏部尚书。上言陛下渡江以来,征讨平定之迹,礼乐治道之详,虽有记载,尚未成书,乞编日历以传后世。帝从之,命同与宋濂为总裁官,吴伯宗等为纂修官,愈年大明日历成。自起兵临濠,至洪武六年,征伐次第,礼乐刑政,群臣功过,四夷朝贡之类,共一百卷,藏之金匮,副在秘书监同等。

以上太祖时

董伦等修《太祖实录》

《明史稿·廖升传》:建文初,修《太祖实录》,董伦、王景为总裁官,升与高逊志为副总裁官,李贯、王绅、胡子昭、杨士奇、罗恢、程本立为纂修官,皆一时选。……殉难诸臣,升死最先。

方孝孺等修《太祖实录》

《明史稿·方孝孺传》:建文帝即位,召为翰林侍讲,明年,迁侍读学士。……时修《太祖实录》及类要诸书,孝孺为总裁。

《明外史·王良传》:建文二年进士,授翰林院修撰,预修《太祖实录》。

以上建文帝时

胡俨等修《太祖实录》

《明史稿·胡俨传》:成祖即位,拜国子监祭酒……修高皇帝实录、《永乐大典》,皆为总裁官。

《明史稿·王英传》:永乐二年进士,选庶吉士,读书文渊阁。帝查其慎密,令与王直书机密文字,与修《太祖实录》,授翰林院修撰,进侍讲。

《明史稿·李时勉传》:永乐二年进士,选庶吉士,进学文渊阁,与修《太祖实录》,授刑部主事,复与重修实录,书成,改翰林侍读。

《明史稿·杨荣传》:永乐十六年,《太祖实录》成,宴劳如初。

《明史·艺文志》:《明太祖实录》二百五十七卷,建文元年董伦等修,永乐元年,解缙等重修,九年,胡广等复修,起元至正辛卯,迄洪武三十一年戊寅,首尾四十八年,万历时元科臣杨天民请附建文帝元二三四年事迹于后。

以上成祖时

杨士奇等修《太宗实录》

《明史稿·杨士奇传》:仁宗即位,修《太宗实录》,士奇与黄淮、杨荣、金幼孜、杨溥并为总裁官。

《明史·蹇义传》:仁宗即位,命义监修《太宗实录》。

《明史·艺文志》:《成祖实录》一百三十卷,《宝训》十五卷,杨士奇撰。

以上仁宗时

杨士奇等《仁宗实录》

《明史稿·杨士奇传》:宣宗即位,修《仁宗实录》,士奇等仍为总裁。

《明史·艺文志》:《仁宗实录》十卷,《宝训》六卷,蹇义等修。

金幼孜等修《两朝实录》

《明史稿·金幼孜传》:宣德元年,母卒,起复为总裁官,修《两朝实录》。

《明外史·陈敬宗传》:授翰林学士侍讲,以内艰归。宣德元年,起修《两朝实录》。

《明史稿·杨荣传》:宣德三年,帝北征。又明年,《两朝实录》成,宴劳有加。

《明史稿·王英传》:仁宗即位,进侍讲学士,再进右春坊大学士。乞归省,赐钞,驰传还。宣宗立,还朝。……修太宗、仁宗实录成,迁詹事府少詹事,赐麒麟带。

曾棨等《三朝实录》

《明外史·曾棨传》:宣宗立,进少詹事,预修《三朝实录》。

以上宣宗时

王英等修《宣宗实录》《宝训》

《明史稿·王英传》:正统元年,命教习庶吉士,开经筵为讲官。修《宣宗实录》,为总裁。《实录》成,进礼部左侍郎。

《明史稿·马愉传》:正统元年,以杨士奇荐,与苗衷、高榖、曹鼐同直经筵,进侍读,预修《宣宗实录》,成,进侍读学士。

《明史稿·仪智传》:智子铭字子新,宣宗即位,以侍郎戴纶荐,授行在礼科给事中。九年,秩满,帝念智侍读旧劳,改铭翰林院修撰。正统三年,预修《宣宗实录》,成,迁侍讲。

《明史·艺文志》:《宣宗实录》一百十五卷,《宝训》十二卷,杨士奇等修。

以上英宗时

陈文等《英宗实录》《宝训》

《明外史·陈文传》:进礼部尚书,《英宗实录》成,加太子少保,兼文渊阁大学士。

《明外史·邢让传》:天顺末,父忧归,未终丧,起修《英宗实录》。

《明外史·彭时传》:成化改元,进兵部尚书,明年,《英宗实录》成,加太子少保。

《明外史·杨守陈传》:成化初,进侍讲,《英宗实录》成,进洗马。

《明史稿·丘浚传》:景泰五年,成进士改庶吉士授编修。浚既官翰林,见闻益广,尤熟国家典故。成化中,秩满进侍讲,与修《英宗实录》进侍讲学士。

《明史·艺文志》:《英宗实录》三百六十一卷,成化元年,陈文等修,起宣德十年正月,讫天顺八年正月,首尾三十年。附景泰帝事迹于中,凡八十七卷。《宝训》十二卷,与《实录》同修。

以上宪宗时

丘浚等修《宪宗实录》《宝训》

《明史稿·丘浚传》:孝宗嗣位,特进礼部尚书,掌詹事府事。……修《宪宗实录》,充副总裁。弘治四年,书成,加太子太保。

《明外史·杨守陈传》:孝宗嗣位,修《宪宗实录》,充副总裁。

《明外史·刘忠传》:弘治四年,《宪宗实录》成,迁侍讲。

《明史·艺文志》:《宪宗实录》一百九十二卷,《宝训》十卷,刘吉等撰。

以上孝宗时

傅珪等《孝宗实录》《宝训》

《明外史·傅珪传》:武宗立,进左谕德,充讲官,纂修《孝宗实录》。《实录》成,进左中允。

《明外史·汪俊传》:正德中,与修《孝宗实录》,以不附刘瑾、焦芳,调南京工部员外郎。

《明史·艺文志》:《孝宗实录》三百二十四卷,正德元年,刘健、谢迁等修,未成,健、迁皆去位,焦芳等续修《宝训》十卷,与《实录》同修。

以上武宗时

嘉靖改正《孝宗实录》

《明外史·卢琼传》:琼由知县入为御史,嘉靖改元,上言景皇帝有拨乱大功,而《实录》犹称郕戾王,敬皇帝深仁厚泽,而《实录》成于焦芳手,是非颠倒,乞诏儒臣改撰。帝惟命史官正《孝宗实录》之不当者。

费宏等修《武宗实录》《宝训》

《明外史·杨慎传》:慎预修《武宗实录》,事必直书,总裁蒋冕、费宏尽付稿草,俾削定(案:蒋冕、费宏传未载修《武宗实录》事)。

《明外史·文徵明传》:授翰林院待诏,世宗立,预修《武宗实录》。

《明外史·艺文志》:《武宗实录》一百九十七卷,《宝训》十卷,费宏等修。

唐顺之等修《累朝实录》

《明史稿·唐顺之传》:嘉靖十二年秋,诏选朝官为翰林,乃改顺之编修,校《累朝实录》。

以上世宗时

张居正等修《世宗实录》《宝训》

《明外史·张居正传》:居正为吏部左侍郎兼东阁大学士,寻充《世宗实录》总裁,进礼部尚书兼武英殿大学士加少保兼太子太保。……《世宗实录》成,居正加左柱国支尚书俸。再疏辞,帝为温谕百余言,颁示史馆。

《明史稿·瞿景淳传》:隆庆元年,召为礼部左侍郎,用总校《永乐大典》,劳兼翰林学士,支二品俸,侍经筵,修《嘉靖实录》。

《明史·艺文志》:《世宗实录》五百六十六卷,《宝训》二十四卷,隆庆中,徐阶等修未竣,万历五年,张居正等续修成之。

以上穆宗时

陈于陛等修《世穆两朝实录》《宝训》

《明史稿·陈于陛传》:隆庆二年进士,选庶吉士授编修,万历初,预修《世穆两朝实录》,充日讲官。累迁侍讲学士擢詹事,掌翰林院。

《明史稿·申时行传》:嘉靖四十一年进士第一,授修撰,历谕德,充经筵讲官,纂《世穆两朝实录》,进左庶子,掌翰林院事。

《明史稿·王锡爵传》:万历初,充《穆宗实录》副总裁;书成,进侍讲学士,迁祭酒。

《明史·艺文志》:《穆宗实录》七十卷,《宝训》张居正等修。

陈于陛等监修《国史》

《明史稿·陈于陛传》:万历初,预修《世穆两朝实录》,充日讲官。……进礼部尚书,仍领詹事府事。于陛少从父以勤习国家故实,为史官,益究经世学,以前代皆修国史,而本朝独无,疏言:"臣考史家之法,纪表志传,谓之正史,宋去我朝近,制犹可考。真宗祥符间,王旦撰进太祖太宗两朝正史;仁宗天圣间,吕夷简等增入真宗朝,名《三朝国史》,此则本朝君臣自修本朝正史之明证也。我朝史籍,止有列圣实录,正史阙焉未讲,伏睹朝野所撰次可备采择者,无虑数百种,倘不及时网罗,岁月浸邈,卷帙散脱,耆旧渐凋,事迹罕据,欲成信史,将不可得。惟陛下立下明诏,设局编辑,使一代经制典章,犁然可考,鸿谟伟烈,光炳天壤,岂非万世不朽盛事哉!"诏从之。二十二年三月,遂命词臣分曹类纂,以于陛及南京礼部尚书沈一贯、少詹事冯琦为副总裁,而阁臣总裁之。

《明史稿·余继登传》:继登历少詹事,兼侍读学士,充正史副总裁。

《明外史·焦竑传》:万历二十二年修《国史》,内阁陈子陛欲竑专领其事,竑谢不敏,乃先撰《经籍志》。其它率无所撰,馆亦竟罢。

以上神宗时

温体仁等修《神宗实录》《宝训》

《明外史·文苑·李维桢传》:天启初,召为南京太仆卿,旋改太常,未赴,时方修《神宗实录》,佥以维桢擅史才,且通籍五十余年,熟谙先朝政事,宜领史局,给事中薛大中特疏荐之,未及用。

《明外史·文苑·董其昌传》:天启二年兼侍读学士,时修《神宗实录》,命往江南采辑先朝章疏及遗事,其昌广搜博征,录成三百本。

《明史·艺文志》:《神宗实录》五百九十四卷,《宝训》二十六卷,温体仁等修。

叶向高等修《光宗实录》

《明外史·邹元标传》:天启时,诏修《光宗实录》,周炳谟载神宗时,储位䟶跪及妖书梃击诸事,直笔无所阿。

《明史稿·许士柔传》:魏忠贤既辑《三朝要典》,以《光宗实录》所载与《要典》左,乃言叶向高等所修非实,宜重修,遂恣意改削抵牾《要典》者。崇祯改元,毁《要典》,而所改《光宗实录》如故。

《明史·艺文志》:《光宗实录》八卷,天启三年,叶向高等修成,有熹宗御制序,既而霍维华等改修,未及上而熹宗崩,至崇祯元年始进呈向高原本,并贮皇史。

以上熹宗时

陈仁锡等修《神光二宗实录》

《明外史·陈仁锡传》:崇祯改元,进右中充,预《神光二宗实录》。

温体仁等修《熹宗实录》

《明史·艺文志》:《熹宗实录》八十卷,温体仁等修。

以上崇祯时

徐溥等《明会典》一百八十卷

《四库简目》:《明会典》一百八十卷,明弘治十年徐溥等奉敕撰。正德四年,李东阳等重校。其体例以六部为纲,弁以宗人府一卷,自二卷至一百六十三卷,皆六部掌故,一百六十四卷至一百七十八卷为诸文职,末二卷为诸武职,特附见其职守沿革而已。

《四库总目》:《明会典》一百八十卷(江苏巡抚采进本),明弘治十年奉敕撰。十五年书成,正德四年重校刊行,故卷端有孝宗武宗两序。其总裁官为大学士李东阳、焦芳、杨廷和,副总裁官为吏部尚书梁储,纂修官为翰林院学士毛纪、侍讲学士傅珪、侍读毛澄、朱希周、编修潘辰,并列衔卷首,然皆武宗时重校诸臣,其原修之大学士徐溥等竟不列名,未详当日何意也。其体例以六部为纲,吏礼兵工四部,诸司各有事例者,则以司分;户刑二部,诸司但分省而治,共一事例者,则以科分;故一百八十卷中,宗人府自为一卷弁首外,余第二卷至一百六十三卷,皆六部之掌故,一百六十四卷至一百七十八卷,为诸文职,末二卷为诸武职,特附见其职守沿革而已。南京诸曹,则分附北京诸曹末,不别立条目,惟体例与北京异者,乃别出焉。其官制前后不同者,如太常司改为太常寺之类，则书其旧名，而注曰后改为某官，其别开公署者，如鸿胪寺本为仪礼司之类，则书其新名，而注曰本为某官，其户口贡赋之盈缩，制度科条之改易，亦相连并载，以见变通创建之由。大抵以洪武二十六年诸司职掌为主，而参以《祖训大诰》《大明令》《大明集礼》《洪武礼制》《礼仪定式》《稽古定制》《孝慈录》《教民榜文》《大明律》《军法》《定律》《宪纲》十二书，于一代典章，最为赅备。凡史志之所未详，此皆具有始末，足以备后来之考证。其后嘉靖八年，复命阁臣续修《会典》五十三卷，万历四年又续修《会典》二百二十八卷，今皆未见，其本莫知存佚。殆以嘉靖时祀典太滥，万历时秕政孔多，不足为训，故世不甚传钦。

《郘亭知见传本书目》：《明会典》一百八十卷，明弘治十年徐溥等奉敕撰。万历重修三百二十八卷，俱明内府刊本。

王世贞《弇山堂别集》一百卷

《四库简目》：《弇山堂别集》一百卷，明王世贞撰。所载皆明代典故，凡盛事述五卷，异典述十卷，奇事述四卷，史乘考误十一卷，表三十四卷，分目六十有七。考三十六卷，分目十有六。

《四库总目》：《弇山堂别集》一百卷（两江总督采进本），明王世贞撰。世贞字元美，太仓人，嘉靖丁未进士，官至南京刑部尚书，事迹具《明史·文苑传》。是书载明代典故，凡盛事述五卷，异典述十卷，奇事述四卷，史乘考误十一卷，表三十四卷，分六十七目。考三十六卷，分十六目。世贞自序云，是书出，异日有裨于国史者，十不能二；耆儒掌故，取以考证，十不能三；宾幕酒筵，以资谈谑，参之十或可得四，其用如是而已。然其间如史乘考误及《诸侯王百官表》、《亲征命将》、《谥法》、《兵制》、《市马》、《中官》诸考，皆能辨析精核，有裨考证。盖明自永乐间改修《太祖实录》，诬妄尤甚，其后累朝所修实录，类皆阙漏疏芜，而民间野史竞出，又多凭私心好恶，诞妄失伦。史愈繁，而是非同异之迹愈颠倒而失其实。世贞承家世文献，熟悉朝章，复能博览群书，多识于前言往行，故其所述，颇为详洽。虽征事既多，不无小误，又所为各表，多不依旁行斜上之体，所失正与雷礼相同。其盛事奇事诸述，颇涉谈谐，亦非史体，然其大端可信，此固不足为病矣。

《适园藏书志》:《弇山堂别集》一百卷(明刊本),明王世贞撰。弇州生世家,弱冠释褐,留心掌故,分类纂集,有裨国史,岂人所能企。《自序》谓材力绵浅,一不称也。所睹立卑奏笔尺赋颂之类,鲜足衷者,二不称也。是非小有不当,流祸后世,三不称也。虚衷如此,其书之详慎可知。

《郘亭知见传本书目》:《弇山堂别集》一百卷,明王世贞撰。明万历庚寅刊。

《郑堂读书记》:《弇山堂别集》一百卷(明刊本),明王世贞撰(世贞字元美,号弇州,太仓人,嘉靖丁未进士,官至南京刑部尚书)。《四库全书》著录,《明史·艺文志》亦载之。是编记述明一代君臣事迹,于史例之外,别立一体,凡分六门:一曰皇明盛事述五卷,二曰皇明异典述十卷,三曰皇明奇事述四卷,四曰史乘考误十一卷,五曰帝系帝历帝统及六十一表三十四卷,六曰十二考三十六卷。其称别集者,盖弇州诗文有《弇山堂正集》,而此则以朝廷典故比一代实录,故别于诗文之外,而称之曰别集,盖不知诗文之当称别集也。其书于朝章国故,叙述详明,足补累朝实录之阙漏,即其纪惠宗事,如宫中火起帝殂六字,足证逊国诸书之谬妄。后来朱竹垞即本此以立言也。惟所立诸表,颇失体裁,李巨来(绂)《穆堂初稿》有书此集诸表后云:《同姓诸侯表》既不分世与年,徒列诸王国目于前,而逐一纪其事于后,谓之传可也,何谓之表?《高帝功臣表》,其谬亦然。永乐以后功臣,既称年表,仍用前法,功臣袭封薨除,各叙其年,不相联属,顾名思义,谓之年表可乎?弇州自以为上追《史》、《汉》,下薄《唐》、《宋》,其所为如此,是《史记》、《汉书》未尝涉目,否则心粗气浮,虽泛览而茫无所解。徒以门阀爵位,奔走一时,无识小人耳,岂足与论文事哉?巨来之言如此,而竟无说以解免之,故取以为定论焉。前有沔阳陈(文烛)序,称许甚至,真谀言也。

邓元锡《明书》四十五卷

《四库存目》:《明书》四十五卷(浙江鲍士恭家藏本),明邓元锡撰。是书所纪起于太祖,终于世宗,凡《帝典》十卷,《后妃内纪》一卷,《外戚传》一卷,《宦官传》一卷,《臣谟》五卷,《名臣》九卷,《循吏》三卷,《能吏》一卷,《忠节》一卷,《将谟》一卷,《名将》一卷,《理学》三卷,《文学》二卷,《笃行》一卷,《孝行》《孝义》《货殖》《方技》共一卷,《心学》三卷,《列女》一卷。案二十二史皆列《后妃》于传,惟《后汉书》以后为纪,为后儒所讥。元锡独尊用之,殊为乖刺。他如分《臣谟》、《名臣》、《将谟》、《名将》,又别《笃行》、《义行》于《孝行》之外,则皆元锡之创例,繁碎亦甚。至于《道学》之外,别立《心学》一门,考元锡之学渊源于王守仁,而不尽宗其说,当心学盛行之时,皆谓学惟求觉,不必致力群书,元锡力排其说,别《心学》于《道学》之外,其说固是。然史者纪一代之政事,其他皆在所轻,《宋史》别《道学》于《儒林》,已为门户,此更别《心学》于《道学》,是学案而非国史矣。若夫史家之例,必别《外戚》、《宦官》于各传之后,并先《外戚》次《宦者》,而《臣谟》诸传,又次之,次序颠倒,尤不可解。至以张璁、桂萼列于《臣谟》,则曲笔更不免矣。

傅维鳞《明书》一百七十一卷

《浙江采进遗书目》:《明书》一百七十二卷(刊本),国朝尚书灵筹傅维鳞撰。起元天历元年戊辰,迄明崇祯十七年甲申,于万历以前,厘然详备,泰昌而后,故牒散佚,多有缺略。述本纪宫闱,纪表志记,世家列传,凡七十七目,一百七十二卷。

《四库存目》:《明书》一百七十一卷(浙江孙仰曾家藏本),国朝傅维鳞撰。维鳞初名维桢,灵寿人,顺治进士……冠以移取咨送诸案牍,盖康熙十八年诏修《明史》,征其书入史馆。凡《本纪》十九卷,《世家》三十三卷,《宫闱纪》二卷,《表》十二卷,《志》二十二卷,《记》五卷,《世家列传》七十六卷,《叙传》二卷。自谓搜求明代行藏印钞诸书,与家乘文集碑志,聚书三百余种,九千余卷,参互实录,考订异同。可谓博矣。然体例舛杂,不可缕数,《学士祭酒表》已病其繁矣,乃又有《制科取士年表》,上列考官,下列会试第一人,殿试一甲三人,此以志乘之例,施之国史也。《司天》、《历法》分二志,以一主占候,一主推步也。而象纬之变,既已载于《司天》,又别立一《机祥志》,不治丝而棼乎。嘉靖时更定《祀典》,最为纷呶,仿《汉书》别志郊祀可也。《纶涣》一志,惟载诏令,此刘知几之创说,史家未有用之者,循是而往,不用其载文之例不止矣。《土田》、《赋役》、《食货》分三志,《服玺》、《舆卫》分二志,此《通典》、《文献通考》类书之体,非史法也。所谓记者,盖沿《东观汉记》、《载记》

之名，而《皇子诸王》与《元末群雄》合为一类，未免不伦。《世家》上列王公，其侯伯以下，则别入《勋臣传》，不知《史记》萧相国世家、曹相国世家皆侯爵也，岂王公世及侯以下不世及欤。列传分《勋臣》《忠节》《儒林》《名臣》《孝义》《循良》《武臣》《隐逸》《杂传》《文学》《权臣》《艺术》《列女》《外戚》《残酷》《奸回》《宦官》《异教》《乱贼》《四国》《元臣》二十一门，无一专立之传，已与古体全乖。其分隶尤为不允，《忠节传》列逊国诸臣，至盈四卷，而梁良玉、雪庵和尚、补锅匠乃别入《隐逸传》中，如曰以死不死为别，则《忠节传》中之程济、叶希贤、杨应能固未尝死，《隐逸传》中之东湖樵夫又未尝不死，是何例也。刘基不入勋臣，宋濂不入文学，以尝仕元，均与危素等入之杂传是也。纳哈出元色目人，何以又入《勋臣传》乎。张玉、谭渊以其为靖难佐命，入之《乱贼传》，与唐赛儿联名，已不伦矣。朱能、邱福事同一例，何以又入《武臣传》中。姚广孝首创逆谋，尤为乱首，何以又入《异教传》中乎。《儒林传》中列邱浚，《名臣传》中列严震直、胡广、徐有贞、李东阳、吕本、成基命，其于《儒林》、《名臣》居何等也。严嵩入《权臣传》，与张居正并列，温体仁、周延儒、薛国观并泯其姓名，而刘吉、万安、尹旻、焦芳则入《奸回传》，嵩等罪乃减于四人耶。石亨、石彪实有战功，但跋扈耳；仇鸾交结严嵩，冒功纵恶，亦未尝得幸世宗，与马昂、钱宁同入佞倖，则非其罪。陆炳有保全善类之事，乃入之《残酷》；而许显纯、田尔耕竟未著名，此亦未足服炳也。盖一代之史记载浩繁，非综括始终不能得其条理，而维鳞节节叶叶，凑合成编，动辄矛盾，固亦势使之然矣。

《郑堂读书记》：《明书》一百七十一卷（写本），国朝傅维鳞撰（维鳞初名维桢，灵寿人，顺治丙戌进士，官至工部尚书）。《四库全书》存目。是编乃其奉敕编纂之书，凡本纪十九卷，宫闱纪二卷，表十六卷，志四十八卷，记五卷，世家三卷，列传七十六卷，叙传二卷。叙传谓搜求明兴以来行藏印钞诸本，与家乘文集碑志，得三百余部，九千余卷，参互明朝实录，考订同异，纂成《明书》，起元天历元年戊辰，迄明崇祯十七年甲申。于万历以前，厘然详备，泰昌而后，多有阙略，缘故牒散失，国无藏书，事近人存，野史未成，以故真闻真见，乃始濡毫，而恍惚疑似，宁俟来者，云云。据此，知傅氏亦广搜博采，始克成编，惜其不明于史家体例，专以分门别类为主，不啻治丝而棼之矣。然明一代全史，实创始于傅氏，未始非继起者所取资也。前载部文，及汝州行文，鲁山县申文，各一道。其子(燮诇)跋一篇，目录二卷。

《书目答问补正》：灵寿傅维鳞《明书》一百七十一卷，《目录》二卷。光绪间，定州王灏刻《畿辅丛书》本。

《郘亭知见传本书目》：《明书》一百七十二卷，国朝傅维鳞撰。有刊本。

谷应泰《明史纪事本末》八十卷

《四库简目》：《明史纪事本末》八十卷，国朝谷应泰撰。因张岱石匮藏书排纂编次，分为八十篇，每篇论断，皆仿《晋书》之例，行以骈偶，隶事亲切，遣词精拔，虽非正裁所有，亦可云别调孤行矣。

《四库总目》：《明史纪事本末》八十卷(通行本)，国朝谷应泰撰。应泰字赓虞，丰润人，顺治丁亥进士，官至浙江提学佥事。其书仿袁枢《通鉴纪事本末》之例，纂次明代典章事迹，凡八十卷，每卷为一目。当应泰成此书时，《明史》尚未刊定，无可折衷，故纪靖难时事，深信《从亡》、《致身》诸录，以惠帝逊国为实，于滇黔游迹，载之极详，又不知懿安皇后死节，而称其青衣蒙头，步入成国公第，俱不免沿野史传闻之误。然其排比纂次详略得中，首尾秩然，于一代事实，极为淹贯，每篇后各附论断，皆仿《晋书》之体，以骈偶行文，而遣词抑扬，隶事亲切，尤为曲折详尽。考邵廷采《思复堂集·明遗民传》称山阴张岱尝辑明一代遗事，为石匮藏书，应泰作纪事本末，以五百金购请，岱慨然予之。又称明季稗史虽多，体裁未备，罕见全书，惟谈迁编年，张岱列传两家具有本末，应泰并采之以成纪事。据此则应泰是编取材颇备，集众长以成完本，其用力亦可谓勤矣。

《郘亭知见传本书目》：《明史纪事本末》八十卷，国朝谷应泰撰。通行本。盖再三翻刻，以初刊中行有《明史纪事本末》者为善。姚际恒云，《明史纪事本末》乃海昌士人谈迁所作，后论则杭州诸生陆圻作也。又郑元庆述朱竹垞言，此书德清徐侍郎倬所著，为诸生时为谷所识拔，以此报之。

《书目答问》：《明史纪事本末》八十卷，谷应泰撰。《补正》：朱彝尊谓谷氏此书，乃德清徐倬代作。姚际恒又谓海昌谈迁所作，而后论则出杭陆圻手，疑莫能明。光绪间定州王灏刻《畿辅丛书》本，广州局本，《九种纪事本末》本。

《郑堂读书记》：《明史纪事本末》八十卷（筑益堂刊本），国朝谷应泰撰（应泰字庚虞，丰润人，顺治丁亥进士，官至浙江提学佥事）。《四库全书》著录。是编亦仿袁氏《通鉴纪事》之例，排纂明一代典制事迹，自太祖起兵迄甲申殉难，凡八十篇，篇为一卷，而各系以论断。时《明史》尚未刊定，仅据谈（迁）《国榷》，张（岱）《石匮藏书》，并采成编，故于《从亡》、《致身》诸录，尚深信不疑，所纪《建文逊国》一篇，尤为是书之大纰缪。余皆考取有法，详略得中，间有小疵，无伤大体。至各论断于散行之中，时带骈俪，隶事遣词，俱事精切，此学《晋书》诸论，而得其神髓者也。前有自序及聊城傅（以渐）序。

王鸿绪《明史稿》三百十卷

《郑堂读书记》：《明史稿》三百十卷（敬慎堂刊本），国朝王鸿绪奉敕撰（鸿绪字季友，号俨斋，华亭人，康熙癸丑赐进士第二，官至户部尚书）。版心称《横云山人集》。俨斋于康熙中充《明史》总裁官，编纂四十余年，或笔削乎旧文，或补缀其未备，或就正于明季之老儒，或咨访于当代之博雅，要以恪遵敕旨，务出至公，不敢无据而作。至雍正元年告竣奏进，凡本纪十九卷，志七十七卷，表九卷，列传二百五卷，合三百十卷。目录三卷。后乾隆四年张砚斋（廷玉）进《明史表》云，惟旧臣王鸿绪之史稿，经名人三十载之用心，首尾略具，事实颇详，爰即成编，用为初稿，实因是本而增损成帙尔。前有康熙三十六年敕谕一道，康熙五十三年奏劄一道，雍正元年奏劄一道。

《书目答问》：《明史稿》三百八卷，王鸿绪撰。通行本。《补正》：横云山人集本，敬慎堂刻本。

徐世湜《明史纪事本末》五十卷

按：见《浙江通志·艺文志》著录。

彭孙贻《明史纪事本末补编》

按：见《涵芬楼书目》著录。

尤侗《明史拟传》六卷

按：见《西堂余集目》著录。

尤侗《明史外国志》八卷

按：见《西堂余集目》著录。

尤侗《明史艺文志》五卷

按：见《西堂余集目》著录。

尤侗《明史乐府》一卷

按：见《西堂余集目》著录。

杨豫孙《明史宬》

按：见《江南通志·艺文志》著录。注云：杨豫孙，华亭人。

贾健《明史纂要》无卷数

按：见《陕西通志·艺文志》著录。

陈鹤《明纪》六十卷

按：见《浙江图书馆目》著录。注云：其孙克家续成之。

王颂蔚《明史考证攟逸》

按：见《涵芬楼书目》著录。注云：嘉业堂刊。

佚名《明史历志稿》十六卷

按：见《京师图书馆善本书目》著录。注云：清内阁书旧抄本。

(二)清修《明史》成后目

佚名《明史断略》一卷

《郑堂读书记》：《明史断略》一卷(借月山房汇钞本)，不著撰人名氏。书虽迄于嘉靖时，而中有赞太祖为三百年一统之主语，又有享有天下至三百年之久语，当属明之遗民所撰也。其书专论明一代事迹，自洪武起兵，至追戮仇鸾，凡六十七条，俱以四字标题。大抵尚论明诸帝行事得失，大放厥词，一无忌讳，而于靖难夺门两案，皆无所偏向，可见公道自在人心。彼成祖英宗徒然杀戮诸臣，以震慑一时之人，岂料后之儒生，笔下不稍回护哉。后《明史》诸论赞，大都援以为定论也。今以全书体段而论，当有隆庆之下诸朝，或历久而佚之矣。

邵远平《建文帝后纪》

按:见《涵芬楼书目》著录。注云:昭代丛书本。

潘永孝《读明史札记》

按:见《涵芬楼书目》著录。注云:昭代丛书本。

洪亮吉《明史发伏》

按:见《涵芬楼书目》著录。注云:小石山房刊本。

夏燮《明史考异》

按:见《安徽通志·艺文志》著录。

牟廷相《明史论》

按:见《雪泥屋遗书目》。未刊。

俞汝为《明史稗》

按:见《江南通志·艺文志》著录。

张以诚《明史类记》

按:见《江南通志·艺文志》著录。

汤斌《明史稿》二十卷,《续编》二卷

按:见《汤子遗书目》著录。注云:同治庚午,汤氏祠堂刊。

徐鼒《明史艺文志补》

按:见《东炭斋全集》附未刊书目著录。

段玉裁《明史十二论》一卷

按:见《八千卷楼书目》著录。注云:昭代本丛书。

管幹贞《明史志》三十六卷

《郑堂读书记》:《明史志》三十六卷(锡福楼刊本),国朝管幹贞撰(幹贞字阳复,号松厓,阳湖人,乾隆丙戌进士,官至漕运总督)。版心称《松厓文钞》,盖仿王氏《明史稿》版心称《横云山人集》也。是编乃其改窜钦定《明史》而作,凡分三十六志:曰《成岁志》,即《历志》之删本。曰《地水志》,即《地理志》《河渠志》之删本。曰《郊祀志》,即《礼志》之删本。曰《乐律志》,即《乐志》之删本。曰《经野志》,即《食货志》之删本。曰《漕河志》,亦即《食货志》兼《地理志》之删本。曰《仪服志》,即《舆服志》之删本。曰《兵刑志》,即《兵志》《刑志》之删本。曰《五行志》,即《五行志》之删本。曰《帝系志》上下,即《本纪》之删本。曰《三王志》,则嫌《明史》诸王列传大略,而删取《明史稿·三王传》以成之。曰《宫闱志》,即《后妃传》之删本。曰《宗藩志》,即《诸王传》《诸王年表》之删本。曰《丝纶志》上下,即删取列传中官宰辅者,而佐以宰辅年表。曰《开国志》上下,即删取列传中《开国诸臣传》而成。曰《卿贰志》四卷,即删取列传中官卿贰者,而佐以七卿年表。曰《忠谠志》三卷,即删取列传而成。曰《儒林志》,曰《循吏志》,曰《文苑志》,即《儒林》《循吏》《文苑》列传之删本。曰《燕臣志》,即删取列传中永乐《开国诸臣传》而成。曰《领军志》上下,即删取列传中《武臣传》而成。曰《选士志》,皆记会试考官会元及一甲三人姓氏,盖取诸傅氏《明书·制科取士年表》而成。曰《独行志》,即《隐逸传》《孝义传》之删本。曰《阃范志》,即《列女传》之删本。曰《四国志》,即《外国传》之删本。曰《阉倖志》,即《宦官传》《佞倖传》《阉党传》之删本也。前有《目录》,每志作七字四句,句句用韵,似歌诀,凡二十七章。其书皆节缩其字为句,甚至二名者止存下一字。而于太祖开创之始,频称朱公子,亦可怪矣。大抵以艰深文其浅陋,盖学李于鳞、刘子威而加厉者。昔人记妄人之改《论语》首章曰:"学时习说朋来乐不知不愠君子。"松厓大有类于是矣。考郑氏《通志》,其隋以前俱钞撮正史成篇,独于唐五代,则云《唐书》、《五代史》,本朝大臣所修,微臣弗敢与闻,故纪传迄隋。松厓系进士出身,纵未及观《通志》全帙,而于坊刻《三通序略》,以备三场策料者,谅必肄业及之矣。何病狂丧心,至于如此!岂彼见当世卿大夫好谈著述,亦何苦而无知妄作,以取僭窃之罪耶?

佚名《明史稗编》十六卷

按:见《八千卷楼书目》著录。不著编辑人姓氏。

退老主人《明史尚友录》

按:见《涵芬楼书目》著录。

刘承翰《明史削繁》

按:见《涵芬楼书目》著录。

丁谦《明史外国传地理考证》一卷

按:见《浙江图书馆丛书目》著录。

丁谦《明史西域传地理考证》一卷

按:见《浙江图书馆丛书目》著录。

杨守敬《明地理志图》

按:见《观海堂汇目》著录。

刘承轩《明史例案》九卷

按:见《书目答问补正》著录。注云:刘氏嘉业堂刊本。

以上清人